课程思政建设探索教材

现代经济与管理类系列教材

网络营销理论与实践

（第4版）

主 编　田 玲

副主编　周晓璐　王 耀

参编者　李丹丹　刘来玉　邢烨文

清 华 大 学 出 版 社

北京交通大学出版社

·北京·

内容简介

本书共 8 章，分别为网络营销导论、网络营销环境分析、网络营销战略、网络营销调研、网络营销组合策略、网络营销推广工具与方法、网络营销主要手段、网络营销效果评价与管理。同时，根据每章的理论知识、具体操作和技能要求，设计了引导案例、课堂练习、上机练习与实践、案例分析与提高，强调基本概念、基本策略与实际应用相结合。

本书结构合理、语言简练、示例翔实，基于 OBE（outcome based education，基于学习产出的教育模式）理念，融入了企业家精神的相关内容，实践操作性较强，突出了学生技能的培养，除可以作为高等院校电子商务、市场营销等相关专业的教材外，对于学习、研究网络营销及从事网络营销实践的人员均有参考价值。

图书在版编目（CIP）数据

网络营销理论与实践/田玲主编 . —4 版 . — 北京：北京交通大学出版社：清华大学出版社，2023.11

ISBN 978-7-5121-5098-0

Ⅰ.①网… Ⅱ.①田… Ⅲ.①网络营销-高等学校-教材 Ⅳ.①F713.365.2

中国国家版本馆 CIP 数据核字（2023）第 214319 号

网络营销理论与实践
WANGLUO YINGXIAO LILUN YU SHIJIAN

责任编辑：吴嫦娥
出版发行：清华大学出版社　　邮编：100084　　电话：010-62776969　http：//www.tup.com.cn
　　　　　北京交通大学出版社　邮编：100044　　电话：010-51686414　http：//www.bjtup.com.cn
印　刷　者：北京鑫海金澳胶印有限公司
经　　销：全国新华书店
开　　本：185 mm×260 mm　印张：18　字数：461 千字
版 印 次：2008 年 7 月第 1 版　2023 年 11 月第 4 版　2023 年 11 月第 1 次印刷
定　　价：49.00 元

本书如有质量问题，请向北京交通大学出版社质监组反映。对您的意见和批评，我们表示欢迎和感谢。
投诉电话：010-51686043，51686008；传真：010-62225406；E-mail：press@bjtu.edu.cn。

前　言

　　互联网的迅猛发展使人类进入了数字化、信息化、全球化、移动化的时代，网络已渗透社会、经济生活中的各个领域。在这样一个网络环境下，电子商务得到了众多企业的重视、认可和应用。网络营销，这门伴随着电子商务和网络市场而诞生的带有很强实践性的新学科，已经受到了广泛关注和认可。如今，很难找到还没有建立自己网站的企业，网络营销早已不再是网络企业的专利；同时，移动 App、微博、微信短视频和直播等众多新颖的网络形式不断出现，给企业的发展提供了更多的机遇和挑战。

　　网络营销学是一门新兴的、综合性的应用学科，也是一门实践性较强的学科。网络营销学研究网上营销活动的运行及其规律，其研究内容包括基础性内容和应用性内容两部分。2022 年 10 月 16 日习近平总书记在中国共产党第二十次全国代表大会上作了报告，报告的第四部分"加快构建新发展格局，着力推动高质量发展"中指出："完善中国特色现代企业制度，弘扬企业家精神，加快建设世界一流企业。支持中小微企业发展。"在第五部分"实施科教兴国战略，强化现代化建设人才支撑"中指出："育人的根本在于立德。全面贯彻党的教育方针，落实立德树人根本任务，培养德智体美劳全面发展的社会主义建设者和接班人。"所以，本书以 OBE（outcome based education，基于学习产出的教育模式）为理念，将企业网络营销岗位的主要需求进行解构，分解为网络营销项目准备、实施和评估这三个阶段，将主要教学内容细化为 8 个教学章；在教材中，融入了以企业家精神为引领的课程思政内容，如下表所示。

主要教学内容

三个阶段	教学章节	学习重点	思政元素
准备阶段	网络营销导论	熟知基础知识，熟知基本理论	结合案例和企业岗位需求，引导学生转换角色、换位思考的学习和实践模式，融入企业家精神整体概念的内容
	网络营销环境分析	能分析网络营销宏观环境，能分析网络营销微观环境	结合案例和我国网络发展史，引入企业家精神中的爱国敬业、艰苦奋斗、创新发展、专注品质和追求卓越等内容
	网络营销战略	掌握 SWOT 和 STP 分析法，能合理地为企业定位	结合案例和企业岗位需求，融入企业家精神中的爱国敬业、遵纪守法和艰苦奋斗等内容
	网络营销调研	能设计、发布和整理网上市场调研问卷，掌握网络市场调研方法和手段	结合网络调研方法和手段，融入企业家精神中的发现和解决社会热点问题、承担社会责任和服务社会等内容

三个阶段	教学章节	学习重点	思政元素
实施阶段	网络营销组合策略	网上产品策略，网上价格策略，网络渠道策略，网络促销策略	结合经典案例和企业岗位需求，融入企业家精神中的爱国敬业、创新发展、专注品质、追求卓越、敢于担当、服务社会和践行社会主义核心价值观等内容
	网络营销推广工具与方法	搜索引擎营销，电子邮件营销，社交媒体营销，二维码营销，H5营销，众筹营销和广告联盟	
	网络营销主要手段	关系营销，病毒式营销，事件营销，社群营销，移动大数据下的精准营销	
评估阶段	网络营销效果评价与管理	网络营销效果评价概述，网络营销效果评价工具，网络营销效果评价指标体系，网络营销计划管理，网络营销组织管理	结合企业岗位需求和实训，融入企业家精神中的遵守职业道德和规范、团结合作、终身学习、履行社会责任和践行社会主义核心价值观等内容

　　本书的编写模块有引导案例、课堂练习、上机练习与实践、案例分析与提高，本着"OBE理念+课程思政"的原则，以企业家精神为引领，每章都采用真实的营销案例引入，创造具体的岗位需求，提出案例的核心问题，通过案例分析贯穿、指导本章的重点内容，以锻炼学生独立思考、解决问题的能力；在相关的重要理论知识阐述中，配有优秀的应用案例+思政拓展，营造具体的岗位学习情境，利于学生课堂练习与思政拓展，能更好地指导学生对相关理论知识的掌握，培养学生爱国敬业、追求卓越和服务社会的企业家精神，培养学生应对网络营销岗位需要的策划能力；在每章中，设计了对应本章理论知识的上机练习与实践环节，营造具体的岗位实践情境，引导学生在实践中理解并遵守职业道德和规范，培养学生解决社会热点问题、承担社会责任的企业家责任，以锻炼学生应对企业网络营销岗位需求的实施能力；在每章的最后，还配有案例分析与提高，营造具体的岗位复盘情境，锻炼学生发现问题、分析问题和解决问题的能力，培养学生创新发展、专注品质、追求卓越、团结合作和终身学习的素养，培养学生应对企业网络营销岗位需求的管理和评价能力。全书最后还附有完整的网络营销策划方案，以指导学生对全书内容的掌握，培养学生的家国情怀和为国家富强、民族昌盛而奋斗的志向和社会责任感，践行社会主义核心价值观。

　　总之，本书结合我国网络市场发展现状，对网络营销的理论与实践进行了系统和全面的分析和探讨，突出强调了相关的案例分析与思考，融入了以企业家精神为引领的课程思政内容，强调基本概念、基本策略的应用，并与实际上机练习相结合，将理论知识和实践紧密衔接，培养学生的实践操作能力，注重从事网络营销人员必须具备的基本能力和职业素质的训练，在实践中理解并遵守职业道德和规范，履行社会责任，践行社会主义核心价值观。通过对本书的学习，可以使学生具备市场营销、网络营销、移动营销的基本知识、基本理论和初步的网络商务信息采集、分析、处理能力，以及网络营销策略策划、实施的能力，达到助理电子商务师在网络营销方面的能力和水平。针对本书的特点，在讲授"网络营销"课程时，建议将课堂讲授和网络环境下的实际操作相结合，利于培养学生的网络营销技能。

本书是学堂在线平台慕课"网络营销"的配套教材。慕课包含配套的视频资料、创新创业实践案例、案例讨论和测试题等，已获批为教育部电子商务专业教学指导委员会在线教学推荐课程，并入选国家高等教育智慧教育平台。

本书共分 8 章，由北京联合大学和首都体育学院的教师联合撰写。田玲担任主编，周晓璐和王耀担任副主编。本书的编写分工如下：田玲（北京联合大学，第 1 章）、李丹丹（北京联合大学，第 2 章）、周晓璐（北京联合大学，第 3、4 章）、刘来玉（北京联合大学，第 5 章）、王耀（北京联合大学，第 6、7 章）、邢烨文（首都体育学院，第 8 章），田玲对本书进行了全面的修改，并承担了本书的统稿和电子课件制作等工作。

在编写过程中，编者接受了商派教育科技有限公司提供的调研支持、案例素材和研讨交流等，借鉴了国内外专家学者已有的研究成果，并参阅了大量网上信息。在本书出版之际，对国内外专家学者及网上信息的提供者表示衷心的感谢。网络营销针对的是一个全新的、不断变化的网络市场，对它的理论和实践研究仍在探索之中，加之编者的水平和时间有限，难免有疏漏和不足之处，敬请广大读者批评指正。

编 者
2023 年 10 月

目　录

第1章

网络营销导论

引言

市场营销是企业最基本的职能，在企业整个生产经营活动中占据着极其重要的地位。网络营销是依托计算机技术和信息技术而形成的一种新兴的营销手段；但是，网络营销是在市场营销的基础上发展起来的，仍属于市场营销的理论范畴；网络营销不单纯是网络技术、网上销售，还是市场营销，是企业现有营销体系的有利补充。因此，学习网络营销应当从了解市场营销的基本理论入手。

本章从营销理论的发展出发，介绍了市场营销和网络营销的相关概念，通过案例说明了营销理论的发展和网络营销的重要性，分析了网络营销的特点和功能，并通过示例重点讲解了企业实施网络营销的步骤和方法。

主要知识和技能点：
- 企业网络营销的实施过程
- 市场营销、市场、需求等概念
- 网络营销概念、网络营销的特点和内涵
- 移动营销概念、特征
- 市场营销与网络营销的关系、网络营销与移动营销的关系

教学要求：
- 识记：市场营销概念，网络营销概念，移动营销概念，营销理念的发展
- 领会：网络营销的内容和功能，网络营销产生和发展，移动营销
- 简单应用：4P 和 4C 策略的应用
- 综合应用：能够将相关知识应用到案例分析或实际场景中

【引导案例】

福特汽车公司的营销策略发展

福特汽车公司是世界最大的汽车企业之一，1903 年由亨利·福特先生创立于美国底特律市。1908 年福特制定了一个划时代的决策——公司从此致力于生产标准化，只制造较低

廉的单一品种——开发征服市场、属于普通百姓的新产品 T 型车，世界汽车工业革命就此开始。1913 年，福特汽车公司又开发出了世界上第一条流水线，这一创举使 T 型车达到了 1 500 万辆，福特先生为此被尊为"为世界装上轮子"的人。由于实现了汽车生产的规模化和流水线化，T 型车上演了一场人类技术和生活形态的革命。1914 年，93 分钟内即可组装一辆汽车；1920 年，每分钟可生产一辆汽车；到了 1925 年，每 10 秒就制造一辆汽车。亨利·福特曾说："不管顾客需要什么颜色的车，我只有黑色的车。"可见，此时福特汽车公司遵从"生产导向"的经营理念，即注重生产效率，降低成本，使更多人买得起。由于顾客的需求极大，公司经营有方，定价合理，因此生意兴隆。1999 年，《财富》杂志将他评为"20 世纪商业巨人"，以表彰他和福特汽车公司对人类工业发展所作出的杰出贡献。

随着竞争对手的增多和消费者价值观念的成熟，福特汽车公司并不仅仅满足于产品的批量生产和提高产品质量，而更注重于消费者的需求，正如亨利·福特先生所说："消费者是我们工作的中心所在。我们在工作中必须时刻想着我们的消费者，提供比竞争对手更好的产品和服务。"正因为营销理念的进步，福特汽车公司至今仍是全球一流的汽车企业。

在全球经济一体化进程迅速加快、市场竞争日益剧烈的环境下，如何更有效地把握市场机遇，降低采购成本、运营成本，制造出消费者喜欢的汽车，成为新世纪福特汽车公司关注的焦点。为适应互联网的浪潮，构建电子商务系统成为必然的选择。福特汽车公司希冀通过采用先进的信息技术，与供应商高效率地协作，提高企业内部运作效率，最大限度地满足客户的需求，于是一场可以与 T 型车革命媲美的信息化革命开始了。

福特汽车公司选择了营销理念的创新，将它的目标定为"全球领先的、面向消费者的汽车产品和服务公司"，制定了两个主要的全球发展重点，即客户满意度和电子商务。由于网络媒体具有快速传达信息、与用户充分互动、营销形式多样等特点，能够充分满足客户的营销需求，同时，网络可以完成实时、高效、不受地域局限的数据跟踪，对客户关系管理也是一个非常好的工具，所以，网络营销已经是福特品牌推广和客户关系管理的重要途径之一。只要有大型的品牌活动，肯定会有网络的支持，有时甚至是主活动就在网上完成。总之，福特汽车公司不仅在新产品开发上给予回应，而且从网络营销层面给予诠释和支撑，倚重于网络把握市场脉搏，不断根据市场的需求研发不同的车型，并根据不同车型的特性采用不同的营销方式。在未来的推广中，福特希望能够逐渐把这个百年品牌"年轻化"，以一个全新的姿态呈现在消费者的面前。

案例点评：

通过福特汽车公司的案例介绍可以看出：就营销理论层面来说，福特汽车公司一系列营销理念的转变正是整体营销理论发展的一个缩影。从生产观念、产品观念、推销观念直到市场营销观念和网络营销观念等诸多营销理念，都在福特汽车公司的流水线生产、以消费者为中心和应用网络营销策略中折射出来。

由于年轻群体正成为社会的主流，对于像福特这样的老品牌来说，保持年轻的心态，与年轻人为伍显得尤为重要，而网络便是与这些人沟通的最好桥梁。同时，网络可以对市场进行无限制的深入细分，将品牌信息准确地传递给细分市场的目标客户，准确定位目标人群，锁定他们的视线。可见，随着网络全面渗透企业运营和个人生活中，网络营销已经被越来越多的企业所认识和采用。

1.1　市场营销概述

1.1.1　营销观念的演变

营销观念是指企业从事经营活动的指导思想，也称为营销哲学，它直接关系营销活动的成败和企业的兴衰。营销观念随着商品经济的发展经历了一个漫长的演变过程：最初以"生产观念"和"产品观念"为指导思想；随后以"推销观念"为指导思想；20 世纪 50 年代后，指导思想又逐步演变为"市场营销观念"；直到 20 世纪 70 年代，有些学者又提出了以"社会营销观念""大市场营销观念""关系营销观念""绿色营销观念"等为指导思想。

1. 生产观念

生产观念是一种最古老的营销管理理念，盛行于 19 世纪末 20 世纪初。该观念认为，消费者喜欢那些可以随处买到和价格低廉的商品，企业应当组织和利用所有资源，集中力量提高生产效率和扩大分销范围，增加产量，降低成本。由于那个时代处于卖方市场环境，物资短缺，生产成本高，所以形成了一种"重生产、轻营销"的思想，其典型表现就是"我们能生产什么，就生产什么"。由于企业以生产观念指导营销活动，很容易使得产品不符合市场需要，最终导致企业失败。

2. 产品观念

产品观念也是一种"重生产、轻营销"的观念，几乎与生产观念并存于同一时期。产品观念认为，消费者喜欢高质量、多功能和具有某些特色的产品。因此，企业应该致力于生产优质产品，并不断精益求精。尽管产品观念比生产观念有所进步，但是市场求新、求异、求变，一味追求质量和功能而忽视了消费者的需求和欲望，导致营销工作缺乏远见。

3. 推销观念

推销观念盛行于 20 世纪三四十年代，它认为消费者不会主动购买本企业的产品，因此企业的中心任务就是积极推销和大力促销，使消费者认识和接受该产品，吸引消费者购买；其表现往往是"我们卖什么，就让人们买什么"。可见，与前两种观念一样，推销观念也是建立在以企业为中心的"以产定销"的基础上，而没有站在消费者真正需求的基础上。因此，前三种观念被称为"传统营销观念"。

4. 市场营销观念

市场营销观念形成于 20 世纪 50 年代，与传统营销观念不同，它不是以企业为中心，而是以满足顾客需求为宗旨，从顾客需求出发安排生产和经营活动，是以消费者需求和欲望为导向的经营哲学，是消费者主权论的体现。该观念认为，企业一切的工作重点要以顾客需求为中心，正确确定目标市场的需求与欲望，比竞争者更有效地满足目标市场的要求，实行以需定产。可见，市场营销观念的产生，是营销观念的一次质的飞跃和革命，从以企业为中心转变为以顾客为中心。

5. 社会营销观念

社会营销观念产生于 20 世纪 70 年代，随着环境污染、能源短缺、通货膨胀、人口爆炸和忽视社会服务等新问题的出现，人们开始思考消费者短期需要与长远利益、企业利益与社会长远发展之间的矛盾。因而，出现社会营销观念，即企业在满足消费者需求、获得利润的同时，必须注意维护社会公众和消费者的长远利益。社会营销观念是以社会长远利益为中心的市场营销观念，是对市场营销观念的补充和修正。

6. 大市场营销观念

大市场营销观念产生于 20 世纪 80 年代，是指企业为了成功进入特定的市场，并在那里从事经营活动，就需要综合应用经济、心理、政治和公共关系等手段，以赢得外国或地区等有关方面的合作与支持的战略思想和营销策略。这里特定市场一般是指贸易壁垒很高的封闭型或保护型市场等。

7. 关系营销观念

关系营销观念兴起于 20 世纪 90 年代，是指企业与其顾客、分销商、经销商和供应商建立并保持长期的、彼此信任的、互利的、巩固的和良好的合作伙伴关系，通过互利交换及共同履行诺言，实现参与交易各方的目标。可见，市场营销的核心从交换转变为关系。

8. 绿色营销观念

绿色营销观念以保护全球资源、生态和维持人类健康为宗旨，是社会营销观念的具体化、系统化。其核心是提倡绿色消费意识，进行以绿色产品为主要标志的市场开拓，营造绿色消费的群体意识，创造绿色消费的宏观环境，销售绿色产品，培育绿色文化。

总之，生产观念、产品观念和推销观念一般被称为"传统营销观念"，是以企业为中心、以企业利益为最终目的的营销观念；市场营销观念、社会营销观念、大市场营销观念、关系营销观念和绿色营销观念一般被称为"现代营销观念"，是以消费者为中心和以社会长远利益为中心的营销观念。

1.1.2 市场营销的含义

1. 市场的含义

市场营销是以顾客为中心、以市场需求为出发点的现代营销观念。所谓市场，是指具有特定的欲望和需求，而且愿意并能够以交换来满足此欲望和需求的全部潜在顾客。因此，市场的大小，取决于那些有某种需要，并拥有使别人感兴趣的资源，同时愿意以这种资源来换取其需要的东西的人数。

市场营销学主要研究作为销售者的企业的市场营销活动，即研究企业如何通过整体市场营销活动，适应并满足买方的需求，以实现经营目标。因此，市场是指某种产品的现实购买者与潜在购买者需求的总和。

市场包含 3 个主要因素，即消费主体、购买力和购买欲望。购买力是指消费主体支付货币购买商品和劳务的能力。消费者的购买力由其收入决定，收入水平可以从人均国民收入和个人收入两方面指标反映。购买欲望是指消费主体购买商品的动机、愿望或要求，是消费主体把潜在购买力变为现实购买力的重要条件。市场的这 3 个要素是相互制约、缺一不可的，只有三者结合起来才能构成现实的市场，才能决定市场的规模和容量。

2. 市场营销的含义

市场营销可被理解为与市场有关的人类活动，即以满足人类各种需要和欲望为目的，通过市场变潜在交换为现实交换的活动。市场营销不是销售或促销，因为现代企业市场营销活动包括市场营销研究、市场需求预测、新产品开发、定价、分销、物流、广告、人员推销、销售促进和售后服务等，而销售仅仅是现代企业市场营销活动的一部分，而且不是最重要的部分。

通过营销观念的发展和转变可以看出：市场营销的产生是人类社会经济发展的产物，市场营销的发展始终伴随着社会经济的发展。可见，市场营销的含义不是固定不变的，它随着企业市场营销实践的发展而发展；许多专家都提出了自己的见解。

当代管理学大师彼得·德鲁克（Peter Drucker）认为：市场营销是如此基本，以致不能把它看成一个独立的功能，从它的最终结果来看，也就是从顾客的观点来看，市场营销是整个企业活动。

美国著名市场营销学教授菲利普·科特勒（Philip Kotler）认为：市场营销是个人和集体通过创造，提供出售，并同他人交换产品和价值，以满足需求和欲望的一种管理过程。

英国皇家营销学院（CIMUK）认为：市场营销就是有效地明确、预测和满足顾客需求并创造利润的管理过程。

美国市场营销协会（AMA）将其定义为：市场营销就是关于构思、货物和服务的设计、定价、促销和分销的规划与实施过程，目的是创造能实现个人和组织目标的交换。总之，我们可以这样来理解：市场营销是企业的一系列经营活动，体现了企业的价值观。由于市场营销是"以销定产"，以顾客需求作为企业生产导向的营销理念，因此它是连接市场需求与企业反应的桥梁，关系企业的生存和发展。

✍ 思政拓展

如何才能学好市场营销？

学好市场营销，需要我们转换角色、换位思考，秉承企业家精神。转换角色，需要我们把日常生活中习以为常的消费者身份，转换为企业营销管理者的身份；换位思考，需要我们以企业营销管理者的身份来换位思考问题，以企业家精神为引领，开展市场营销活动。

2022 年 10 月 16 日习近平总书记在中国共产党第二十次全国代表大会上作了报告，报告的第四部分"加快构建新发展格局，着力推动高质量发展"中指出"完善中国特色现代企业制度，弘扬企业家精神，加快建设世界一流企业。支持中小微企业发展。"那么，什么是企业家精神？许多专家和学者都探讨过企业家精神，总的来说，企业家精神的核心特质是创新，包括爱国敬业、创新、进取、合作、学习、责任、风险意识等特征，是企业家所具有的价值观和精神特质的总和。

《中共中央　国务院关于营造企业家健康成长环境　弘扬优秀企业家精神更好发挥企业家作用的意见》中指出："企业家是经济活动的重要主体。改革开放以来，一大批优秀企业家在市场竞争中迅速成长，一大批具有核心竞争力的企业不断涌现，为积累社会财富、创造就业岗位、促进经济社会发展、增强综合国力作出了重要贡献。营造企业家健康成长环境，弘扬优秀企业家精神，更好发挥企业家作用，对深化供给侧结构性改革、激发市场活力、实现经济社会持续健康发展具有重要意义。"并首次以专门文件明确了企业家精神的地位和价值，企业家精神主要包括：企业家品格，即爱国敬业、遵纪守法和艰苦奋斗；企业家理念，即创新发展、专注品质和追求卓越；企业家责任，即履行责任、敢于担当和服务社会。

在企业的营销活动中，以企业家精神为引领，要弘扬企业家品格，即企业家爱国敬业、遵纪守法和艰苦奋斗的精神；要弘扬企业家理念，即企业家创新发展、专注品质和追求卓越的精神；要弘扬企业家责任，即弘扬企业家履行责任、敢于担当和服务社会的精神。

1.1.3　市场营销组合

1. 市场营销组合的定义

市场营销组合是现代市场营销理论中一个重要概念，是指企业针对选定的目标市场，综合运用各种可能的市场营销策略和手段，组合成一个系统化的整体策略，以达到企业的经营目标和最佳的经济效益。

2. 市场营销组合的内容

美国麦卡锡教授于 1960 年在其《基础营销》（*Basic Marketing*）一书中将市场营销要素概括为 4 类：产品（product）、价格（price）、渠道（place）、促销（promotion），即著名的4P 组合。1967 年，菲利普·科特勒在其畅销书《营销管理：分析、规划与控制》第一版中进一步确定了以 4P 为核心的营销组合方法。现代市场营销学认为，影响企业市场营销效果的因素来自两个方面：一个是市场营销环境，是影响企业经营的不可控制的外部因素；另一个是市场营销组合，是企业经营的可以控制的各个变量的组合。在通常情况下，市场营销组合的优劣直接决定了企业在目标市场的竞争地位和经营特色。

市场营销组合又称为 4P 组合，即由产品策略、价格策略、渠道策略、促销策略 4 个基本策略组成。

产品策略，是指与产品有关的计划和决策。产品是为目标市场而开发的有形物质产品与各种相关服务的统一体。其核心问题是如何满足目标市场对企业提供的商品和各种相关服务的需求，即在产品种类、质量标准、产品特性、产品品牌、包装设计，以及维修、安装、退货、指导使用和产品担保等方面进行新产品的开发活动。

价格策略，是指企业如何估量顾客的需求与分析成本，以便选定一种吸引顾客、实现市场营销组合的价格。制定价格策略必须考虑产品在目标市场上的竞争性质、法律政策限制、顾客对价格可能作出的反应、折扣、支付期限和商业信用条件等相关问题。顾客对价格的认同程度是市场营销效果的衡量指标。

渠道策略，是指产品从生产者到消费者的途径。产品在其所有权转移过程中从生产领域进入消费领域需要经过多个环节及经营机构，大量的市场营销功能是在这些市场营销渠道中完成的。渠道的计划和决策，是指通过渠道的选择、调整、新建及对中间商的协调和安排，控制相互关联的市场营销机构，以利于更顺畅地完成交易。

促销策略，是指各种促进销售形式和手段的融合。促销的本质是在企业和顾客之间传递"合适的产品在适当的时候以适当的价格出售"的信息。所以，促销策略又称为沟通策略，它的作用一是传递企业何时何地以何种方式何种价格销售何种商品的信息；二是引起消费者注意，激发购买兴趣；三是增强企业品牌的知名度。因此，它包含广告策略、人员推销、公共关系、营业推广等因素的组合运用。

课堂练习 1-1

4P 组合策略的应用

练习目的：

通过本次课堂练习，获得 4P 组合策略应用的感官体验，深刻体会市场营销中，4P 组合策略的互相融合和互相支撑，进而更加深入地了解市场营销的功能及其对企业的重要性。

练习要求：

学生自由组合成小组，分析"肯德基二次进军香港的 4P 组合策略应用"的案例内容，结合理论知识分析案例的实际应用特点；各小组还可以模仿这个案例，把比较有代表性的、实际在企业中应用到的 4P 组合策略应用案例与全班师生一起分享，以便更好地掌握所学理论知识。

练习内容：

肯德基二次进军香港的 4P 组合策略应用

1. 肯德基进军香港

1973 年，赫赫有名的肯德基公司踌躇满志，大摇大摆地踏上了香港，并夸下海口：要在香港开设 50 家至 60 家分店。这并非信口雌黄。这种由 11 种草本植物和香料制成的肯德基家乡鸡，由于工艺独特，香酥爽口，备受世界各地消费者的喜爱。到 20 世纪 70 年代，肯德基在世界各地有快餐店数千家，形成了一个庞大的快餐店连锁网。于是，它又把目光瞄准了香港这颗"东方之珠"。

1973 年 6 月，第一家肯德基店在美孚新村开业，其他分店亦很快接连开业。到 1974 年，数目已达到 11 家。在肯德基家乡鸡店中，除了炸鸡之外，还供应其他食品，包括菜丝沙拉、马铃薯条、面包，以及各种饮料。

肯德基首次在香港推出时，电视和报刊、印刷品的主题，都采用了家乡鸡世界性的宣传口号——"好味到舐手指"。

声势浩大的宣传攻势，加上独特的烹调方法和配方，使得顾客都乐于一尝，而且在肯德基进入香港以前，香港人很少品尝过所谓的美式快餐。虽然大家乐和美心快餐店均早于肯德基开业，但当时规模较小，未形成连锁店，不是肯德基的竞争对手。表面看来肯德基在香港前景光明。

2. 惨遭"滑铁卢"

1974 年 9 月，肯德基多家店面停业，只剩 4 家坚持营业。到 1975 年 2 月，全军覆没。

在产品上，为了适应香港人的口味，肯德基采用了本地产的土鸡品种，但仍采用以前的喂养方式，即用鱼肉饲养。这样便破坏了中国鸡特有的口味，甚是令香港人失望。在价格上，当时的香港人认为肯德基价格太昂贵，因而抑制了需求量。在广告上，肯德基采用了"好味到舔手指"的广告词，这在观念上也很难被香港居民所接受。在服务上，家乡鸡不设座位的做法，等于是赶走了一批有机会成为顾客的人。

虽然肯德基建店之初，吸引了许多人前往尝试，但是回头客就很少了。

3. "卷土重来"——制定合理的 4P 组合策略

1985 年，肯德基卷土重来，在开拓市场上更为谨慎，在营销策略上按香港的情况进行了适当的变更。

肯德基进行了市场细分，明确了目标市场。新的肯德基店和旧的不同，现在它是一家高级"食堂"快餐厅，介于铺着白布的高级餐厅与自助快餐店之间。顾客对象介于 16 岁至 39 岁之间，主要是年轻人，包括写字楼职员和年轻的行政人员。

在产品策略上，肯德基店进行了食品项目的革新。品种上增加菜的种类，以鸡为主，有鸡件、鸡组合装、杂项食品和饮品；杂项食品包括薯条、沙拉和玉米；所有鸡都是以贺兰迪斯上校的配方烹调，大多数原料和鸡都从美国进口；食品是新鲜烹制的；炸鸡若在 45 分钟仍未售出便不会再售，以保证所有鸡件都是新鲜的。

在价格策略上，公司将家乡鸡的价格定得较高，而其他杂项食品如薯条、沙拉和玉米等以较低的竞争价格出售。这是因为，如果家乡鸡价格太低，香港人会把它看成一种低档快餐食品，与自己的市场定位不符；而其他杂项食品以低价格出售，可以在周围有许多出售同类食品的快餐店中，获取一定的竞争优势。

在渠道策略上，肯德基采取特许经营的方式，由某家机构取得香港特许经营权，条件是不可分包合约，内容包括购买特许的设备、食具和向家乡鸡特许供应商购买烹调用香料等，确保家乡鸡的口味、质量和营销理念不变；在增开新店时，尽量开设在人流较大的地方，以方便顾客；同时扩大营业面积，增设座椅，提高就餐环境质量，改变消费者拥堵的状况。

在促销策略上，肯德基将 1973 年的广告口号"好味到舔手指"改为"甘香鲜美好口味"，在地铁车站和报纸、杂志上都能看到新的广告词。很明显，新的广告词已带有浓厚的港味，因而更容易被香港人接受。

4. 香港终于接受了它

随着公司进一步的市场调查和调整市场策略，香港逐步成为肯德基的一个分市场，分店数目占肯德基在世界各地总店数目的 10%，肯德基也成为与麦当劳、汉堡包和必胜客薄饼并立的香港四大快餐食品之一。肯德基终于被香港人接受了。

思考与互动：

学生思考并回答以下几个问题，教师点评、归纳。

① 按照 4P 组合策略的理论，对比肯德基两次进军香港所采取的组合策略有什么不同。

② 在上述案例中，产品策略、价格策略、渠道策略和促销策略是如何融合在一起的？

③ 应用适宜的 4P 组合策略，能给企业带来什么好处？

④ 通过上述案例，具体谈谈应用 4P 组合策略有哪些注意事项。

⑤ 通过上述案例进一步收集资料，谈谈该企业秉承了哪些企业家精神。

⑥ 根据你对肯德基的了解，在其实施 4P 组合策略中，你还有哪些建议或对策呢？

1.2　网络营销概述

1.2.1　网络营销的产生

20 世纪 90 年代初，在全球范围内掀起了互联网应用热潮，世界各大公司纷纷利用互联网提供信息服务和拓展公司的业务范围，并且按照互联网的特点积极组织企业内部结构和探索新的营销管理方法，网络营销由此诞生。

网络营销是以现代电子技术和通信技术的应用与发展为基础，与市场的变革、竞争及营销观念的转变密切相关的一门新学科。网络营销的产生有其在特定条件下的技术基础、观念基础和现实基础，是多种因素综合作用的结果。具体分析其产生的根源，可以更好地理解网络营销的本质。

1. 互联网的发展是网络营销产生的技术基础

1969 年 11 月 21 日，6 名科学家在加利福尼亚大学洛杉矶分校的计算机实验室，将一台计算机与千里之外的斯坦福研究所的另一台计算机连通，宣告了网络时代的到来。

网络，一般指计算机网络，是由"计算机集合"和"通信设施"组成的系统；在网络营销中，它主要指的是互联网，包括因特网（Internet）、企业内部网（intranet）及企业外部网（extranet）、移动互联网（mobile internet）。互联网也就是由众多计算机、智能终端及其网络，通过电话线、光缆、通信卫星等连接而成的一个计算机网，是一种集通信技术、信息技术、网络技术、移动技术和计算机技术于一体的网络系统。早期的互联网主要用于军事、教育和研究活动。各项高新技术的飞速发展，以及互联网信息开放、分享和价格低廉的特点，推动了网络技术的商业化，互联网也逐步渗透至经济领域，并在商业领域的应用中显现出巨大威力和发展前景。

营销的实质是企业与顾客之间的交流和沟通，这种交流和沟通会影响顾客的购买行为。由于互联网突破了时间和空间的限制，实现了连接、传输、互动、存取各类形式信息的功能，提供了各种各样的服务，具备了企业与顾客之间的商业交易和互动沟通的能力，因此企业利用互联网开展经营活动，显示出越来越多的区别于传统营销模式的优势，以互联网为技术基础的网络营销，是社会经济发展的必然结果。

2. 消费者价值观念的变革是网络营销产生的观念基础

满足消费者的需求是市场营销的核心。随着科技的发展、社会的进步和经济的繁荣，消费者的价值观也在不断地变化，市场已经从卖方市场向买方市场转变，消费者主导的经营时代已经来临，企业纷纷上网为消费者提供各种各样的服务，开展网络营销，以获得竞争优势。消费者价值观念的变革主要体现在以下方面。

1) 个性化消费的回归

在过去相当长的一个时期内，工业化和标准化的生产以大量低成本、单一化的产品淹没了消费者的个性化需求；另外，在短缺经济或近乎垄断的市场中，可供消费者挑选的产品很少，使得消费者的个性不得不被压抑。而在市场经济充分发展的今天，多数产品无论在数量上还是在品种上都已经极为丰富，消费者完全可以以自己的愿望为基础挑选或购买商品或服务。从理论上看，没有两个消费者的心理是完全一样的，每个消费者都是一个细分市场，个性化消费正成为消费的主流。

2) 消费主动性增强

由于商品生产的日益细化和专业化，消费者购买商品的风险会随着选择的增多而上升；消费者购物时逐步理性化，会通过各种渠道获取与商品有关的信息，并进行分析与比较，以减少购买风险。网络时代信息获取的方便性和共享性，促使消费者通过各种渠道获取商品信息，并进行分析比较，获得心理上的平衡感和满足感，增加了对所购买商品的理解和信任，降低了购物风险。

3) 追求购物的方便性和趣味性

在信息社会里，有许多生活节奏紧张的消费者，他们会以购物的方便性为目标，追求尽量节省时间和劳动成本；也有许多消费者，希望通过网络来消费一些新鲜和有趣的网络产品（如网络游戏等）来满足心理的需要，从中获得享受。

4) 价格仍然是影响消费者购买的重要因素

虽然现代市场营销总是以各种策略来削弱消费者对价格的敏感度，避免价格恶性竞争。但是，价格始终对消费者产生重要的影响，即使在现代营销技术面前，价格的作用仍不可忽视，价格的变动依然会影响消费者既定的购买原则。

3. 激烈的市场竞争是网络营销产生的现实基础

随着当今市场竞争的日益激烈，企业为了获得竞争优势，必须不断推出各种营销手段来吸引顾客，但传统的营销手段已经不能使企业在竞争中出奇制胜。网络营销正是一种新颖独特的理念，能以更低的成本和服务、更为合适的途径传递信息给消费者，以更为快捷的方式获取消费者的需求和喜好，从而生产出满足消费者需求的产品和服务；并使企业经营的成本和费用降低，运作周期变短，以便应对竞争激烈的市场。

综上所述，互联网的发展、消费者价值观的变革和激烈的市场竞争促进了网络营销的产生，而网络营销的特征和优势也在很大程度上满足了企业应对竞争激烈的新需求。

1.2.2 网络营销的概念和内涵

1. 网络营销的概念

随着互联网的普及和应用，以互联网为载体，以全新的理念、方式和方法实施营销活动应运而生，即网络营销。网络营销是企业借助互联网实现营销目标的一种营销手段，也是电子商务的重要组成部分。关于网络营销，国外有许多种叫法，如 cyber marketing、network marketing、e-marketing、online marketing、web marketing 等，都有"网络营销"或者"互联网营销"的含义，但不同的单词组合有着不同的含义。

cyber marketing 主要指在虚拟的计算机空间上进行的营销活动；network marketing 主要指在网络上开展的营销活动，包括 Internet、EDI 和 VAN 等各种网络，可译为网上营销；e-marketing 是目前习惯采用的翻译方法，e 即 electronic，是电子化、信息化、网络化的含义，简洁、直观、明了，而且与电子商务（e-commerce、e-business）、电子虚拟市场（e-market）等翻译相对应；online marketing 可直译为在线营销；web marketing 强调的是基于网站的营销。

网络是一个虚拟的世界，没有时间和空间的限制，但是许多事物以一种虚拟化的形式存在，企业欲通过网络来开展经营活动，必须改变传统的营销手段和方式。可见，网络营销的核心思想就是"营造网上经营环境"。在网络经营环境中，直接环境由计算机网络、网络运营商和各类上网终端组成；间接环境即企业网络营销所面临的现实的营销环境，包括顾客、网络服务商、合作伙伴、供应商、销售商等。

由于对网络的理解不同，和电子商务一样，网络营销的概念也有广义和狭义之分。广义的概念是企业利用一切计算机网络（包括企业内部网、行业系统专线网及互联网）进行的营销活动；狭义的概念专指以互联网为主要营销手段，为实现一定营销目标而展开的营销活动。

通过上述对网络营销概念的理解，可以得到一个比较合理的定义：网络营销是企业整体营销战略中的一个组成部分，是利用 Internet 技术，最大限度地满足客户需求，以达到开拓市场、实现营销目标的经营过程。

正确认识网络营销，还需注意以下几点。

① 网络营销是手段而不是目的。网络营销具有明确的目的和手段，但网络营销本身不是目的。网络营销是营造网上经营环境的过程，也是综合利用各种网络营销方法、工具、条件并协调其相互关系，从而更加有效地实现企业营销目的的一种手段。

② 网络营销不是孤立的，它是企业整体营销战略的一个组成部分。网络营销活动不可能脱离一般营销环境而独立存在，在很多情况下网络营销理论是传统营销理论在互联网环境中的应用和发展。不管网络营销处于主导地位还是辅助地位，都是互联网时代市场营销中必不可少的内容。

③ 网络营销不是网上销售。网络营销是为实现产品销售目的而进行的一项基本活动，但网络营销本身并不等于网上销售。网上销售是网络营销发展到一定阶段产生的结果。

④ 网络营销不等于电子商务。网络营销本身并不是一个完整的商业交易过程，而只是促进商业交易的一种手段。电子商务主要是指交易方式的电子化，它强调的是交易行为和方式。网络营销是电子商务的基础，开展电子商务离不开网络营销，但网络营销并不等于电子商务。

⑤ 网络营销不是"虚拟营销"。所有的网络营销手段都是实实在在的，而且比传统营销方法更容易跟踪消费者的行为。

2. 网络营销的内容

网络营销一方面要针对新兴的网上虚拟市场，及时了解网上虚拟市场的消费者特征和变化，实现企业的营销活动；另一方面，网络具有其他渠道和媒体所不具有的特点，信息交流自由、开放和平等、费用低、效率高，开展网络营销活动，需要具有与传统营销活动不一样的手段和方式。所以，网络营销的内容十分丰富，主要包括以下方面。

① 网上市场调查：主要利用互联网交互式的信息沟通渠道来实施调查活动。

② 网络消费者行为分析：深入了解网上用户群体的需求特征、购买动机和购买行为模式。

③ 网络营销策略的制定：不同企业在市场中处于不同地位，必须采取与企业相适应的网络营销策略。

• 网络产品和服务策略：企业制定网络产品和服务策略时，必须结合互联网的特点，重新考虑传统产品的设计、开发、包装和品牌策略。

• 网络价格营销策略：结合互联网自由、平等和信息共享的特点，制定网络价格策略时必须考虑互联网本身独特的免费思想对企业定价的影响。

• 网络渠道选择与直销：解决了传统渠道中多层次的选择、管理和控制问题，最大限度地降低了营销渠道中的费用。

• 网络促销与网络广告：具有简单、高效、费用低廉等特点，但是开展网络促销与网络广告活动必须遵循网上信息交流与沟通的规则，特别是遵守虚拟社区的礼仪。

④ 网络营销管理与控制：对互联网上开展的营销活动和许多传统营销活动无法碰到的新问题，进行管理和有效的控制。

3. 网络营销组合理论

随着营销理论和移动互联网技术的发展，网络营销组合以 4P 营销组合理论为基础，以 4C、4R 和 4D 营销组合理论为导向。4P 理论、4C 理论、4R 理论、4D 理论的对比如表 1-1 所示。

表 1-1　4 种营销组合理论对比表

4P 理论	4C 理论	4R 理论	4D 理论
产品（product）	顾客（customer）	关联（relevancy）	需求（demand）
价格（price）	成本（cost）	反应（respond）	数据（data）
渠道（place）	便利（convenience）	关系（relation）	传递（deliver）
促销（promotion）	沟通（communication）	回报（return）	动态（dynamic）

4C 理论，即由顾客的需求和欲望（consumer wants and needs）策略、成本（cost）策略、便利（convenience）策略、沟通（communication）策略 4 个基本策略组成。4C 理论是 4P 理论的发展，并一一对应，该理论基本观点是：先不急于制定产品策略，而是以研究顾客的需求和欲望为出发点；先不急于制定定价策略，而是重点研究顾客为满足其需求所愿付出的成本；先不急于制定渠道策略，而是着重考虑给顾客方便以购买到商品；先不急于制定促销策略，而是着重加强与消费者的沟通和交流。

4R 理论是指关联、反应、关系和回报，是在 4P 理论和 4C 理论基础上的进一步创新。关联即通过某些有效的方式在业务、需求等方面与顾客建立关联，形成一种互助、互求、互需的关系，把顾客与企业联系在一起，形成稳定、持久和牢固的关系，减少因网络的便利而带来的顾客流失；反应即提高网络时代的市场反应速度，站在顾客的角度及时倾听顾客的希望、渴望和需求，并及时答复和迅速做出反应，满足顾客的需求，以体现网络方便、快捷的特点；关系即关系营销越来越重要，抢占市场的关键已转变为与顾客建立长期而稳固的关系，从交易变成责任，从顾客变成拥趸，从管理营销组合变成管理和顾客的互动关系；回报即营销的动力源泉，既包括为顾客带去的回报，也包括为企业带来短期或长期的收入和利润。

4D 理论是指需求、数据、传递和动态。需求，指聚焦消费者需求；数据，指精准定位个性化营销；传递，指直接把产品价值传递给消费者；动态，指企业与消费者的动态立体式沟通。

4P、4C、4R、4D 之间不是取代关系，而是完善、发展的关系，4P 是营销的一个基础框架，4C 是在 4P 基础上的丰富和完善，4R 是在 4P、4C 基础上的创新与发展，4D 是移动互联网经济时代的基础和灵魂，四者不是割裂或对立的，企业应当根据自身的实际情况，科学运用以上理论指导网络营销实践。

4. 网络营销的职能和特点

网络营销的职能有很多，并不是简简单单的网上销售或者网上广告，其职能主要有以下几个方面。

① 网络品牌：网上品牌的建立和网下品牌的延伸。
② 网站推广：网络营销的核心工作。
③ 信息发布：网络营销的基本职能，网络营销的主要方法之一。
④ 销售促进：直接或间接地促进网上和网下的销售。
⑤ 销售渠道：企业销售渠道在网上的延伸。
⑥ 顾客服务：提供更贴切的服务，对强化网络营销效果具有重要影响。
⑦ 顾客关系：网络营销取得成效的必要条件。
⑧ 网上调研：具有高效率、低成本的特点，是网络营销的主要职能之一。

网络营销的特点也有很多，是由网络特点和社会的发展演变出来的，其特点主要有以下几个方面。

① 跨时空性：网络营销突破了时间和空间的限制，使企业拥有了更多时间和空间进行营销。

② 多媒体：互联网可以传输、保存和交换文字、声音、图像和视频等多种媒体信息，可以充分发挥营销人员的创造性和能动性。

③ 互动性：企业和顾客可以通过互联网进行双向互动式的沟通，是企业进行产品设计、获取商品信息和提供服务的最佳工具。

④ 人性化：网络促销等活动是一对一的、理性的、消费者主导的、非强迫性的和循序渐进的，是一种低成本和人性化的方式。

⑤ 成长性：随着网络的普及，网民的数量在飞速增长，而且大多数都是年轻的、具有一定消费水平的受教育群体，具有很大的市场潜力和成长性。

⑥ 整合性：网络渠道是一种全程的营销渠道，可以完成全部营销过程，也可以对不同的营销活动进行统一的设计、规划和协调，具有整合性。

⑦ 超前性：网络营销是一种强大的营销工具，具备一对一的营销能力，迎合了定制营销和直复营销等未来发展的趋势，具有超前性。

⑧ 高效性：网络营销借助高新技术和现代化工具，使得商业信息的存储、传输和发布都具有高效性。

⑨ 经济性：网络营销代替了传统的面对面的交易方式，减少了店面租金、库存等成本，提高了交易的经济性。

⑩ 技术性：网络营销是建立在以高新技术为支撑的网络基础上的，企业实施网络营销必须有一定的技术投入、技术支持和懂营销又懂技术的复合型人才。

1.2.3　网络营销的发展

网络营销是随着网络的发展而产生的营销方式，具有与传统营销不同的特点和优势，对传统营销产生了一定的冲击；但网络营销并不是简单的营销网络化，并未完全抛开传统营销理论，而是对传统营销的继承、发展与创新。

1. 网络环境下的营销格局

在传统营销理论中，可控因素与不可控因素有着十分清楚的界限，营销管理的本质就是综合运用企业可控因素，以实现与不可控因素或者外部环境的动态协调。在网络环境下，企业的可控因素、不可控因素和外部环境都发生了许多重大变革，企业、消费者和宏观环境力量之间的关系和格局都发生了变化，使得原有的规律发生了许多重大的变革。

1）企业与消费者的关系

在传统经济运行模式条件下，企业无法了解每一位消费者的需求、欲望和利益，所以绝大部分消费者只能在企业已经生产出来的产品和服务中做出选择。在这种交易模式下，消费者依旧没有处于主动地位，被排除在营销主体以外，只是企业的营销对象。在网络经济运行模式条件下，消费者可以与企业进行一对一的沟通和交流，拥有了全球的选择空间和选择机会，消费者的意愿、利益和偏好真正成为企业营销活动的中心。在这种环境下，消费者的地位凸显了出来，并成为企业营销活动的参与者，与企业共同构成了市场营销的主客体。

2）企业间的相互关系

依托网络的帮助，供应链上的所有企业更像是一个紧密结合的整体，供应商、分销商和营销服务机构等均可通过网络协同工作，打破时间和地域的限制，完善各个部门间的融合，提高了工作效率，而不纯粹是某种意义上的外部环境。与传统运行模式环境不同，供应商、分销商和营销服务机构等与制造企业共同构成营销活动的主体。

3）企业与宏观环境力量之间的关系

菲利普·科特勒将政治权力作为营销组合因素对待，实际上已经揭示了这样一个事实，即企业与宏观环境的界限并不是恒定不变的；由于网络信息传输和交换的自由、平等和共享等特点，政治、经济、法律和技术等均被附上了网络特色，使得这种非恒定状态，在网络空间被进一步放大。

总之，网络改变了企业与消费者、企业与企业、企业与所处经营环境的相互关系，使得传统营销模式中企业可控因素与不可控因素的边界趋于模糊。在这种背景下运用可控因素适应不可控因素的规律，已经不再具备坚实的实践基础。只有突破这一局限，透过一个新的视角，才可能找到适合企业的经营模式。

2. 网络营销对传统营销的冲击

① 对标准化产品的冲击。根据消费者的需求生产小批量、个性化的商品，更有效地满足多样化需求，是企业所面临的挑战；网络中会产生更多的虚拟化、无形化、非实体化的新兴产品；网络营销还使产品生命周期逐步缩短，并且概念逐步淡化。

② 对品牌全球化管理的冲击。对品牌全球化管理的一个挑战是如何对全球品牌和共同的名称或标志识别进行管理，以及如何加强区域管理。

③ 对定价策略的冲击。网络市场中价格信息的透明化和公开化，对采取差异化定价的企业产生了巨大的冲击；网络交易中的支付和物流等风险的存在，也对网络价格的制定提出了新的挑战。

④ 对营销渠道的冲击。互联网的出现大大削弱了中间商和分销商的重要性，企业可以通过网络直接面对顾客，这对传统的营销渠道造成了很大的冲击。

⑤ 传统广告障碍的消除。网络消费者在寻找商品或服务信息时，具有相关性、目的性和主动性，使得企业的网络宣传、网络广告策略更有针对性、互动性和高效性，消除了传统广告的盲目性、强加性和低效性。

⑥ 重新营造顾客关系。网络营销中的企业竞争是一种以顾客为焦点的竞争形态，面对消费者大范围选择和理性购买的发展趋势，企业若欲与散布在全球各地的顾客保持持续、长久和稳定的关系，就必须重新营造顾客关系。

⑦ 对营销竞争战略的影响。网络自由、平等和低市场进入障碍等特性，使中小企业也能通过网络参与全球竞争；网络时代的市场竞争透明化，产品信息随处可见，需要研究新的竞争策略，如战略联盟、策略联盟等。

⑧ 对跨国经营的影响。网络具有跨时间和跨空间的优势，因而网络时代的企业也不得不进入跨国经营的时代，拓宽国际视角，适应国际化经营，面对国际化竞争。互联网为跨国公司和新兴企业提供了许多利益，也给企业带来了许多冲击和挑战。

⑨ 企业组织重整。网络营销给企业带来的影响有：业务人员与直销人员减少、组织层次减少，营销渠道缩短，虚拟组织增加等。这些影响和变化都将促使企业组织重整和企业组织再造。

3. 网络营销与传统营销的整合

通过以上分析可知，网络营销与传统营销方式相比具有无可比拟的优势，对传统营销造成了很大的冲击。但是，网络营销不可能完全取代传统营销，而需要与传统营销实现整合，才能使企业的整体营销策略获得最大的成功。

1）整合营销的含义

整合的含义是综合、合并、一体化，即把各个分散的部分结合为一个更完整、更和谐的整体，各组成部分紧密合作，在动态运行中，通过综合使之完整与和谐。整合营销的含义有两个层次：一是营销功能不同，如销售力量、广告、产品管理、市场研究等；二是营销部门必须和企业的其他部门相协调。整合营销观念改变了把营销活动作为企业经营管理的一项职能的观点，而是要求所有活动都整合和协调起来，努力为企业、顾客和社会三方的共同利益服务。

2）网络营销不可能完全取代传统营销

虽然网络营销作为一种新的营销理念和策略，与传统营销相比有着许多优势，但是由于网络、安全和技术等原因，网络营销并不能完全取代传统营销，二者将互相影响、互相补缺和互相促进，实现内在统一。

① 电子商务市场仅是整个商品市场的一部分。从电子商务交易市场的交易金额来看，仅占整个市场交易金额的一小部分。

② 所覆盖的消费群体仅是整个市场中的一部分群体。上网人群主要集中在中青年，老年人等群体由于各种原因还不能或不愿意使用互联网。

③ 消费者具有不同的偏好和习惯。许多消费者喜欢享受逛商场的乐趣或者喜欢亲自体验商品性能，这些传统营销过程中的优势是网络营销无法取代的。

④ 人与人之间的现实沟通具有独特的亲和力和感染力。许多消费者不愿意接受或者使用新的沟通方式和营销渠道，仍喜欢传统方式。例如：目前的电视广告等仍然发挥着重要的宣传作用。

⑤ 传统营销是网络营销的基础。网络营销是传统营销在网络环境下的发展和延伸，从传统营销的基本理论来看，网络营销依旧要遵从这些基本规律——针对一个营销目标实施营销策略时，要通过计划、分析、实施和控制等步骤，也要经历"调研、市场细分、选择目标市场、市场定位、确定营销策略和总结"这一过程。因而，网络营销应合理吸取和利用传统营销理论体系。

⑥ 网络依然存在不足之处。网上信任不足等会随着网络技术的发展和网络社会的进步而被逐步克服，但现阶段仍以传统模式为主。

3）网络营销与传统营销的整合

传统营销作为引导，为网络营销创造了前提条件。例如：利用报纸、杂志和电视广告等，建立企业品牌形象，引导消费者主动访问网站，继而发挥网络资料详尽和价格低廉等优势，使传统营销方式与网络营销模式的优势都得到充分发挥。

然而，网络营销作为主力，其廉价、即时和互动等特点，尤其是对于网络服务提供商和网络内容提供商等新兴网络企业的发展，具有十分重要的意义。

1.2.4　移动营销概述

1. 移动互联网的概念

移动互联网（mobile internet，MI）是一种通过智能移动终端，采用移动无线通信方式获取业务和服务的新兴业务，包含终端、软件和应用三个层面。终端包括智能手机、平板手机、平板电脑、电子书等；软件包括操作系统、中间件、数据库和安全软件等；应用包括休闲娱乐类、工具媒体类、商务财经类等不同应用与服务。而随着 LTE（long term evolution）4G 通信技术标准的广泛使用，以及 NFC（near field communication）近场通信移动支付技术的应用，移动互联网有了更进一步的发展。

移动互联网是移动通信与互联网相结合的产物，主要有宽带和窄带两种形式。宽带移动互联网是指移动终端通过宽带无线通信网络采用 HTTP 协议接入公共互联网；窄带移动互联网是采用 WAP 协议接入，其移动终端主要是智能手机。

2. 移动互联网的特点

移动互联网源于互联网，但移动互联网不等同于"移动+互联网"，它继承了移动通信随时随地和互联网分享、开放、互动的优势，将互联网和移动通信充分融合，使得两者得以迅猛发展，互联网也由 PC 互联网时代转向了移动互联网时代。移动互联网时代的特点有：

①便携。移动互联网终端以手机、平板为主，体积小，便于携带。

②便捷。移动互联网上网不再依赖网线插口或其他端口，使用过程更加便捷。

③及时。移动互联网使人们利用"碎片时间"处理事务，如利用乘坐公交、地铁的时间进行邮件收发、广告查看、网上购物等行为。

④强制。移动设备可以随时接收信息，而接收信息的软件通常会有声音或其他提示，这使得用户不得不及时处理这些信息，从而习惯不断查看手机等移动设备。这体现出移动互联网的潜在的强制性。

⑤封闭。由于移动互联网基于移动通信信号才能使用，相对于传统的 PC 互联网时代而言，使用移动互联网使得监控范围更广泛，人们的视角也相对更加封闭。

3. 移动营销的概念

移动营销，又叫移动互联网营销，是指通过移动互联网技术和手机、平板电脑等移动终端，基于移动互联网和通信技术，向目标受众传递个性化即时信息，通过与消费者的信息互动达到市场营销目标的行为。

移动营销早期称作手机互动营销或无线营销。移动营销是在强大的云端服务支持下，利用移动终端获取云端营销内容，实现把个性化即时信息精确有效地传递给消费者个人，达到"一对一"的互动营销目的。移动营销是网络营销的一部分，它融合了现代网络经济中的"网络营销"和"数据库营销"理论，是经典市场营销的派生，为各种营销方法中最具潜力的部分，但其理论体系才刚刚开始建立。

4. 移动营销的特征

移动营销的模式，可以用"4I 模型"来概括，即分众识别（individual identification）、即时信息（instant message）、互动沟通（interactive communication）和我的个性化（I）。

分众识别（individual identification）：移动营销基于手机进行一对一的沟通。由于每一部手机及其使用者的身份都具有唯一对应的关系，并且可以利用技术手段进行识别，所以能与消费者建立确切的互动关系，能够确认消费者是谁、在哪里等问题。

即时信息（instant message）：移动营销传递信息的即时性，为企业获得动态反馈和互动跟踪提供了可能。当企业对消费者的消费习惯有所觉察时，可以在消费者最有可能产生购买行为的时间发布产品信息。

互动沟通（interactive communication）：移动营销"一对一"的互动特性，可以使企业与消费者形成一种互动、互求、互需的关系。这种互动特性可以甄别关系营销的深度和层次，针对不同需求识别出不同的分众，使企业的营销资源有的放矢。

我的个性化（I）：手机的属性是个性化、私人化、功能复合化和时尚化的，人们对个性化的需求比以往任何时候都更加强烈。利用手机进行移动营销也具有强烈的个性化色彩，所传递的信息也具有鲜明的个性化。

5. 移动 4D 营销理论模型

移动 4D 营销理论模型如图 1-1 所示。

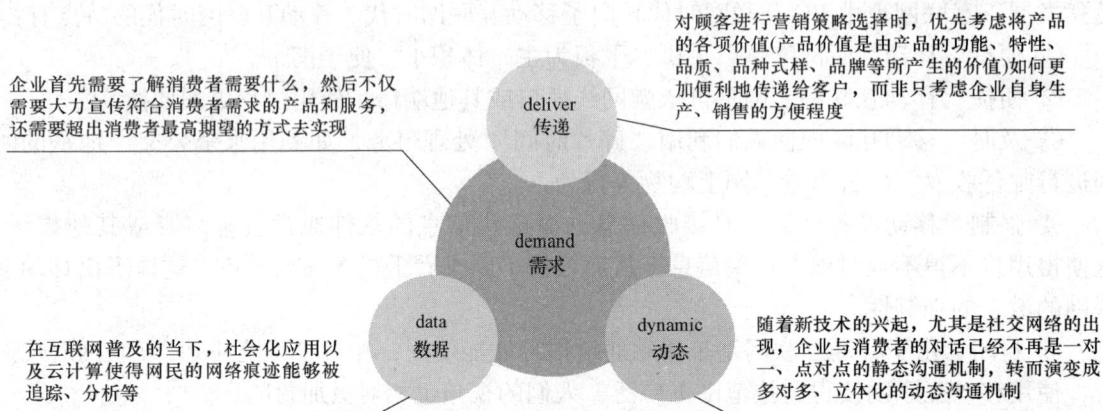

企业首先需要了解消费者需要什么，然后不仅需要大力宣传符合消费者需求的产品和服务，还需要超出消费者最高期望的方式去实现

对顾客进行营销策略选择时，优先考虑将产品的各项价值(产品价值是由产品的功能、特性、品质、品种式样、品牌等所产生的价值)如何更加便利地传递给客户，而非只考虑企业自身生产、销售的方便程度

deliver 传递

demand 需求

data 数据

dynamic 动态

在互联网普及的当下，社会化应用以及云计算使得网民的网络痕迹能够被追踪、分析等

随着新技术的兴起，尤其是社交网络的出现，企业与消费者的对话已经不再是一对一、点对点的静态沟通机制，转而演变成多对多、立体化的动态沟通机制

图 1-1 移动 4D 营销理论模型

1）需求（demand）

在 4D 模型下的聚焦用户需求策略中，对于消费者而言，大网络时代下获取信息的方式日渐多元化。对于企业而言，他们不再被动地生产过时的产品，而是主动预测消费者将来的需求，创造出消费者尚未意识到有需求的产品。而科技的发展为企业获取消费者全方位的信息、分析和预测市场需求提供了条件，获取和掌控消费者需求信息也被视为企业的一种能力。

2）动态（dynamic）

这里的动态是指企业与消费者要进行动态立体式沟通。

随着互联网的普及，消费者对于品牌的感知和购买决定逐渐深受网络和社交媒体的影响。用户可以通过网络上的用户评论平台，与其他用户分享他们对于产品、服务和体验的感受，网络口碑逐渐形成。研究发现，网络口碑能够通过消除不一致认知等手段，帮助用户决定购买何种商品，而且用户更容易采纳与自己有相同经历的用户评论，而不是搜索结果。

口碑营销在低成本下快速传播，也给商家带来了机会。企业在与目标消费者沟通的同时，也需要和目标消费者喜欢的社交网络意见领袖进行沟通。

具体来说，这种沟通有以下几种形式：线上线下闭环，即统一线下活动和线上宣传，反复推动，由线上发起线下活动，再由线下活动引发线上讨论，形成闭合回路；多渠道整合传播，即整合多种传播渠道，多管齐下，以一个声音覆盖所有媒介，吸引消费者注意力；病毒式口碑传播，即通过体验建立口碑，由意见领袖或活跃个人传播，由点及面逐渐引起追捧和发酵，形成如病毒蔓延般的传播趋势。

企业只有转变为立体、动态的沟通机制，才能实现实时响应、全面覆盖。

3）传递（deliver）

这里的传递是指直接把产品价值传递给消费者。

新互联经济时代，营销渠道向"移动化"升级，把握每一个消费者关注的机会、快速完成交易成为关键。

在价值传递模式中，顾客化定制原则以顾客为中心，企业无须增加任何额外的制造能力，而顾客逐渐参与到越来越多的核心运作过程中，企业运作由顾客订单驱动。顾客化定制比大量定制在营销方面更加个性化，顾客参与的环节和控制权更多，提供了创造更大价值的可能性。

4）数据（data）

随着搜索引擎、社交网络的普及，以及智能移动终端应用，移动互联网时代信息承载的方式日趋丰富。人们的地理位置、年龄、社交活跃度、购物记录、性格特征等都可以通过网络数据获得。

维度众多、动态变化的数据首先为企业分析消费者的行为和特征提供了基础。随着企业发展从粗放型向集约型转变，经营管理决策也向精细化管理的方向过渡。"无数据，不真实"。离开了精确的、具有前瞻性的数据分析工作，企业的精细化管理、正确的经营管理决策及快速的降本增效也就无从谈起。

数据分析工作的下一步就是精准定位，而精准定位的结果就是个性化营销。在这一过程中，企业以数据为基础，通过进一步挖掘和分析，找到这些数据相对应的人群，再针对这些群体进行个性化对比，以此展开"一对一"的服务，令顾客的个性化需求得到满足。

综上所述，在 4D 模型中：需求（demand）即企业首先需要了解消费者需要什么，然后不仅需要大力宣传符合消费者需求的产品和服务，还需要以超出消费者最高期望的方式实现；动态（dynamic）即随着新技术的兴起，尤其是社交网络的出现，企业与消费者的对话已经不再是一对一、点对点的静态沟通机制，转而演变成多对多、立体化的动态沟通机制；传递（deliver）即对顾客进行营销策略选择时，优先考虑将产品的各项价值（产品价值是由产品的功能、特性、品质、品种式样、品牌等所产生的价值）如何更加便利地传递给客户，而非只考虑企业自身生产、销售的方便程度；数据（data）即在互联网普及的当下，社会化应用及云计算使得网民的网络痕迹能够被追踪、分析等，而这个数据是海量的、可变化的，企业或第三方服务机构可以借助这些数据为企业的营销提供咨询、策略、投放等服务。

事实证明，原有的营销模型在互联网思维的冲击下已不能很好地指导当前企业的营销实践，4D 模型以消费者需求为基础，以互联网思维为灵魂，重新回归商业的本质，让生意真正发生于生产者和消费者之间，促进双方的良性互动。

课堂练习 1-2

4D 策略的应用

练习目的：

通过本次课堂练习，获得 4D 策略应用的感官体验，深刻体会网络营销中 4D 策略的互相融合和互相支撑，进而更加深入地了解网络营销的功能及其对企业的重要性。

练习要求：

学生自由组成小组，分析"海尔公司的4D策略应用"的案例内容，结合理论知识分析案例的实际应用特点；各小组还可以模仿这个案例，把比较有代表性的、实际在企业中应用到的4D策略应用案例与全班师生一起分享，以便更好地掌握所学理论知识。

练习内容：

海尔公司的 4D 组合策略应用

海尔集团创立于1984年，是全球领先的美好生活和数字化转型解决方案的服务商。海尔始终以用户体验为中心，连续4年作为全球唯一物联网生态品牌蝉联"BrandZ最具价值全球品牌100强"，连续13年稳居"欧睿国际全球大型家电零售量排行榜"第一名。该公司很早就认识到，移动营销将给企业提供一个新的市场机会，在建设全球网站之后，2019年海尔智家App上线，全面落地智慧家庭战略。其4D组合策略应用的分析如下。

1. 需求（demand）策略

海尔智家网站和App，直接面对消费者，满足消费者需求。而且，没有将自身局限在帮用户"传递指令"的层面，而是将目光前移，挪到了还没有装修房子、还没有购置智能家居的群体，打破已有家电的场景限制，从家装设计、购买安装入手，提前服务群体庞大的"智能家居生活的筹建者"；消费者还能在线"约稿"设计师，根据自家的情况量身定制场景方案，从而更好地满足消费者的需求。海尔生态圈的圆心就是用户需求，目的就是最完整、最精确地为用户需求提供服务。

2. 动态（dynamic）策略

海尔智家App更像是一个主动服务的"智能管家"，可以关联家里的智能设备，动态收集消费者的各项信息，动态记录消费者的使用习惯，借助App，达到了与消费者一对一的沟通，从而可以帮消费者作出最优推荐，以便达到消费者更满意的目的。

3. 传递（deliver）策略

除了网站和App，海尔还拥有官方的微博、微信公众号、抖音、快手和今日头条等，优先考虑将各项新产品、将新产品的性能等，更加便利地传递给客户，从而为消费者提供更多更好的服务，而不是只考虑企业自身生产或销售的方便。

4. 数据（data）策略

在移动互联网应用普及的当下，海尔智家动态收集消费者数据，借助大数据分析、人工智能算法和物联网技术，不断迭代消费者服务的丰富性和完整性，让智能家居系统提供最符合消费者习惯和行为模式的服务。比如：净水器会提醒该换滤芯了；空调会提醒该进行自清洁操作了；热水器在用过3~5次后，会记下最喜欢的水温，学会自动备水等，从而更好地让客户满意。

思考与互动：

学生思考并回答以下几个问题，教师点评、归纳。

① 根据上述案例，对比分析4P策略和4D策略的异同和联系。

② 在上述案例中，4D组合策略是如何很好地融合在一起的？

③ 根据上述案例，分析应用适宜的4D策略，能给企业带来什么好处？

④ 通过上述案例，具体谈谈应用 4D 策略的注意事项。

⑤ 通过上述案例进一步收集资料，谈谈该企业秉承了哪些企业家精神？

⑥ 根据你对海尔公司的了解，在其实施 4D 策略中，你还有哪些建议呢？

📝 思政拓展

海尔公司的企业家精神

海尔公司连续 13 年稳居"欧睿国际全球大型家电零售量排行榜"第一名，取得这么好的销售成绩，除实施了恰当的营销策略之外，根源还在于秉承了企业家精神，特别是弘扬了企业家创新发展、专注品质和追求卓越的精神。

弘扬了企业家创新发展的精神。海尔公司注重创新活力和创造潜能，持续推进产品创新、技术创新、商业模式创新等；不断提升科技创新水平，荣获国家科技进步奖数量多项，主导国际标准制定、修订多项，主导国家/行业标准制定、修订多项，是全球唯一同时进入国际权威标准组织 IEC 两大最高管理机构 CB、MSB 的企业；同时，还发挥了企业家在推动科技成果转化中的重要作用，助力相关企业和机构客户实现数字化转型，推动经济高质量增长和社会可持续发展。

弘扬了企业家专注品质的精神。海尔着力培养技术精湛、技艺高超的高技术人才，原创技术、革新用户体验。近 10 年内，海尔创造了 170 余项对行业有重大影响的原创技术，全部创新成果均快速转化至产业链，给用户带来全新体验；注重科技与创业孵化融合创新，打造了"科技助力创业，创业加速科创"融合创新模式，已孵化多家企业。

弘扬了企业家追求卓越的精神。海尔公司敢闯敢试、敢为天下先、敢于承担风险，敏锐捕捉市场机遇，不断开拓进取、拼搏奋进，聚焦实体经济，布局智慧住居、产业互联网和大健康三大主业，致力于携手全球一流生态合作方，持续建设高端品牌、场景品牌与生态品牌，以科技创新为全球用户定制个性化的智慧生活。

1.3 上机练习与实践——网络营销现状分析

1. 实训目的

某自行车销售商是一个销售各种品牌自行车及其零部件的国内大型连锁公司，公司业务遍及全国各地。随着网络全面渗透至企业运营和个人生活中，为了更好地吸引众多的网络客户、开拓网上销售渠道、提高公司管理各类客户的能力和综合竞争力等，该公司决定开展网络营销。

因此，公司相关部门的首要任务是：了解、熟悉网络和网络营销的现状、发展、演变及未来发展趋势，分析我国制造行业的网络营销现状。

2. 实训内容

① 进入中国互联网络信息中心网站，了解我国网络的发展和现状。

② 进入新浪和搜狐等门户网站，了解网络信息和网络广告的特点。

③ 进入互联网领域的专业门户网站——艾瑞网和亿邦动力网，了解电子商务的发展、网络营销的新理论和新发展。

④ 进入相关行业或组织网站——中华人民共和国工业和信息化部网站与美骑网站，了解相关行业的信息与资料。

⑤ 进入相关电子商务平台网站——阿里巴巴网站、天猫网站和京东网站，了解相关产品的信息与资料，熟悉相关行业的网络市场格局、网络竞争态势和网络营销发展现状。

3. 实训方法

① 连接互联网。

② 在浏览器地址栏输入相应网址，按照实训示例中的提示，分步骤完成。

4. 实训示例

① 了解我国网络的发展和现状：进入中国互联网络信息中心网站，了解我国对网民的定义、我国网络发展现状；了解我国网络发展史；了解我国网络的发展特点和热点。

② 了解网络信息和网络广告的特点：进入新浪和搜狐等门户网站，单击自己感兴趣的信息，体会网络信息的特点；单击或关闭网络广告，体会网络广告的特点；了解网络广告从业人员的基本素养和要求。

③ 了解电子商务的发展、网络营销的新理论和新发展：进入互联网领域的专业门户网站——艾瑞网和亿邦动力网，关注同本行业相关的信息与资料，了解社会热点问题有哪些，了解相关企业是如何专注品质、创新发展的。

④ 了解相关行业的新资讯和新信息：进入相关行业或组织网站——中华人民共和国工业和信息化部网站与美骑网站，关注同本行业相关的信息与资料，了解相关企业是如何随着互联网的发展不断创新发展、追求卓越的。

⑤ 了解相关产品的信息与资料，熟悉相关行业的网络市场格局、网络竞争态势和网络营销发展现状：进入相关电子商务平台网站——阿里巴巴网站、天猫网站和京东网站，关注同本产品相关的网上产品信息和资料，了解相关企业是如何解决社会热点问题、承担社会责任和服务社会的。

5. 实训要求

① 根据各自的练习情况，以"目前我国网络营销发展现状"为题目，通过上网等查询、收集和整理有关资料，写实训报告一份。

② 实训报告内容要求：

- 独立完成报告，字数在 2 000 字以上。
- 对近 3 年的相关信息进行收集和整理，并有图表等数据分析和结论。
- 报告应做到主题突出、收集的信息及数据表达清晰、分析和结论合理、叙述流畅、无错别字；报告要弘扬企业家精神，践行社会主义核心价值观。
- 列出所查询的网站网址、参考文献的标题和作者。

1.4　本章小结

网络营销是以现代营销理论为基础，借助计算机技术、网络技术、通信技术和数字交换式媒体实现营销目标的一种市场营销方式。网络营销与传统营销相比有很多优势，具有十分鲜明的特点，对传统营销造成了很大冲击，但是它不能取代传统营销。网络营销的基本目的、思想与传统营销基本一致，传统营销理论是网络营销理论的基础；只是在实施和操作的过程中，网络营销与传统营销的方法和手段有很大的区别；移动营销是网络营销的一部分，但它融合了新理论。本章从市场营销的理论出发，重点介绍了网络营销的概念、内涵、特点、职能和基本理论等内容，分析了传统营销与网络营销、网络营销与移动营销的关系。

案例分析与提高

滴滴——颠覆移动出行领域的 App

滴滴出行是我国第一家使用移动互联网技术和新型网络智能叫车系统的 App。滴滴出行的最大价值是匹配用户和司机的需求，整合数据、掌握动态信息，改变传统的打车方式，在移动互联网时代引领用户现代化的出行方式。

在该 App 上市前，了解用户需求是营销工作的第一步。经调研，移动出行类应用的主要用户集中在年轻人群，且以白领和国企职员为主，他们对互联网接触较多，能接受和愿意使用这种新型出行方式；他们的需求主要集中在价格、接单速度、出行体验和服务质量等方面。针对这些用户需求，滴滴公司加大了优惠力度，优化软件功能和吸引司机加入，来提高接单速度，并注重司机考核和用户评价，以便优化出行体验和服务质量。

App 上线后的一项核心工作就是向用户传递公司信息，进行品牌宣传推广工作，主要包括线上推广（应用市场推广、网上新媒体推广）和线下推广。

1. 应用市场推广

除了在 iOS 和安卓系统下的智能手机应用市场推广，滴滴公司还在各类不同智能手机应用商店（91 手机助手、360 首发、应用宝、百度、小米应用商店和联想应用商店等）发布并推广，并在应用市场中的排名、标题、关键词和评论等版块进行优化，提升了 App 的排名，方便用户在各种品牌的智能手机中下载该 App。

2. 网上新媒体推广

首先是微信推广，滴滴出行注册了多个公众账号，如滴滴出行、滴滴专车、滴滴顺风车和滴滴快车等公众账号，在公众账号中发布产品文章和活动信息，吸引用户参与。

其次是微博推广，以新浪微博为例，该公司在滴滴出行、滴滴快车和滴滴专车等多个微博账号进行营销活动，方便粉丝和用户参与。

最后是在其他门户网站推广。该公司在搜狐、网易、新浪等门户网站对 App 进行了软文推广；在知乎平台，开展了话题问答，进行软营销；还创建了百度百科和网上宣传视频等。

3. 线下推广

在机场、车站、加油站等地方设立服务区，并结合线下的宣传和海报为司机免费安装

App，指导其使用。除此之外，滴滴出行运用口碑营销，让用户将产品推荐给亲朋好友，并获得打车优惠券。

除了宣传推广，滴滴出行还注重积累各种数据，进行移动营销数据分析。例如：在 App 营销和使用过程中，滴滴出行对于关键词排名、榜单历史排名、每日评论数、下载量等数据，经常进行统计分析，以便快速掌握用户动态，进一步进行移动营销，并完善 App 的各项功能。

分析与提高

① 根据上述案例，分析与思考滴滴公司采取了什么样的网络营销组合策略？

② 根据上述案例，能否结合当下年轻人的喜好，为其他公司设计类似的网络营销组合策略？

③ 根据上述案例进一步收集资料，谈谈该公司秉承了哪些企业家精神。

④ 根据上述案例和本章所学知识，设计其他的网络营销活动，活动要弘扬企业家精神，践行社会主义核心价值观。

思 考 题

1. 什么是市场营销？
2. 什么是网络营销？
3. 4P 策略、4C 策略、4R 策略和 4D 策略是什么意思？
4. 网络营销的内涵有哪些？
5. 网络营销的职能和特点有哪些？
6. 网络营销与传统营销之间的关系是怎样的？
7. 什么是移动营销？
8. 移动营销与网络营销之间的关系是怎样的？

第2章

网络营销环境分析

引言

营销环境分析是企业经营过程中一项必不可少的工作。通过对企业经营环境的充分了解和分析，可以正确认识企业自身的优势和劣势，正确确定消费者的需求，明确企业所面对的竞争对手及其特点，对企业面临的环境变化和发展趋势进行预测和事先判断，为企业制定全面的经营策略提供依据。

企业营销环境分析是指对影响企业网络营销活动的各项环境因素进行充分的分析和研究，认识环境因素对于企业营销活动的影响，从而更好地把握营销的本质，为制定有效的营销策略提供依据。本章从企业营销环境的概念出发，介绍营销环境的构成，通过案例说明在企业经营过程中环境分析的重要性，讲解网络营销环境分析的特点，并通过示例重点讲解企业营销环境分析的步骤和方法。

主要知识和技能点：

- 企业营销环境分析的概念和重要性
- 企业营销环境的构成
- 营销环境分析的步骤和方法
- 网络营销环境分析的特点

教学要求：

- 识记：网络营销环境的分类
- 领会：网络营销微观环境包含的内容，网络营销宏观环境包含的内容
- 简单应用：网络营销政治法律环境分析，网络社会文化环境分析，网络市场竞争者分析，网络消费者分析
- 综合应用：将相关知识应用到案例分析或实际场景中

【引导案例】

橘子娱乐 App——年轻人第一新媒体

橘子娱乐是一家面向 18～25 岁群体、提供原创优质内容的明星潮流资讯 App，由北京橘子文化传媒有限公司研发，2017 年 9 月，全平台粉丝数超 3 000 万名，各栏目全平台月播放量超 8 亿次，单期播放量最高超过 3 500 万次。在竞争激烈的环境下，橘子娱乐如何在短时间内杀出重围、成为行业标杆？

1. 网络环境分析

橘子娱乐的创始人唐宜青曾是《时尚芭莎》的资深记者。2012 年 5 月，唐宜青来到戛纳，和范冰冰、李冰冰、汤唯在戛纳电影节上合作封面拍摄。但随着范冰冰戛纳红毯照在网络上的流出，唐宜青明白，无论手里这篇稿子如何精心准备，注定已经丧失了时效性和影响力。"一个月后我们的报道才会刊登，那时候谁还记得戛纳？"

2014 年，大洋彼岸，青年文化新媒体 VICE 的全新线上频道上线不到一年，成为新媒体的标杆。反观国内泛娱乐新媒体市场，明星人性黑暗面报道大行其道，内容同质化严重，抄袭、滥等充数者大有人在，整个市场不无劣币驱逐良币的危险。同时，年轻消费群体的意识觉醒，粉丝经济崛起，对原创优质内容的需求剧增，引爆了巨大的商业空间。

而这时留学归来的唐宜青清楚，网络新媒体发展的时机到了。她想要通过图文和短视频，打造一个强原创、年轻化、泛娱乐的新媒体品牌，聚焦"90 后"泛娱乐消费。用最强的触及信息的手段，去做好玩的、有趣的原创媒体内容。

2. 根据网络环境确定营销环节的重点

对年轻人价值观的精准把握，是橘子娱乐 App 自创始以来"一路开挂"的最大秘密。

为了适配核心用户——18～25 岁的年轻人，橘子娱乐从创立之初就在 App 文章的评论区融入了弹幕的功能，吸引用户参与互动，表达个性与观点；同时，也通过图文、GIF、视频、直播等多种形式满足年轻人多元的消费需求。

橘子娱乐非常重视与用户的互动。除了弹幕评论功能外，还有测试、投票、明星打榜等功能。今年还上线了橘子社区的功能，进一步加强了与用户的互动。对于橘子娱乐来说，用户的生成内容能够给他们带来更加快速和直观的反馈，这一内容也成为橘子娱乐改进内容、形式的重要参考标准之一。

3. 充分利用互联网新技术

如今，一家媒体能否打造出热点内容，很大程度上是由热点跟得紧不紧、内容产出及时与否决定的，有时候甚至能改变一家公司的命运。就在别人还慌忙地搜索热点时，橘子娱乐就已经实现了依托技术抓取热点。

橘子娱乐的技术团队通过实时监测全网数据，第一时间抓取微信、微博、百度的热门文章、高频词汇；算法团队据此分析、预测形成热点榜，挖掘泛娱乐高频热点，据此决定公司各部门一天的内容创作方向。

橘子娱乐还搭建了一个 A/B 测试体系，通过打开率等数据的比较，确定最终的标题、图片和版式。最近，橘子娱乐还实现了对潜在热点的预测，预测主要根据话题本身可能获得的热门度和目前的传播度。前者的依据主要有明星热门度和事件关键词，后者包括大 V 转发数、互动数、根据语意处理的网友支持或反对数等。

据唐宜青介绍，橘子娱乐是中国首家通过技术平台实现热点预测的媒体公司，目前已有 4 项技术专利，其热点预测技术能达到 88% 的准确度，可提前 2 小时预测热门话题及舆情走向，并捕捉热门新闻。

4. 多样化内容

为适应网络市场的变化和需求，橘子娱乐是当前网络主流媒体（今日头条、UC 浏览器、一点资讯、网易新闻、腾讯新闻、QQ 空间、QQ 浏览器、猎豹浏览器、秒拍、美拍等）的深度内容合作伙伴；同时，与搜狐新闻、新浪新闻、墨迹天气、WiFi 万能钥匙、ZAKER、百度贴吧、花椒直播等进行内容合作。

案例点评：

从这个案例中我们可以看出：企业在市场经营中，不可避免地受到市场环境的影响。随着社会的发展，特别是科学技术的更新变化、市场竞争的日益加剧，企业经营也处于变化多端的环境之中。如果企业忽视环境的影响，未能及时根据环境变化调整自己的战略、结构、体制和营销策略，将会给企业的正常发展带来严重的危害。正确地进行市场环境分析，并采取相应的应对策略，能够使企业在经营过程中避免挫折和失败。

2.1　市场营销环境分析

营销环境是一个综合的概念，由多方面的因素构成。市场营销环境是指影响企业市场营销活动及其目标实现的各种因素和动向。根据各因素与企业开展市场营销活动的相关程度不同，企业市场营销的环境可划分为两个层次：宏观环境和微观环境。

2.1.1　宏观环境

宏观环境是指给企业造成市场机会和环境威胁的主要社会力量，包括人口环境、经济环境、自然环境、技术环境、政治法律环境、社会环境、文化环境等。这些主要社会力量是企业不可控制的变量。

人口环境对企业经营的影响可能来自以下几个方面的变化：世界或地区人口的增长或降低、出生率的提高或降低、年龄结构的变化、人口流动性的变化等。

经济环境变化对企业经营的影响更加直接，分析经济环境的影响应该着重注意以下方面：消费者收入的变化、消费者支出模式和支出构成的变化、消费者储蓄和信贷情况的变化等。

自然环境变化对企业的经营发展也会形成威胁，通常表现在：某些自然资源的短缺或具有短缺的趋势、环境污染问题、气候变化的影响等方面。

技术环境对企业经营的影响主要表现在新技术的出现给企业带来的影响上。例如：新技术有利于成本的降低，新技术有利于生产效率的极大提高，新技术有利于改善企业经营管理，新技术会影响消费者的购买习惯和特点。新技术给企业带来的影响可能表现在产品生产、企业管理、营销等各个方面，企业应关注和了解新技术的发展趋势，提前做好准备。

政治和法律环境的影响是企业不可忽视的重要影响之一。企业在市场经济中运行必然会受到国家政治、法律环境的制约和规范。政治、法律环境对企业经营的影响主要表现在以下方面：国家政局，国家政治体制，相关的法令、法规、方针政策等。国家政策和法律法规对企业经营的影响是严肃的，具有不可抗拒性。

社会文化环境是影响人们日常行为和习惯的重要因素，企业在进行市场营销策划时必须重视目标消费者所处的社会文化环境，如各个国家、地区的文化差异，亚文化群的发展动向，某些地区营销中的禁忌等。

2.1.2　微观环境

微观环境是指对企业服务其顾客的能力构成直接影响的各种力量，包括企业本身及其市场营销渠道企业、顾客、竞争者和社会公众。微观营销环境是直接制约和影响企业营销活动的力量和因素，为了更好地协调企业与这些对企业经营具有直接影响的相关群体的关系，企业必须对微观环境营销进行分析。

1. 企业自身情况对企业营销的影响

企业开展营销活动要充分考虑企业内部的环境力量和各种因素的影响。企业营销部门与其他部门之间有多方面的联系和合作，这些部门包括计划、技术、采购、生产、质检、财务、后勤等。由于各部门的工作性质和工作重点不同，会出现一些矛盾。例如：生产部门希望生产规格品种少、批量大、标准订单的产品，这样可以保证生产的连续性和降低成本；而营销部门关注的是产品是否适应消费者的需求，有时候要求生产部门生产少批量多品种、规格特殊的产品。由此产生的矛盾必须解决。因此，企业在制订营销计划、开展营销活动时要注意企业内部各部门的工作特点，进行有效的内部沟通，协调处理好各部门之间的关系，营造良好的企业环境，更好地实现营销目标。

2. 市场营销渠道企业对企业营销的影响

市场营销渠道企业主要包括供应商、中间商、辅助商等。

供应商是指为企业进行生产提供特定原材料、辅助材料、设备、能源、劳务等资源的供货单位。它是企业生产和经营链上必不可少的重要环节。供应商所提供的资源的变化会直接影响企业产品的质量、产量和销售，对企业执行营销计划、完成营销目标有直接的影响。

中间商是指把产品从生产商流向消费者的中间环节和渠道，它主要包括批发商和零售商。中间商能够帮助企业寻找目标顾客，推广和销售产品。通过中间商，企业可以把产品顺利地送到目标消费者手中。一般企业都需要与中间商合作来完成企业营销目标，中间商对企业营销会产生直接的、重大的影响。因此，企业需要选择适合自己的中间商，并与中间商建立良好的合作关系，以此来推动企业自身的经营。

辅助商主要指营销服务机构、物资分销机构、金融机构等。这些机构可以在广告宣传、市场调研、咨询、运输、货物存储、融资、保险等方面为企业提供服务。当企业某一方面的能力比较薄弱时，这些专业服务机构是帮助企业实现营销目标的助手。了解这些机构的状况、与这些机构保持良好的关系是企业顺利实现营销目标的保证。

3. 顾客

顾客是企业营销活动的最终目标市场。在经营活动中，任何企业的产品和服务都要经过顾客的检验，顾客的欲望、需求和偏好直接影响企业营销策略的制定和目标的实现。只有得到顾客的认可，企业的产品才能赢得目标市场。因此，现代营销强调把满足顾客的需求作为企业营销管理的核心。

4. 社会公众

社会公众是企业营销活动中与企业营销活动发生关系的各种群体的总称。公众对企业的态度，会对企业的营销活动产生巨大影响。这种影响既可以有助于企业树立良好的形象，也可能有损企业的形象。所以企业必须处理好与主要公众的关系，争取公众的支持和偏爱，为自己的经营营造和谐、宽松的社会环境。

公众一般可分为政府公众、金融公众、媒介公众、群众团体、居民、社区公众、企业内部公众等类别，不同类别的公众分别在企业经营过程中的不同阶段、不同方面对企业产生影响。

5. 竞争者

竞争者是指与企业生产售卖同样或同类产品的企业。竞争是市场经济运行中存在的必然现象。在市场经济环境下，任何企业在经营过程中，都不可避免地遇到竞争对手的挑战。即使在某个市场上只有一个厂家在提供产品或服务，也不能说明这个市场上没有潜在的竞争对手。

由于竞争对手在市场竞争中的产品策略、价格策略、渠道策略及促销策略的实施将直接对企业造成威胁，因此，正确地认识、分析企业竞争者的情况，对企业有效地开展营销活动有积极的促进作用。

对竞争者的分析需要从以下几方面进行：竞争企业的范围和数量、企业的主要竞争对手、主要竞争对手的规模和特点、主要竞争对手的核心竞争力、主要竞争对手的营销策略等。

课堂练习 2-1

宏观环境对企业经营的影响

练习目的：

通过本次课堂练习，获得宏观环境对企业影响的感官体验，深刻体会企业环境分析中宏观环境的特点，进而更加深入地了解宏观环境的具体内容及其对企业的重要性。

练习要求：

学生自由组合成小组，分析"36 家上市公司暴露环境风险　3 家收环保罚单"的案例内容，结合理论知识分析案例的具体特点；各小组还可以模仿这个案例，把比较有代表性的、实际在企业中应用到的宏观环境的典型案例与全班师生一起分享，以便更好地掌握所学理论知识。

练习内容：

36 家上市公司暴露环境风险　3 家收环保罚单

央视网生态环境频道 2023 年 2 月报道，在 2022 年 6 月第二周，生态环境领域违法违规等负面信息共关联到 36 家上市公司，华统股份（SZ002840，股价 17.91 元，市值 84.87 亿元）旗下企业连收 3 笔环保罚单。

每日经济新闻联合环保领域知名 NGO 公众环境研究中心（IPE），自 2020 年 9 月起，基于 31 个省市区、337 个地级市政府发布的环境质量、环境排放和污染源监管记录等权威数据来源，每周收集剖析中国数千家上市公司及其旗下数万家公司（包括分公司、参股公司和控股公司）的环境信息数据，发布"A 股绿色周报"，旨在借助环境数据库及专业解析、传播能力，让资本市场的上市公司经营活动中的环境信息更加阳光、透明。根据 2022 年 6 月第二周收集到的数据，《每日经济新闻》记者发现，共有 36 家上市公司在近期暴露了环境风险。其中，16 家属于国资控制企业，10 家为千亿元市值企业。

在企业管理能力、财务状况、行业竞争等因素之外，环境风险日渐成为上市公司重要的经营风险之一。环境风险关乎企业发展，也关乎企业形象。5 家上市公司新登环境风险榜，分别来自食品饮料、医药生物、轻工制造、基础化工、有色金属 5 个不同行业。其中，旗下拥有多个乳制品品牌的上市公司新乳业（SZ002946，股价 12.08 元，市值 104.77 亿元）首次登上环境风险榜，因其子公司昆明雪兰牛奶有限责任公司（以下简称"昆明雪兰"）近期收到了一张环保罚单。

根据《管理办法》和《企业环境信息依法披露格式准则》，对于生态环境行政许可变更、行政处罚、生态环境损害赔偿等市场关注度高、时效性强的信息，要求企业应当自收到相关法律文书之日起 5 个工作日内，以临时环境信息依法披露报告的形式及时披露。

《每日经济新闻》记者注意到，关于上述处罚情况，诺泰生物尚未在公告中披露，而对于披露情况、披露管理机制等问题，"A 股绿色报告"项目记者于 6 月 16 日傍晚向诺泰生物发送了采访邮件，6 月 17 日诺泰生物回复了采访邮件，其中对于处罚尚未在上市公司公告披露的情况，诺泰生物表示考虑这则行政处罚金额较低，且对公司生产经营无重大影响，未达到公司的信息披露标准，符合监管要求。不过，诺泰生物指出，公司会在定期报告中环境、社会责任和其他公司治理章节披露上述信息。

环境信息数据的公开均有赖于环境监管信息公开水平的不断提升。从 2008 年《环境信息公开办法（试行）》到 2018 年修正的《中华人民共和国环境保护法》第五章专章确立"信息公开与公众参与"，信息公开从制度建设上得到保障。

相关法律法规规定，公民、法人和其他组织依法享有获取环境信息、参与和监督环境保护的权利。各级人民政府环境保护主管部门和其他负有环境保护监督管理职责的部门，应当依法公开环境信息、完善公众参与程序，为公民、法人和其他组织参与和监督环境保护提供便利。公众环境研究中心（IPE）及自然资源保护协会（NRDC）编写的《2018—2019 年度 120 城市污染源监管信息公开指数（PITI）报告》也指出，环境信息以"公开为常态、不公开为例外"逐渐成为政府和社会公众公认的原则。

思考与互动：

学生思考并回答以下几个问题，教师点评、归纳。

① 在上述案例中，分析哪些宏观环境因素对企业的经营发展产生了重大影响。

② 列举一个案例，并分析案例中宏观因素对企业的影响。

③ 通过上述案例，具体谈谈进行企业环境分析有哪些注意事项，应该如何秉承企业家精神？

思政拓展

市场宏观环境下的企业家精神

企业在营销活动中，必须要遵守我国的各项法律法规，秉承企业家精神中爱国敬业、遵纪守法和艰苦奋斗的企业家品格。

从"36 家上市公司暴露环境风险　3 家收环保罚单"可以看出：在企业管理能力、财务状况、行业竞争等因素之外，环境风险日渐成为上市公司重要的经营风险之一。环境风险关乎企业发展，也关乎企业形象。但是根源还在于没有很好地秉承企业家精神，特别是没有秉承遵纪守法的企业家品格，没有秉承履行责任、敢于担当和服务社会的企业家责任。

企业，特别是食品饮料、医药生物、轻工制造、基础化工、有色金属等相关企业，在自身的发展中，除了要弘扬企业家品格，即企业家爱国敬业、遵纪守法和艰苦奋斗的精神；要弘扬企业家理念，即企业家创新发展、专注品质和追求卓越的精神；还要考虑到企业是整体社会的一部分，与企业周边的宏观环境密不可分，承担着解决社会热点问题、服务社会的责任，要秉承履行责任、敢于担当和服务社会的企业家责任，这样才能更好地弘扬企业家精神，把企业做好做强。

2.2　网络营销环境分析

网络营销作为营销的一种运作模式，其营销环境也是一个综合的概念，由多方面的因素组成。企业的网络营销环境是指影响企业网络营销活动及其目标实现的各种因素和动向。与市场营销理论非常类似，根据各因素与企业开展网络营销活动的相关程度不同，企业网络营销的环境也可划分为两个层次：宏观环境和微观环境。宏观环境是指给企业网络营销形成市场机会和环境威胁的主要社会力量，包括社会文化、经济、政策和法律、科技与教育、自然环境等。微观环境是指对企业服务其网络顾客的能力构成直接影响的各种力量，包括企业本身及其市场营销渠道企业、顾客、竞争者和社会公众等。但是，由于网络营销环境与传统市场营销环境的不同特点，网络营销环境分析与传统市场营销环境分析又有一定的区别。

2.2.1　网络营销环境特点

网络营销依托网络平台进行，网络在信息传递、网络技术发展等方面的特性无疑会给网络营销环境带来有别于传统营销环境的新特点。这些新特点主要表现在以下方面。

1. 网络世界的互动性

互联网双向信息沟通的特点，使得网络具有极强的互动性，这种互动的特性使得网络营销在信息沟通上较之传统营销具有极强的优势。

营销的顺利开展是建立在营销双方进行信息交流和沟通之上的。在传统营销中，沟通方式多为单向的信息发布，如电视、报刊、广播、各种形式的广告牌、宣传单等。这些形式限制了消费者接收信息后的反馈行为，或使其反馈具有较长时间的滞后性，还阻碍了有强烈需求的消费者进一步索取相关信息的行为。

在网络营销中，沟通双方同处于网络平台，信息沟通建立在信息传递快速、双向、便捷、实时的互联网技术之上，因此，相对于传统营销来说，营销双方可以实现实时的、双向的信息沟通。在此条件下，消费者的主动性得到了鼓励和增强，消费者逐步具有了信息获取的主动性。上述这些变化充分表现在消费者在网络营销中对信息的获取和反馈上，如主动进行信息查询，主动提出信息获取要求，主动与生产厂商直接沟通，等等。

沟通的双向性使消费者能够真正参与到营销过程之中，当消费者主动寻找信息、寻求信息、及时反馈时，也为营销企业提供了服务消费者的机会，为企业提出了如何更有效地满足消费者在信息服务方面需求的问题。针对于此，网络营销企业在与消费者进行信息服务、信息沟通时也采取了不同层次的服务手段。

① 信息发布与反馈：在网页上提供关于企业及企业产品的有关信息供消费者浏览，在信息获取的同时，网页上有简单的信息反馈通道。

② 培养兴趣与消费者教育：在上述信息服务内容之外，企业还在网页上展示与产品、企业、行业、消费群体有关的知识，并把这些知识的传递融于网页中，在潜移默化中影响消费者，培养消费者的兴趣，进行消费者教育。

③ 建立关系：除以上服务之外，网络营销企业针对消费者的需求，在网站上提供实时与企业交流的专门渠道，提供网上订购、网上付款等交易过程，为消费者提供相互交流的场所，建立消费者数据库，提供个性化信息服务。通过这些服务方式和手段，企业努力与消费者建立深层次的客户关系，使消费者成为企业的终身客户。

2. 网络世界的虚拟性

网络技术给网络营销提供很多与传统营销相类似的营销场景，如商品种类众多的网上商店、可爱的电子宠物乐园、可供休闲娱乐的电子游戏厅等。但网络营销环境不是真实的环境，是利用网络技术营造的一种虚拟的环境。在这个虚拟营销活动场所中，参与活动的人群却是真实世界中的消费者，使得这个虚拟的环境具有真实的作用。

由于网络技术的特点，在这个虚拟环境中，网络消费者的地理位置、所处地区的时差、国籍等不再是交流的障碍，人们可以按照自己的需要和兴趣聚集在一起，自发地组成一个个网络社区；同时，企业也可以把自己的有关内容搬到网络上，并利用互联网在全球范围内进行企业的经营，形成灵活的、虚拟的、全球化的、技术及控制下的企业，这种企业极易成为动态的、快速学习的企业。

3. 网络世界的平等性

进入互联网要求企业遵守网络协议，共享网络中的资源，这为所有企业提供了平等进入和竞争的环境。这种环境给很多在传统营销中无法实现跨国贸易的中小企业提供了机会和条件，也给大公司带来了竞争。

相对于消费者来说，任何人都可以随意访问任何一个站点，可以按照自己的意愿接受信息和表达观点；在网络中消除了身份、地位、地理位置、时间等阻隔，能够实现信息共享、机会均等。

在网络中，信息发布者和信息接收者的地位很容易随着信息双向传播的特点而发生变化。当消费者通过互联网提出自己的观点和见解时，他就成为一个信息发布者。因此，信息发布者和接收者之间的界限不再明显，消费者也可以掌握信息传播的主动权。

网络世界信息传播的自由、平等性也带来了一些危害，如侵犯他人隐私、恶意散布谣言、制造假新闻、侵犯他人著作权等。因此，各国政府及相关行业也相继制定了相关的法律法规，以规范和管理网站、个人信息的发布和获取行为。

网络世界的平等性是相对的，与传统传播媒介相比，网络信息传播依靠网络技术为其提供一个技术上或理论上的平等环境，但并不意味着参与者事实上的平等，这一点需要注意。

2.2.2　企业网络营销宏观环境分析

1. 政治法律环境的影响

市场经济是法制经济，企业在市场经济中发展，必然要受到国家政治和法律环境的影响与制约。企业在互联网上也要受到国家、地区所制定的有关互联网络的相关政策、法律、各项规章制度的制约。

1）我国电子商务相关法律法规的制定现状

2005 年 4 月 1 日，《中华人民共和国电子签名法》正式实施，这是我国信息化领域的第一部法律，标志着我国电子商务法律建设发展到了一个新的阶段。《中华人民共和国电子签名法》通过确立电子签名的法律效力、规范电子签名行为，从法律制度上保障了电子交易的安全，为促进电子商务的发展创造了良好的法律环境，为我国电子商务安全认证体系和网络信任体系的建立奠定了重要基础。

为推动网络营销的发展，我国政府还颁布了《中国电子商务发展战略纲要》，特别是在与网络营销相关联的电信业、互联网服务业和电子信息产业中，国务院和有关部门先后出台了一系列相关政策、法规和规章。随着整个网络营销体系的建立，国内电子商务的竞争环境也在逐步完善，这将更有利于企业之间的网络竞争。

伴随中国网购市场的高速发展，网络欺诈、电商价格战、虚假促销、售后服务不当、个人信息被泄露，以及电子商务引发的合同问题、知识产权问题、信息安全问题、纳税问题，围绕互联网支付、理财发展的互联网金融问题，也正在变得越来越突出。在此背景下，2013年 12 月 7 号，中国全国人大常委会召开了电子商务法第一次起草组的会议，正式启动了电子商务法的立法进程；《中华人民共和国电子商务法》已由中华人民共和国第十三届全国人民代表大会常务委员会第五次会议于 2018 年 8 月 31 日通过，自 2019 年 1 月 1 日起施行。

该法是我国第一部电商领域的综合法律，对解决电子商务存在的突出问题，规范并促进电商发展具有重要意义。

2）国内网络营销发展需要立法解决的问题

由于我国的网络营销发展相对于发达国家要滞后一步，尚处在发展初期，缺乏足够的社会实践，因此，目前在我国制定一套网络营销法律的条件还不成熟，立法工作也还在初始的研究阶段，相关的法律、政策正在制定和建立过程中。法律的不健全，对企业网络营销的发展产生了一定的阻碍作用。

示例 2-1

滴滴提供专车服务行政处罚案

2015 年 1 月 7 日，使用滴滴专车软件在济南西站送客的陈超，被市客管中心的执法人员认定为非法运营，罚款 2 万元。因不服处罚决定，陈超向济南市中区人民法院递交了起诉状，要求市客管中心撤销处罚。

2015 年 3 月 30 日，济南市中区人民法院根据《中华人民共和国行政诉讼法》第四十六条规定，依法组成合议庭，公开审理此案，于 4 月 15 日开庭。这是全国首例因提供专车服务受到行政处罚的案件，也被称为"专车第一案"。

案件审理后，滴滴公司表示，通过媒体报道了解了济南专车第一案的相关情况，暂无法对于案件本身做任何评论，希望法律能给予公正、合理的裁决。

这起案件的核心问题是滴滴软件提供的专车服务是否合法，所有关注这起诉讼的人关心的都是滴滴专车的合法性问题。

从以上案例中可以看出，电子商务进入传统行业势不可当，由此引起的各类法律问题和纠纷急需依据相关法律法规来解决。

3）发挥政府在网络营销发展中的作用

企业是网络营销发展的主体，应该在网络营销的技术、应用、实践和服务中起主导作用。政府的作用是推动网络营销的发展。要发挥政府的推动作用可以从以下方面做起。

① 政府要为网络营销企业提供一个良好的法律环境，遵循技术中立、保护竞争的原则，制定一系列可操作、符合我国网络营销发展国情的法律法规。

② 加强信用体制的建设，为企业和消费者提供一个信任度高、信用制约性强的环境。

③ 注重与国际接轨，制定相关法律法规时，考虑与国际标准、国际惯例相适应。

④ 发挥政府电子政务系统的作用，实施电子政务，以实际行动推进企业网络营销的发展。

我国的网络营销立法正在发展过程之中，有关的法制建设也在不断地健全和完善，国家有关部门和法学界人士都在关注国际网络营销的发展趋势，并用法律上不断完善、技术上不断创新、基础设施上不断建设和认知度上不断提高的发展眼光去考虑问题，提出了许多好的建议。在制定相关法律法规过程中还需要政府、专家、企业等各方人士相互协作，共同创造一个有利的法律环境。

2. 人口环境的影响

市场是由消费者构成的。在其他条件一定的情况下，人口规模的变化将引起市场容量和市场潜力的变化，人口结构的变化将引起消费结构和产品构成的变化，家庭的人口构成、家庭类型的变化对消费者市场有着显著的影响。

2023 年 3 月 2 日，中国互联网络信息中心（CNNIC）发布的《第 51 次中国互联网络发展状况统计报告》指出：截至 2022 年 12 月，我国网民规模为 10.67 亿，较 2021 年 12 月新增网民 3 549 万，互联网普及率达 75.6%，较 2021 年 12 月提升 2.6 个百分点。从上网用户的年龄比例来看，20 ～ 29 岁、30 ～ 39 岁、40 ～ 49 岁网民占比分别为 14.2%、19.6%、16.7%；50 岁及以上网民群体占比由 2021 年 12 月的 26.8% 提升至 30.8%，互联网进一步向中老年群体渗透。这些人员形成了网络用户的中坚力量，是企业网络营销不可忽视的消费群体。

3. 经济环境的影响

经济环境是对市场具有广泛和直接影响的重要宏观因素。宏观经济环境对网络营销的影响主要表现在国家经济体制、经济政策、经济增长等方面；同时，网络营销也受到国民收入、市场价格水平、税收等比较具体的经济因素的影响。

网络营销的发展与经济发展程度有直接的关系。市场三要素之一就是购买力，而社会购买力受宏观经济的制约，直接受收入水平、市场价格等因素影响。事实也证明，北京、上海、广东等经济发达地区的网民数量远远大于西部及偏远等经济不发达地区的网民数量。所以，企业在定位消费群体、制定网络营销策略时，应着重考虑网络消费者的购买能力和对产品价格的不同需求。

4. 科技环境的影响

科技环境的影响主要表现在对生产力、生产方式、生产效率等诸多方面的影响上。科技进步不仅改变生产力和生产方式，还对市场有直接且显著的影响。互联网技术本身对社会生产力、企业经营方式、市场竞争态势、人们生活方式等的影响就是一个很好的例子。因此，科技进步有可能给市场、给网络营销带来颠覆性的影响，企业在实施网络营销过程中，要不断关注科技的发展和创新，应对科技进步给企业经营带来的挑战。

2.2.3　企业网络营销微观环境分析

通过分析网络营销的微观环境因素，企业可以认清所面对的各种竞争者，确定自身的优势和劣势；掌握网络营销过程中企业内部条件的变化情况，以及这些变化对企业网络营销的影响，合理建设和挖掘内部环境资源，有效地适应、协调和利用各种外部环境条件。

1. 企业内部环境分析

从企业网络营销的角度出发，企业内部环境分析应主要侧重于产品特性、财务状况、企业领导人对待网络营销的态度、企业内部网络营销资源的拥有和利用状况等。这些都是与企业网络营销有重要关系的因素。在实际分析过程中，应从以上几方面具体地分析企业目前的情况，并归纳出企业自身的优势和劣势。

2. 企业外部竞争环境分析

企业外部竞争环境分析是对企业的主要竞争对手的分析，首先应确定企业的主要竞争对手，然后对其进行网络营销目标、主要消费群体、产品特色、网上营销策略、网络工具运用等方面的分析，并明确提出他们具有的优势和劣势，为企业网络营销定位和网络营销策划提供依据。

3. 消费群体的需求环境分析

消费群体的需求环境分析是企业微观环境分析中重要的组成部分，能否准确地认识企业主要的消费群体需求是企业制定和实施网络营销策略能否成功的关键。消费群体的需求分析主要包括消费群体的主要需求、网上行为特点、影响其网上行为的主要因素等。在进行消费群体需求分析时，首先应明确企业的主要消费群体，然后逐一进行分析。在分析过程中还可以借助相关的市场调查工具，进行线下或网上的消费者调查。

课堂练习 2-2

企业网络营销微观环境分析

练习目的：

通过本次课堂练习，获得企业网络营销微观环境分析的感官体验，深刻体会网络营销微观环境分析中，企业内部环境分析和企业外部竞争环境分析的重点，进而更加深入地了解网络营销微观环境的内涵及其对企业的重要性。

练习要求：

学生自由组合成小组，分析"某企业网络营销内部环境分析"和"某企业网络营销竞争环境分析"的案例内容，结合理论知识分析案例的实际应用特点；各小组还可以模仿这个案例，把比较有代表性的、实际在企业中应用到的典型应用案例，与全班师生一起分享，以便更好地掌握所学理论知识。

练习内容一：

某企业网络营销内部环境分析

北京 HD 消防安全工程有限责任公司（以下简称 HD 消防工程公司）成立于 1995 年，它聚集了原行业骨干和参与亚运会工程会战的技术及管理人员，组织建立了长期从事消防产品开发、安装及调试服务的专业队伍。1995 年至今，公司承接并以优质的工程质量完成了多个大型消防工程，成为国家一级消防工程公司，公司经营状况良好。

HD 消防工程公司的目标市场主要定位于北京地区，而北京现在的消防公司就有上百家，再加上外地消防公司参与竞争，使得竞争状况空前激烈。面对激烈的竞争环境，从企业发展的全局出发，HD 消防工程公司决定开展网络营销，建立自己的网站，实现企业内外部信息化。

HD 消防工程公司曾建立了一个网站，虽然现在能够在网上搜索到，但网站的整体制作粗糙，内容和页面已经很长时间没有更新，网页链接不畅。公司虽然想改变网站的情况，但由于没有相关的技术和管理人员而使工作搁置。

通过以上资料可知：HD 消防工程公司是国家一级消防工程公司，以承接和完成消防工程为自己主要的产品；公司经营状况良好；实施网络营销，有领导的支持和相关的经济保证；公司需要实现企业内外部的信息化，通过网络营销提高自身的竞争力；公司实现信息化，能够进一步完善工程管理、降低成本；企业已有网站，但已失效，必须重新建立网站；公司缺乏相关的技术力量和专业人员；公司没有进行过相关的网络营销活动，缺乏此方面的能力和经验。

练习内容二：

某企业网络营销竞争环境分析

从目前的消防行业竞争状况来看，仅仅在北京，就有上百家消防工程企业，所以企业竞争异常激烈。为了在激烈的竞争环境中立于不败之地，充分了解竞争对手，有目的地开展网络营销活动，策划和建设公司的网站，我们对 HD 消防工程公司的主要竞争对手及其网站进行了分析。首先从公司经营和竞争格局上看，HD 消防工程公司主要竞争对手是三家与其规模大小相同，并且都获得了住房和城乡建设部颁发的消防施工一级企业资质证书的消防公司。

对 A 公司的分析如下。

A 公司是从事消防安全工程业务的专业公司，获得国家住房和城乡建设部颁发的消防工程施工一级企业资质证书和甲级消防工程专项设计证书，能够承包各类消防、安全工程（包括勘察、设计、施工、安装、维修）和建筑装修工程，从事消防、安全器材的销售及售后服务；同时该公司还开展了与主营业务有关的工程咨询、技术服务和国际交流。

A 公司的规模、实力及承接的项目规模都与我公司相近，在很多工程招投标项目中，两家公司都同时参与，因此，公司间的竞争比较激烈。

A 公司目前也在进行网络营销工作，建有自己的网站。但网站首页制作比较简单，背景主要以白色为主，页面布局简单，网站给浏览者的印象不深刻。

在内容方面，A 公司的网站共有 5 个栏目，分别是公司概况、辉煌业绩、企业文化、资源技术支持和公司地图，每个页面的上、下方均有栏目链接。从网站内容的设计上可以看出，该公司主要是通过网站宣传和树立企业的形象，而没有实施更深层次的营销策略。该公司网站不十分合理之处是：把网站中宣传知名度、介绍公司实力业绩等内容放在了页面的次要位置，并且网站的页面制作也比较粗糙。

对 B 公司的分析如下。

B 公司是一家于 1985 年注册成立的股份制公司，是经北京市消防局批准的从事消防设施施工的专业工程公司。公司于 1990 年加入中国消防协会，2000 年经原建设部批准为消防施工一级企业并获得了原建设部颁发的消防施工一级资质。2003 年 9 月公司通过了 ISO 9001 质量管理体系、ISO 14001 环境管理体系和 OHSAS 18001 职业健康安全管理体系的认证。

B 公司作为国家住房和城乡建设部审定的消防设施施工一级资质企业，可以承担自动喷洒灭火系统、火灾自动报警系统、公共广播系统、气体灭火系统、防火涂料喷涂等各类消防工程的安装、施工。B 公司自创立以来，先后承接的消防工程有 500 多个，经消防部门一次验收合格率达 100%，所承接 1 万平方米以上的工程有 60 多个。其中多项工程获得工程"鲁班奖""国家优质工程银奖""长城杯"。

B 公司的网站采用了彩式首页。在消防企业的网站中，彩式首页和正式首页是两种比较常见的主页形式，彩式首页能够加深用户对网站的第一印象，并且能将公司的基本栏目更加明显地展示出来。B公司的彩式首页选择了橘黄色与蓝色为主色调，橘黄色代表了消防的颜色，表示安全，蓝色表示成熟、冷静。首页整体为橘黄色，在视觉上给人以冲击力和饱满度，并且在首页可以了解到，网站共有5个栏目，分别是"公司介绍""资质荣誉""成功案例""技术支持""联系方式"。

B公司网站整体给人的感觉是栏目清晰、内容充实。进入该公司网站的"公司介绍"栏目，其整体色调是与首页相符合的，站内的LOGO与banner是将首页的图片进行了整合，然后形成一个整体。"资质荣誉""成功案例""技术支持"的栏目下各有3个分支，并且内容非常充实。但是，客户反馈栏目作为子目录放在了技术支持栏目中，使客户反馈栏目的作用没有得到突出；并且在客户反馈的栏目中没有设置可以让客户浏览留言的功能。

从上面的分析可以看出，无论是在企业经营还是在网站建设方面，B公司都是HD消防工程公司的一个强有力的竞争对手。

对C公司的分析如下。

C公司是经北京市工商行政管理局注册、国家住房和城乡建设部批准的消防设施工程专业承包一级企业，通过了ISO 9001质量管理体系认证。其经营范围包括火灾自动报警系统、各种固定灭火系统、通风防排烟系统、多专业消防设施专项工程的设计施工及消防设备的维修等。

C公司自成立以来承接工程项目百余项，工程范围涵盖大型的综合高级商务楼、国家重点文物保护单位、大型精品商厦、计算机房、大型网站、地下停车库、工业厂房和仓库等。

C公司目前也在进行网络营销工作，建有自己的网站。与A公司进入首页的形式不同，进入C公司的首页之前，先看到的是一个动画。C公司首页的色彩较多，但并不显得杂乱。对于网站的栏目、C公司承接过的工程图片及公司的联络方式，都根据颜色和动画的搭配进行了比较合理的规划。网站分"关于我们""项目业绩""全程服务""信息反馈""联系我们"5个栏目。在"关于我们"栏目中设有搜索引擎，但是搜索引擎建设得不完整，不能达到搜索的效果。在"项目业绩"栏目中展示了公司所承接的工程图片，但是没有配以文字说明。在"信息反馈"栏目中，出现了内容错误。网站给浏览者的总体感觉是：内容不够丰富，内容介绍过于简单。

A、B、C三家公司网站的优势、劣势见表2-1。

表2-1 A、B、C三家公司网站的优势、劣势

公司名称	网站的优势	网站的劣势
A公司	网站首页颜色简单，内容清晰，并且设有通知及电子邮件登录的功能。网站的功能和内容比较全面，对消防工程的技术等方面介绍得非常详细	页面颜色搭配不够协调，导航条的设置不合理，将比较重要的栏目放在了页面的下方，容易被用户忽略。页面排版不合理，无翻页功能。不注重网站的细节装饰
B公司	网站颜色的选择与搭配非常和谐，网站的功能及内容都非常清晰，内容非常充实	功能不多，只是将网站定位为宣传网站。没有在线提问及回复功能
C公司	网站设计比较专业，进入首页前有一个公司动画，点击后进入首页，首页色彩较多，但不杂乱；栏目清晰	部分栏目功能不全，页面细节有错误

从以上对三家竞争对手的分析中可以得到以下结论。

① 三家消防工程公司建立网站的目的主要都是宣传和介绍公司。

② 三家消防工程公司在网站的功能方面，不追求功能全面但要能够及时、准确、清晰地展示公司的情况。

③ 三家消防工程公司建立网站的另一个重要的共同目的是与用户多方面地沟通。

④ 三家企业都在网站中设有客户反馈的栏目，但缺少与顾客之间的双向沟通渠道。

⑤ A、C 公司网站内容不够精细。

从上面的竞争者分析示例中可以看出：对竞争者分析，要明确主要的竞争对手有哪些，更重要的是，要准确地分析和归纳出主要竞争对手的优势和劣势。采用图表的方式表达可以清楚地说明问题。

思考与互动：

学生思考并回答以下几个问题，教师点评、归纳。

① 根据上述案例，总结企业是如何开展网络营销微观环境分析的。

② 根据上述案例，总结企业进行内部环境分析和竞争环境分析的基础。

③ 进行适宜的企业网络营销微观环境分析，能给企业带来什么好处？

④ 通过上述案例，具体谈谈进行企业网络营销微观环境分析有哪些注意事项。

⑤ 通过上述案例，谈谈该企业秉承了哪些企业家精神。

⑥ 根据你对上述案例企业的了解，在其进行网络营销微观环境分析中，你还有哪些建议呢？

思政拓展

中国精神——企业家精神

对企业进行微观环境分析，特别是进行竞争对手分析，是企业查找自身不足、学习同行优秀经验的重要的一个环节，也是企业不断创新发展、专注品质和追求卓越的企业家精神最好的体现。

中国，这个全球第二大经济体、世界第一大贸易国展现出无穷活力。这活力，离不开经济的基本细胞——企业，离不开经济活动的重要主体——企业家，离不开经济发展的重要源泉——企业家精神！

党的十八大以来，通过全面深化改革，不断优化营商环境，我国企业数量快速增长。通过消除各种隐性壁垒、加强知识产权制度建设等，为激发企业家精神、发挥企业家才能创造了良好的外部环境，推动企业不断取得更新、更好发展。2020 年 7 月 21 日，中共中央总书记、国家主席、中央军委主席习近平在京主持召开企业家座谈会并发表重要讲话。谈到弘扬企业家精神时，习近平指出："企业家要带领企业战胜当前的困难，走向更辉煌的未来，就要在爱国、创新、诚信、社会责任和国际视野等方面不断提升自己，努力成为新时代构建新发展格局、建设现代化经济体系、推动高质量发展的生力军。"回溯历史，40 多年的改革开放，为企业家精神打造了广阔的生长平台。今天，当中国经济巨轮转向高质量发展新航道，广大企业家勇担使命、主动作为，传承发扬企业家精神，不断为中国经济发展注入活力，为中国经济巨厦添砖加瓦。

在企业的营销活动中，必须以企业家精神为引领，充分调动广大企业家积极性、主动性、创造性，更好发挥企业家作用，在新征程上敢闯敢干、不懈奋斗，形成更多具有全球竞争力的世界一流企业，我们就一定能推动高质量发展不断取得新成效，为实现第二个百年奋斗目标、实现中华民族伟大复兴的中国梦做出新的更大贡献。

2.2.4 企业网络消费者分析

1. 影响消费者购买行为的因素

市场营销中，消费者市场是指由所有为了个人消费而购买物品或服务的个人或家庭所构成的市场。这个市场中的消费者都是个人或家庭，他们的购买目的是自行消费。分析这个市场中影响消费者购买行为的因素可以从以下4个方面入手。

1）文化因素

文化背景是决定人们欲望和行为最基本的因素。文化因素的影响主要是指消费者所具有的教育文化水平、所处的亚文化群，以及社会阶层等对其购买行为的影响。每种文化都包含不同的内涵，在不同文化背景下所形成的价值观、信仰、道德、风俗习惯等都会直接影响人们的欲望和行为。因此，面对不同文化背景、不同种族、不同国家或不同地区的消费者，营销的策略和手段都应依据其不同的文化背景而有所不同。

2）社会因素

社会因素的影响主要是指消费者所处的家庭、社会地位、生活群体等对其购买行为的影响。

家庭是社会的基本组成单位，也是社会基本的消费单位。家庭对消费者的购买行为起着潜移默化的作用。首先，家庭的消费观念对家庭成员有着潜在的影响；其次，不同类型的家庭组成也对家庭成员的消费行为有着影响；最后，不同的家庭决策者类型对消费者购买行为会产生影响。例如：在具有传统观念的三代同堂家庭中，由于受传统观念和家庭成员年龄分布的影响，消费一般比较理智；而两口之家的年轻家庭则一般消费比较超前。

生活群体中，朋友是与消费者关系比较密切的一个群体，朋友能对消费者的购买行为产生直接或间接的影响。通常来说，朋友的建议或示范都能对消费者的购买行为产生影响。很多消费者的购买欲望都是因为看到朋友购买类似的商品而产生的，也有很多消费者的购买行为是因为朋友的建议而发生改变的。

3）个人因素

个人因素的影响主要是指消费者的年龄、性别、职业、生活方式等对其购买行为的影响。

不同消费者由于个人因素的影响，其购买行为和对营销策略的反应是不同的。有专家特别对不同年龄的消费者进行了观察和分析，发现5~11岁的儿童消费群体，其自身消费能力不高，却是家庭中消费的"主体"。这个群体的消费者已经开始有能力选择商品，但一般都是父母支付费用；同时，他们具有很高的品牌忠诚度，模仿性强，受广告影响大，特别容易接受针对少儿的卡通、动画形式的广告。当营销人员面对这个范围的儿童消费者时，应该充分考虑他们的购买特点，有针对性地制定营销策略。

4）心理因素

心理因素的影响主要是指消费者的购买动机、价值观念、消费信念等对其购买行为的影响。不同生活经历、不同价值观念的消费者，其购买行为和对营销策略的反应是不同的。

2. 网络消费者购买行为分析

网络消费者是指借助互联网来完成产品购买过程或完成产品购买过程中某一步骤的消费群体。由于网络消费者以互联网为信息获取和交流传递的平台，因此他们除具有一般消费者的购买行为之外，自身还具有一些个性。

1）网络消费者的个性

（1）注重个性

一方面，网络具有信息传递迅速、无时空障碍、实时、双向等特点，给网络消费者追求个性需求、充分展示自我提供了技术基础；另一方面，从近期的网络消费人群统计数据看，网络消费者以年轻、具有一定学历的人群为主，这类人群本身就具有较多与众不同的想法和独特的需求。当其上网时，容易追求个性，提出自己与众不同的看法和需求。

（2）冷静、理性、擅长分析

由于网络上有大量信息，并有专业网站、相关社区、论坛等信息比较机构提供比较信息，所以网络消费者能够比较充分地了解产品的情况，比较理性地分析、判断；同时，网络消费者在实施网络购买时，没有销售人员进行购买中的信息干扰，所以能够比较冷静地做出选择。此外，网络消费者以经济发达地区、具有一定学历的人群为主，他们本身不会轻易受舆论左右，对各种产品宣传有比较强的分析、判断能力。因此，网络消费者冷静、理性、擅长分析的特点值得营销人员注意。

（3）喜好新鲜事物，有强烈的求知欲

网络信息传递的特点给网络消费者提供了广泛获取信息的途径，网络上各种新奇、专业和广泛的信息也会反过来激发消费者强烈的好奇心和他们对不同事物的浓厚兴趣。

（4）选择商品理性化

面对与传统购物环境差别较大的网络环境，消费者选择商品的行为更加理性化。首先，网络营销系统巨大的信息处理能力，为消费者挑选商品提供了前所未有的选择空间，消费者可以利用网络搜寻信息、比较信息，还可以利用网上的信息对商品进行反复比较，以决定是否购买；其次，价格是影响消费者寻购产品的重要因素之一，通过网上信息查询，消费者能够横向比较多方面的价格，全面考虑商品的整体价值，也能够通过信息沟通与卖家进行讨价还价，最终选择满意的产品；再次，网络消费者可以主动上网寻找适合的产品，并主动向商家表达对产品及服务的欲望，这也使得一部分消费者实际上参与或影响了企业的生产和经营过程；最后，在网络上完成购物环节避免了现实商场中嘈杂的环境和营销人员的影响。因此，在网络环境下，消费者可以更加理性地规范自己的消费行为。

2）网络消费者的购买需求特点

网络消费者自身的一些个性使得其需求与传统消费者的需求存在不同的特点。这些特点应引起营销人员的注意。

（1）网络消费者需求的个性化

在市场向个性化方向回归的同时，计算机网络给信息传递带来的便利，使得消费者在网络上能够细致和充分地提出其对某产品效能的独特需求，并能够自己制定消费准则，因此，消费者的需求更具有个性化，个性化消费将成为网络消费的主流。

（2）网络消费者需求的差异性

随着消费者个性化的回归，其需求的个性化将会导致网络消费需求的差异性。另外，由于其所处环境更具有多样性，即使是处于同一需求层次上的消费者也会表现出需求的差异性。

（3）消费主动性增强

网络给消费者提供了一个方便、快捷、全面的信息获取渠道，使消费者能够比较容易地获取自己需要的信息，也逐步激发了消费者在商品购买决策中主动获取信息、分析比较信息、自主判断决策的潜在追求，因此，网络消费者的消费主动性在不断地增强。

这种主动性，不仅表现在对信息的主动获取上，还表现在主动提出自我个性需求、主动对商品提出个性建议等诸多方面。消费者的这些表现若能被企业获知，并设法满足消费者的需求，将会给企业经营带来极大的成功。

（4）网络消费者需求目标的多样性

在网络消费者需求的目标上，对消费结果的关注和对消费过程的关注并存。网络消费者中既有以购买产品、享受产品服务为目的的，又有以享受购物过程为目的的。对于不同消费目标的消费者，企业应提供不同的服务。

例如：同样是进行网上购物活动，一部分消费者因工作压力较大、紧张程度高的消费者以方便性购买为目标，他们追求的是时间和劳动成本的节省；而另一部分消费者由于劳动生产率的提高，自由支配时间增多，追求的是通过消费来体验网上购物的乐趣；有一些自由职业者或家庭主妇，希望通过网上购物或使用网上信息交流服务来保持与社会的联系，减少心理孤独感，他们愿意花较多时间和精力去购物，因为购物能给他们带来乐趣，满足他们的心理需求。

3. 影响网络消费者购买行为的因素

消费者的购买行为取决于他们的需求和欲望，而消费者需求和欲望的产生、消费者需求和欲望转变为消费行为则是受到诸多因素的影响。

由于网络消费者所处的环境与传统消费者有诸多不同，因此，网络消费者的购买行为除了受到社会环境、文化环境、个人环境和心理环境的影响，互联网带来的环境特点也影响网络消费者的购买行为。

（1）网络购物环境

网络购物环境，特别是网络购物的安全性是影响网络消费者实施购物行为的重要影响因素。有时，消费者已经在网上选择了满意的产品或服务，但考虑到网上付款的安全性，就又放弃了网上购物。另外，网速的快慢、网页打开和更新速度的快慢都会影响消费者的购买行为。

（2）购物的便捷性

现代生活节奏越来越快，方便、快捷的购物方式是许多网络消费者首先考虑的因素之一。消费者网上购物的便捷性主要体现在 3 个方面：一是时间上的便捷性，网上购物商城实时开放，提供每天 24 小时的服务，消费者可以在任何时间选购商品，而不受营业时间的限制；二是商品挑选范围的便捷性，消费者可以通过网络在全球范围内挑选商品，还可以享受网上提供的比较服务；三是网上支付的便捷性，消费者只要办理好相关的网上支付手续，就可以轻松通过网络进行支付。

（3）产品的个性化程度

通过网络，消费者能够提出自己对产品的个性化需求，因此，他们对产品或服务是否具有个性化也倍加关注。例如：产品的功能是否具有特性、是否针对某一群体或某一人专门设计制作，这些都能够引起消费者的关注；此外，产品或服务的价格是否具有个性化，也是引起消费者关注的一个重要因素。

课堂练习 2-3

网站消费群体的需求分析

练习目的：

通过本次课堂练习，获得某企业网站消费群体需求分析的感官体验，深刻体会网络营销中网络消费者分析的重点，进而更加深入地了解网络消费者的特点及其对企业的重要性。

练习要求：

学生自由组合成小组，分析"中国风景园林网消费群体的需求分析"的案例内容，结合理论知识分析案例的实际应用特点；各小组还可以模仿这个案例，把比较有代表性的、实际在企业中应用到的典型应用案例与全班师生一起分享，以便更好地掌握所学理论知识。

练习内容：

中国风景园林网消费群体的需求分析

中国风景园林网的主要消费群体包括以下几类：园林设计人员、风景园林师，相关专业的学者和学生，城市建设的管理者、规划人员，工程咨询人员，人文环境研究者，旅游者等。下面分别对其需求加以分析。

● 园林设计人员、风景园林师

需求特点：大量有关园林设计等方面的资料和信息、园林设计图纸，专业性要求极强。

消费特点：愿意为比较宝贵、重要的园林设计资料、信息等负担一定的，甚至是比较高额的信息资料提供费。

● 相关专业的学者和学生

需求特点：园林设计方面的学术论文，以及风景园林方面的知识。

消费特点：相关专业的学者一般都有研究经费，所以，愿意也可以负担一定数额信息资料提供费；相关专业的学生一般没有或缺乏收入来源，所以，希望从本网站获取免费的信息资料或者支付低额的信息资料费。

● 城市建设的管理者、规划人员

需求特点：有关城市规划、城市总体设计和规划方面的资料，以及城市风景规划方面的有关素材，如图片、规划布局图等。

消费特点：城市建设的管理者、规划人员为国家公职人员，有关城市规划、城市总体设计和规划方面的资料是工作所需，所以一般是有经费或者公费可以负担此项费用，所以，城市建设的管理者、规划人员一般不会担心费用方面的问题，可以提供比较高额的信息资料费。

● 工程咨询人员

需求特点：有关园林风景具体施工技术或建设过程中有关问题的解决方案。

消费特点：工程咨询人员为工程费用的计算或者核算人员，是负责工程的核心人员，一般也是应该有经费支持的，所以，工程咨询人员也不会担心费用方面的问题，一般也可以提供比较高额的信息资料费，但对信息的质量要求比较高。

● 人文环境研究者

需求特点：园林风格、人文景观、民风民俗、自然环境方面的信息。

消费特点：人文环境研究者多为学者、研究人员，一般都有研究经费，所以，不用担心费用方面的问题。

● 旅游者

需求特点：关于旅游景点、游览胜地的风景园林知识介绍，附加需求可能含有建筑风格、人文景观、民风民俗等综合信息。

消费特点：一般为旅游者自己负担获取信息的费用，所以，比较注重费用支出问题。

上述分析中，消费群体的需求分析过程没有借助市场调研工具。在不同的情况下，为了准确确定消费者的需求和消费特点，可以使用调查工具从消费群体那里获取一手资料，然后加以分析和研究。

思考与互动：

学生思考并回答以下几个问题，教师点评、归纳。

① 根据上述案例，总结企业是如何开展网络消费者需求分析的。

② 根据上述案例，总结企业进行网络消费者需求分析的基础是什么。

③ 进行适宜的企业网络消费者需求分析，能给企业带来什么好处？

④ 通过上述案例，具体谈谈在进行企业网络消费者需求分析时，应该注意哪些事项？

⑤ 通过上述案例进一步收集资料，谈谈该企业秉承了哪些企业家精神。

⑥ 根据你对上述案例企业的了解，在其进行网络营销消费者需求分析过程中，你还有哪些建议或对策？

思政拓展

新商业文明呼唤数字时代的企业家精神

数字技术和数字商业的发展，推动着数字时代以"开放、透明、分享、责任"的新商业文明加速到来，而数字化转型之路上洞察客户需求，为满足客户需求而持续追求创新的企业家精神，正是创造新商业文明的重要推动力。

一百多年前福特曾经说过："不管消费者需要什么，我只有黑色。"然而，随着网络化、电子化和智能化的快速发展和应用，所有企业都将面对一个海量的、碎片化的、实时的、多场景的需求，企业如何能够满足或者应对这样的需求，是数字化转型所要解决的根本问题。

这就要求企业秉承创新发展、追求卓越的企业家精神，能够实时洞察客户需求、能够实时满足客户需求。把产品交付给客户之后，还要持续不断地跟客户建立一种强联系。

一是企业经营从过去以产品为中心到以消费者为中心。以产品为中心的核心逻辑是关注产品的质量、效益、交期、成本，以消费者为中心的核心理念是持续关注消费者从购买到使用全生命周期的体验。

二是从产品功能导向到功能+体验导向转变。从关注性价比、产品功能、耐用性，到关注参与感、交付体验、文化认同、分享与交流等新感受。

三是从关注海量消费群体到个性化消费群体。从关注消费群体的共同需求，到关注消费群体的小众需求，从规模化到定制化。

弘扬企业家精神，秉承创新发展、专注品质和追求卓越的企业家理念，是数字时代满足消费者需求的重要推动力。

2.3　上机练习与实践——熟悉网络营销环境，分析网络营销环境

1. 实训目的

某自行车销售商是一个销售各种品牌自行车及其零部件的国内大型连锁公司，公司业务遍及全国各地。随着网络全面渗透至企业运营和个人生活中，为更好地吸引众多的网络客户、开拓网上销售渠道、提高公司管理各类客户的能力和综合竞争力等，该公司决定开展网络营销。

公司在了解、熟悉网络和网络营销的现状、发展、演变及未来发展趋势，分析了我国制造行业的网络营销现状后，打算根据网络营销环境的特点——互联网跨时空、开放性、资源丰富和自主性等特征，运用环境分析方法对本企业进行网络环境分析。

2. 实训内容

① 进入相关电子商务平台网站，如阿里巴巴网站、天猫网站和京东网站，搜索有关自行车产品的企业，体验网络营销环境的特点。

② 进入相关行业或组织网站，如中华人民共和国工业和信息化部网站和美骑网站，浏览相关的政策信息、行业信息等网络营销宏观环境方面的资料与数据，了解企业应解决的社会热点问题和应承担的社会责任。

③ 登录国内知名自行车品牌网站，如捷安特自行车网站、上海永久股份有限公司网站、凤凰自行车网站，分析其企业特点和网站特色，做好网络营销竞争环境分析，了解这些企业是如何随着互联网的发展不断创新发展、追求卓越的。

④ 针对本企业，从网络营销宏观环境和微观环境这两个方面对其进行分析，要注重企业解决社会热点问题、承担社会责任和服务社会等企业家责任，弘扬企业家精神。

3. 实训方法

① 连接互联网。

② 如果已知网址。根据网址，分别进入各个相关网站。

③ 如果不知网址。在浏览器地址栏输入 http：//www.baidu.com，按回车键，进入百度搜索界面，然后分别键入要搜索的关键词，根据搜索的结果进入目标网站。

4. 实训示例

见本章课堂练习 2–1～2–3。

5. 实训要求

① 根据同学选择的企业情况，以"某自行车销售公司网络营销环境分析"为题目，写一份实训报告。
② 实训报告内容要求如下。
- 除文字描述外，要多使用表格、饼图和柱图等图表来表达。
- 每个部分做到条理清晰、有依据、有数据；报告要弘扬企业家精神，践行社会主义核心价值观。
- 每个部分最后都要归纳并提出本小组策划的意义和重点，得出结论，结论要紧扣小组策划的主题。

2.4 本章小结

网络营销环境是一个综合的概念，由多方面的因素组成。企业的网络营销环境是指影响企业市场营销活动及其目标实现的各种因素和动向。与市场营销理论非常类似，根据各因素与企业开展网络营销活动的相关程度不同，企业网络营销的环境也可划分为两个层次：宏观环境和微观环境。宏观环境是指给企业网络营销造成市场机会和环境威胁的主要社会力量，包括社会文化、经济、政策和法律、科技与教育、自然环境等。微观环境是指对企业服务其网络顾客的能力构成直接影响的各种力量，包括企业本身及其市场营销渠道企业、顾客、竞争者和社会公众等。但是，由于网络营销环境与市场营销环境的不同，两者又有很大的区别。

本章从企业经营过程中环境分析的案例出发，简要介绍了市场营销环境理论和营销环境的构成，分析了网络营销环境的特点和网络营销环境分析的特点，并通过示例重点讲解了企业网络营销环境分析的步骤和方法。

案例分析与提高

好大夫在线——"互联网+"背景下的医疗行业

2004 年，王航的妻子怀孕了，在一系列产检、孩子出生和孩子各种小病不断去医院的经历后，他有了做一种服务实现互联网和医疗两大行业相结合的想法。2006 年，他与胡少宇、罗丹创立了"好大夫在线"网站，旨在提供医疗关键信息，帮助患者解决一些就医方面的问题，同时让更多医学专家参与进来。随着几轮的融资、互联网技术和医疗网络化的发展，好大夫在线获得了长足的发展。

在该网站的 1.0 时代，其本质上还是互联网，并没有进入核心的医疗业务。其主要业务为：轻问诊、院后管理系统、信息系统、预约系统，还没有实现商业化和规模化。在该网站的 2.0 时代，主要业务量增多，包括在线诊疗、线上诊断、线上处方，利用"互联网＋"医疗实现了分级诊疗和医生品牌，实现了电话咨询、术后随诊、海外就诊和住院直通车等商务模式，建立了患者与医生的线上长期、稳定的关系。

目前，好大夫在线在积极进入网站的 3.0 时代，即疾病管理平台。建立患者随访平台，用于管理患者的院外康复过程，旨在提升治疗效果、控制风险、减少复发，改善患者长期生活质量；并开发数据管理系统和手机应用平台，协助医生汇总、整理患者长期随访数据，积累科研数据。

分析与提高

① 根据上述案例，进行好大夫在线的网络营销环境分析。

② 根据网络营销环境分析结果，结合当下的网上潮流和热点，指出该网站的优势和不足，并提出改进建议或对策。

③ 根据上述案例进一步收集资料，谈谈该企业秉承了哪些企业家精神。

④ 根据上述案例和本章所学知识，设计其他的网络营销活动，活动要弘扬企业家精神，践行社会主义核心价值观。

思 考 题

1. 网络营销的环境应从哪些方面进行分析？

2. 网络的互动性特点给营销带来了哪些变化？

3. 影响网络消费者购买行为的因素有哪些？

第3章

网络营销战略

引言

　　网络营销战略规划是企业以市场需求为导向，在对企业内外营销环境进行分析的基础上，对企业网络营销的任务、目标及实现目标的方案、重点和措施做出总体的、长远的谋划，并付诸实施与控制的过程。它是指导企业网络营销活动、合理分配企业网络营销资源的纲领。在网络经济条件下，市场竞争愈演愈烈，开展企业营销战略管理已成为企业进行市场经营、取得市场竞争优势地位的重要工作。

　　本章从传统市场营销中的目标市场战略出发，介绍网络营销战略的相关概念、战略模式选择等内容，通过案例说明网络营销战略的重要性，并通过示例重点讲解企业实施营销战略的步骤和方法。

主要知识和技能点：

- 市场细分的概念、方法
- 目标市场选择的方式
- 市场定位的概念
- 网络营销战略模式

教学要求：

- 识记：网络营销战略、网上市场细分、网上目标市场
- 领会：网上市场细分变量，网上目标市场评估标准，网上市场定位的基本思路
- 简单应用：网上目标市场的评估，选择网上目标市场，网上目标市场进入
- 综合应用：将SWOT和其他相关知识应用到案例分析或实际场景中

【引导案例】

网店的网络目标市场策略

小王的女儿已经 3 岁了，赋闲在家的她想开一家网店，考虑到服装网购市场比较火爆，并且因为自己也有小孩儿的缘故，这些年对婴幼儿服装市场了解不少，因此想开一家婴幼儿服装产品专卖店。说干就干，小王将自己的网店取名为"星星宝贝"，并马上着手对网络服装市场进行调研。经过两个多月的前期调研和准备，她发现："原来服装网购市场中的学问，比想象的要深得多、广得多。"

虽然婴幼儿服装的网购市场规模庞大，然而品牌林立、强手如云，使得市场竞争异常激烈。如果漫无边际地开展网络推广，凭个人的资源和实力，要想在激烈的市场中争得一席之地，恐怕是难上加难。只有集中精力、扬长避短，充分利用自己的优势资源，才有可能分一杯羹。

经过反复的调研、探索、论证，小王最终确定了自己的网店定位：讲究生活品质的白领妈妈，特别在乎自己小孩儿的外表形象，希望自己的孩子不仅干净整洁，而且有款有型。这些妈妈的月收入为 3 000～5 000 元，她们既非奢华一族，也无温饱之忧。因此，要求产品不仅质量可靠、价格实在，而且应当设计新颖、潮流时尚。这些服装可以不是大品牌，却有可圈可点的性价比和美观度。

从"服装"到"婴幼儿服装"，再到"中等收入、潮流时尚、讲究生活品质，在乎小孩儿形象的白领妈妈的宝宝服装"……随着网络调研的深入、网络市场细分的明确、网络市场的选择，网络市场的定位逐渐清晰起来。小王终于发现自己进入了一个"更为熟悉、更有把握、更有底气、更有信心"的服装网购市场。她在这一系列调研、细分、选择及定位的基础上，拿出了自己的创业计划书，并立即得到了不少业内投资人的青睐。创意有了，资金有了，小王的网店很快就热热闹闹地开张，并红红火火地经营起来了。

案例点评：

互联网上没有地域的限制，全球网民都可以是你的客户。然而，像小王这一类网店，要让自己的产品在众多的竞争对手中脱颖而出，是有一系列的困难需要克服、一系列的问题需要解答的。

网络市场状况如何：是否有价值？是否值得企业去做？

网上竞争对手是谁：他们在哪里？他们做得怎么样？

网上消费者有何特点：用户为什么在网上买？网上浏览和购买行为有何特点？

如何作出网络市场细分？如何将一个庞大的网络市场细分为不同的子市场？

如何作出网络市场选择？如何选择网上目标客户？选择哪一部分目标消费者群体去服务？

如何作出网络市场定位？如何做到精准定位？如何提炼网络产品的独特卖点，以便能吸引用户眼球？如何展现产品的特色优势？

由此案例我们可以看出：在网络营销过程中，网络市场策略是非常关键的一步。归根结底，就是要通过网络市场调研，解决网络市场细分、网络市场选择，特别是网络产品的定位问题，为网络营销的开展奠定基础。

3.1 网络营销战略分析

战略管理对现代市场经济环境下企业的经营有着越来越重要的作用和意义。企业通过战略规划、战略管理对企业的经营环境进行科学的预测，对企业的经营发展进行科学的规划。这将使企业能够充分利用市场机会，避免环境威胁。

3.1.1 网络营销战略规划的含义

1. 战略的含义

"战略"一词译自英文 strategy，也译为策略。战略泛指重大的、带有全局性和决定性的计谋。现代社会常把战略应用于政治、经济等领域，如政治战略、经济战略、社会发展战略等。把战略思想应用于网络营销管理中，就形成了网络营销战略。

2. 网络营销战略规划的含义

规划是一种事先的安排，用于正确地指导人们完成自己的目标。战略规划，是指在事情发生变化之前，就制定并实施的有预见性的规划。

网络经济环境下，市场状况瞬息万变，市场竞争也不断深入。网络营销战略规划是指在激烈的市场竞争中，企业为了充分利用市场机会，避免环境威胁，求得持续、稳定、健康、高效的发展，在对企业外部营销环境和内部资源条件充分分析的基础上，对企业网络营销的任务、目标及实现目标的方案和措施做出总体的、长远的谋划，并付诸实施与控制的过程。从实质上看，企业网络营销战略是企业外部环境、企业内部实力与企业网络营销目标三者的动态平衡，是合理分配企业网络营销资源、指导企业网络营销活动的纲领。

在企业的网络营销活动中，希望实现的目标往往不止一个，但企业必须依据内部条件和外部环境，确定一个一定时期内最为合理的目标，这便是网络营销战略规划的第一层含义。同时，实现一个既定的目标，往往不止一种途径、一种方案，但其中必有一种方案或一种途径被企业认为是最适宜、最可行的。谋划、选择和确定一个最为合理、最为可行、高效实现其预定目标的方案，是网络营销战略规划的第二层含义。

3.1.2 网络营销战略规划的作用

网络营销战略规划是企业为开展网络营销工作、实现其网络营销目标的总体和长远的谋划，是企业全体员工行动的纲领，因此它是关系企业长远发展和全局利益的重大决策。对此决策选择的正确与否，将会直接影响网络营销的成败和企业的经济效益。网络营销战略规划在企业网络营销活动中所起的重要作用，主要表现在以下 5 个方面。

1. 战略规划网络营销活动

网络营销战略规划，是从战略的角度规划企业的网络营销活动，它能够使企业的营销活动符合企业所谋求的整体发展目标。同时，战略规划是在环境分析和科学预测的基础上对未来的展望，因此，通过战略规划，能够使企业充分认识自身的现状，并对未来有比较明确的前瞻，把握营销的主动性，使企业的网络营销活动能够着眼于迎接未来的挑战，降低企业经营的风险。

2. 统一协调网络营销活动

网络营销战略规划以企业总体发展的需要为依据，以企业的全局为对象，体现了全局性和统一性。通过战略规划，企业可以协调各项营销活动，进一步提高营销效率，使企业持续有序地向前发展。

3. 合理配置网络营销资源

网络营销战略规划需要经过环境评价、组织内部条件分析、对策决定、行动方案制订、实施结果反馈等过程。为了达到最好的网络营销效果，实现终极目标，企业需要对其内部资源和外部环境进行科学分析，同时还要充分协调和利用各种网络营销资源，对不同部门、不同业务、不同产品及不同市场的网络营销活动进行合理安排。因此，战略规划能够促进企业网络营销资源的合理配置，促进企业资源最大效用的发挥。

4. 动态适应网络营销环境

企业的网络营销环境是随着社会经济等环境变化而不断改变的。因此，企业的网络营销活动也应该随着环境需求的变化而进行动态调整。网络营销战略规划为企业实施动态的网络营销管理提供了环境预测、总的方向目标和约束，能够使企业对网络营销活动进行有预见性的、动态的调整。

5. 提升整体网络营销能力

网络营销战略规划中，任务、目标的明确经历了从上而下、再从下而上的过程，是在企业内部统一思想、统一认识的前提下完成的，这使得企业上下在网络营销目标、方向等问题上有了比较一致的认识，做到了上下统一、方向一致。因此，企业在提高网络营销活动目的性、预见性、整体性、有序性和有效性的同时，提升了整体的竞争能力、应变能力和网络营销能力。

3.1.3　网络营销战略规划的过程

菲利普·科特勒在《市场营销管理》中指出："市场导向的战略规划是一种管理程序，其任务是发展和保持企业的资源、目标与千变万化的市场机会之间切实可行的适应；战略规划的目标就是形成和重新开拓企业的业务和产品，以期获得目标利润的增长。"

可见，实施网络营销战略规划，需要根据战略规划的管理程序，做好程序中每一步骤的工作。

1. 分析网络营销机会

战略环境分析是实施网络营销战略规划过程的第一步。这一阶段的任务是为企业制定网络营销战略规划提供依据。在这一阶段，通过对企业外部环境，如市场发展态势、竞争形势、国家政策、社会文化、科学技术等因素的分析，企业应充分认识面临的威胁，特别是要在分析外部环境的基础上发现可供企业利用的市场机会。另外，通过对企业内部条件，如企业营销能力、生产技术水平、企业可控资源等的分析和预测，企业应明确自身的优势和劣势，为制定企业如何利用市场机会的行动方案提供支持。

2. 明确网络营销任务

在充分认识网络营销环境的基础上，明确任务是网络营销战略规划的第二步。企业应在分析营销机会的基础上，根据自身的条件和特点确定网络营销活动的任务。在此过程中，企业应做到以下几点。首先，网络营销活动的开展、营销活动的任务目标应符合企业总体发展的方向，有助于企业总目标的实现；其次，企业要根据自身的优势特点，选择合理的网络营销管理模式；最后，企业要明确为开展网络营销活动而投入的费用和因此而带来的效益。

3. 确定网络营销目标

企业的网络营销任务确定以后，还要将这些任务具体化，形成网络营销各部门、网络营销各环节的一系列目标和一套完整的目标体系。网络营销各级作业环节都应对自己的目标有明确的认识，并对其目标的实现完全负责。目标的作用有两个：一是指明网络营销活动预期要达到的结果，二是可以作为各级营销人员完成目标情况的评价标准。

根据企业总体战略目标的侧重点不同，在确定网络营销目标时，可以侧重以下不同的方面。

1）侧重销售

企业为提高销售增长率或市场占有率，借助互联网的交互性、实时性和全球性，在网上建立销售渠道，为顾客提供方便、快捷的网上销售。有许多传统的零售企业都先后在网上设立了销售窗口，如北京图书大厦在网上建立了网上书店（图 3-1）；有的传统零售企业与电子商务综合平台合作开设旗舰店，如稻香村分别在天猫和京东开设旗舰店（图 3-2）。

图 3-1　北京图书大厦网上书店

图 3-2　稻香村官网的网上商城

2）侧重服务

企业为提高服务质量和顾客满意度，增强竞争能力，借助互联网沟通便捷和实时交互的特点，在网上建立顾客服务系统，全天候地为消费者提供售前、售中和售后服务。很多信息技术公司都建立了此类网站，如华为（HUAWEI）公司在其网站上设立的服务支持专栏（图 3-3），专门为不同服务需求的顾客提供全方位的服务；顾客通过网上服务人员可以远距离进行技术咨询，如图 3-3 所示。

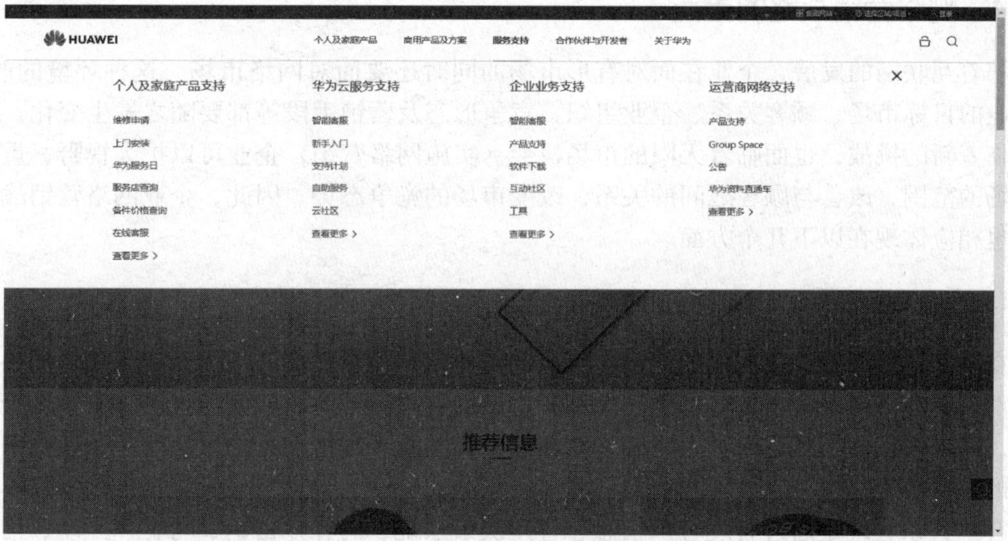

图 3-3　华为（HUAWEI）公司的网上服务

3）侧重品牌建设

以品牌建设为侧重点的企业网络营销目标，主要是通过在网上建立自己的品牌形象，加强与顾客的直接联系和沟通，提高顾客的品牌忠诚度，为企业的后续发展打下基础，同时配合企业现行目标的实现。处于开展网络营销初期的企业比较多地选择以此为网络营销的目标。例如：很多传统企业在最初实施网络营销时，在自己的网站上只有对企业、产品品牌的宣传和介绍。

4）全面出击

企业通过网络营销，要同时实现上述多个目标。例如：亚马逊公司通过设立网上书店作为其主要销售业务站点，同时创立世界著名的网站名牌，并利用新型的营销方式全面降低营销费用，改进营销效率，全面提升了企业的竞争力。

4. 进行网络营销的技术规划、组织规划和管理规划

开展网络营销很重要的一点是要有强大的技术投入和支持。因此，确定网络营销目标之后，需要对实现目标所需要的资金投入及人员培训等做出统筹的计划和安排。

运用网络技术开展网络营销，将会给企业在经营管理的诸多方面带来深刻的变化。这种变化除了体现在企业员工理念和认识的变化上，还突出地体现在对传统企业组织形式和业务流程的冲击上。这种变化和冲击要求企业的组织形式必须从传统的金字塔形组织结构转化为网状、相互沟通、相互学习的组织结构。这些变化的出现也要求企业在实施网络营销之初，就应该对企业组织可能受到的影响和结构变化有比较成熟的考虑，并提出相应的措施。

组织结构发生变化后，企业中随之而来的是管理的变化。企业的管理必须从传统企业管理的模式转变为适应网络营销需要的模式，如对企业网络营销 24 小时全天候客户服务的管理、使用后台数据库的管理等。

3.1.4 网络营销战略的重点

随着互联网的发展，企业在面对有形市场的同时还要面对网络市场。这种环境的改变，使企业的目标市场、顾客关系、企业组织、竞争形态及营销手段等都要随之发生变化。企业既面临着新的挑战，也面临着无限的市场机会。实施网络营销，企业可以扩大视野，重新界定市场的范围，改善与顾客之间的关系，改变市场的竞争态势。因此，企业网络营销战略的重点也相应体现在以下几个方面。

1. 顾客关系的再造

在网络环境下，企业规模的大小、资金的实力从某种意义上已不再是企业成功的关键因素。消费者在网络上有了更多的主动性和更广泛的选择。因此，如何通过网络营销再造顾客关系，实现发掘网络顾客、吸引顾客、留住顾客，与顾客维持关系的目标，是企业网络营销战略的重要内容之一。

客户关系管理是通过管理客户信息、客户决策系统、向客户营销、与客户互动、信息反馈管理等活动将企业流程与客户战略相结合，以建立客户的忠诚度，增加利润。网络环境给企业实施客户关系管理、进行顾客关系再造提供了强大的技术支持，企业可以从两个方面去做。

① 提供免费服务。提供免费信息服务是吸引顾客最直接与最有效的手段。利用免费信

息引起对此信息感兴趣的消费者的注意，与他们进行交流，从中获取消费者在需求、产品、服务等方面的意见和建议。

② 组建网络俱乐部（社区）。网络俱乐部（社区）是以专业爱好和专门兴趣为主题的网络用户中心，网络用户俱乐部的每个分类项目都设有讨论区，对某一问题感兴趣的网络用户可以随时交流信息。

在每个网络俱乐部的讨论区中，大批兴趣爱好相同的网友针对共同的爱好交流信息和意见，这为企业收集一手信息、引导消费趋势、与目标消费者进行一对一的交流和沟通提供了良好的便利条件。因此，企业可以通过在网上开设或者赞助与之产品相关的网络俱乐部，把产品或企业形象渗透至对产品有兴趣的用户，并利用网络俱乐部把握市场动态、消费时尚变化趋势，及时调整产品及营销策略。

2. 定制化营销

所谓定制化营销，是指利用网络优势，一对一向顾客提供独特化、个人化的产品或服务。网络环境下消费者的个性化特征日益突出，不断地满足消费者个性化的需求将使企业能够吸引顾客、留住顾客、维系与顾客的长期关系；同时，网络技术环境也给企业提供了实时了解顾客个性需求、及时与顾客沟通的便利条件。因此，提供定制化服务在网络环境下成为可能，也成为企业在网络环境下的一项重要战略目标。例如：世界著名的亚马逊网上书店对其顾客提供了个性化的服务，针对每位顾客的不同需求主动提供有针对性的书目；美国《华尔街日报》的个人版为读者提供针对个人需求设计的报纸，其内容基本上是读者需要并感兴趣的。

3. 建立网上营销伙伴

建立网络联盟或网上伙伴关系，就是将企业自己的网站与他人的网站关联起来，以吸引更多的网络顾客。在网络环境下，企业之间的市场竞争更加透明，消费者的需求更加多样。为了能够以企业自身有限的资源最大限度地满足消费者多样的需求，企业可以借助网络的优势，与相关企业结成信息资源共享的合作联盟，形成优势合力，创造竞争优势。

企业可以通过以下方式与其他企业形成网络联盟。

① 结成内容共享的伙伴关系。内容共享的伙伴关系能增加企业网页的可见度，向更多的访问者展示企业的网页内容。例如：华为（HUAWEI）公司与自己产品服务相关的企业、供应商结成了合作伙伴，并在自己的网站上专门设立了"合作伙伴与开发者"栏目（见图3-4），栏目中又开辟了"合作伙伴""培训与认证""开发者"等内容介绍，以自身和合作伙伴不同的技术优势相互配合，共同为消费者提供优质服务，提高顾客的满意度。

② 交互链接和搜索引擎。交互链接是通过相关网站之间的连接，使登录其中一个网站的浏览者通过网站之间的链接，访问一组相关的网站，从而给浏览者提供更为充实的信息，达到提高企业网站可见性的目的。搜索引擎注册是网上营销寻求伙伴关系的重要选择，因为有经验的互联网用户在网上查找所需的信息时，总是首先利用搜索引擎。搜索引擎注册是把企业的网站登录在一个大的搜索引擎上，当消费者在网上通过搜索引擎查找所需要的信息时，可以向其展示企业和相关企业网站的内容。

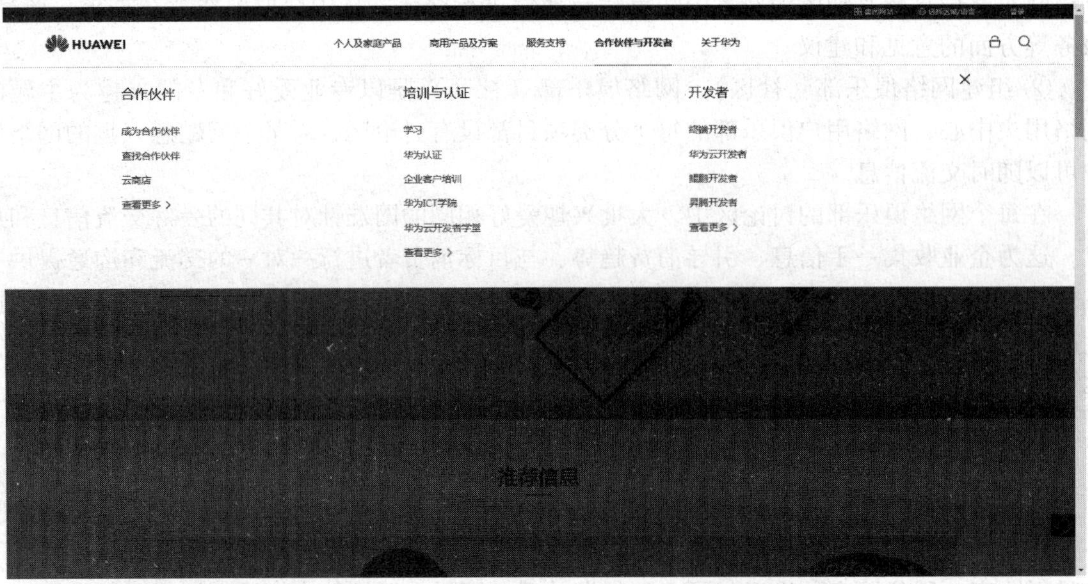

图3-4 华为（HUAWEI）公司的"合作伙伴与开发者"栏目

课堂练习 3-1

网络营销战略的应用

练习目的：

通过本次课堂练习，获得网络营销战略应用的感官体验，深刻体会网络营销中网络营销战略的重点，进而更加深入地了解网络营销战略的功能及其对企业的重要性。

练习要求：

学生自由组合成小组，分析"戴尔公司的网络营销战略应用"的案例内容，结合理论知识分析案例的实际应用特点；各小组还可以模仿这个案例，把比较有代表性的、实际在企业中应用到的典型应用案例与全班师生一起分享，以便更好地掌握所学理论知识。

练习内容：

戴尔公司的网络营销战略应用

戴尔（Dell），是一家总部位于美国得克萨斯州朗德罗克的世界500强企业，由迈克尔·戴尔于1984年创立。戴尔以生产、设计、销售家用及办公室计算机而闻名，同时也涉足高端计算机市场，生产与销售服务器、数据储存设备、网络设备等。基于微软视窗操作系统，戴尔公司经营着全球规模最大的互联网商务网站。

1. 分析网络营销机会

从戴尔公司企业外部环境来看，随着信息化的快速发展和互联网应用的逐步普及，网络市场已经成为新的竞争焦点。电子商务已经在人们的生活中占据越来越重要的地位，也是一个企业赢得国际竞争力的需要。从戴尔公司企业内部环境来看，戴尔公司早在1994年即推出了网站，并在1996年加入了电子商务功能，推动着商业向互联网方向发展。在接下来的一年中，戴尔公司成为第一个在线销售额达到100万美元的公司。科技的进步和网络技术的发展，给企业带来了新的机会和挑战，戴尔公司的营销能力、生产技术水平和企业资源均允许戴尔公司在应用互联网方面进一步深入。

2. 明确网络营销任务

在充分认识现有网络营销环境的基础上，戴尔公司明确了网络营销任务：进一步推广其在线订购模式。戴尔公司有能力也有必要抓住这个网络营销机会，以便不断地增强和扩大其竞争优势。

3. 确定网络营销战略重点——定制化营销

根据戴尔公司的前期网络营销机会和网络营销任务分析，戴尔公司利用现代信息技术支持企业生产的便利条件，开展了以顾客定制为主的定制化营销，实现了顾客导向的快速运筹，具体体现在生产环节上就是：戴尔公司通过国际互联网和企业间内联网等技术，以电子速度对顾客订单做出反应；当订单传至该公司信息中心时，由公司控制中心将订单分解为子任务，并通过国际互联网和企业间内联网分派给各个独立制造商，各制造商按照收到的电子订单进行配件生产组装，最终按照戴尔公司控制中心的时间表来供货。这个过程一旦获得由世界各地发来的源源不断的订单，就会循环不停、往复周转，形成规模化、产业化生产。定制营销重建了企业的价值流，能快速、准确地把握顾客需求的特点，并以最快的速度生产出产品和服务，相对于大规模生产企业制造出的有限产品组合，确实物有所值，真正实现了用"平民的价格"享受到了"贵族的服务"。戴尔的 Premier 个性化产品定制方案（图 3-5）吸引了更多的网络消费者，受到了广大消费者的好评。

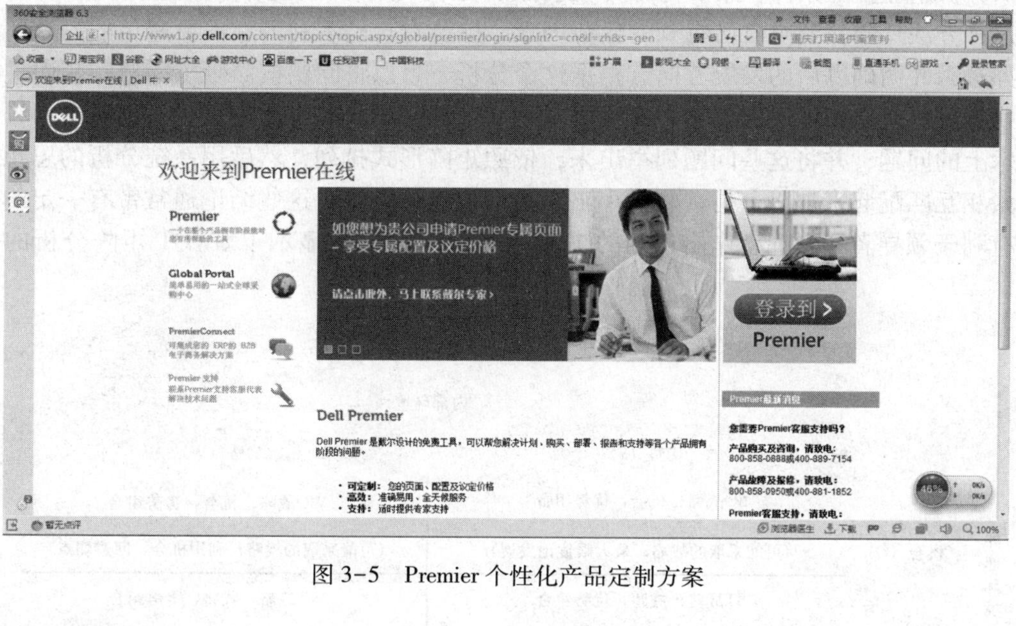

图 3-5 Premier 个性化产品定制方案

思考与互动：

学生思考并回答以下几个问题，教师点评、归纳。

① 在上述案例中，企业是如何制定网络营销战略的？

② 在上述案例中，分析定制化营销战略的适用范围。

③ 制定适宜的网络营销战略，能给企业带来什么好处？

④ 通过上述案例，具体谈谈制定网络营销战略有哪些注意事项。

⑤ 通过上述案例进一步收集资料，谈谈该企业秉承了哪些企业家精神。

⑥ 根据你对网络营销战略的了解，你还有哪些建议或对策呢？

3.2 网络营销战略分析方法

网络营销战略分析方法有很多，一般常用的是 SWOT 分析法。SWOT 分析法又称态势分析法或优劣态势分析法，用来确定企业自身的优势（strengths）、劣势（weaknesses）、机会（opportunities）、威胁（threats），从而将公司的战略与公司内部资源、外部环境有机地结合起来作出系统评价，最终制定出正确的经营战略。EMBA、MBA 等主流商管均将 SWOT 分析法作为一种常用的战略策划工具。

运用这种方法，可以对研究对象所处的情景进行全面、系统、准确的研究，可以帮助企业把资源和行动聚集在自己的强项和有最多机会的地方，并让企业的战略变得明朗。SWOT 分析方法的贡献就在于用系统的思想将这些似乎独立的因素互相匹配起来综合分析，使得企业战略计划的制订更加科学全面。

3.2.1 SWOT 分析方法分析模型

一般而言，SWOT 方法分析模型可以分为两部分：第一部分为优势劣势分析（SW），主要用来分析企业内部条件；第二部分为机会威胁分析（OT），主要用来分析企业外部条件。利用这种方法从中找到对自己有利的优势因素，以及对自己不利的、需要避免的问题，找出解决办法，并明确以后的发展方向。根据这个分析，可以将问题按照轻重缓急的顺序进行分类，明确哪些是急需解决的问题，哪些可以稍后处理，哪些属于战略目标上的障碍，哪些属于战术上的问题，并将这些问题列举出来，依照矩阵形式排列，然后用系统分析的思想把各种因素相互匹配起来加以分析，从中得出一系列响应的结论。这些结论通常带有一定的决策性，有利于领导者和管理者作出正确的决策和规划，图 3-6 显示了 SWOT 矩阵分析的基本结构。

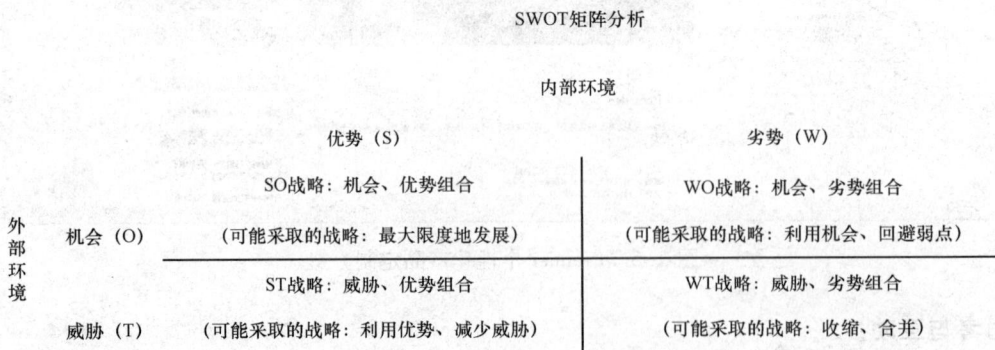

SWOT矩阵分析

内部环境

		优势（S）	劣势（W）
外部环境	机会（O）	SO战略：机会、优势组合 （可能采取的战略：最大限度地发展）	WO战略：机会、劣势组合 （可能采取的战略：利用机会、回避弱点）
	威胁（T）	ST战略：威胁、优势组合 （可能采取的战略：利用优势、减少威胁）	WT战略：威胁、劣势组合 （可能采取的战略：收缩、合并）

图 3-6 SWOT 矩阵分析图

如图 3-6 所示，SWOT 分析法包括 4 种不同类型的组合，即 4 种战略：优势-机会（SO）战略、劣势-机会（WO）战略、优势-威胁（ST）战略和劣势-威胁（WT）战略。

1. 优势-机会（SO）战略

优势-机会（SO）战略是一种发展企业内部优势与利用外部机会的战略，是一种理想的战略模式。当企业具有特定方面的优势，而外部环境又为发挥这种优势提供有利机会时，可以采取该战略。例如：良好的产品市场前景、供应商规模扩大和竞争对手财务危机等外部条件，配合企业市场份额提升等内在优势，可以成为企业收购竞争对手、扩大生产规模的有利条件。

2. 劣势-机会（WO）战略

劣势-机会（WO）战略是利用外部机会来弥补内部弱点，使企业改变劣势而获得优势的战略。存在外部机会，但由于企业存在一些内部弱点而妨碍其利用机会，可以采取措施先克服这些弱点。

3. 优势-威胁（ST）战略

优势-威胁（ST）战略是指企业利用自身优势，回避或减轻外部威胁所造成的影响。例如：竞争对手为扩大销售，采取降价等措施，这会给企业很大的竞争压力。在这种情况下，企业可以采用拓展营销渠道、加大营销宣传、提升产品质量等方法，从而回避外部威胁影响。

4. 劣势-威胁（WT）战略

劣势-威胁（WT）战略是一种旨在减少内部弱点，回避外部环境威胁的防御性技术。当企业在内忧外患时，往往面临生存危机，在此情况下，通常采用目标聚集战略或差异化战略，以弥补不足，并回避及减弱威胁。

3.2.2　SWOT 分析法步骤

SWOT 分析法的实施步骤主要包括以下 4 个步骤。

（1）收集信息

SWOT 分析实质上是机会威胁分析与优势劣势分析的综合，对企业外部环境资料和内部环境资料的收集。

（2）信息的整理与分析

把收集到的信息分别归类到宏观环境、行业环境和微观环境后，再分析信息的含义，看其是否表明了企业面临的机会或者遭遇的威胁，是否反映了企业的优势与劣势。

（3）确定企业具体业务所处的市场位置

在资料收集整理完毕后，再看企业某项具体业务面临的环境是机会多于威胁，还是威胁多于机会，企业在这项业务上是处于优势还是处于劣势，在 SWOT 分析图中标出其市场地位。

（4）模拟营销战略

企业某项业务的市场位置确定后，可以根据情况制定相应的营销战略和策划方案，决定企业是否加大对这项业务的投资，以及产品组合、促销组合各方面有哪些要改进的具体问题等。

3.2.3 企业营销对策

在环境分析与评价的基础上，企业对威胁与机会水平不等的各种营销业务，要分别采取不同的对策。因此，从业务层面出发，可以得出这样的结论：对理想业务，应清楚机会难得，甚至转瞬即逝，必须抓住机遇，迅速行动；否则，丧失机会将后悔莫及；对冒险业务，面对高利润与高风险，既不能盲目冒进，也不应迟疑不决，坐失良机，应全面分析自身的优势与劣势，扬长避短，创造条件，争取突破性的发展；对成熟业务，机会与威胁处于较低水平，可作为企业的常规业务，容易维持企业的正常运转，并为开展理想业务和冒险业务准备必要的条件；对困难业务，要么努力改变环境，走出困境或者减轻威胁，要么立即转移，摆脱无法扭转的困境。

分析评价营销环境，目的是制定应变对策。可供企业选择的对策有以下几种。

1. 应付威胁的对策

企业在应对环境威胁时可以选用以下几种策略。

（1）反攻策略

反攻策略是指试图限制或者扭转不利因素的发展，通过法律诉讼等方式，促使政府通过某种法令或者政策等保护自身合法权益不受侵犯，改变环境的威胁。

（2）减轻策略

减轻策略是指通过改变经营策略，以减轻环境威胁的程度。若环境因素对企业影响形成一定的威胁，并且这一威胁后果不可避免，此时，减轻策略就是对付威胁的有效策略之一。

（3）转移策略

当受到严重威胁的企业，因为无法继续经营原来的业务时，可以采取逐步转移原来的业务或者调整业务范围，以减轻环境对企业的威胁。

2. 把握机会的对策

（1）准确把握时机

如果看准了市场环境趋势，就应当机立断，尽早作出决策，不能等到停工待料的时候，再去寻找市场机遇。

（2）慎重行事

美国著名市场学学者西奥多·李维特曾告诫企业家们，要谨慎地评价市场营销机会。

（3）逐步到位

实施决策应分步骤，边试验，边总结，以进一步摸清市场环境，然后全面实施。

课堂练习 3-2

网络营销对策的应用

练习目的：

通过本次课堂练习，获得企业营销对策的感官体验，深刻体会营销活动中，企业营销战略分析的重要性、必要性及其对企业的意义。

练习要求：

学生自由组合成小组，分析"蜜雪冰城是如何炼成的"的案例内容，结合理论知识分析案例的实际应用特点；各小组还可以模仿这个案例，把比较有代表性的、实际在企业中应用到的典型应用案例，与全班师生一起分享，以便更好地掌握所学理论知识。

练习内容：

蜜雪冰城是如何炼成的

蜜雪冰城成立于 1997 年，是一个靠摆小摊起家，将"高性价比"融入品牌基因，将"高品质平价产品"融入品牌文化中的茶饮品牌。

2006 年之前的蜜雪冰城一直没有大起色，2006 年之后的蜜雪冰城却迎来了新生。这一年，蜜雪冰城进行了适宜的营销战略分析，在进行市场分析后终于找准了自己的定位：主打低价策略，做年轻人消费得起的连锁品牌。

首先，推出"1 元 1 支"的超低价新鲜冰激凌。1 元冰激凌，不仅让蜜雪冰城瞬间打开了局面，还成功地实现了为店面引流，低价自此就成了蜜雪冰城最鲜明的标签。之后第二款爆品柠檬水的推出，更是一下"击穿"了用户的心智，成为销量仅次于冰激凌的另一款单品。在两大爆品的加持下，当年的蜜雪冰城开店速度与经营规模皆达到了前一年的三倍之多，营收额更是达到了前所未有的高度，相当于前六年的总和。可以说，在消费升级的浪潮抵达之前，蜜雪冰城凭借爆品与低价策略就已经在饮品市场占据了一席之地。

其次，主打下沉市场。蜜雪冰城的重心在中国的三四五六线城市，往下沉市场走，主打高性价的蜜雪冰城明显比其他茶饮品牌更有优势。多年以来，蜜雪冰城也是一直将品牌的开店重心放在了消费潜力更大的下沉市场。这也是为什么过去少有人在一二线城市看到蜜雪冰城身影的原因。蜜雪冰城走的这一步棋，不仅避开了网红茶饮品牌在一二线城市的激烈厮杀，还让品牌的经营规模如滚雪球般越滚越大，门店像野草一样疯长。

最后，打造专有 IP 形象。蜜雪冰城最早大规模出圈，靠的就是一首土味洗脑的主题曲。区别于其他茶饮品牌，蜜雪冰城的门店也并没有朝着简洁、高端大气上档次的方向发展，而是将"土土"的气质做到了极致，誓要做整条街最"艳"的店。在 IP 形象方面，蜜雪冰城可以说将"雪王"这个超级符号用到了极致，从品牌形象到门店设计，从物料到周边相关产品等，雪王形象可以说是无处不在，甚至门店打烊后，卷闸门上都是"雪王"的形象。

蜜雪冰城在高速发展的同时，并没有忘记企业所肩负的社会责任。2021 年河南遭受巨大洪涝灾害时，总部设立在河南的蜜雪冰城在积极自救的情况下，第一时间自发捐钱捐物，守护家园。在此次洪灾中，蜜雪冰城捐款数额高达 2 200 万元，远高于其他奶茶企业，表现出企业敢于担当的企业家精神。2023 年 4 月 23 日蜜雪冰城发布的《2022 企业社会责任报告》详细地回顾了品牌在产业助农、创造就业、公益捐助、绿色发展等方面的实践与成果，展示了民营企业回馈社会的决心与行动。蜜雪冰城积极探索"产业+消费"助农新模式，发挥着多重积极效应，既在源头上保证了产品质量，又通过门店为农民带来了稳定销路，帮助当地农民稳产增收；蜜雪冰城投身社会公益，持续关注教育、环保等公共议题，通过自身行动，积极参与美好社会共建；设立"一本书希望图书室"，组织各类爱心助考行动；启动"蜜雪冰城奖学金"项目资助家庭困难、品学兼优的青年学子；在外卖袋、爱心杯套、快递箱上印刷失踪儿童二维码信息，助力照亮走失儿童回家之路；组织开展"雪王植绿护青山，枝繁茂'蜜'展笑颜"植树活动，为绿水青山增植添绿等。

思考与互动：

学生思考并回答以下几个问题，教师点评、归纳。

① 根据上述案例，分析企业是如何确定企业营销战略的。

② 在上述案例中，适宜的企业营销战略给企业带来了什么好处？

③ 通过上述案例，分析该企业秉承了哪些企业家精神。

④ 根据上述案例和所学知识，为其他类似的企业设计网络营销战略策略，要弘扬企业家精神，践行社会主义核心价值观。

思政拓展

蜜雪冰城的企业家精神

通过上述案例可以看出，蜜雪冰城敢于担当，一直在秉承着企业家精神中履行责任、敢于担当和服务社会的企业家责任。在洪涝灾害面前，捐钱捐物，守护家园；在产业助农、创造就业、公益捐助和绿色发展上都有建树，展示了企业回馈社会的决心与行动；探索助农新模式，持续关注教育、环保、贫困学子和走失儿童等公共议题，并积极付诸行动，凸显了企业解决社会热点问题、回报社会和服务社会的企业家精神。

3.3 网络营销目标市场策略

随着市场经济的发展，企业的市场营销也经历了一个从以企业生产为中心、以生产者主权论为基础、以对策性管理为特点的传统市场营销向以市场为导向、以消费者主权论为基础、以战略性管理为特点的现代市场营销的演变。目标市场策略强调以市场细分为基础，根据企业自身的条件有目的地选择市场，提供适合的产品，提供满足消费者特点的营销活动，即美国营销学家菲利普·科特勒提出的 STP 理论——市场细分（segmentation）、目标市场选择（targeting）和市场定位（positioning）。网络营销目标市场战略也围绕着 3 个步骤展开。

3.3.1 网上市场细分

1. 网上市场细分的概念

市场细分是指根据消费者需求的差异性，把一个整体市场划分为若干个具有需求差别的消费群体的过程。需要注意的是，市场细分是根据消费者需求的差异性来分类，而不是根据企业的特点和产品本身的特点进行分类。网上市场细分是指根据网上消费者需求的差异性，把一个网上市场划分为若干个具有需求差别的消费群体的过程。

网上市场细分的结果是把一个整体市场通过一个或多个细分条件划分成若干个子市场，同一子市场上消费者的需求具有更多的共同性，不同子市场之间的需求具有较明显的差异性。网上市场细分之后，企业应能够明确自身市场的数量及各个子市场中需求的差异和特征。

2. 网上市场细分的原因与作用

首先，大多数企业或产品所面对的市场是一个复杂而庞大的整体，它由不同的购买个体和群体组成。由于组成市场的这些购买个体和群体在地理位置、资源条件、消费心理、购买习惯等方面具有差异性，面对同样的产品，会产生不同的购买行为，市场细分可以使企业发现有利的市场机会，提高企业的市场占有率。发现有利的市场机会特别是对于发展中的中小企业更加重要。这主要是因为中小企业资源能力有限，当其在市场上与实力雄厚的大企业相遇时缺乏竞争力。

其次，企业的资源有限，一个企业要想满足所有消费者的需求有很大的困难，市场细分之后可以使企业明确各细分市场需求的特征，在市场选择时避免盲目性；有利于企业合理配置资源，用最少的资源获得最大的效益。

最后，当一个企业（特别是中小企业）同时面对所有消费者时，会分散企业的竞争能力，不利于其在市场竞争中获得有利地位。通过市场细分，企业可以选择有利于自己的子市场进入，以自己的优势资源和竞争力面对竞争对手，取得市场竞争的胜利。

3. 网上市场细分的步骤

正确地进行网上市场细分应遵循以下步骤。

① 根据需要确定市场细分的范围。

② 分析潜在网络顾客的需求，确定细分标准。

③ 根据细分标准划分整个市场。

④ 为细分子市场取名称，分析和估计各细分市场的规模和需求特点。

通过上述细分步骤可以看出，营销人员在广泛了解网上消费者需求的基础上，要根据网上消费者的需求特点进行市场细分，而不是以企业产品或企业自身的特点来细分市场。同时，找准、提出各细分市场的需求特征是市场细分工作的重要内容，也是下一步正确进行目标市场选择的基础。

4. 网上市场细分的标准

网上市场细分需要依据一定的细分标准来进行。选择适合的细分标准能够提高市场细分的有效性，为实施目标市场策略、达到预期的效果奠定基础。一般来说，消费者市场的细分标准可以从以下方面选择。

① 人口因素：年龄、性别、收入、职业、国籍等。

② 地理因素：不同地域产生的生活习惯上的差异。

③ 心理因素：消费者的生活方式、个性等。

④ 行为因素：购买时机、追求的利益、使用者的情况、使用率、忠诚度等。

在匿名或无法知道网上消费者真实信息的网上市场，可以从以下方面选择。

- 行为因素：上网时间段、上网习惯、网站或 App 使用率和忠诚度等。
- 环境因素：不同网站、页面或 App 的网络环境差异等。
- 经济因素：网上购物的习惯、金额和网上历史购买记录等。
- 心理因素：网上消费者的上网方式、上网个性、对网络安全的态度等。

5. 网上市场细分的方法

选择了细分标准之后，可以依据标准的数量进行单因素细分或多因素细分。

① 单因素细分：根据一个细分标准细分市场。

例如：某著名洗涤品生产企业以消费者的收入作为细分市场的标准，把整个洗涤品市场划分为3个子市场，并分别以不同的产品满足目标市场的需求。

- 子市场1：低收入地区——肥皂。
- 子市场2：中等收入地区——普通洗衣粉。
- 子市场3：高收入地区——高级洗衣粉。

② 多因素细分：根据两个或两个以上的细分标准细分整个市场。

例如：汽车厂商根据消费者的年龄和收入两个细分标准把整个市场分为4个子市场：低收入中年人汽车消费市场；高收入中年人汽车消费市场；低收入青年人汽车消费市场；高收入青年人汽车消费市场。

6. 网上市场细分的有效标志

为了保证网上市场细分的有效性，在网上市场细分完成后可以依据以下标准检查市场细分工作是否到位。

① 可测量性：各子市场的购买力能够被量化。

② 可进入性：企业有能力进入所选择的子市场。

③ 可盈利性：经细分后选择的子市场可使企业盈利。

④ 市场反响：若相同需求的顾客被分为不同的子市场，则说明市场细分过细；若不同需求的顾客被划分在同一子市场，则说明市场细分过粗。

课堂练习3-3

麦当劳的市场细分

练习目的：

通过本次课堂练习，获得市场细分应用的感官体验，深刻体会网络营销中，网上市场细分的概念、意义及其需要遵循的步骤，进而更加深入地了解市场细分的必要性及其对企业的意义。

练习要求：

学生自由组合成小组，分析"麦当劳的市场细分"的案例内容，结合理论知识分析案例的实际应用特点；各小组还可以模仿这个案例，把比较有代表性的、实际在企业中应用到的典型应用案例，与全班师生一起分享，以便更好地掌握所学理论知识。

练习内容：

麦当劳的市场细分

麦当劳是全球知名的大型跨国连锁餐厅，在全球121个国家和地区拥有超过32 000家快餐厅。自1975年进入中国香港后，1990年麦当劳正式进入中国内地市场，在广东省深圳市罗湖区开设了内地第一家麦当劳餐厅。麦当劳致力于为每一位中国顾客提供美味、安心、高品质的美食，并且持续进行菜单创新。目前，中国内地已成为麦当劳全球第二大市场、全球发展最快的市场，以及美国以外全球最大的特许经营市场。截至2022年9月，中国内地有近5 000家麦当劳餐厅，每年服务顾客超过10亿人次，员工人数超过18万。麦当劳的成功与它在市场细分方面取得的成功不可分割。它根据地理、人口和心理要素进行了市场细分，并分别实施了相应的战略，从而达到企业的营销目的。

麦当劳有美国国内和国际市场，而不管是在国内还是国外，都有各自不同的饮食习惯和文化背景。麦当劳进行地理细分，主要是分析各区域的差异。如美国东西部的人喝的咖啡口味是不一样的。通过把市场细分为不同的地理单元进行经营活动，从而做到因地制宜。麦当劳刚进入中国市场时大量传播美国文化和生活理念，并以美国式产品牛肉汉堡来征服中国人。但中国人爱吃鸡，与其他洋快餐相比，鸡肉产品也更符合中国人的口味，更加容易被中国人所接受。针对这一情况，麦当劳改变了原来的策略，推出了鸡肉产品。在全世界从来只卖牛肉产品的麦当劳也开始卖鸡了。这一改变正是针对地理要素所做的，这也加快了麦当劳在中国市场的发展步伐。

麦当劳对人口要素细分主要是从年龄及生命周期阶段对人口市场进行细分，其中，将不到开车年龄的人群划定为少年市场，将 20～40 岁之间的年轻人划定为青年市场，还划定了年老市场。人口市场划定以后，要分析不同市场的特征与定位。例如：麦当劳以孩子为中心，把孩子作为主要消费者，十分注重培养他们的消费忠诚度。在餐厅用餐的小朋友，经常会意外获得印有麦当劳标志的气球、折纸等小礼物。在中国，还有麦当劳叔叔俱乐部，参加者为 3～12 岁的小朋友，定期开展活动，让小朋友更加喜爱麦当劳。这便是相当成功的人口细分：抓住了该细分市场的特征与定位。

快餐业通常根据人们生活方式将市场划分两类：方便型和休闲型。麦当劳在这两类市场中都做得很好。例如：针对方便型市场，麦当劳提出"59 秒快速服务"，即从顾客开始点餐到拿着食品离开柜台标准时间为 59 秒，不超过 1 分钟。针对休闲型市场，麦当劳对餐厅店堂布置非常讲究，尽量做到让顾客觉得舒适自由。麦当劳努力使顾客把麦当劳作为一个具有独特文化的休闲好去处，以吸引休闲型市场的消费者群。

过去 30 年，麦当劳见证了中国一个又一个的辉煌成就，而中国市场的巨大消费潜力也为麦当劳提供了独一无二的发展机遇。与此同时，麦当劳不忘回馈社会，承担社会责任。2022 年，麦当劳中国首席市场官须聪表示，坚持长期主义也是企业的社会责任之一。长期主义即可持续发展，背后驱动的核心概念是：要有长期的愿景，而不是只看短期的东西。比如说麦当劳中国会关注使用可降解的食物包材，这只是企业关注长期发展的一个表现。2023年，麦当劳中国全年预计招募超过 15 万名员工，并通过一系列"学生青年人才培养项目"，为"新番茄"们打造开心热爱、包容多元、赋能成长的工作环境。全国招聘周，麦当劳中国宣布启动 169 个通过教育部"供需对接就业育人项目"签订的校企合作人才培养项目，对接合作 115 所高校，预计将惠及超过 3 300 名高等院校学生。

思考与互动：

学生思考并回答以下几个问题，教师点评、归纳。

① 根据上述案例，分析企业是如何开展市场细分的。

② 在上述案例中，市场细分的基础和根本是什么？给企业带来了什么好处？

③ 通过上述案例，分析该企业秉承了哪些企业家精神。

④ 根据上述案例和所学知识，为其他企业设计网上市场细分策略。

✏️ **思政拓展**

麦当劳的企业家精神

通过上述案例可以看出，中国市场的巨大消费潜力为麦当劳提供了独一无二的发展机遇，麦当劳取得的辉煌成绩与其秉承企业家精神也是分不开的。

首先，麦当劳秉承了企业家精神中创新发展、专注品质和追求卓越的企业家理念，使用可降解的食物包材，并不断更新产品线，为客户带来创新的产品；其次，麦当劳秉承了企业家精神中履行责任、敢于担当和服务社会的企业家责任，通过"学生青年人才培养项目"和"供需对接就业育人项目"等，对接合作多所高校，惠及多名高等院校学生，回馈社会，承担了社会责任。

3.3.2　网上目标市场选择

网上目标市场策略的第二个步骤是网上目标市场选择。网上目标市场选择是指企业在划分了不同的子市场后，决定选择哪些和多少子市场作为网上目标市场。在这里，网上目标市场是指企业要进入并从事营销活动的子市场。网上目标市场，也叫网络目标消费群体，是指企业网上产品和服务的销售对象。

正确进行网上目标市场选择应做好对各个子市场的评估，并根据自身的发展目标、阶段战略等选择要进入的目标市场。

1. 评估各个子市场

在评估各个子市场时，重点应放在子市场的规模和发展前景、细分市场的吸引力和是否符合企业的资源、经营目标3个方面。

评估子市场的规模和发展前景主要应明确各个子市场的市场容量、预期获得的经济效益和各细分市场进入的壁垒情况。

评估细分市场的吸引力大小主要分析各子市场对竞争对手的吸引力如何，目前的竞争状态如何。

在选择目标市场时应选择与企业资源相适应，符合企业长远发展目标的子市场，因此，要明确企业的长远目标和企业具备的资源。

2. 选择目标市场

目标市场选择有3种策略。

1）无差异市场营销策略

无差异市场营销策略是指企业经过市场细分后不考虑各个子市场的特征，而只注意各个子市场的共性，将产品的整个市场视为一个目标市场，用单一的营销策略开拓市场。也就是说，只推出单一的产品，运用相同的市场营销组合，在一定程度上满足各个子市场上尽可能多的顾客需求。

无差异营销策略采用的是全面进入的模式来选择和占领市场。它的理论基础是成本的经济性，因此无差异市场营销策略在战略管理中又被称为成本领先战略。

2）差异市场营销策略

差异市场营销策略是指企业经过市场细分后，将整体市场划分为若干细分市场，同时为几个子市场服务，针对选择进入的每一个细分市场，设计不同的产品，并在渠道、促销和定价等方面都相应改变，以适应各子市场的需求。例如：手机企业针对不同性别、不同收入水平、不同职业的消费者推出不同特色的手机产品，并选择不同的产品代言人、不同的营销策略来宣传、推广产品。

3）集中性市场营销策略

集中性市场营销策略是指企业经过市场细分后，只选择一个细分子市场为目标市场，集中全力为一个细分子市场服务。也就是说，企业集中力量进入一个细分市场，实行专业化生产和销售。例如：生产空调器的企业选择专门生产汽车用空调机。

以上 3 种目标市场策略各有利弊，企业到底采取哪一种策略，应综合考虑企业资源和实力、产品的同质性和市场的同质性、产品所处的生命周期、竞争者的市场营销策略，以及竞争者的数目等多方面因素。

3.3.3　网上市场定位

网上市场定位是指企业选择了目标市场之后，为取得目标市场上的竞争优势，设计和生产具有鲜明特色的产品，以区别于其他企业的同类产品，从而在顾客心目中树立良好的形象，并留下深刻印象。网上市场定位是指企业根据顾客对网上产品的不同需要，确定企业产品或服务在网上市场中所处的不同位置的过程。

在目标市场定位时，企业可以根据不同的方面来进行，例如：根据产品特色、质量和价格定位，根据产品用途定位，根据使用者的类型定位，根据顾客得到的利益定位，等等。在本章引导案例中，小王从产品特色、价格、产品用途、使用者的类型特点等方面进行了综合的网上市场定位，并提出了相应的营销策略。

课堂练习 3-4

网上目标市场策略的应用

练习目的：

通过本次课堂练习，获得网上市场细分应用的感官体验，深刻体会网络营销中，网上市场细分、网上目标市场选择和网上市场定位的概念、意义及其需要遵循的步骤，进而更加深入地了解网上目标市场策略的必要性及其对企业的意义。

练习要求：

学生自由组合成小组，分析"某奶酪生产企业的网上目标市场策略"的案例内容，结合理论知识分析案例的实际应用特点；各小组还可以模仿这个案例，把比较有代表性的、实际在企业中应用到的典型应用案例与全班师生一起分享，以便更好地掌握所学理论知识。

练习内容：

某奶酪生产企业的网上目标市场策略

某公司是一个来自欧洲的著名奶酪生产企业，已在中国设厂生产。公司的产品包括 4 个针对不同目标市场的系列，并已在国内 30 多个城市销售。2000 年以来，在中国这个不太成熟的奶酪零售市场，市场一直保持了快速增长，公司十分看好中国的经济发展前景和奶酪市场的机会。面对网络市场的变化，企业从自身的发展战略角度考虑，计划大幅度增加在华投资，调整其在华投资战略。为了配合这一快速发展战略的实施，企业需要进一步明确其网上主要目标市场，确定最重要的网上目标市场特征，以及该目标市场对产品和品牌的需求特点。为此，奶酪生产企业委托网上市场调研公司对公司面对的奶酪网上市场进行了网上目标市场策略的应用。

1. 网上市场细分

研究人员首先明确了本次网上市场细分的主要目的，即通过细分明确哪个群体是企业的主要网上目标市场，哪些网上市场具有较大的潜力，什么是这些市场上网上消费者的消费心理、使用习惯和利益。针对此目的，通过与奶酪企业的沟通，研究人员将细分范围选择为国内奶品市场相对较大的北京和上海，并确定了网上市场细分的标准。

一般来说，网上划分细分市场的标准包括地理区域、人口学指标、心理学指标、消费行为指标等。根据与企业的沟通，研究人员主要选择"年龄""社会角色""行为模式""心理驱动"作为细分标准，并利用消费者网上座谈会的方法获取相应的信息。

研究人员在每个城市召开了 8 组网上座谈会，其中 4 组为奶酪的实际消费者，4 组为奶酪的潜在消费者。在实际消费者和潜在消费者中又分为相同的 4 个组别，它们是：母亲和她们 6～12 岁的孩子组，13～19 岁的孩子组（女性占 2/3），20～28 岁的未婚白领组（女性占 2/3），29～45 岁有 1 岁以上子女的母亲组。

根据调查和研究，最后得出了以下结果。

按照年龄、社会角色划分的奶酪主要网上市场主要存在于以下 6 个群体中：

- 1～6 岁的幼儿；
- 8～12 岁的小学生；
- 初高中生、大学生；
- 刚参加工作的年轻人，已婚但没有孩子的年轻夫妇；
- 幼儿的母亲；
- 小学生的母亲。

按购物、行为模式划分的细分市场包括下列 4 个：

- 1～16 岁群体，主要由幼儿、儿童、小学生、中学生组成；
- 18～25 岁群体，主要由大学生、刚参加工作的年轻人、刚结婚但没有孩子的年轻夫妇组成；
- 26～35 岁群体，主要由年幼孩子（1～6 岁）的母亲组成；
- 36～45 岁群体，主要由 8～12 岁孩子的母亲组成。

按心理驱动因素划分的网上细分市场包括以下 3 个：

- 1～16 岁群体，追求产品带来的欢乐、美味；
- 18～28 岁群体，追求现代、时尚；
- 30～45 岁群体，追求健康、活力。

经过整合，研究人员最终确定了 3 个重要的网上细分市场，它们是：

- 欢乐美味市场，1～16 岁少儿群体，追求产品带来的欢乐、美味；

● 现代时尚市场，18～25 岁青年群体，追求现代、时尚；

● 健康时尚市场，由 26～35 岁幼儿母亲和 36～45 岁少儿母亲组成，追求产品带给家人的健康活力。

2. 网上目标市场选择

根据上述网上市场细分结果，进一步评估各子市场。

① 欢乐美味市场：这个子市场目标客户群体是青少年群体，网上市场容量较大，这类网上目标客户群体对产品的更新换代率要求最高，对企业的新产品研发能力有一定要求，能获得一定的经济效益。

② 现代时尚市场：这个子市场目标客户群体是青年群体，网上市场容量相对小些，这类网上目标客户群体思维灵活、喜欢追求新鲜事物，对企业的新产品研发能力要求最高，能获得一定的经济效益。

③ 健康时尚市场：这个子市场目标客户群体是母亲，网上市场容量最大，这类网上目标客户群体稳重成熟、注重产品的质量和品质，对熟悉的产品有一定的依赖性，能获得较大的经济效益。

研究人员在深入研究各群体对奶酪产品的理解、消费奶酪的驱动力、对奶酪的需求原因、消费者对奶酪的主要兴趣点的基础上，选择"健康时尚市场"为企业未来发展的主要目标市场。

3. 网上市场定位

为取得"健康时尚市场"上的竞争优势，该公司进一步深入了解了目标消费者，根据这个子市场中的网上目标客户群体需求、特点和定位，明确了公司下一步的发展计划，给出了针对性的网上市场营销策略。

思考与互动：

学生思考并回答以下几个问题，教师点评、归纳。

① 根据上述案例，分析企业是如何开展目标市场策略的。

② 在上述案例中，市场细分、目标市场选择和市场定位的基础和根本是什么？

③ 应用适宜的目标市场策略，能给企业带来什么好处？

④ 通过上述案例，具体谈谈应用目标市场策略有哪些注意事项。

⑤ 通过上述案例，谈谈该企业秉承了哪些企业家精神。

⑥ 根据你对奶酪产品的了解，为其设计其他的网络目标市场策略，策略要弘扬企业家精神，践行社会主义核心价值观。

3.4 上机练习与实践——网上目标市场策略实训

1. 实训目的

某自行车销售商是一个销售各种品牌自行车及其零部件的国内大型连锁公司，公司业务遍及全国各地。随着网络全面渗透至企业运营和个人生活中，为了更好地吸引众多的网络客户、开拓网上销售渠道、提高公司管理各类客户的能力和综合竞争力等，该公司决定开展网络营销。

公司在了解、熟悉网络和网络营销的现状、发展、演变及未来发展趋势，分析我国制造行业的网络营销现状，进行网络环境分析和网络市场调研后，打算开展网上目标市场策略，明确网上市场细分，做好网上目标市场选择和网上市场定位，为企业进一步开展网络营销活动打好基础。

2. 实训内容

对指定企业进行网上市场细分、网上目标市场选择和网上市场定位。

3. 实训方法

① 分组，2~3 人一组。
② 对上述指定企业进行网上市场细分、网上目标市场选择和网上市场定位。

4. 实训示例

① 选定某自行车销售商为分析对象。
② 根据企业需要，确定企业的主要潜在顾客为北京地区的女性消费者。
③ 分析潜在网上顾客的需求，确定细分标准为年龄。
④ 根据细分标准把整个网上市场划分为 4 个子市场。
⑤ 为细分子市场取名，分别为儿童市场、青年市场、中年人市场、老年人市场。
⑥ 比较详细地分析和估计各细分市场的规模和需求特点。
⑦ 运用网上市场选择策略选择目标市场。
⑧ 为网上目标市场进行市场定位，企业定位要弘扬企业家精神。

5. 实训要求

① 按要求进行市场细分、目标市场选择、市场定位的练习，记录分析过程，根据各自的练习情况，以"网上目标市场策略练习"为题目，撰写实训报告一份，要有分析过程记录。
② 实训报告内容要求：
- 由小组共同完成报告，字数在 2 000 字以上。
- 对相关信息进行收集和整理，并有图表等数据分析和结论。
- 报告应做到主题突出，收集的信息及数据表达清晰，分析和结论合理，叙述流畅，无错别字；报告要弘扬企业家精神，践行社会主义核心价值观。
- 列出所查询的网站网址、参考文献的标题和作者。

3.5 本章小结

在网络经济条件下，市场竞争越来越激烈，营销环境发生了巨大的变化，社会从一个比较缓慢的、基本上可以预见的变化向一个不连续的、剧烈的变化转变，企业已经意识到战略规划对企业成功的重要意义。企业在现代市场营销观念与网络营销理论的指导下，开展网络营销战略管理的一个重要内容就是制定切实可行的网络营销战略规划。

案例分析与提高

内购网——国内第一家会员制电商平台

　　企业在员工福利采购时常常遇到以下问题：企业员工的需求不一，众口难调；供应商缺乏，选择性小，更无法通过福利体现企业文化；因为购买量小，供应商肆意报价，缺乏售后服务，人力资源管理部门需要自己发货、做客服，费力不讨好等。内购网就是一家在互联网背景下致力于为企业提供个性化福利服务解决方案、改善企业福利绩效、提升员工满意度的会员制电商平台（图 3-7）。

图 3-7　内购网首页

　　1. 总体定位

　　内购网是国内一家会员制电商平台，为企业提供针对员工福利的互联网解决方案和相关运营服务，是"互联网+员工福利"的典型代表。

　　2. 目标客户群体

　　希望通过互联网方式解决员工福利问题的企业，特别是 2 000 人以上的大公司、100 人左右的小公司和初创公司。

　　3. 目标市场定位

　　专注于互联网时代背景下的企业员工福利服务的技术及运营平台，致力于为企业提供先进的互联网技术与工具，努力成为"企业省心、员工开心"的全方位服务平台。

　　4. 市场效应

　　作为企业福利绩效改善的合作者，原本单纯的内购网已经发展出越来越多的除购物以外的业务内容，正在从企业连接走向企业共享，成为多方参与的一站式员工生活和工作服务平台；从提供商品向提供平台转变，内购网作为平台的盈利模式日趋完善。内购网还在 O2O

方面不断创新，为客户提供洽谈会、品牌新品推广会、办公管家、企业邮局等新内容；基于平台成员行为建立的积分信用系统也开始发挥作用，为平台共享生态系统的建设领航；多种场景化设计与企业内部各种流程的对接，使内购网对企业福利绩效改善和满足员工的双重服务越来越游刃有余。

分析与提高

① 根据上述案例，分析内购网的目标市场定位是否合理。

② 根据上述案例，结合职场新人的特点，尝试为该网站设计其他的网络营销战略模式。

③ 通过进一步上网查询资料，请分析该公司的现状。秉承了哪些企业家精神？你有没有更好的建议来提升企业现状？

思 考 题

1. 什么是网上市场细分？
2. 什么是网上市场定位？
3. 网上目标市场选择的方式是什么？
4. 网上市场细分的步骤、方法和细分标准是什么？
5. 网络市场细分的定义和必要性是什么？
6. 网络营销战略的重点是什么？

第4章

网络营销调研

引言

在当今社会，市场调研已经成为企业营销决策中一项经常性活动，并且是企业正确制定市场营销战略与策略的基础。如果说市场营销的战略和策略分别要解决的是"我要到哪里"和"我要怎样到那里"的问题，那么市场调研解决的就是"现在我在哪里"的问题。

与传统的市场调研相比较，网络市场调研有双重含义：一方面，它强调调研方法中互联网的运用；另一方面，它强调调查对象是互联网形成的市场。本书所谈到的网络市场调研仅指第一种情况。本章将从传统市场调研的概念出发，介绍传统市场调研的方法，然后介绍网络市场调研的方法、策略等。

主要知识和技能点：

- 市场调研的概念、分类和方法
- 市场调研的步骤
- 市场调查问卷的相关知识
- 网上市场调研的分类和方法
- 网上市场调研的策略

教学要求：

- 领会：互联网信息的特点，网上市场调查的常见方法，网络市场调查的优势和局限性
- 简单应用：能设计网上市场调研方案、网络消费者热点分析，设计、策划和整理网络市场调查问卷
- 综合应用：将相关知识综合应用到案例分析或实际场景中，能撰写网络市场调研报告

【引导案例】

小红书发布系列人群洞察报告，剖析内容种草"密码"

小红书是一个内容多元化、用户多样化的生活社区平台，以分享购物心得和生活方式为主，是中国目前最受欢迎的电商平台之一。小红书社区的内容已覆盖时尚、美妆、个护、美食、旅行等多个领域，用户基于兴趣形成互动，可以通过短视频、图文的形式标记生活点滴。

在小红书中，"90后""00后"们既可以看到别人分享的美食、健身、护肤、学习、穿搭等全方位的生活方式，又能体验"真实、多元、向上"的社区价值观和自由分享与表达的社区氛围，"这能让年轻一代找到归属"，小红书合伙人曾秀莲表示。这些年轻的新消费主力军倾向于在消费前去小红书搜搜笔记，参考其他用户的分享，这是绝大多数小红书用户形成惯性的内容消费链路。俨然，小红书已经成为一本十分实用且真实的生活指南。

在小红书上进行品牌营销可以有效地提升品牌知名度和吸引潜在客户。想要真正抓住消费者的注意力，及时聆听他们的诉求、喜好，了解他们的内容喜好与消费偏好，是品牌高效对话消费者的前提。为助力品牌更好地了解消费者，小红书于2022年发布了"灵感营销·研究院"系列人群价值研究报告。首批报告覆盖美妆、饮料、3C数码三大行业，总结上万名用户定量问卷反馈，提炼出用户最新的内容偏好与产品需求，帮助品牌找到高效对话新思路。同时，通过挖掘不同行业的用户行为差异，为各行业提供更有针对性的人群特征分析，助力更多好产品生长。

以美妆用户为例，根据报告数据显示，小红书是美妆用户获取美妆内容的"重要心智渠道"，82.5%的美妆用户首选小红书了解美妆个护内容。从种草到追新，再到使用效果的分享，小红书凭借优质内容影响了用户美妆护肤的各个阶段，逐渐成为美妆用户了解品牌与产品的"百科全书"。并且美妆用户具有年轻、受过良好的高等教育及具有高消费能力等特点。

半数的美妆用户表示，在小红书看到美妆产品不超过3次就会被种草，对产品产生进一步了解的想法。对比广告行业长久以来的"7次触达"，小红书在美妆产品上的内容种草力效率更高，博主与用户真实的分享能激发用户对美妆个护产品的了解意愿。

内容偏好上，77.1%的小红书美妆用户更爱"刷"美妆博主发布的相关笔记内容，其次是普通用户发布的内容。在探索美妆内容的路上，专业、真实、有用的美妆内容拥有更高的种草力。小红书美妆用户普遍"爱尝新"，对于美妆护肤新品牌、新产品的探索意愿强烈。在此次的调研中，81.2%用户表示愿意购买未使用过的新品，小红书独特的内容生态有利于品牌进行新品的推广，也利于新兴品牌快速走进消费者视线，提高营销效率。

从产品的喜好度来看，小红书美妆用户在品牌的选择上更加多元开放，无论是国外高端品牌还是国内新锐品牌都能在小红书上被用户看到。用户期待尝试有口碑、有热度的产品，妆容效果、品牌口碑、产品流行度是他们选择美妆产品的核心考量因素。品牌可以从这个角度出发，通过产品体验、产品成分等内容吸引用户的眼球。

整体来看，爱追新、爱博主、重效果是小红书美妆个护用户的核心特征，品牌可以尝试抓住新品红利期，与爱尝鲜的小红书用户进行对话，完成产品的高效种草。

案例点评：

市场调研为企业制定营销策略提供了科学可靠的依据，是市场营销中的重要一环。随着互联网的深入应用和企业开拓国际市场的需求，合理应用互联网，开展网络市场调研已经成为企业提高综合竞争力的手段之一。

小红书通过对大量的定向客户进行网络调研，确定了客户的特点及购买习惯，为品牌在平台进行营销提供了依据，取得了预计的效果和成绩，也为今后各项网络营销工作打下了良好的基础。可见，其网络市场调研的设计是比较全面、有针对性的。

通过以上成功的案例，可以充分看到选取恰当的网络调研方法与手段是十分重要的，网络市场调研在企业营销过程中起着非常重要的作用。

（整理自：http：//cn.chinadaily.com.cn/a/202209/19/WS63280a33a310817f312eeb41.html）

4.1 网络市场调研方法

市场调查是指以正确的方法，有系统、有目的地搜索、整理和分析与市场相关的信息，特别是有关消费者的需求、购买动机和购买习惯等方面的信息，从而了解市场现状和发展趋势，有针对性地制订营销计划，以取得较好的营销效益。随着网络化进程的逐步深入，网络科技手段被应用到了市场调研中，形成了网上市场调研。本节中，主要针对调研方法在互联网中的使用情况进行讲解。

4.1.1 网络市场调研的概念

网络市场调研是指企业为收集信息在互联网上利用信息技术开展市场调查，并对这些信息进行整理和研究，提出网络市场调研报告的活动。

1. 网络市场调研的特点

网络市场调研来源于传统市场调研，因此它们存在许多相似点。但是，由于因特网具有开放性、随意性、公平性、广泛性和直接性等特点，网络市场调研又具有以下区别于传统市场调研的特点。

1）网络调研信息的共享性和即时性

网络信息的传输速度快，能快速传递给网络上的任何用户。网络调研一般是开放的，网民都可以参与调研，经过系统分析后，在短时间内就能得到结果，从而保证网络信息的共享性和即时性。

2）网络调研的便捷性与经济性

网络调研可节省传统调研中所耗费的大量人力成本和物力成本。在网络上进行调研时，只需要一台能够连接网络的计算机即可。调研者首先在相关网点上发出调研问卷，由网民填写，可省去录入成本，然后通过系统对访问者的反馈信息进行整理和分析。无须派出调研人员，也不受距离的限制，甚至连数据的录入工作都由用户完成，大大减少了企业的人力和物力消耗。

3）网络调研的交互性与充分性

由于网络具有交互性，被调查对象在填写网络调研问卷时，可以对调查问卷中感兴趣的问题及时提出自己的意见和观点，减少因调查问卷设计不合理造成的调研结果偏差。

4）网络调研结果的客观性与可靠性

由于企业站点的访问者一般都对企业产品有一定的兴趣，所以这种基于客户和潜在客户的营销调研结果是客观和真实的，在很大程度上反映了消费者的消费需求和市场发展走向。首先，被调查者是在完全自愿的原则下参与调研，调研的针对性更强，而且填写者对调研内容比较感兴趣，填写的可靠性较高；其次，网上调研在一定程度上降低了传统调研中人为错误对调研结果的影响，调研结果比较客观。

5）网络调研的无时空限制

由于网络不受时间和地域的限制，网络调研可以 24 小时全天候在任何地方进行，这与受时间、地点制约的传统调研方式有着很大的不同。

6）网络调研的标准化

在市场调研过程中，被调查者会对一些专业术语产生异议，需要进行解释。传统调研需调研者进行解释。与传统调研相比较，网络调研减少了调研者的参与，在调查问卷中附加上规范的专业知识解释，减少了由于调研者解释口径不一致而造成的调研结果误差。

7）网络调研的可查验性和可控制性

网络调研问卷的复核检验由系统根据预先设定的条件自由实施，可以有效地保证对所有调研问卷进行复核检验。通过对被调研者的身份确认可以有效地防止调研信息在采取过程中的舞弊行为，增加了网络调研的可控性。

2. 网络市场调研的分类

与传统市场调研类似，网络市场调研的分类方法也是多种多样的。

（1）按照调查者组织的调查样本划分，网络市场调研可以分为主动调查法和被动调查法两种。

① 主动调查法是指调查者主动组织调查样本，并完成统计调查的方法，如电子邮件法、随机 IP 法和视讯会议法等。

• 电子邮件法是指调查者将调查问卷通过电子邮件的方式发送给特定的网络用户，被调查者填写好调查问卷后，再通过电子邮件的方式回复调查者的调查方法。这种调查方法类似于传统市场调查中的邮件调查法，但是大大提高了调查效率。

• 随机 IP 法是指随机产生一批 IP 地址，并以这些 IP 地址作为抽样样本的调查方法。

• 视讯会议法是指通过互联网视讯会议功能，将分散在各个不同区域的被调查者虚拟地组织起来，在调查者的引导下针对调查问题进行讨论的调查方法。

② 被动调查法是指调查者被动地等待调查样本，完成统计的调查方法，如网站法。网站法是指将调查问卷附在一个或多个网站上，等待浏览网站的用户回答调查问题的方法。目前，这是网上调研中最基础的方法，应用非常广泛。

（2）按照采用调查方法不同，可以分为网上问卷调查法、网上讨论法、网上观察法和利用搜索引擎搜集材料的方法。

（3）按照网上调研所采用的技术划分，可以分为站点法、电子邮件法、随机 IP 法和视讯会议法等。

4.1.2　网络市场调研方法

网络调研的方法是在传统市场调研方法的基础上，利用先进的网络技术提高调研的准确度和效率，是对传统调研方法的继承与发展。

1. 二手资料的网上调研方法

二手资料的调研方法是网上调研的主要方法之一。在网络市场调研中，通常通过网上间接市场调查的方法获取二手资料。与传统市场调研方法相同，在进行一手资料调研之前，应先进行二手资料的收集工作。

1）二手资料的特点

相对于一手资料，调研二手资料更加快捷、廉价。通过互联网，调查人员可以 7×24 小时地从政府、行业组织或者企业获取信息。相对于传统的文案调查法，网上信息的更新速度更加快捷，有利于企业根据市场的不断变化快速调整营销策略。与此同时，从互联网上获取的二手资料也存在一些问题，如二手资料与调研问题吻合度不高、无法判断二手资料的可靠性等。

2）获取二手资料的渠道

获取二手资料的渠道有很多，如政府网站、行业组织网站、竞争对手的网站、专业调查公司、在线数据库等。

① 中国互联网络信息中心（CNNIC）网站——提供关于中国互联网络发展状况等方面的统计资料，如图 4-1 所示。

图 4-1　中国互联网络信息中心（CNNIC）网站

② 国家统计局网站——提供我国在经济、技术、文化等方面发展状况的统计资料。

③ 行业组织网站——提供相关行业的信息与资料，如中国餐饮网网站、中国旅行社协会在线网站、中国家电网网站。

④ 电子商务平台网站——提供相关产品的信息与资料，掌握网络市场格局、了解网络竞争态势，如阿里巴巴网站、淘宝网站、天猫网站、京东网站、当当网站等。

在网上进行二手资料调研时，调查者要把握的一个重要因素就是保证调研信息的可靠性。调查者在决定是否使用二手资料之前，对其可靠性抱有怀疑态度是十分明确和必要的。在评价二手资料可靠性的时候，调查者应该首先确定网站的所有者。一般来说，首先，政府部门或知名行业组织网站的可靠程度比不知名的小企业或者个人的网站高；其次，确定信息更新时间，更新时间近的信息更能够反映市场现状；再次，还可以通过多个网站对比的方法，确定信息的可靠性与真实性；最后，核查网页内容，如果网页上有大量的错字或者数字叠加错误，那么该数据的可靠性比较差。

2. 网上直接调研

在进行网上市场调研的时候，有时二手资料不能完全满足企业需要，调查者还需要掌握必要的一手资料来帮助企业分析市场变化，作出适当的营销决策。网上直接调研是获取一手资料最常用的方法。与传统的市场调研方法相似，网上直接调研方法包括访谈法、观察法和在线问卷调查法等。

① 访谈法是一种比较常见的调研方法。常见的访谈形式包括网上小组访谈、一对一网上访谈、留言板、论坛、新闻讨论组或电子邮件法。

② 观察法是指使用 Cookie 或者相关软件跟踪消费者的网上活动。例如：确定消费者经常访问哪些网站，通过分析帮助企业知道消费者对哪些商品或服务感兴趣，从而制定出有针对性的营销策略。

③ 在线问卷调查法将在后面的内容中进行具体介绍。

3. 网上间接调研

网上间接调研是指利用互联网收集与企业相关的市场竞争者、消费者的信息。这是一种介于二手资料调研和网上直接调研之间的调研方法。相对于二手资料调研，网上间接调研的资料是零碎的、分散的，需要后期投入人力、物力进行整理。与网上直接调研相比，网上间接调研不直接面对被调查者，而是通过间接的、侧面的方法了解顾客的想法及市场的变化。网上间接调研的渠道很多，如搜索引擎、网站、网上在线数据库、第三方专业互联网市场调查公司等。

1）利用搜索引擎

在网上调研过程中，搜索引擎是十分常用的一项网络服务，也是网上间接调研最常使用的调研工具。搜索引擎的基本功能就是为人们在查找资料时提供方便。基于这样的功能，搜索引擎在网上间接调研中发挥了极大的作用。

百度是全球最大的中文搜索引擎，致力于让网民更便捷地获取信息，找到所求，如图 4-2 所示。

图 4-2　百度搜索引擎首页

2）利用网站

调查人员可以通过访问网站的形式，了解竞争对手的动态。网站特别是企业官方网站，是获取资料的重要渠道。利用网站收集资料具有连续性、时效性、长期性等特点。企业网站是企业对外宣传的重要平台，企业会在第一时间、持续不断地依据自身情况，通过网站更新企业资讯、产品信息及客户互动等信息。

3）利用网上在线数据库、第三方专业互联网市场调查公司

在线数据库、第三方专业互联网市场调查公司也是网络市场调研中获取资料的重要渠道，如中国互联网络信息中心、站长之家、阿里妈妈、京东商智、艾瑞网、亿邦动力、网经社、知微事见、易观、旋涡营销、5118 网等。

如图 4-3 所示，京东商智（https：//sz. jd. com）是京东面向商家的一站式运营数据开放平台，为商家提供全方位、全链路的数据解决方案；更通用、精准的业务数据；更多维度运营数据及行业现状。

图 4-3　京东商智首页

4.1.3 网络市场调研策略

在市场调查中，无论使用什么调查方法，借助什么工具，调研结果都可能存在不全面，或者掺杂虚假信息的可能性。为了保证调研质量，尽可能使企业获得最有价值的信息，调查者在进行市场调查时，要讲究一些技巧，注意一些问题，避免上述情况的发生。

1. 数据库

数据库已经成为网上市场调研的重要手段，在网上市场调研中发挥着极其重要的作用。

1）数据库的分类

数据库是网络营销信息系统的基础，为网上市场调研的数据分析工作奠定了基础。目前，在企业网站上经常使用的数据库有 3 种类型：顾客数据库，产品、商品数据库，网络下载数据库。

（1）顾客数据库

顾客数据库是联系企业与顾客之间的桥梁，是企业在网络营销过程中最主要的数据库。顾客数据库主要涉及与顾客相关的内容，除传统营销中的顾客档案以外，还应该包括顾客的联系方式（电子邮箱地址或网址等）、顾客购买产品的信息、顾客询问产品的信息，以及顾客对产品的评价和建议等。

（2）产品、商品数据库

产品、商品数据库存储与商品有关的信息，如产品介绍、功能介绍、使用说明、设计详解、产量和价格等。除此之外，此数据库中还应该包括相关产品及配套产品的有关信息。

（3）网络下载数据库

网络下载数据库中存储的内容是企业从网络上下载的其他企业的相关产品信息，具体内容包括相关产品的信息及相关企业的信息。收集这些信息的目的是为企业营销提供更多的材料。

2）数据库的建立及应用

调研人员在建立和使用数据库时，主要有两个途径和方法：建立企业自身的数据库和使用互联网上已经建立的数据库。

2. 网上调研在吸引客户方面的策略

1）企业网站本身具有吸引力

企业网站是人们了解企业的一扇窗。企业在设计网站时，最重要的就是要吸引人们的注意，将人们的目光从别的地方吸引到自己的网站上来。

2）调查问卷设计合理

一份好的调查问卷要求做到目的明确、简单易懂，还要便于存入数据库。

3. 网上调研的注意事项

1）网上调研方法与传统市场调查相结合

虽然网络已经得到了极大的发展与普及，但是相对于传统市场调研，网上市场调研仍然存在诸如覆盖面较窄、上网人数有限、上网人群分布不均等问题。在上网人群中，老年人的比例比较低。显然，在网上进行老年人居住情况的调查就不太妥当。基于这些原因，传统市场调研依然发挥着重要作用。在实际进行市场调研时，可以使用网上调研与传统市场调研相结合的方法，避免类似问题发生。

2）样本的数量与质量的平衡

样本的数量与质量一直是网上市场调研的局限之一。由于网上市场调研受到网站浏览量、被调查者数量、被调查者人群分布情况等诸多因素的限制，很难同时保证样本的数量及质量。因此，企业可以使用多种多样的方法吸引访问者参加调研。但是在众多的鼓励方法背后，也隐藏着很多问题，比如被调查者重复填写调查问卷等。为了避免类似问题影响调研结果的准确率，可以通过网络身份认证的方法解决此类问题。此外，筛选调查问卷也是极其重要的一项工作。

3）保证信息的准确度

由于网络安全的种种原因，被调查者可能不愿意透露自己的个人信息。但是对于调查者而言，了解被调查者的背景是必不可少的工作。因此，企业要尽量在不引起被调查者反感的情况下，收集被调查者的个人信息，了解被调查者的背景。

✎ 思政拓展

解读方太创新密码

由于传统洗碗机是为清洁西式餐具设计，对全世界最难洗的中式餐具残留的顽固污迹力不从心，加之中国家庭厨房空间普遍较小，洗碗机体积庞大但功能单一，因此难以被中国消费者广泛接受，普及率很低。2015年，中国洗碗机国内消费市场规模仅为9.3亿元，2022年仅上半年这一数字就已增至51.5亿元，全年破百亿元已成定局。对于整个洗碗机行业而言，超10倍的惊人增长背后，方太功不可没。方太的贡献不仅仅是凭借原创发明的水槽洗碗机引爆整个洗碗机市场，更重要的是让行业意识到用户的本质需求，不断推动洗碗科技迭代升级，让洗碗这件事真正变得轻松而美好。

为深入了解国人餐洗需求的特点和痛点，方太研发团队从中国消费者的烹饪场景开始调查研究。不同于其他企业的用户调研方式，方太强调以"仁爱"洞察吃透用户需求。方太式洞察是让专业的研发人员深入用户使用场景中，在每一个环节做到将心比心，感同身受，挖掘用户需求，研发美善产品。方太洗碗机团队走访了25个城市1 000多个家庭，深入了解大江南北细微的饮食习惯差异。为了设计合适的碗篮，方太还曾征集全国各地的碗碟以作研究，还有25位"超级洗碗家"用户全程参与体验，有用户提出清洗果蔬去农残的需求；还有一位用户考虑老人视力不好，提出一键操作的需求。秉承着让顾客安心，方太视用户为家人，"如果这款产品给自己家人使用，他们会有什么样的感受？"这是方太工程师研发过程中时刻拷问自己的问题。在样品阶段也会先给公司高管和研发团队成员的家人试用，让家人谈体验、提意见。

功夫不负有心人，2015年方太原创发明的"三合一"水槽洗碗机成功面世。由于方太水槽洗碗机切实解决了用户六大痛点：清洗时间长、安装不便、弯腰曲背、管路死角、占用下柜、需放专剂，在功能上也满足了用户对中式餐具顽渍清洗、果蔬去农残的强烈需求，上市当年市场占有率便达到 18.8%，洗碗机品类增长率从 21.5% 飙升至 120.5%。

在对用户进行上门拜访时，方太工程师又发现人们在清洗碗筷、锅具之后，机内存在着食物残渣和余水等小问题，加上烹饪过程中随手放置的食材、滴落的水滴等会让整个厨房显得杂乱。于是方太瞄准"除渣"和"存放"等微小问题，推出更全能的洗碗专家，不仅能解决用户最核心的去除重油污需求，还将"洗消烘除存"5 大功能集于一身，实现从内到外"无渍""无菌""无渣"，真正解放双手，让用户有更多时间陪伴家人，享受幸福，这也正是方太所坚持的"创新的目标是幸福"。

在追求规模与速度的中国企业中，将"仁爱"企业文化作为内在驱动力的方太显得有些"另类"。但方太认为，文化是业务的发心、方式和奋斗精神，业务是文化的呈现和结果，文化即业务，是一不是二的。这种以"仁爱"为驱动力的企业文化已深入每一位方太员工的内心，激发每一位方太人的奋斗精神，"创新三论"又指引着方太人持续通过自主创新做出原创、首创产品，把创新做到尽善、尽美，真正提升用户的幸福感。

从上述分析可以看到，方太一直秉承着企业家精神中创新发展、专注品质和追求卓越的企业家理念，通过各种调研方式和方法，本着以用户为中心，让用户安心的宗旨，弘扬企业家精神，才使得企业取得了非凡的成绩。

4.2　网络市场调查问卷

4.2.1　市场调查问卷

问卷，又称调查表，是一种以书面形式了解被调查者的反映和看法，并以此获得资料和信息的载体。在市场调查中，问卷作为一种最常见的调查工具，发挥着重要的作用：有利于全面、准确地收集各种资料；有利于方便、迅速地进行统计分析；还有利于节省调查时间，提高工作效率。总之，一份设计良好和规范的问卷，不仅可以提高调查的质量和准确性，还能够提高调查工作的效率和效益。

1. 调查问卷的结构

一份规范、完整的调查问卷通常由 3 部分组成：开头、正文和结尾。

1）开头

问卷的开头包括标题、说明词、填表说明和问卷编号。

标题是对调查主题的概括说明，要求开门见山，被调查者看过标题后可以大致了解调查问卷的内容。

说明词用以说明调查的目的、问题和调查结果的用途。与此同时，在说明词中还要介绍此次调查的主办单位，并对被调查者表示感谢。说明词可以使被调查者重视调查，积极参与。

填表说明是向被调查者说明如何填写调查问卷，包括填表要求和说明。有的时候填表说明仅仅针对个别题目，被设置在这个问题的后面；有的时候填表说明针对整个问卷，被设置成为独立的部分。

问卷编号主要用于问卷、调查者与被调查者的识别。

2) 正文

问卷的正文包括问题和选项、被调查者基本情况和编码 3 部分。

问题和选项是整个调查问卷的核心。调查问卷中涉及的内容可以分为两个部分：行为资料和态度资料。行为资料是指有关调查对象社会经济行为的资料，主要反映调查对象是否做过某些事情及做某些事情的次数和频率。例如："您上个月是否去商场买东西了？"态度资料是指有关对象或被调查者对他人（或事件）的能力、兴趣、意见、评价、情感、动机等方面的态度的资料，主要反映了被调查者对特定"外部世界"的感受、认知、看法和评估。例如："你认为现在健身中心的价格：① 很高（　）；② 较高（　）；③ 适中（　）；④ 较低（　）；⑤ 很低（　）。"

被调查者基本情况指的是被调查者的背景信息，用于说明被调查者的基本特征。如果被调查者是个人，这部分内容可以包括性别、年龄、职业、受教育程度、收入、婚姻情况、居住地址、联系电话等。如果被调查者是社会群体或组织，则应包括：组织名称、属性、规模、结构等。由于被调查者的背景不同，他们的行为和态度也有所不同，所以被调查者的基本信息在调查问卷中具有重要作用。

编码就是将调查问卷中的项目转化为具体的数字，有助于后期的数据整理与分析。问卷中每一个问题和答案都应该有一个数字作为它的编码。除此之外，每份调查问卷也应该有自己的编码。

3) 结尾

调查问卷的结尾可以对被调查者表示感谢，也可以设置开放式问题询问被调查者的意见和建议。

2. 调查问卷的分类

调查问卷可以按照不同的标准进行分类。按照调查方式可以划分为自填式问卷和访问式问卷。自填式问卷是指被调查者自己填写的问卷，而访问式问卷是指由调查人员根据被调查者的回答代为填写的问卷。

按照问题的类型可以将调查问卷分为封闭式问卷、开放式问卷和半封闭式问卷。封闭式问卷，是指问卷中不仅列出了各种问题，还给出了各种可能的选项，让被调查者进行选择。相对地，开放式问卷仅设计了问题，没有固定的答案，需要被调查者自行填写。而半封闭式问卷是封闭式与开放式相结合的调查问卷。

封闭式调查问卷的优点是：第一，答案标准化，便于后期的数据整理与分析；第二，问题的选项可以帮助被调查者更好地理解问题，保证调查的质量和回收率；第三，节省时间；第四，对被调查者的要求比较低，适用于文化程度较低的被调查者。

封闭式调查问卷的缺点是：第一，问题的答案受到限制，只能从规定的选项中选择答案，有可能漏掉信息；第二，由于被调查者理解不同而引起的错误，在封闭式问卷中很难反映出来；第三，在被调查者不知道应该如何填写的时候，容易胡乱填写；第四，被调查者容易出现笔误，影响调查的准确性。

开放式调查问卷的优点是：第一，由于没有固定答案，被调查者可以自由发挥回答问题，有助于调查者收集事先没有预料到的信息；第二，从被调查者的回答中，调查者可以检查被调查者对题目的理解是否正确，提高调查问卷的有效性；第三，开放式调查问卷适合在问题不多的时候使用。

开放式调查问卷的缺点是：第一，由于没有固定的答案，收集的答案不规范，不利于后期的整理与分析；第二，与问题不相干的信息容易掺杂到答案中，影响问卷的真实性；第三，对于一些比较复杂的问题，被调查者需要花费一些时间思考，容易引起被调查者的不悦，影响调查的回收率，也有可能影响调查的效果；第四，对被调查者的要求较高，需要具有一定的写作技巧与语言表达能力，不适用于文化水平较低的被调查者。

3. 调查问卷提问的原则

调查问卷提问的原则有以下几方面：
① 准确性原则；
② 完备性原则；
③ 互斥性原则；
④ 精简性原则。

4. 调查问卷提问应避免的问题

调查问卷在设计过程中受到一些语言因素的制约，影响了被调查者对于问题的理解。

1）避免一般性问题

例如：一个饭店在进行顾客调查时，设置了这样的问题："您对我们的饭店是否满意？"显然，这个问题过于笼统，很难达到预期的效果，因此应将问题拆分，分项提问。如将问题改为："您认为我们饭店的菜色是否丰富？""您认为我们饭店的就餐环境是否优雅？""您认为我们饭店的饭菜是否可口？"等。

2）避免使用多语义词

有些词语意思模糊，往往因为被调查者的理解不同而产生歧义，应该尽量避免使用这类词语。例如："你经常旅行吗？"被调查者会对"经常"产生疑惑，是指在一周内还是一个月以内？因此，调查者应该为题目设定明确的界定范围："去年你去旅行了几次？"

3）避免引导性问题

问卷中的问题要避免向被调查者做任何的暗示和误导。例如："许多消费者都认为××饭店饭菜可口，您的印象如何？"这个问题带有强烈的暗示作用，引导被调查者的想法，影响调查效果。可以将上述问题修改为："您认为××饭店的饭菜味道如何？"

4）避免遗忘性问题

在调查问卷中，有的问题时间间隔太久，被调查者已经遗忘，或者记不清楚，容易引起他们对于调查的反感和不满，最终造成调查结果质量下降。例如："去年你购买了哪些图书？"应该将时间段选定在被调查者比较容易回忆的范围之内："上个月你购买了哪些图书？"

5）避免困窘性问题

在对被调查者的基本资料进行调查时，有的问题涉及被调查者的个人隐私，如年龄、收入、受教育程度等。这部分不应该直接提问，容易让被调查者产生反感与不满。一般采取分层次列表提问的方法，或通过询问被调查者对该事物的看法等方法。

6）避免断定性问题

问卷中的某些问题已经断定被调查者已经拥有了这项商品或发生过这种行为。但事实上，被调查者根本没有拥有过该商品。例如："你丈夫喜欢喝红酒还是白酒？"被调查者可能未婚，也可能丈夫不喝酒。这些都会造成调查结果的不准确。遇到这样的情况，可以对问题进行拆分，分项提问："你是否已婚？""你的丈夫是否饮酒？""他喜欢红酒还是白酒？"

7）避免假设性问题

调查者将个别问题设置在一种假设性的环境中，然后询问被调查者在这种假定的情况下会进行何种行为。例如："如果别墅降价50%，你是否会购买别墅？"这样设置问题是不科学的，在假设的环境下，被调查者并不知道自己会有何种行为，因此填写答案的价值不高，不能真正反映问题的本质，影响调查结果。

课堂练习4-1

市场调查问卷的典型应用

练习目的：

通过本次课堂练习，获得不同市场调查问卷类型的感官体验，深刻体会市场调查问卷中，封闭式问卷、开放式问卷和半封闭式问卷各自的特点，进而更加深入地了解市场调查问卷的功能及其对企业的重要性。

练习要求：

学生自由组合成小组，分析"市场调查问卷的典型应用"的案例内容，结合理论知识分析案例的实际应用特点；各小组还可以模仿这个案例，把比较有代表性的、实际在企业中应用到的各类市场调查问卷应用案例与全班师生一起分享，以便更好地掌握所学理论知识。

练习内容：

封闭式问卷、开放式问卷和半封闭式问卷的典型应用

1. 封闭式问卷的典型应用

● 两项选择问题，就是对于一个问题，问卷中提供两种选项供被调查者选择。例如："今年冬天您滑雪了吗？（1）是（　）；（2）否（　）。"

● 多项选择问题，就是对于一个问题，问卷中提供3种或3种以上的选项供被调查者选择。例如："你认为现在健身中心的价格：（1）很高（　）；（2）较高（　）；（3）适中（　）；（4）较低（　）；（5）很低（　）。"

● 事实性问题，要求被调查者对相关的事实作出回答。例如："今年冬天你滑雪的次数是几次？（1）没有去过（　）；（2）一次（　）；（3）两次（　）；（4）三次（　）；（5）四次及以上（　）。"

● 词语配对试验，类似于连线题，调查问卷中一个产品的若干品牌名称与若干个形容词各组成一列，被调查者需要将品牌名称与最适合它的形容词配对。

● 李克特量表，允许被调查者在同意和不同意之间的模糊量度内进行选择。例如："您

是如何认为'中国汽车行业已经赶上国外同行'的说法？（1）很赞同（　　）；（2）同意（　　）；（3）不知道（　　）；（4）不同意（　　）；（5）坚决不同意（　　）。"

● 语义差别法，允许被调查者在两个意思相反的词之间的模糊度内进行选择。例如：您对某食堂有何高见？

种类多		√						种类少
饭量大					√			饭量小
饭菜味道好						√		饭菜味道差
服务态度好			√					服务态度差
就餐环境好			√					就餐环境差

2. 开放式问卷的典型应用

● 自由回答法，是指被调查者几乎可以以不受任何限制的方式回答问题。例如：你对食堂提高服务质量有何高见？

● 语句完成法，是指在问卷中提供一些不完整的句子，由被调查者用自己的语言将这些句子完成。例如：当我走到××卖场内，我_____。

● 文字联想法，是指由调查者先列出一些单词，让被调查者看后写出脑海中反映出的其他词语，以发现被调查者对于这些词所产生的联想或隐含意义。例如：当您看到"珠宝"这个词后，请将您联想到的词或句子写出来。

● 故事完成法，是指给出一个未完成的故事，让被调查者完成。例如："周末晚上，我来到一家新落成的商场里面，刚刚走到××卖场，一位销售小姐就迎了上来……"请你完成这个故事。

● 主体痛觉测验法，问卷中有一组图片或照片，要求被调查者按照问卷中的画面根据自己的理解虚构一个故事。例如：图上画着一对夫妻正在打量一辆汽车，旁边一位男士正在指着汽车说些什么。要求被调查者编写一个100字左右的故事。

3. 半封闭式问卷的典型应用

半封闭式问卷是封闭式问卷和开放式问卷的结合，主要表现为以下3种方式。

● 同一个问题中同时含有封闭式和开放式回答方式的问卷。

例如：您最喜欢哪一个手机品牌？（选择一种）

（1）华为（　　）

（2）苹果（　　）

（3）三星（　　）

（4）小米（　　）

（5）其他_____

● 一部分问题属于封闭式的问卷，另一部分问题属于开放式的问卷。

● 上述两种方式混合的问卷。

思考与互动：

学生思考并回答以下几个问题，教师点评、归纳。

① 在上述案例中，对比三类问卷的异同。

② 在上述案例中，分析三类不同问卷的适用范围。

③ 应用适宜的市场调查问卷，能给企业带来什么好处？

④ 通过上述案例，具体谈谈应用市场调查问卷有哪些注意事项。

⑤ 根据你对市场调查问卷的了解，在设计一个好的市场调查问卷时，你还有哪些建议或对策？

4.2.2　网络市场调查问卷

在传统市场调研中，问卷调查是获取原始资料的主要手段。在网上市场调研中，在线问卷调查是获取一手材料方面的重要手段。

1）调查问卷的发布途径

依据调查问卷在网上发布的主要途径不同，在线问卷调查可以分为发布型、混合型、邮件型、讨论组型等多种形式。其中，应用最广泛的是发布型和邮件型。

（1）发布型

顾名思义，发布型就是将调查问卷发布到互联网上，等待访问者填写。这种方式的优点在于被调查者自愿填写调查问卷，不受外界因素干扰；而缺点在于调查者无法对调查问卷的真实度进行核查。企业在发布在线调查问卷时，针对自身情况有两种不同的策略：在企业自己的网站上发布调查问卷和借助其他网站发布调查问卷。

企业在自己的网站上发布调查问卷，这种方法适用于知名企业。这些企业网站的访问者，一般对企业有一定的了解，或者对其产品（或服务）感兴趣，或者与企业有业务往来。他们在填写调查问卷时提供的信息价值高，可以反映出大部分用户的意见和想法，有利于企业了解市场情况，制定出适当的营销策略。

借助其他网站发布调查问卷，这种方法适用于一些知名度不高、没有自己的网站或者网站不够吸引人的企业。为了弥补企业自身的不足，他们可以借助一些知名网络服务提供商（ISP）和网络内容提供商（ICP）的力量设置在线调查问卷的链接，如搜狐、雅虎等知名网站。这种方式具有扩大调查面、提高调查质量的优点。

（2）混合型

混合型的在线问卷调查适合于已经建立了自己网站的企业，但是没有固定访问者，或者访问者的数量有限的企业。在这种情况下，企业可以在自己的网站上发布调查问卷，同时借助知名网络服务提供商和网络内容提供商的力量设置链接发布调查问卷。

（3）邮件型

调查问卷以电子邮件（E-mail）的形式发送给被调查者，被调查者填写好问卷后，再以电子邮件的形式返回调查者。企业以这种形式进行网上调查问卷的基础是对用户有一定的了解，并且掌握了用户的电子邮箱地址。这种方式的优点在于调查者可以对被调查者进行选择；而缺点在于调查者无法控制邮件的回收率。

（4）讨论组型

讨论组型的网上调查问卷就是利用新闻组或者讨论组发布调查问卷。

2）设计调查问卷的注意事项

① 在提问之前要标明调研的目的、意义，引起网上被调查者的注意与兴趣。

② 调查问卷要尽量少占用被调查者的时间和上网费用，要在被调查者失去兴趣前填写完成。

③ 调查问卷中问题要表述明确，容易理解，不应该有重复和误导的情况发生。对敏感问题，要注意提问的方式和方法。

④ 利用互联网交互机制，实施调研问卷分层设计。这样的在线问卷调查适合于过滤性的调研活动。

⑤ 在讨论组或者新闻组里发布调查问卷时，要注意遵守网上行为规范，且调研内容与讨论组、新闻组的主题相关。

⑥ 为了提高人们参与调查问卷的积极性，可以适当地设置礼品对被调查者进行鼓励。

课堂练习 4-2

网上市场调查问卷的发布与分析

练习目的：

通过本次课堂练习，熟悉问卷星在线问卷调查平台发布流程，分析网上市场调查问卷的结构和内容，深刻体会网上市场调查中，网上问卷调查的特点，进而更加深入地了解网上市场调查问卷的功能及其对企业的重要性。

练习要求：

学生自由组合成小组，分析"网上市场调查问卷的发布与分析"的案例内容，结合理论知识分析案例的分析步骤、分析思路和分析结果；各小组还可以模仿这个案例，把比较有代表性的、实际在企业中应用到的网上市场调查问卷应用案例与全班师生一起分享，以便更好地掌握所学理论知识。

练习内容：

网上市场调查问卷的发布与分析

1. 登录问卷星平台

打开问卷星官网首页并登录，如图 4-4 所示。

图 4-4　问卷星官网首页

2. 创建并发布调查问卷

单击"创建问卷"按钮，如图 4-5 所示，选择创建"问卷调查"，创建调查问卷。

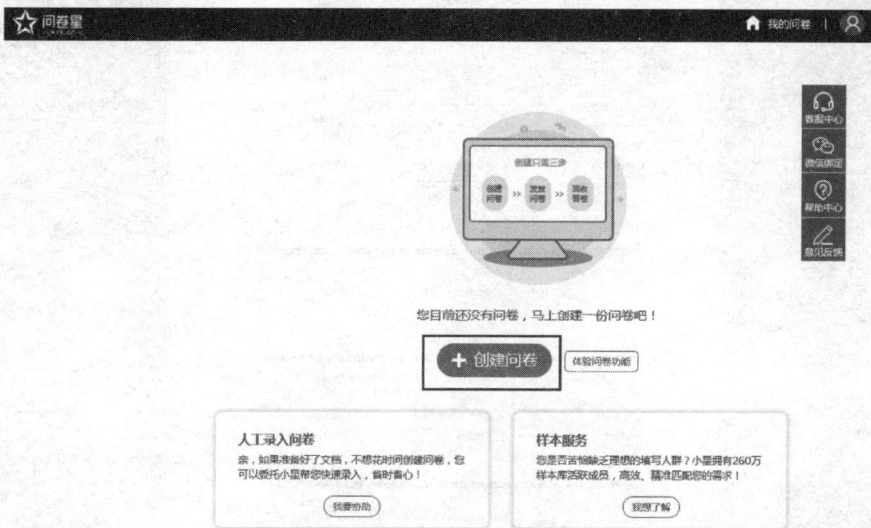

图 4-5　问卷星平台创建问卷页面

根据调查问卷题目，选择问卷题目的类型。问卷星为广大用户提供多种多样的题目类型：单选、多选、填空、评分等，如图 4-6 所示。创建以"亚司艾市场调查问卷"为例的网络调查问卷，如图 4-7 所示。

图 4-6　问卷星中问卷题目类型

图 4-7 是网上调研中使用的一份调查问卷。调查问卷的名称为"亚司艾市场调查问卷"。下面将结合前面提到的知识对这份调研报告进行分析。

正如前面讲到的，调查问卷应该包括 3 个部分的内容：开头、正文和结尾。调查问卷的开头包括调查问卷的标题和图 4-7 上部（图 4-8）。在这部分内容中，写明了此次调查的主办单位是 ASI 有限责任公司的市场推广部；在向被调查者表示感谢的同时，做出资料保密的承诺。为了吸引更多的访问者填写问卷，调查者还使用了赠送礼品的策略。但是，在调查问卷的开头缺少对调查目的、问题和调查结果用途的描述和说明，无法使被调查者对本次调查有初步认识。

调查问卷的正文部分应包括问题和选项、被调查者基本情况。在此调查问卷中，调查者设置部分（图 4-9）的目的在于了解被调查者的背景，并收集被调查者的个人资料。虽然这些问题中没有诸如收入之类的敏感问题，但是也存在职务这种容易混淆的内容。在这种情况下，最好以添加备注的方式，对容易引起被调查者混淆的内容进行说明。

调查问卷的其余部分是问题和选项。显而易见，这是一份以封闭式问题为主的调查问卷。调查者在调查问卷中对多项选择题添加了备注，这对被调查者起到了提示的作用。封闭

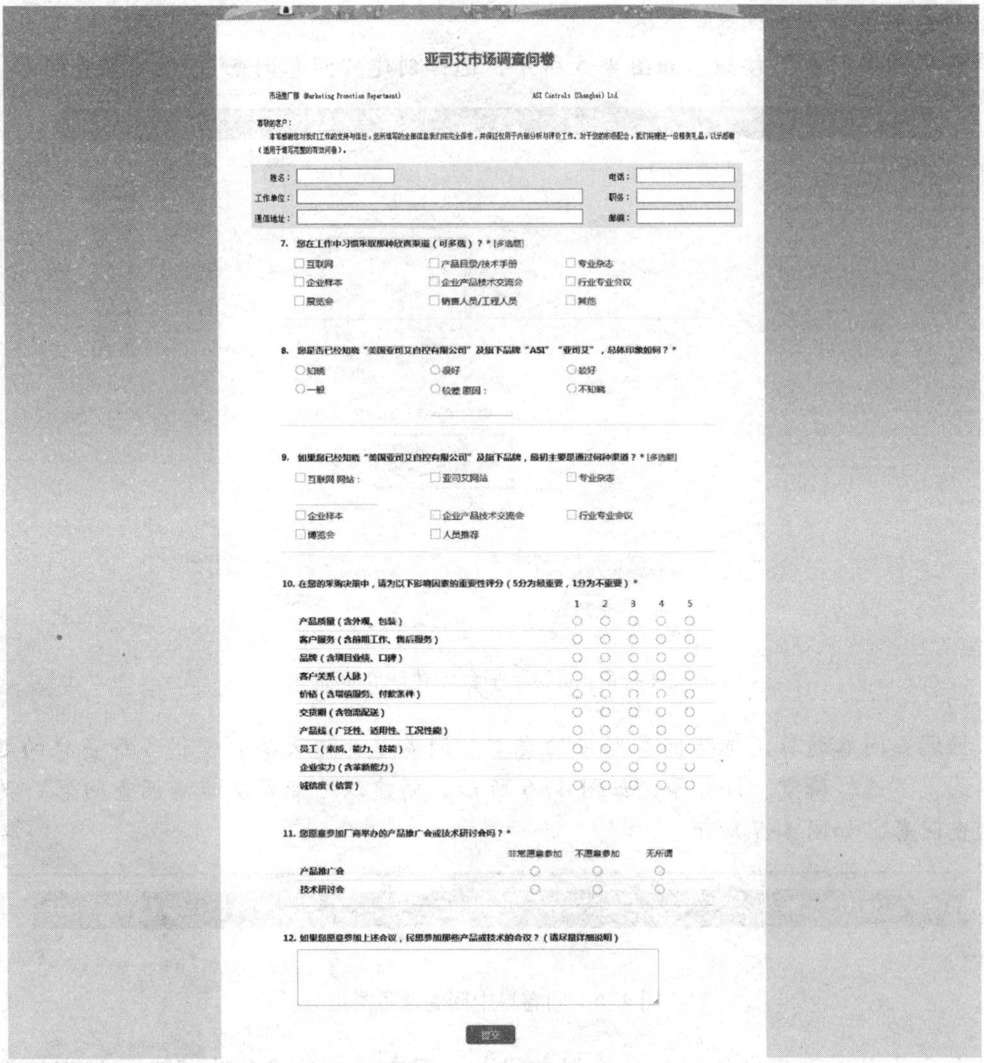

亚司艾市场调查问卷

市场推广部 (Marketing Promotion Department)　　ASI Controls (Shanghai) Ltd.

尊敬的客户：

非常感谢您对我们工作的支持与信任，您所填写的全部信息我们将完全保密，并保证仅用于内部分析与评价工作。对于您的积极配合，我们将赠送一份精美礼品，以示感谢（适用于填写完整的有效问卷）。

姓名：　电话：

工作单位：　职务：

通信地址：　邮编：

7. 您在工作中习惯采取那种欣赏渠道（可多选）？* [多选题]

□互联网　□产品目录/技术手册　□专业杂志

□企业样本　□企业产品技术交流会　□行业专业会议

□展览会　□销售人员/工程人员　□其他

8. 您是否已经知晓"美国亚司艾自控有限公司"及旗下品牌"ASI""亚司艾"，总体印象如何？*

○知晓　○很好　○较好

○一般　○较差 原因：　○不知晓

9. 如果您已经知晓"美国亚司艾自控有限公司"及旗下品牌，最初主要是通过何种渠道？* [多选题]

□互联网 网站：　□亚司艾网站　□专业杂志

□企业样本　□企业产品技术交流会　□行业专业会议

□博览会　□人员推荐

10. 在您的采购决策中，请为以下影响因素的重要性评分（5分为最重要，1分为不重要）*

	1	2	3	4	5
产品质量（含外观、包装）	○	○	○	○	○
客户服务（含前期工作、售后服务）	○	○	○	○	○
品牌（含项目业绩、口碑）	○	○	○	○	○
客户关系（人脉）	○	○	○	○	○
价格（含增值服务、付款条件）	○	○	○	○	○
交货期（含物流配送）	○	○	○	○	○
产品线（广泛性、适用性、工况性能）	○	○	○	○	○
员工（素质、能力、技能）	○	○	○	○	○
企业实力（含革新能力）	○	○	○	○	○
诚信度（信誉）	○	○	○	○	○

11. 您愿意参加厂商举办的产品推广会或技术研讨会吗？*

	非常愿意参加	不愿意参加	无所谓
产品推广会	○	○	○
技术研讨会	○	○	○

12. 如果您愿意参加上述会议，民想参加那些产品或技术的会议？（请尽量详细说明）

提交

图 4-7　网络调查问卷

市场推广部 (Marketing Promotion Department)　　ASI Controls (Shanghai) Ltd.

尊敬的客户：

非常感谢您对我们工作的支持与信任，您所填写的全部信息我们将完全保密，并保证仅用于内部分析与评价工作。对于您的积极配合，我们将赠送一份精美礼品，以示感谢（适用于填写完整的有效问卷）。

图 4-8　网上调查问卷开头的部分内容

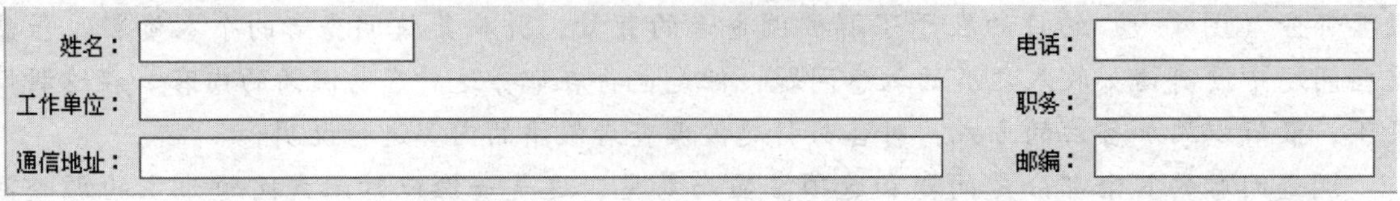

姓名：　电话：

工作单位：　职务：

通信地址：　邮编：

图 4-9　网上调查问卷正文的部分内容

式调查问卷的优点在于提高了调查的规范性，节省了填写时间和后期整理时间。相对地，封闭式调查问卷也存在漏掉信息的可能性，以及被调查者在不清楚如何填写的情况下，胡乱填写的情况。这些都将直接影响调查的准确性。

调查者在调查问卷的结尾处设置了一道开放式问题，以询问被调查者意见的形式结束调查问卷。

从总体上讲，这份调查问卷结构基本完整，只是问卷开头部分缺少对调查目的的描述。在内容设计上，问卷设计者注意到了细节的处理，通过运用备注的方式提示被调查者。与此同时，调查者为了吸引更多的访问者填写调查问卷，提高调查问卷的完整性，还运用了赠送礼品的策略。

思考与互动：

学生思考并回答以下几个问题，教师点评、归纳。

① 分析网上市场调查问卷的适用范围。

② 对比分析市场调查问卷和网上市场调查问卷的优劣与异同。

③ 适宜的网上市场调查问卷能给企业带来什么好处？

④ 通过上述案例，具体谈谈应用网上市场调查问卷有哪些注意事项。

⑤ 根据你对网上市场调查问卷的了解，在设计一个好的网上市场调查问卷时，你还有哪些建议或对策？

4.3 网络消费者特点调查

4.3.1 网络消费者概述

网络消费者是通过互联网在电子商务市场中进行消费活动的顾客人群。互联网技术改变了传统的企业与客户之间的关系，降低了信息收集、处理、传播的成本，增加了客户力量。网络营销企业竞争是一种以客户为焦点的竞争。因此，企业营销策略要依据客户心理和行为的变化而变化。

1. 网络消费者类型

网络消费者可以分为简单型、冲浪型、接入型、议价型、定期型和运动型六类。

简单型消费者在网上消费时花费时间较少，希望企业为他们提供便利的网上购物体验，节省上网购物时间。冲浪型消费者往往会花费较长时间上网浏览，比较查询想要购买的产品信息。他们对更新速度快、设计感强、具有创新性的产品感兴趣。接入型消费者往往都是刚刚接触网上购物的新手，他们对传统企业品牌依赖程度较高，更关注于生活中熟悉的企业品牌。议价型消费者追求低价商品和性价比商品，希望在购物体验中得到讨价还价的成就感。定期型消费者关注新闻和商务网站。运动型消费者关注运动和娱乐网站，只有当网站内容足够吸引这两类消费者时，他们才会花费时间驻足浏览。

2. 网络消费者特征

在网络消费中，消费者具备以下特征。

1）年轻且缺乏耐心

根据中国互联网络信息中心（CNNIC）《第 51 次中国互联网络发展状况统计报告》显示，截至 2022 年 12 月，我国网民规模达 10.67 亿，较 2021 年 12 月增长 3 549 万，互联网普及率达 75.6%。在众多网民中，18～33 岁的年轻人使用网络购物的比例显著高于其他年龄段，"90 后"和"95 后"是当前网络消费的主力军。这个年龄段的人群普遍存在缺乏耐心的特点，他们希望花费较少的时间用于搜索。

2）自我意识强

目前大多数网络消费者年纪轻且具有良好的教育背景和较高的文化水平。他们拥有独立的见解和想法，对自己的判断能力有较强的自信，不愿意在决策中受到过多的干扰。因此，他们在网络购物过程中追求变化和个性。

3）冷静且擅长分析

网络消费者在选择心仪的商品时可以在几个商家的产品中进行比较、筛选。与传统的线下实体店相比，他们受到的外在舆论影响减小，在一定程度上减少了冲动消费的发生。外在因素影响力减弱，消费者更多地根据内在需要选择产品，更加注重于网络购物体验和产品。

4）求新求知欲强

互联网技术使人们获取信息更加广泛、便捷、快速。新鲜、未知的信息激发了广大网民的好奇心和求知欲。商家要抓住网络消费者的求知欲制定精准的营销策略。

4.3.2　网络消费者热点调查

商家在了解客户需求的同时，也应该充分了解网络消费者关注的热点，通过分析热点制定相关策略，第一时间吸引网络消费者的注意。年轻人是网络消费者的主力军，他们更喜欢通过手机或网络平台，如微信、微博、抖音、小红书等，获取大量信息。网络平台信息量大、更新速度快，因此需要借助正确的工具和方法进行消费者热点调查。现在，不仅有百度、微信、微博提供数据支持，还可以通过论坛（如猫扑、人民网强国论坛、天涯社区等）、专业网站（如站长工具网站、网经社、艾瑞网、亿邦动力、京东商智等）、互联网指数分析工具（百度指数、微信指数、360 指数、清博指数等）、舆情分析工具（新浪舆情通、百度风云榜、知微事见、易观、清博智能等）进行网络消费者热点调研。

1. 百度指数

如图 4-10 所示，百度指数（https：//index.baidu.com）是以百度海量网民行为数据为基础的数据分析平台，是当前互联网乃至整个数据时代最重要的统计分析平台之一，自发布之日便成为众多企业营销决策的重要依据。百度指数能够告诉用户：某个关键词在百度的搜索规模有多大，一段时间内的涨跌态势以及相关的新闻舆论变化；关注这些词的网民是什么样的，分布在哪里；同时还搜了哪些相关的词，帮助用户优化数字营销活动方案。

2. 微信指数

如图 4-11 所示，微信指数是微信官方提供的基于微信大数据分析的移动端指数。微信

图 4-10　百度指数

图 4-11　微信指数

指数整合了微信上的搜索和浏览行为数据，基于对海量数据的分析，形成当日、7 日、30 日以及 90 日的"关键词"动态指数变化情况，提供某个词语在一段时间内的热度趋势和最新指数动态。微信指数提供社会舆情监测，实时了解互联网用户当前最为关注的社会问题、热点事件、舆论焦点等，方便政府、企业对舆情进行研究，从而形成有效的舆情应对方案。微信指数提供的关键词热度变化，帮助品牌间接获取用户的兴趣点及变化情况，为品牌企业的精准营销和投放提供决策依据，也能对品牌投放效果形成有效监测、跟踪和反馈。微信指数由微信小程序进入。

3. 新浪舆情通

如图 4-12 所示，新浪舆情通（https：//yqt.midu.com）是以中文互联网大数据及微博官方数据为基础，7×24 小时不间断地获取新闻、报刊、政务、公众号、博客、论坛、视频、网站、客户端等信息来源，提供包含信息监测、全网事件分析、微博事件分析、竞品分析、定制简报、大屏指挥系统等在内的全方位舆情服务，帮助政府机构对社会热点话题、突发事件的快速发现、及时处置和正面引导。

图 4-12　新浪舆情通

课堂练习 4-3

网络消费者热点调查

练习目的：

通过本次课堂练习，熟悉网络消费者热点调查方法和常用工具的使用方法，分析获取网络消费者关注热点、地域风向标、人群风向标等信息，深刻体会消费者热点调查在营销策划中的作用，为企业制订营销策划方案提供依据。

练习要求：

学生自由组合成小组，分析"网络消费者热点调查"的案例内容，结合理论知识分析案例的分析步骤、分析思路和分析结果；各小组还可以模仿这个案例，把比较有代表性的、实际在企业中应用到的网络消费者热点调查案例，与全班师生一起分享，以便更好地掌握所学理论知识。

练习内容：

网络消费者热点调查

选取两家或三家企业，通过常见网络工具进行数据或舆情调查，对比分析两家企业的用户结构和用户关注热点。

（1）选取星巴克、瑞幸两家企业进行对比。

（2）选取 360 趋势作为数据分析工具，登录 360 趋势网站（见图 4-13），输入对比企业名称，获取对比数据（https：//trends. so. com）。

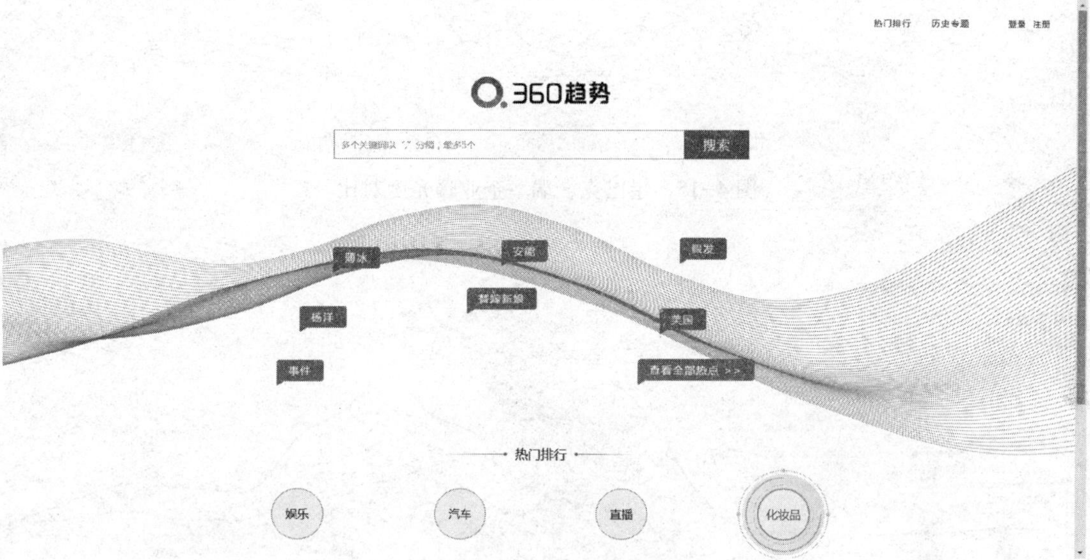

图 4-13　360 趋势首页

① 星巴克、瑞幸企业关注趋势对比，如图 4-14 所示。

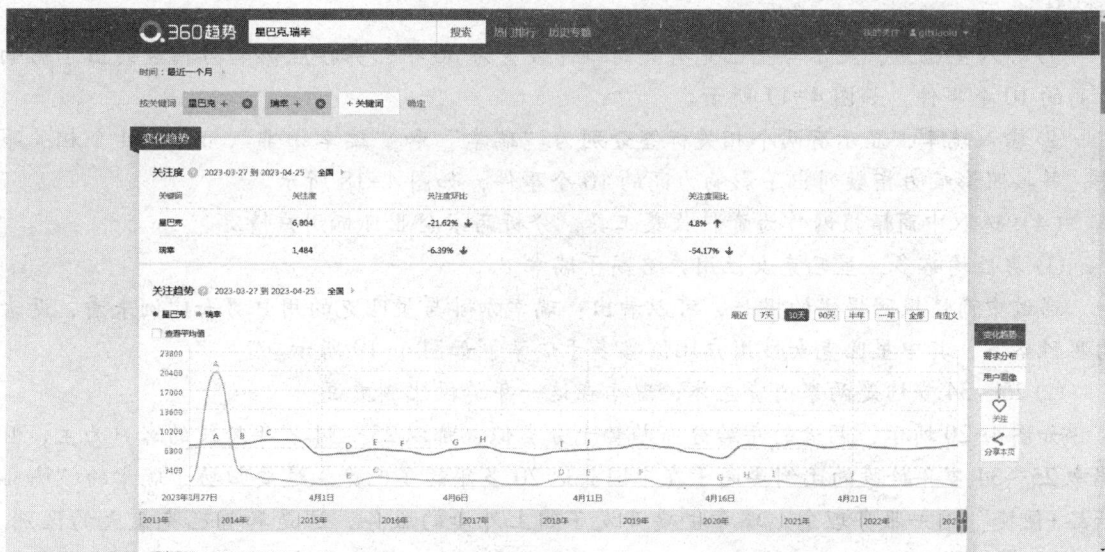

图 4-14　星巴克、瑞幸企业关注趋势对比

② 星巴克、瑞幸企业曝光度对比，如图 4-15 所示。

③ 星巴克、瑞幸企业 24 小时关注度对比，如图 4-16 所示。

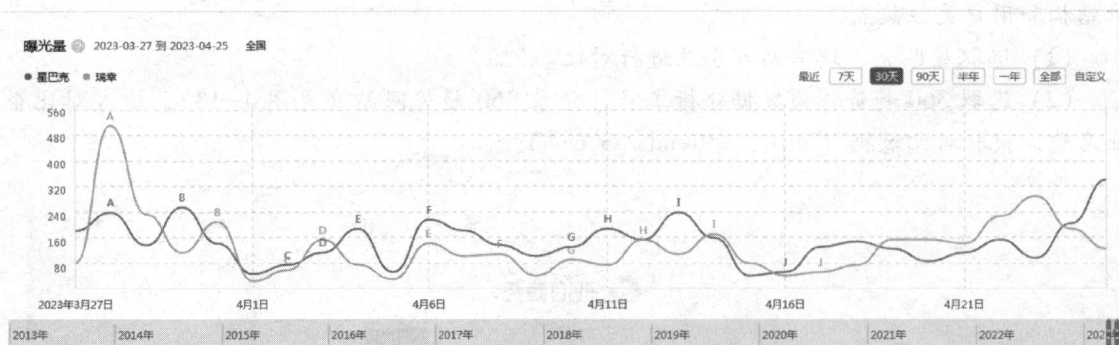

图 4-15　星巴克、瑞幸企业曝光度对比

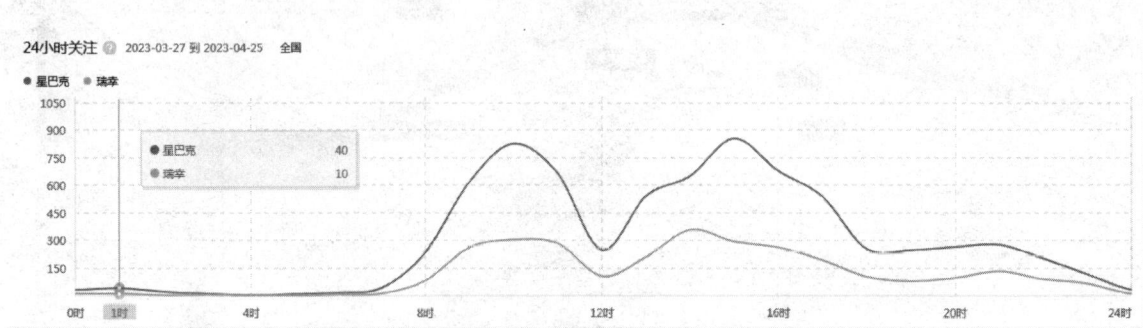

图 4-16　星巴克、瑞幸企业 24 小时关注度对比

（3）选取知微事见（http：//ef. zhiweidata.com）作为舆情分析工具，分析两家企业的舆论情况。

① 输入星巴克，显示与星巴克有关的事件数量为 36 个，并按照影响力指数列出了影响力高的 10 个事件，如图 4-17 所示。

② 输入瑞幸，显示有两个相关标签分别为"瑞幸"和"瑞幸咖啡"，以及 54 个相关事件，并按照影响力指数列出了影响力高的 10 个事件，如图 4-18 所示。

（4）选取中商情报网作为资料收集工具，分析两家企业目标用户情况。

① 男性均略多，星巴克女性用户略高于瑞幸。

通过中商情报网提供的报告，可以看出：瑞幸咖啡与星巴克的用户男女比例来看，两者均男性略多，其中星巴克女性用户比例略多于瑞幸，如图 4-19 所示。

② 25～34 岁均是两家消费主体，瑞幸在这一年龄段比例更高。

如图 4-20 所示，两者的年龄分布趋势十分类似，都以 25～34 岁年龄段的客户为主，且瑞幸 25～34 岁年龄段的比例要高于在中国长达 20 多年的星巴克。这要归功于瑞幸的"咖啡产品+便捷"这一服务理念，瑞幸主要开发了线上外卖的服务，这是和星巴克最大的区别。25～34 岁主要为上班族，工作期间不方便到店购买咖啡，再加上外卖已经成为当代人们不可缺少的一部分，他们越来越趋向于使用手机软件进行点餐，这样的方便快捷的生活方式正是瑞幸所想要打造的咖啡新理念。

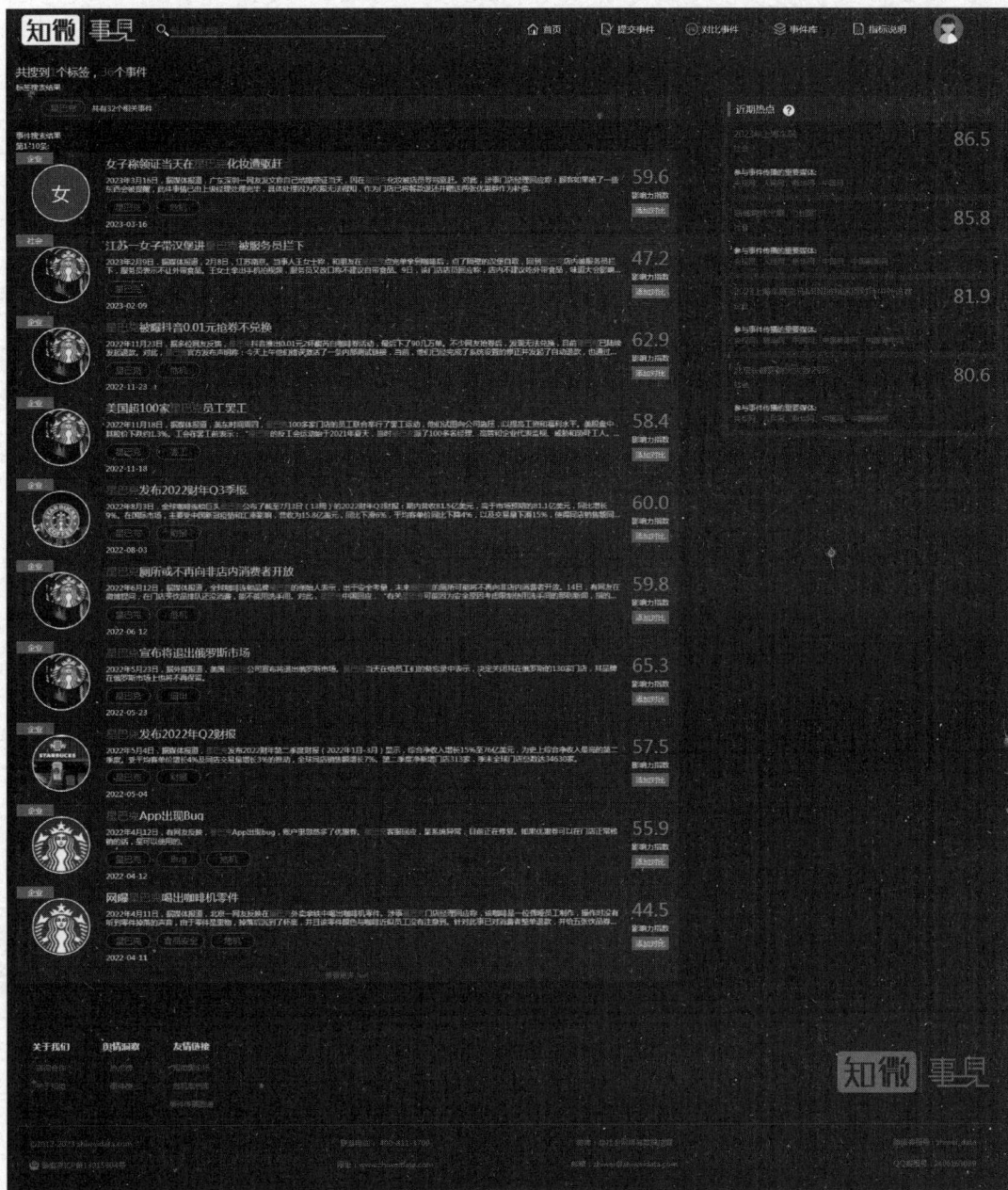

图 4-17　知微事见星巴克搜索结果图

③ 星巴克用户收入明显高于瑞幸。

如图 4-21 所示，瑞幸咖啡用户中月薪 2 万元以上的用户占比最大，但是仍然与星巴克相差将近 10 个百分点，可见星巴克累积的用户质量还是有着无可撼动的地位。但是对比 5 000～20 000 元这两个阶段收入的人群来说，瑞幸咖啡的比例又高过了星巴克。中产阶级的比重超过星巴克意味着人们正在接受着定价更低的瑞幸咖啡，伴随着"消费降级"，这一营销战略的优势未来还会逐渐显现。

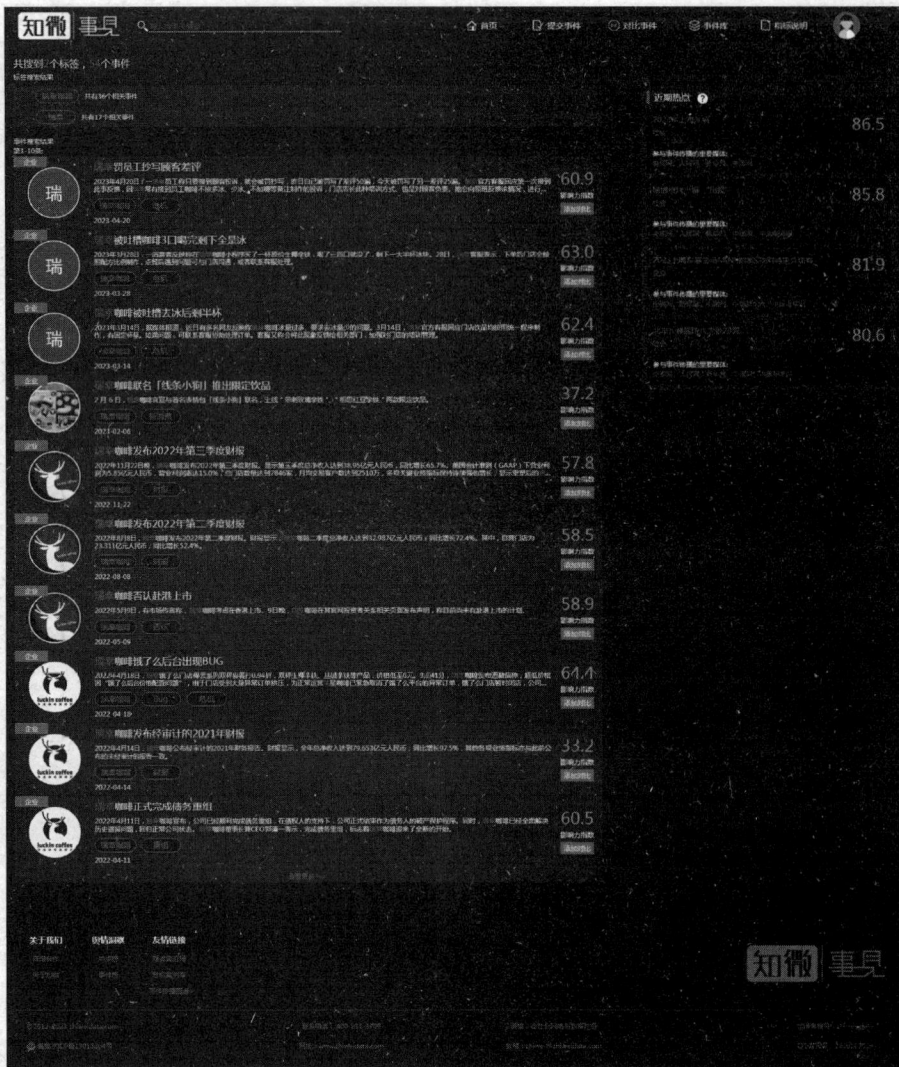

图 4-18　知微事见瑞幸搜索结果图

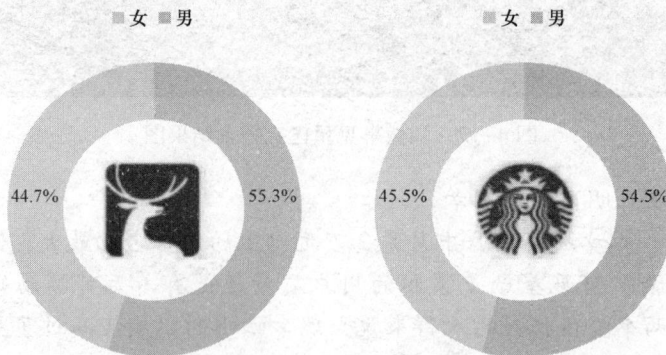

图 4-19　瑞幸咖啡与星巴克用户男女比例图

57.5% 54.1%

22.5% 25.1%

13.0% 14.9%

0.8% 3.0%

6.2% 2.9%

■ Luckin
■ 星巴克

18岁以下　18～24岁　25～34岁　35～44岁　44岁以上

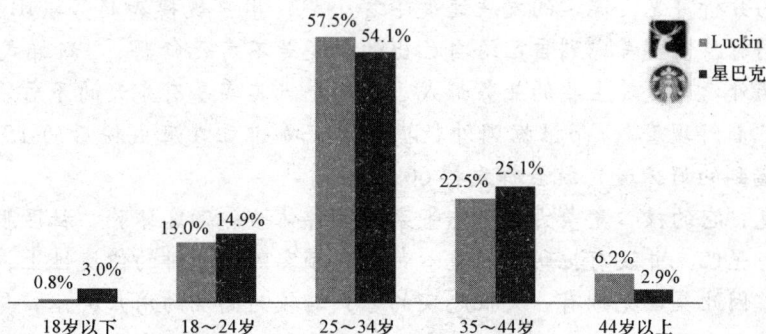

图4-20　消费者年龄分布

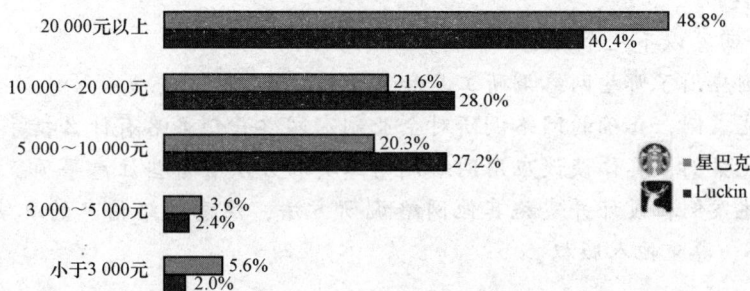

20 000元以上　48.8%　40.4%

10 000～20 000元　21.6%　28.0%

5 000～10 000元　20.3%　27.2%

3 000～5 000元　3.6%　2.4%

小于3 000元　5.6%　2.0%

■ 星巴克
■ Luckin

图4-21　消费者收入分布

④ 企业白领是争夺的主战场，瑞幸八成用户来自企业白领。

如图4-22所示，相比星巴克，瑞幸用户中企业白领占比高达80.2%。同时，企业白领也是购买咖啡意愿最强的一类人群，瑞幸目前牢牢地吸引住了这批用户。但是其他职业的比重都小于星巴克，这是因为星巴克的群体分布更加合理，大众接受程度更高。

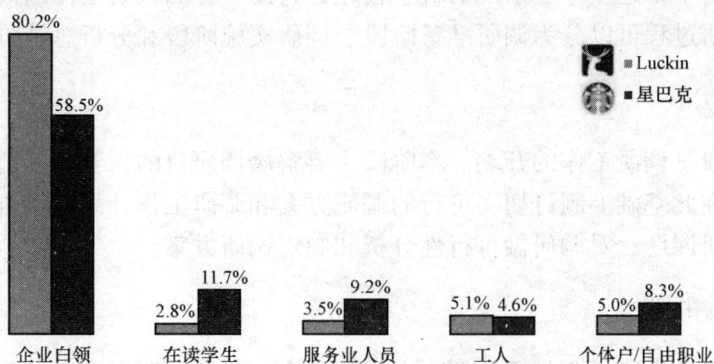

80.2%

58.5%

■ Luckin
■ 星巴克

2.8% 11.7%　　3.5% 9.2%　　5.1% 4.6%　　5.0% 8.3%

企业白领　　在读学生　　服务业人员　　工人　　个体户/自由职业

图4-22　用户群体分布

（5）结论。

星巴克用户画像：集中在江浙沪地区，25～44岁，本科及以上学历的"高富帅"和"白富美"是主要用户群体。

瑞幸咖啡用户画像：主要分布在北上广地区，企业白领占绝大部分，收入中等偏上人群。

通过上述的分析可见，瑞幸的发展速度不容小觑，用户规模和趋势堪比星巴克。不过，在飞速壮大的同时，需要考虑到自己给自己出的命题是不是死命题。"新鲜式"是瑞幸主打的产品卖点，而外卖又是其主要的业务形式。这两个点其实是有先天的矛盾。咖啡所讲究的新鲜，主要是"新鲜现磨"。而根据国外数据统计，咖啡豆在磨成粉后的 15 分钟内，芳香醛（也就是你喝到的好味道）就会挥发掉 60%。

反观星巴克，它的核心竞争力在于它带来的伙伴体验、顾客体验、社区服务以及自己独特的咖啡文化。星巴克并没有把所有的重心都放在顾客购买咖啡的便捷性上，他们更看重全面的消费感受，因此星巴克拥有一大批忠实的客户与较为高端的用户群体。与此同时，近期星巴克动作频繁，先是接入饿了么外送服务，后又与阿里巴巴、雀巢强强联手，在未来完全有能力将外送服务打造成一个突破想象的新体验，外送咖啡可能不再是瑞幸独树一帜了。

思考与互动：

学生思考并回答以下几个问题，教师点评、归纳。

① 上述案例应用了哪些网络调研工具和方法？

② 根据上述案例，正确的网络调研对企业制定网络营销策略有什么指导意义？

③ 根据上述案例，具体谈谈应用网络调研工具和方法有哪些注意事项。

④ 通过上述案例，设计并实施其他网络调研方法，注意网络信息的真实性，并注意保护相关信息隐私、尊重他人版权。

4.4 网络市场调研报告

4.4.1 市场调研的步骤

市场调研是一种有目的、有计划的调查研究活动，是调查研究市场现象本质和规律性的过程。在市场调研中，建立一套系统的科学程序，有助于提高调研工作的效率和质量。大体上，整个市场调研过程可以分为调研准备阶段、调研实施阶段和分析总结阶段。

1. 调研准备阶段

调研准备阶段是调研工作的开端。本阶段主要解决调研目的、要求、范围、规模和力量组织等问题，并在此基础上制订切实可行的调研方案和调研工作计划。本阶段工作主要分三步进行：确定调研课题、对调研做可行性分析和制定调研方案。

2. 调研实施阶段

调研实施阶段的主要任务是组织调研人员深入实际，按照调研方案的要求，系统地收集各种可靠资料和数据，听取被调查者的意见。此项工作可以根据以下步骤逐步进行。

① 建立市场调研组织，对调研人员进行培训。

② 组织调研人员收集二手资料。

③ 确定调研单位，收集原始资料。

3. 分析总结阶段

市场调研的分析总结阶段包括 3 项工作，即整理资料、分析资料和编写调研报告。

整理资料是一件费时、费力的工作，但对调查资料的最终质量和统计分析的效果具有重要意义。市场调研所获得的资料往往是零散的、杂乱无章的，必须经过一个去粗取精、去伪存真、由表及里的过程，才能提高信息的浓缩度、清晰度和准确度，提高信息的利用价值。首先要对资料进行检查、核实和校订。也就是检查资料是否齐全，是否有重复或遗漏，是否有误差，以及是否与实际情况相违背。一旦发现问题，应及时进行订正、删改和补充。然后再对资料进行分类汇编。经过检查的资料应该根据调研方案的要求进行分类，且要求编号归档，以便日后查找和使用。

分析资料的目的实际上就是告诉我们每组资料里面到底隐藏了哪些有用的信息，并以恰当的形式表现出来。分析资料是一项复杂的工作。在具体的应用过程中，分析方法主要分为定性分析方法和定量分析方法。

编写一份有分析、有说明的调研报告，是市场调研最后阶段最主要的工作，也是整个市场调研活动的最后一个环节。调研报告是调研的最后成果，是用客观材料对所调研的问题做出系统的分析和说明，提出结论性的意见。调研报告没有固定格式，一般包括以下内容：标题、目录、表格和插图清单、概要、引言、主报告、参考文献、附录和其他文档。概要不应过长，应简要描述调查的目的，调查的时间、地点，调查的主要结果、结论和建议。引言部分描述调查项目的背景信息。主报告是调查报告的主体部分，阐述调查中的主要结果、主要结论及其细节。编写者应该搞清楚读者的兴奋点在哪里，以便抓住读者的注意力。其他文档中可以包括术语索引、各种数据表和调查问卷等重要文档。

在调研报告编写过程中，编写人员要秉承实事求是的原则，如实地反映问题。为保证调研报告的质量，要征求多方面的意见，做到集思广益。此外，还要保证报告内容切合主题，突出重点，并且得出明确的结论。

4.4.2 市场调查报告

其实，市场调查报告就是在确定市场调查目标和内容的基础上，选择恰当的调查方法，作出具体的工作安排和计划。因此，设计一份完善的市场调查报告可以被细化成以下步骤：① 确定市场调查目标；② 明确市场调查内容；③ 选择市场调查方法；④ 制订市场调查工作计划。

1. 市场调查报告的类型

根据市场调查问题的不同性质，可以将市场调查划分成 3 种：探索性调查、描述性调查和因果性调查。

（1）探索性调查

探索性调查即非正式调查，是指调查者在不清楚或不确定调查问题的情况下，进行的试探性调查。试探性调查有助于发现问题，帮助调查者提出合理假设，节省了调查的成本。

（2）描述性调查

描述性调查是指通过对被调查者的直接调查，客观、深入地描述调查对象的实际情况。描述性调查可以反映出相关群体的特征，了解顾客对卖家提供的产品或服务的态度和理解程度，判断各种变量对营销的影响程度，估计某种特定行为中特定人群的比例。

（3）因果性调查

因果性调查是指在描述性调查的基础上，为了进一步探究市场现象与引起这种现象的内部因素之间的因果关系而进行的研究。

（4）3种市场调查报告之间的比较

这3种市场调查报告之间存在着很多差异（详见表4-1），所以要求调查者根据实际情况制定适合的市场调查报告。

2. 市场调查报告的内容

一份调查报告包括以下6部分内容：明确调查目标、确定调查方法、确定调查对象、确定调查时间、进行经费预算和制订调查组织计划。

表4-1　3种市场调查报告的比较

项目	探索性调查	描述性调查	因果性调查
背　　景	对调查的问题不了解	对调查的问题性质、特征有一定程度的了解	在描述性调查的基础上进行
调查目的	确定问题所在，了解问题的背景	描述和测量市场现象，确定和解决问题	确定市场现象与内部因素之间的关系
调查时间	短	较长	最长
调查成本	低	中	高
调查方法	文案调查法专家访谈	询问法	实验法

（1）明确调查目标

确定调查目标是制定一份调查报告的第一步，对于后面的工作具有指导意义。确定调查目标的过程就是让调查者明确调查的问题是什么，为什么进行此次调查，调查要进行到怎样的程度，以及调查结果有何种用途。

（2）确定调查方法

每种调查方法的适用范围不同，调查者需要根据不同的调查目的和背景选择适当的调查方法。

（3）确定调查对象

调查对象指的是根据调查目的确定的调查范围。确定调查对象的过程就是确定向谁调查，调查信息由谁提供的过程。

（4）确定调查时间

在制定调查报告的时候还要充分考虑到时间因素。例如：调查什么时候进行，调查需要多长时间，调查的最佳时机是什么时候，等等。不同的调查方法调查时间有比较大的区别。例如：面谈最好安排在晚上或者周末进行，因为被调查者接受调查的时间比较充裕。

（5）进行经费预算

经费也是调查方案中的重要部分，与调查的规模、方法、范围有很大的关系。在一个调查项目中，预算不仅要包括调查费，还要包括后期的分析费。调查费包括调查方案的设计费，调查问卷的设计费、印刷费，调查人员的培训费、交通费等。分析费包括录入费、统计费和调查报告费等。

（6）制订调查组织计划

调查组织计划指的是调查实施过程中的具体工作计划，如调查时间计划、调查人员培训计划等。

思政拓展

超级单品"蓝绷带面膜"的出圈之旅

米蓓尔（MedRepair）是 2018 年华熙生物科技有限公司旗下专为敏感肌肤研制的功能性护肤品牌。自品牌建立陆续推出小蓝瓶精华、粉水、大白水等明星单品。由于米蓓尔在敏感肌肤修护方面的出色表现，被广大消费者称为"国货之光"。该公司在市场调研的基础上，开展了一系列营销活动，使得其更上一层楼。

1. 通过市场调研，确定营销活动的首选网络平台

小红书是一个内容多元化、用户多样化的生活社区平台，以分享购物心得和生活方式为主，是中国目前最受欢迎的电商平台之一。在小红书里，"90 后""00 后"们既可以看到别人分享的美食、健身、护肤、学习、穿搭等全方位的生活方式，又能体验"真实、多元、向上"的社区价值观和自由分享与表达的社区氛围。这些年轻的新消费主力军倾向于在消费前去小红书搜搜笔记，参考其他用户的分享，这是绝大多数小红书用户形成惯性的内容消费链路。小红书在品牌运营方面有着丰富的经验，令诸多产品成果出圈大卖。所以，米蓓尔选择携手小红书平台，来打造它的品牌。

2. 借助网络平台的数据洞察功能，开展一系列的营销活动

首先，借助小红书数据洞察，米蓓尔发现在站内护肤场景中，去黄提亮、素颜、补水、修复是四大高热度场景。此外，米蓓尔结合当下热播剧流量，挖掘出"熬夜追剧"这一女生护肤的热门场景，将其与产品熬夜急救的功能相结合，进行全场景覆盖，解锁不同场景下的产品机会，通过平台精准触达目标人群。

其次，通过小红书"6·18"期间热门话题，借助热门主播头部流量杠杆作用，打造超级单品。同时，通过小红书信息流和搜索流分析，双管齐下，通过热门主播流量卡位、搜索关键词流量卡位、产品流量和品牌专业号流量防守，构建出以订单增长为核心的运营策略，实现高效转化。

最后，围绕着电商节点，米蓓尔通过小红书数据—内容—运营—电商一体化作业，基于小红书数据洞察，反哺内容优化和运营，在"6·18"大促前错峰上架优质内容。在内容上，筛选出人脸+质地向、囤货+质地向、突出质地向、桌面摆拍向四大内容方向，并及时根据进店效率进行内容优化和方向调整。最终，米蓓尔蓝绷带成为小红书制定的涂面膜月搜索 TOP1，搜索增长 50%，站内超级单品热度外溢效应显著，在"6·18"期间，米蓓尔蓝绷带在电商平台搜索量暴增 186%，并登顶涂抹面膜热销榜第 1 位。

通过此案例可以看出，在该企业的营销活动中，米蓓尔公司没有安于现状，而是始终以企业家精神为引领，一直秉承着创新发展、专注品质和追求卓越的企业家品质，才会把企业

越做越好，取得佳绩。

4.5 上机练习与实践——网上市场调研实训

4.5.1 实训目的

某自行车销售商是一个销售各种品牌自行车及其零部件的国内大型连锁公司，公司业务遍及全国各地。随着网络全面渗透至企业运营和个人生活中，为了更好地吸引众多的网络客户、开拓网上销售渠道、提高公司管理各类客户的能力和综合竞争力等，该公司决定开展网络营销。

公司在了解、熟悉网络和网络营销的现状、发展、演变及未来发展趋势，分析我国制造行业的网络营销现状，进行网络环境分析和网上消费者分析后，打算在网上发布市场调查问卷，以充分了解网络消费者的喜好和需求。

4.5.2 实训内容

① 根据该公司的网上市场调研需求，熟悉和了解调查问卷的设计方法，以及网上市场调查方法，并设计一份网上市场调查问卷。

② 通过网站、论坛和电子邮件的方式，分别发布此调查问卷。

③ 对回收的调查问卷进行整理和分析，得出此次市场调研的结论。

4.5.3 实训方法

① 连接互联网。

② 在浏览器地址栏输入相应网址，按照实训示例中的提示，分步骤完成。

4.5.4 实训示例

① 建立自己的微博，发布问卷。进入新浪首页，单击【微博】按钮，进入该页面后，单击【开通微博】按钮，按照相关提示填写资料，开通成功后，在微博上发布所设计的问卷。设计问卷要从企业创新发展、追求卓越、解决社会热点问题和服务社会的角度出发。

② 在问卷星网站上发布问卷：进入问卷星首页，单击【立即注册】按钮，按照相关提示填写资料，注册成功后，按照网站的提示发布所设计的问卷。

③ 在论坛中发布问卷。进入新浪首页，单击【论坛】按钮，进入该页面后，了解注册规范，并按照注册的要求和条件注册。实际注册后，在论坛上发布所设计的问卷。

④ 利用电子邮件发布问卷。收集他人的电子邮件地址，将所设计的问卷作为附件，通过自己的电子邮件发布给被调查者。

4.5.5 实训要求

① 根据各自的练习情况，以"网上市场调研练习"为题目，进行上网实际操作和练习，并撰写一份实训报告，要有关键步骤的抓图。

② 以小组为单位针对自拟题目进行市场调研，设计网上调查问卷，能够使用一种或者

一种以上的市场调研策略。

策划报告内容要求：

- 明确网上市场调研题目。
- 分析网上市场调研的方法。
- 进行网上调查问卷的设计制作说明。
- 运用所学的工具进行网上调查问卷的简单制作。
- 对调研数据进行分析，得出市场调查的结论。
- 报告注意保护相关信息的隐私，尊重他人版权。
- 报告要弘扬企业家精神，践行社会主义核心价值观。

4.6 本章小结

网上市场调研是网络营销中的重要组成部分，为企业作出合理的营销决策提供了科学的依据。本章从传统市场调研入手，介绍了市场调研的概念、方法、步骤；并且通过对比的方法，介绍了网上市场调研的概念、方法和策略。本章还着重介绍了市场调查问卷的分类、注意事项及网上发布途径等相关知识。

案例分析与提高

思科公司的网络调研

思科公司是美国最成功的公司之一。它于 1984 年由斯坦福大学的一对教授夫妇创办，1986 年生产第一台路由器，让不同类型的网络可以可靠地互相连接，掀起了一场通信革命，思科公司每年投入 40 多亿美元进行技术开发。

思科公司非常重视对网站访问者的调查，曾经在最引人注意的首页位置邀请网站访问者参与问卷调查。在思科公司的网上问卷调查中，主要包括以下内容：

① 多长时间访问一次思科官网？

② 如何知道思科官网的？（网络搜索引擎、思科公司合作伙伴、在线广告、报纸、社交网站）

③ 今天访问思科官网的主要目的是什么？（了解思科公司的产品或服务、购买思科公司的产品或服务、查找思科公司合作伙伴、寻求客户支持、了解培训或活动、管理我的思科个人资料）

④ 请描述在思科官网上查找具体信息的体验。

⑤ 请评价思科公司网站的设计和外观、内容的数量、内容的质量、信息的覆盖面、信息的条理性、导航的便利性、良好的访问者支持、内容的时效性等。

⑥ 通常通过哪种途径访问思科官网？

⑦ 是否出于休闲或工作的目的使用一些社交网站？

⑧ 是否经常访问其他高科技网站？喜欢这些网站的原因是什么？

思科公司通过网络调研问卷的方式统计网站访问者，这是通过传统的纸质问卷几乎无法完成的工作；通过网络和问卷的结合，思科公司可以从中了解访问者的来源、访问者的需求和目的、访问者对网站的评价、访问者获取思科公司信息的途径。

通过对网站访问者回馈的问卷内容进行分析，思科公司更能把握信息的传播途径、网站的接受程度、网站内容是否有待提高或需要整理，以及社交网站的影响和访问者喜爱的其他科技网站。这些信息对于思科公司了解访问者的信息、改善网站的质量、提供顾客需要而原来网站上又缺少的信息和建设网站的参考样板等都具有积极的作用。

分析与提高

① 根据上述案例，分析与思考网络调研与纸质问卷调研的区别，并分析其各自优缺点。

② 根据上述案例，分析与思考在设计网络调研的过程中，应该遵循哪些设计原则？网络调查问卷设计的过程有哪些？可采用哪些设计方法？

③ 根据上述案例进一步收集资料，谈谈该公司秉承了哪些企业家精神。

④ 根据上述案例和本章所学知识，设计并实施其他的网络调研活动，活动要弘扬企业家精神，践行社会主义核心价值观。

思 考 题

1. 什么是网上市场调研？

2. 网上市场调研的主要方法有哪几种？（列举 3 种即可）

3. 常用的网上市场调研策略有哪几种？

4. 网络市场调研报告如何撰写。

第5章

网络营销组合策略

引言

产品是网络营销的基本要素，是企业与市场联系的重要载体，是企业经营的核心。美国西北大学著名的营销学教授菲利普·科特勒曾说，所谓产品，是指能够提供给市场以满足消费者需要和欲望的任何有形物品和无形服务。网上产品则是能够满足顾客某种需求和欲望的，集物质型产品、服务和信息于一体的综合体。

与传统产品相比，网上产品策略的内容已由原来单一的实物产品策略转化为实物产品策略、服务产品策略和信息产品策略三位一体的产品策略。在网络环境下，信息获取更加方便，交易成本更加低廉，竞争更加激烈，要求经营者更加重视商品和服务的价格策略问题，不断完善、持续优化网络营销渠道，并充分利用 Internet 等电子手段开展网上产品促销，更好地实施网络营销策略。本章从网上产品特点出发，介绍网上产品的品牌策略、价格策略、渠道策略和促销策略的相关概念、组合方式及实施方法等内容，通过案例说明实施网络营销组合策略的重要性，重点讲解企业开展有效的网络营销组合的途径和方法。

主要知识和技能点：

- 网上产品的相关概念及定位
- 网络品牌、网络营销品牌策略
- 网络营销定价的方法及策略
- 网络营销渠道的结构、类型与建设方法
- 网络营销中促销的相关概念和组合方式
- 网站推广的类型、方法和发布步骤
- 网络广告的特点、类型和评价方法
- 企业实施网络广告的步骤和方法
- 企业实施网络促销的基本方法和策略
- 企业营造网络公共关系的方式和策略

教学要求：

- 识记：网上产品整体概念，网络渠道的定义和特征，网络促销组合策略
- 领会：网上品牌策略，网络定价应考虑的因素，网络市场的中间商类型
- 简单应用：应用网络营销定价方法和定价策略为网上产品定价，制定网站（或App）推广方案，设计网络广告发布流程
- 综合应用：将网络促销组合策略知识应用到案例分析或实际场景中

【引导案例】

小米公司的营销组合策略

小米公司成立于 2010 年 4 月，当时的中国手机市场品牌格局稳定，国内外品牌实力悬殊，苹果、三星优势明显，老牌的诺基亚和 LG 实力犹存，HTC、华为、联想等新兴品牌正在成为后起之秀。小米公司正是在这样的形势下异军突起。2011 年年底，小米手机上市发布了中国第一款双核智能手机，因为其超高的性价比而备受手机爱好者的青睐，刚上市两个月销售额达到 5.5 亿元；2012 年全年销售额达到 126 亿元，公司总资产估值达到 40 亿美元，小米从一家默默无闻的公司一跃成为全球第三位赚钱的手机公司（前两位是苹果和三星）；经过十余年的创新发展，小米已成为全球领先的智能手机公司之一。根据 Canalys 数据，2022 年第三季度小米在全球范围内手机出货量排名第 3，并建立了世界领先的消费级 AIoT（AI+IoT）平台，截至 2022 年 9 月 30 日，AIoT 平台已连接的 IoT 设备数（不包括智能手机、平板及笔记本电脑）已突破 5.5 亿台。

小米公司一直坚持创新与品质并重，不断追求极致的用户体验和运营效率，致力于做"感动人心、价格厚道"的产品。小米已发展成为一家以智能手机、智能硬件和 IoT 平台为核心的消费电子及智能制造公司，产品遍布全球 100 多个国家和地区。2022 年 8 月，小米第四次入选《财富》全球 500 强，排名第 266，比 2021 年上升 72 位。

案例点评：

不论哪个时代、哪个行业，对于大多数消费者而言，价格都是决定其最终购买行为的重要因素。小米手机的成功有很多因素，产品、渠道和口碑等，但其中最重要的因素无疑是价格。小米公司在创业之初就采用了网上直销的做法，直接去掉了批发商、零售商等中间环节，使其产品价格较其他同性能手机具有绝对的竞争力。2011 年小米 1 上市，高端配置为1.5 GHz 双核、1GB RAM、4.0 英寸 QHD 屏幕、800 万像素大光圈镜头，是当时中国市场上第一款双核智能手机，但售价只有 1 999 元；同年，苹果售价为 5 199 元，而三星或 HTC 同等配置价格大约在 4 000 元。

网络让消费者对产品信息和价格一目了然，也能对不同产品进行比较，小米手机低价入市无疑激发了消费者的购买意愿，引发了购买热潮。可以说，正是由于小米公司的核心策略——高配置低价格为公司开启了成功之路，也为小米赢得了第一批用户。与此同时，小米公司非常重视产品质量和用户体验，认为好的产品对公司发展至关重要，低价格绝不代表产品的低质；相反，小米公司在设计、销售和售后服务等各个环节为用户提供了超强的参与感和超

过预期的用户体验；而这种良好的用户体验促使小米用户乐于在微博、微信等社交媒体上分享，变成了好的产品口碑，进而拉动了小米手机的销售，也提升了产品形象和用户忠实度。

小米公司还充分利用产品发布会、微博营销、粉丝营销、饥饿营销、明星代言等手段扩大销售，开展品牌建设。此外，小米也在发展中不断拓展自己的销售渠道，除了小米官网，与中国电信、中国联通合作建立运营商渠道，在京东、天猫建立小米官方旗舰店，大力推进第三方电商渠道和社会 IT 卖场，方便消费者选购。

5.1　网上产品策略

5.1.1　产品与网络产品

产品是企业开展网络营销活动的物质基础，是网络营销组合中的首要因素，在整个网络营销活动过程中都离不开产品。

1. 产品的含义

对于产品的理解，通常人们认为其是一种具有特定的物质形态和用途的物体，即实体的产品、物质的产品，如自行车、电视机、照相机等。这种理解是狭义的。现代市场营销学所说的产品是广义的，它是指向市场提供的能满足人们某种需要的一切东西，包括有形物品、无形的服务和人员、组织、观念或它们的组合，也称作产品的整体概念，向消费者提供整体效用，满足消费者的整体需求。

2. 产品整体概念的 3 个层次

产品整体概念由 3 个基本层次构成：核心产品、形式产品和附加产品（延伸产品），如图 5-1 所示。

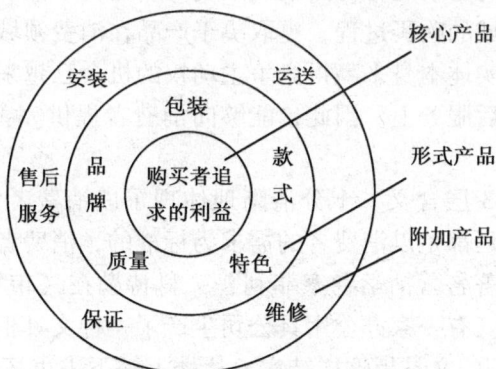

图 5-1　产品整体概念示意图

1）核心产品

这是指消费者购买某种产品时所追求的实际效用和利益，也就是产品的使用价值，如产品的用途、功能、效用等。这是产品整体概念最基本的层次，也是产品整体概念中最重要的部分。

消费者购买某一产品，不单是为了取得一种有形的、可以感触的物体，更重要的是取得某种实际利益，满足自己特定的需求和欲望。例如：消费者购买一台照相机，不是为了占有这个黑匣子，而是为了满足艺术爱好或纪念的需求，照出清晰的照片，留下美好的回忆；女士购买口红，不是为了占有这个小红棒，而是为了追求美貌、漂亮；人们购买电冰箱，并不是为了买个大铁箱，而是为了通过电冰箱的制冷功能使食物保鲜。可见，核心产品向人们说明的是产品的实质。某一产品能否被消费者接受，不仅取决于企业能否提供这一产品，更重要的是这一产品能否给消费者带来某种实际利益，使其需求得到满足。所以，企业市场营销人员在设计、开发新产品时，必须以向消费者提供尽量多的实际利益为出发点；在推销产品时，最重要的是向消费者说明产品的实质。

2）形式产品

这是指产品在市场上出售时的物质形态。它是通过 5 个侧面来表现的，包括产品的质量水平、特色、款式、品牌和包装等。仍以电冰箱为例，人们在购买时，并不是随便买一个就行，还要考虑冰箱的品质、牌子、造型、颜色等。可见，产品的形式向人们展示的是核心产品的外部特征，它能满足同类消费者的不同需求。

形式产品一般不涉及产品的实质，但当这种形式与实质内容协调一致时，将给消费者带来各种心理上的满足，起到促销的作用。因为在竞争激烈的市场上，消费者主要是通过产品的形式进行比较，作出购买决策的。因此，企业应极其重视对其产品包装、商标、款式、造型等方面的设计，塑造完美的产品形体，以此提高产品的竞争能力。

3）附加产品

附加产品也称延伸产品、扩大产品，是指超出产品实体以外的一系列附加利益和附加服务，包括提供信贷、免费送货、维修保证、安装、技术培训、售后服务等在消费领域给予购买者的好处。如电冰箱销售给顾客后，送货上门，一年内免费维修，等等。

在现代市场营销环境下，企业销售的绝不仅仅是产品的使用价值，而是产品整体概念所反映的全部内容。消费者的需求能否得到最大限度的满足，不仅取决于生产领域产品的设计和开发，也取决于流通领域的购买过程，更取决于产品在消费领域的使用过程。在日益激烈的市场竞争中，利用产品实体本身来赢得竞争主动权的机会已越来越小，营销者争夺消费者的主战场将逐步转移至售后服务上。因此，能够向消费者提供完善的产品附加利益的企业，必将在竞争中获胜。

产品整体概念的上述 3 层含义，十分清晰地体现了以消费者为中心的现代市场营销概念。这一概念的内涵和外延都是以消费者的需求为标准的，消费者有什么样的需求，企业就应当提供什么样的产品。著名营销学专家菲利普·科特勒在《市场营销原理》一书中举了一个例子来说明这个道理。有一家办公用具公司生产了一种文具柜，十分结实耐用，但销路不佳，经理抱怨说："我们的文具柜这样结实，从楼上摔下去也坏不了，为什么买的人很少呢？"问题在于，没有一个人买文具柜是为了从楼上往下摔的。你提供的产品并不是顾客所需的，再结实也没有用。

综上所述，产品整体概念形成于生产、流通、消费各个领域。消费者所追求的是整体产品，企业向市场提供的也必须是整体产品。

3. 网络产品的概念

网络产品是一个能够满足消费者某种需求和欲望的，集物质型产品、服务和信息于一体的综合体。由于网络营销是在网上虚拟市场开展营销活动来实现企业营销目标，面对与传统市场有差异的网上虚拟市场，必须满足网上消费者一些特有的需求，所以，网络营销产品的内涵与传统产品的内涵有一定的差异性，主要是网络产品的层次比传统营销产品的层次大大扩展了。

网络营销产品在原产品概念层次上还要增加两个层次，即期望产品层次和潜在产品层次，以满足消费者的个性化需求。

1）核心产品层次

这是产品最基本的层次，是满足消费者需要的核心内容，是消费者要购买的实质性的物品。例如：消费者购买食品的核心是为了满足充饥和营养的需要；购买计算机，是为了利用它作为上网的工具等。营销的目标在于发现隐藏在产品背后的真正需要，把消费者所需要的核心利益和服务提供给消费者。有时同一种产品可以有不同的核心需要，如人们对服装、鞋帽的需要，有些以保暖为主，有些则以美观为主，强调装饰和美化人体的功能。所以，营销者要了解顾客需要的核心所在，以便进行有针对性的生产经营。

2）有形产品层次

这是产品在市场上出现时的具体物质形态，是企业的设计和生产人员将核心产品通过一定的载体，转载为有形的物体而表现出来。它包括产品的质量水平、功能、款式、特色、品牌和包装等。

3）延伸产品层次

这是指消费者在购买产品时所得到的附加的服务或利益，主要是帮助消费者如何更好地使用核心利益和服务，如提供信贷、质量保证、免费送货、售后服务等。美国 IBM 公司最先发现，用户新购买计算机，不仅是购买进行计算的工具设备，还要购买解决问题的服务，用户需要使用说明、软件程序、快速简便的维修方法等。因此，该公司率先向用户提供一整套计算机体系，包括硬件、软件、安装、调试和教授使用与维修技术等一系列附加服务。美国著名管理学家李维特曾指出：新的竞争不在于工厂里制造出来的产品，而在于工厂外能否给产品加上包装、服务、广告、咨询、融资、送货、保管或顾客认为有价值的东西。

4）期望产品层次

网络营销中，消费需求呈个性化的特征，不同的消费者可以根据自己的爱好对产品提出不同的要求，因此产品的设计和开发必须满足消费者的个性化消费需求。消费者在购买产品前对可购产品的质量、使用方便程度、特点等方面的期望值，就是期望产品。例如：中国海尔集团提出"您来设计我实现"的口号，消费者可以向海尔集团提出自己的需求个性，如性能、款式、色彩、大小等，海尔集团可以根据消费者的特殊要求进行产品设计和生产。现代社会已由传统的企业设计开发、消费者被动接受转变为以消费者为中心、消费者提出要求、企业辅助顾客设计开发产品以便满足顾客个性需求的新时代。

5）潜在产品层次

这是在延伸产品层次之外，由企业提供能满足顾客潜在需求的产品层次。它主要是产品的一种增值服务。它与延伸产品的主要区别是：消费者没有潜在产品层次的需要时，仍然可以很好地使用产品的核心利益和服务。因为随着高科技的发展，有很多潜在需求、利益或服务还没有被消费者认识到。

4. 网络产品的分类

由于网络的限制，使得只有部分产品适合在网上销售。随着网络技术发展和其他科学技术的进步，将有越来越多的产品在网上销售。在网络上销售的产品，按照产品性质的不同，可以分为两大类：实体产品和虚体产品。

1）实体产品

实体产品是指具体物理形状的物质产品。在网络上销售实体产品的过程与传统的购物方式有所不同。在这里已没有传统的面对面的买卖方式，网络上的交互式交流成为买卖双方交流的主要形式。消费者或客户通过卖方的主页考察其产品，通过填写表格表达自己对品种、质量、价格、数量的选择；而卖方则将面对面的交货改为邮寄产品或送货上门，这一点与邮购产品颇为相似。因此，网络销售也是直销方式的一种。

2）虚体产品

虚体产品与实体产品的本质区别是虚体产品一般是无形的，即使表现出一定形态也是通过其载体体现出来，但产品本身的性质和性能必须通过其他方式才能表现出来。在网络上销售的虚体产品可以分为两大类：软件和服务。软件包括计算机系统软件和应用软件。网上软件销售商常常可以提供一段试用期，允许用户尝试使用并提出意见。好的软件很快能够吸引顾客，使他们爱不释手并为此慷慨解囊。

服务可以分为普通服务和信息咨询服务两大类。普通服务包括远程医疗、法律救助、航空火车订票、入场券预订、饭店旅游服务预约、医院预约挂号、网络交友、电脑游戏等。信息咨询服务包括法律咨询、医药咨询、股市行情分析、金融咨询、资料库检索、电子新闻、电子报刊等。

对于普通服务来说，消费者不仅注重所能得到的收益，还关心自身付出的成本。通过网络这种媒体，消费者能够尽快得到所需要的服务，免除恼人的排队等候的时间成本。同时，消费者利用浏览软件，能够得到更多、更快的信息，提高信息传递过程中的效率，增强促销的效果。

对于信息咨询服务来说，网络是一种最好的媒体选择。用户上网的最大诉求就是寻求对自己有用的信息，信息服务正好提供了满足这种需求的机会。通过计算机互联网络，消费者可以得到包括法律咨询、医药咨询、金融咨询、股市行情分析在内的咨询服务，以及包括资料库检索、电子新闻、电子报刊在内的信息服务。

无论是实体产品还是虚体产品，企业要进行网络产品营销都应从以下4个方面来考虑：

① 能够充分利用互联网的强大功能和优势；

② 能够赋予原有产品附加价值；

③ 能够增强企业的竞争优势；

④ 有大量的网络潜在消费者与企业互动。

5.1.2　品牌及网络营销品牌策略

品牌创造价值。品牌能够赢得顾客的忠诚及更高的价格，从而可增加企业的市场份额和利润。品牌还可为企业创造选择权价值。借助有力的品牌，企业可扩展新的产品类别，赢得新的顾客群体，向新的市场区域开拓，在合伙经营或谈判中获得有利的地位，等等。

1. 品牌及其相关概念

绝大多数企业都为自己的产品赋予品牌和商标，它们是产品整体概念中一个重要的组成部分。

1）品牌

品牌（brand）是一种名称、属性、标记、符号或设计，或是它们的组合运用，其目的是借以辨认某个销售者或某群销售者的产品或服务，并使之同竞争对手的产品和服务区别开来。

2）品牌名称

品牌名称是指品牌中能够用语言表达的部分。例如："可口可乐""麦当劳""万宝路"等都是国际知名品牌，"红塔山""长虹""海尔"等都是我国的知名品牌。

3）品牌标志

品牌标志是指品牌中可以被识别、辨认，但不能用语言表达的部分，常常是一些符号、图案、明显的色彩或字体等。例如："可口可乐"的独特字体，"海尔"品牌中两个小孩的标记。

4）商标

商标是指经政府有关部门登记注册后受法律保护的品牌，具有专门使用权和排他性。所以，商标实际上是一个法律名词，是受法律保护的品牌或品牌的一部分。

从上述几个概念可以看出，品牌与商标既有联系又有区别。商标是注册登记的品牌或其中的一部分，它们之间是整体与部分的关系，所有的商标都是品牌，但品牌不一定是商标。

品牌是一个商业名称，商标是一个法律名称，二者的区别在于是否经过一定的法律程序。在我国的商标法中，只有注册商标与非注册商标之分，而无商标与品牌之分。由于它们之间密切相关且基本作用相同，人们习惯上把品牌与商标当作同义词来表述。

2. 商标、品牌的作用

一个享有盛誉的商标是企业的一种无形财富。没有长盛不衰的产品，但是可以有长盛不衰的品牌，"可口可乐""吉利"等世界品牌的发展史都证明了这一点。在现代市场营销中，商标和品牌具有特殊的作用。

1）表示商品出处，便于消费者选购

商标作为商品的标志，最基本的作用就是区别不同生产者或经营者所生产经营的同类产品，便于顾客选购。

2）监督商品质量，维护消费者利益

我国的商标管理条例规定：注册商标要报送产品质量标准，作为监督执法的依据，凡不

按注册标准生产的产品，粗制滥造、以次充好的，可由商标管理部门撤销其商标专用权，并予以通报或处以罚款。这样商标也就成为产品质量的象征，可以促使企业按标准生产产品，保证产品质量的稳定和维护消费者的权益。

3）便于企业寻求法律保护，维护专用权利

品牌标记经注册成为商标后，就享有商标专用权。品牌产品历来都是不法经营者假冒的对象，有了商标，企业就可以拿起法律的武器维护自己的合法利益。对擅自制造、使用、销售企业商标，以及在同类、类似产品中模仿企业注册商标等侵权行为，可依法提起诉讼，惩治不法行为。

4）用作广告宣传，促进销售

品牌是企业形象与信誉的表现形式，象征着产品的质量和信誉。因此，独特的商标是一种有效的广告宣传手段，称为"无声的广告"。品牌产品的销路总比一般产品的销路好得多，就是商标促销的最好例证。

总之，随着市场经济的发展，品牌在现代营销中的作用越来越大。不但生产经营者注重品牌，而且消费者在购买过程中更注重品牌，市场注重品牌甚于商品，品牌的魅力超过商品的魅力。

3. 网络营销品牌概述

1）品牌的要素

品牌的要素是差异化、关联性和认知价值。

① 差异化。产品差异化是创建一个产品或一项服务的品牌所必须满足的第一个条件。公司必须将自己的产品同市场上的其他产品区别开。

② 关联性。关联性是指产品为潜在顾客提供的可用性程度。消费者只有在日常生活中实际看到品牌的存在，品牌才会有意义。

③ 认知价值。认知价值是创建一个有价值品牌的关键要素。即使企业的产品同市场上的其他产品存在差异，潜在顾客发现别人也在使用这种产品，但如果他们感觉不到产品的价值，就不会去购买这种产品。

2）网络品牌的特点

在传统的营销环境中，生产厂家、企业通过大笔的广告预算控制大众媒体，以达到吸引大众的注意力，从而达到营销的目的。而在网络商业环境中，受众对信息的选择、接收、处理等活动具有积极主动的特性，他们将较强地控制信息的获取与分发。而且互联网的公平原则使竞争的企业在用户面前一视同仁。例如：在互联网的搜索引擎中查询"洗衣粉"，"碧浪""汰渍""雕牌"等品牌可能会同时呈现在用户的计算机屏幕上。互联网所具有的交互、快捷、全球化等优势，为提高企业知名度、树立企业品牌形象、更好为用户服务等方面提供了有利的条件，但这些网络本身固有的特性对于每一个企业都是公平的。因此，企业应该根据自身的产品与服务特点，利用网络创建自己的网络品牌。

① 网络品牌是传统品牌的延伸。例如：海尔集团的品牌"Haier"本身在国内外就享有较高的声誉，其网站自然有了一个较好的基础。有了好的基础如果不妥善加以利用，非但不会增加原有品牌资产，相反会有损于原有的品牌形象。

② 网站使品牌的内涵得到扩充。品牌的内涵已经延伸至售后服务、产品分销、与产品相关的信息和服务等方面。例如：美国亨氏公司为了建设亨氏产品的品牌，设立了 800 免费客户服务热线、支持赞助"妈妈宝宝俱乐部"等活动。目前，该公司通过在站点中给用户提供丰富的婴幼儿营养学知识、营养配餐、父母须知等信息，展开传播与营销。通过这样的沟通方式使用户在学习到了为人父母、照顾婴幼儿常识的同时，建立了对亨氏品牌的忠诚度。这样，人们对亨氏品牌的理解就不仅局限于婴儿营养产品，而且包含了丰富的营养学知识。

③ 良好的公共关系是创建网络品牌的关键。网络上公共关系涉及的对象有网站的访问者、企业的合作伙伴、行业协会等。

例如：北京绿野视界信息技术有限公司是一家提供专业的户外活动资讯的公司，为此他们建立了一个名为"绿野"的网站。该网站为户外活动爱好者提供涉及户外活动全方位的资讯和服务，在广大户外运动爱好者中拥有强大的影响力；并通过"户外网站联盟"等板块，汇集了相关厂商的名录，与许多户外活动产品类厂商建立了合作伙伴关系。通过信息资源共建的方式，企业间的良好合作关系使彼此得到更多的利益，同时为客户提供了一种综合性服务。

④ 网站的交互能力是维系品牌忠诚度的基础。与客户及时、有效的沟通是提高品牌生命力、维系品牌忠诚度的重要环节。网站的交互特性为营销中的交流和沟通提供了有效的手段。一方面，客户可以通过在线方式直接将意见、建议反馈给经营者；另一方面，经营者可以通过对客户意见的及时答复获得客户的好感和信任，从而增强客户对品牌的忠诚度。各企业可以根据具体情况进行网络品牌的营销与传播。

3）网络品牌的建设

① 借鉴传统品牌营销方式向传统媒体投放广告是手段之一。越来越多的企业开始使用电视、杂志、报纸、户外广告牌等传统广告形式树立品牌形象，以使那些还没有接入互联网的用户在上网前就接受他们宣传的品牌；同时也增强用户在离线的状态下对品牌的认知程度，如亚马逊公司曾在非网络媒体投入了大量的资金以建设品牌。当然，也不排除利用网络广告进行品牌宣传。

② 借助专业的品牌管理策划人员。创建网络品牌的基础是建设公司的网站，网站的开发与运作不应该完全由技术人员来操作，因为品牌的创建、维护、管理需要专业的商业知识。例如：世界最大的电子邮件出版发行商 Mercury Mall 更名为 InfoBest 时，以树立 InfoBest 为信息分发领导者的形象，公司聘请了一位在 P&G 公司有 22 年产品包装经验的资深策划人员进行策划。

③ 借助原有企业的品牌优势。除了新的互联网公司需要进行网络品牌建设，原有的著名企业也应加入这一新的网络经济环境中。为了在网络中取得竞争优势，必须制定一些特殊的品牌策略，必须使用户认识到在一个新的网站，他们同样能得到一个具有影响力的公司的产品与服务。新的网络品牌将具有更加广泛的包容性，并且还可与其他知名的企业共同建设新的网络品牌，形成一个新的网络品牌联盟。除此之外，正如前面所讲到的，良好的公共关系、性能稳定的交互功能也将是创建网络品牌的突破口。

国内的知名企业纷纷建设站点，以进一步巩固自己的品牌无形资产。同时一些新的互联网公司，通过网站的建立提供产品与服务，积极建设新品牌。例如：网易公司曾花重金购买

netease. com 的域名，搜狐公司也注册了 sohu. com 的国际域名，以巩固其品牌的知名度，并方便用户查询。

4. 企业域名的意义

从网络营销的观点来看，网站建设的每一步工作都与网络营销密切相关。一个好的域名也是网站品牌营销的重要组成部分，一个意义明确的网站名称对网站的推广具有很重要的意义。

确定明确、有意义的域名是网站规划的主要内容。有些网站发布一段时间之后才发现域名不太合适，需要重新调整，不仅非常麻烦，而且以前的推广工作变得几乎没有任何价值，对网站形象也造成一定的损害。所以，在选择域名时就应该考虑到以后的推广问题。

域名也是资源，一个企业网站的域名并不仅仅是一个标识而已，域名在很大程度上也是重要的营销资源。

1）选择域名应该注意的问题

① 要短小常用。以".com"".net"等为后缀的域名中，许多字母少并且有一定字面含义的单词或单词组合早已被注册了，但依然有一些方法可以组成比较短小的域名。通常可以利用一些单词的缩写或缩写字母加上一个有意义的简单词汇，或者使用汉语拼音。

② 要容易记忆。容易记忆也是很重要的一项因素，容易记忆的另一个意义在于比较容易解释，如 IBM. com、china. com 等。

③ 应不容易与其他域名混淆。造成混淆的情况很多，如后缀".com"或".net"的域名分属不同用户，网易的 163. com 和 163 电子邮局的 163. net 就容易造成混淆。另外，国际域名和国内域名也容易造成混淆，如 www. download. com 是一个国外下载网站，www. download. com. cn 是国内提供各种软件下载的网站。

④ 应与公司名称、商标或主要业务相关。如 IBM. com，让人马上联想到这是 IBM 公司的域名，这对于一个企业来说无疑是一笔巨大的财富，这就是一些域名可以价值很高的原因所在。

⑤ 应避免文化冲突。一个正规的公司如果用"hacker. com"作为域名显然不合适，域名中有歧视、攻击等含义的成分都是不好的。

2）注册多个域名

企业可以注册多个域名。虽然一个域名从功能上是足够的，但如果企业注册了多个域名可以有以下几点好处。

① 可以避免同其他网站混淆。不同后缀的顶级域名分属不同的所有者，很容易给用户造成混淆。如 163. com 和 163. net 若归一个网站所有，就不会出现这种现象。

② 保护品牌名称或注册商标。一个公司可以拥有多个商标名称，所以除了以公司名申请域名，还应该为每个商标名申请一个域名。

③ 为企业发展业务注册域名。在注册".com"域名的同时，最好注册一个同样名称的".net"域名，既可以为将来的业务发展做准备，也可以避免其他公司注册该域名而引起混淆。

④ 注册中文域名。由于中文用户的语言背景，中文域名可以比英文域名更容易记忆，

因此中文域名非常重要。许多知名企业的中文域名被抢注的现象也说明了这一点。

⑤ 便于用户查找企业的网站。当一个企业有多个域名时，也可以让用户根据公司的名称很容易地猜想到企业的域名。所以，除了注册较短的公司名称缩写域名之外，还可以注册一个公司完整名字的域名，这样用户就可以根据公司名称找到公司的网站。

5. 创建网络品牌的策略

如果品牌取得成功的环境发生了变化，品牌就会失去它的价值。企业应不断调整网络品牌策略以适应环境的变化。

1）感性的品牌创建

企业一直在创建和维系品牌的广告和促销活动中采用感性宣传。品牌专家特德·伦哈特将品牌定义为"公司和顾客间的感性捷径"。这种感性宣传在电视、电台、路牌广告和印刷媒体上都很有效，因为这些广告的目标受众是被动接受信息的人。但感性宣传很难在互联网上应用，因为互联网在很大程度上是由顾客控制的主动媒体。许多浏览者在进行信息寻找、购买机票、预订酒店和查天气预报时会立即单击鼠标关闭感性宣传的内容。

2）理性的品牌创建

营销人员在互联网上创建和维系品牌时常常采用理性的品牌创建方法。理性的品牌创建方法为互联网用户提供某种帮助以交换他们看广告，即不是用类似电视广告的感性宣传，而是采用提供实际帮助的理性宣传。例如：许多互联网电子邮件服务网站免费为用户提供了一种有价值的服务——电子邮件账号和存储空间。作为交换，用户在享受这种电子邮件服务时，每个页面上都会出现广告。

3）品牌的延伸

理性的品牌创建并不是互联网创建品牌的唯一方法，对著名网站很有效的一种方法就是利用其优势地位将品牌延伸至其他产品和服务上。雅虎（Yahoo）就是应用这种策略的一个好例子。雅虎是互联网上最早的目录服务网站之一，很早就有搜索引擎功能，并通过兼并其他互联网企业和扩展所提供的服务来保持它的领先地位。雅虎不断增加互联网用户认为有用的功能，从而提高了网站对广告主的价值。亚马逊网上书店从最初的图书扩展到 CD、VCD 和拍卖等领域，也是网站充分利用优势地位，并通过不断增加功能来增强其地位的例子。

4）关联营销

利用优势地位将品牌延伸至其他产品和服务的方法，只对在特定市场有优势地位的网站才有用。随着互联网的成熟，市场新入者很难找到空白的细分市场。许多新的、低成本的网站用来提高收入的一种工具是关联营销。在关联营销中，一家企业的网站（关联企业）上有另一家企业的网站上所售产品的描述、评价、评级和其他信息及后者的链接。对每个通过关联网站的链接访问销售商网站的用户，关联网站都会收取一定的佣金。关联网站也会因推荐销售网站而沾了后者品牌的光。关联网站避免了产品库存、广告、促销和交易处理的成本。实际上，关联网站没有任何资金风险。亚马逊网上书店是第一个在互联网上成功应用关联营销的网站，它有 10 万多家关联网站，这些网站大多专注于某个特定的问题或领域，这些网站选择同自己的顾客兴趣相关的图书，并在其页面上设有访问亚马逊网上书店的链接。图书非常适合这种共享的促销活动，其他产品和服务的销售商也可采用这种关联营销方法。

5）现有品牌的转移

把现有品牌转移到互联网上或用互联网维系现有品牌，比在互联网上创建新品牌容易而且成本低。推进企业的互联网展示应是品牌发展和维系不可缺少的组成部分。公司的品牌应出现在产品包装及电视、电台和印刷媒体等大众媒体广告上；同时，要保证网站能被多种搜索引擎找到，并在每个网页上出现公司的标志。这两种方法对企业在目标访问者中提高网站知名度非常重要，可将其和公司的 LOGO 整合起来，这对提高网站的影响非常有益。

思政拓展

海尔的品牌战略发展之路

2022 年 6 月 15 日，全球品牌数据与分析公司凯度集团发布了"2022 年凯度 BrandZ™ 最具价值全球品牌 100 强"排行榜，腾讯、阿里、华为、海尔等 14 家中国品牌入选。海尔连续四年作为全球唯一物联网生态品牌蝉联百强，品牌价值逆势增长 33%，位居全球第 63。作为国际权威的品牌排行榜之一，凯度 BrandZ™ 的数据是全球品牌价值评估领域的硬通货。它将严谨的财务分析与广泛的品牌资产研究相结合，量化了品牌为企业的财务表现所作出的贡献。

海尔从 1984 年一个濒临倒闭、资不抵债的集体所有制小厂发展成为物联网时代世界引领的生态型企业，始终坚持自己的品牌战略发展规划。1985 年海尔创始人张瑞敏带头亲手砸毁了 76 台有质量问题的冰箱，标志着海尔"名牌战略"（1984—1991 年）的开始；1991年海尔集团成立，正式进入了"多元化战略发展阶段"（1991—1998 年），海尔品牌在国际上崭露头角；2002 年 3 月 4 日，海尔购买了美国纽约中城百老汇原格林尼治银行大厦这座标志性建筑作为北美总部，在美国树立起本土化的名牌形象，也是海尔国际化战略（1998—2005 年）成功的一个缩影；在全球化品牌战略（2005—2012 年）阶段，海尔整合三洋家电、通用电气家电、Candy、斐雪派克，创出全球最大的家电品牌集群；随着互联网和电商的蓬勃发展，海尔变成网络上的一个节点，实现从"制造产品"到"孵化创客"的转型，完成了网络化战略（2012—2019 年）布局和发展；自 2019 年开始，海尔开始了其生态品牌战略发展阶段，从传统时代的产品品牌，到互联网时代的平台品牌，再到物联网时代的生态品牌，海尔一步一个脚印，打造了海尔这一世界品牌。

海尔品牌战略的成功极好地诠释了企业家精神。遵纪守法、诚实守信，不让质量不合格的产品流入市场；专注品质、追求卓越，海尔的产品才能冲出国门，成为世界品牌；勇于创新、敢为人先，近 10 余年，海尔创造了 170 余项对行业有重大影响的原创技术，主导修订了 97 项国际标准，其创新团队研发的自动化低温生物样本库，打破了多年来欧美国家的垄断，让"国家的生物安全终于掌握在我们中国人自己手里"。

课堂练习 5-1

网络产品定位的分析

练习目的：

通过本次课堂练习，获得网络产品定位的感官体验，深刻体会网络营销中，网络产品定位的重点，进而更加深入地了解网络产品概念的内涵及其对企业的重要性。

练习要求：

学生自由组合成小组，分析"裂帛服饰旗舰店的网上产品定位"的案例内容，结合理论知识分析案例的实际应用特点；各小组还可以模仿这个案例，把比较有代表性的、实际在企业中应用到的典型应用案例与全班师生一起分享，以便更好地掌握所学理论知识。

练习内容：

裂帛服饰旗舰店的网上产品定位

裂帛，作为原创衣饰的佼佼者，单看名字，就可以感觉到这个品牌的不拘一格。"裂帛"的字面意义——撕裂丝帛，当然，也一样可以撕裂礼服、撕裂规则。这是裂帛在自己的网店（图 5-2）上对自身品牌含义的解读。

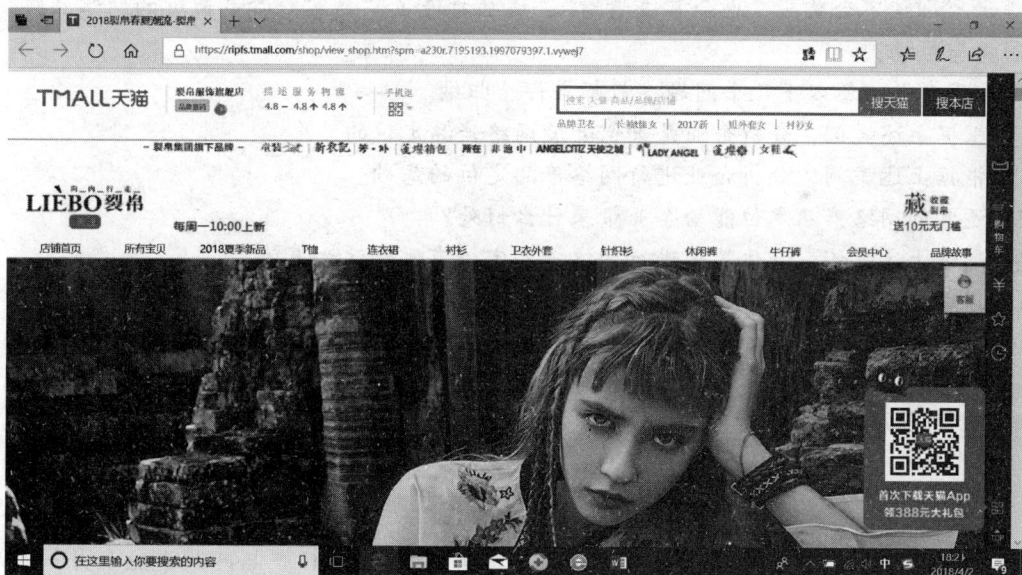

图 5-2　裂帛服饰旗舰店

作为个人创业者的大风和小风，于 2006 年在淘宝网上创建了服饰旗舰店。裂帛在经过淘宝开店、家中设厂、扩大生产规模等阶段后，现已成为淘宝女装中拥有设计、开发、生产能力的佼佼者。

裂帛服饰旗舰店在淘宝网上众多的女装产品中能取得一席之地，主要是由于其产品定位的差异化、产品的个性化营销和新产品的设计能力。

1. 产品定位的差异化

差异化是裂帛服饰旗舰店的座右铭，裂帛走的是细分市场后的差异化路线。其产品不跟风、讲究原创，其服装的风格为参照本心、无拘无束，被大众公认为自然风、民族风；在设计上夸张、大胆，突出个性，尽管不能获得所有消费者的青睐，却形成了一个忠实的客户群。

2. 产品的个性化营销

服装行业的传统营销思路是"新产品不打折，过季之后打折，最后亏本清仓"。裂帛在营销手段上依旧采取个性化的策略：推出了针对新品的八折限时抢购活动——"抢果果"，让新产品在刚刚上市的时候就受到追捧。与此同时，裂帛旗舰店也开始挖掘论坛的能力，先后推出征文等活动，通过帖子与消费者互动，引起了很大的关注度，从而使得裂帛在淘宝论坛上仅仅用了2个月就升级为"帮"，创造了一个小小的奇迹。裂帛还开展了"罐头人"的招聘计划，通过活泼的招聘广告，巧妙地达到了招聘人才、推广自身品牌形象的双重目的。

3. 新产品的设计能力

裂帛的客户群定位于白领阶层，针对这个客户群的特色和喜好，裂帛在新产品设计过程中，延伸着人类文化中人们对色彩、自然、情感共同的热爱与表达，分享内心生活的感动和喜悦；还有狂喜、神秘、流浪、异域的意态气场，被誉为离客户心灵最近的品牌。

正是通过精准的产品定位、大胆的营销创新和新产品的设计能力，裂帛成功从一个"小众化"品牌开拓出一个网络"大市场"；让竞争者"也许可以模仿，始终难以超越"，让消费者"即使不会购买，也会常去看看"，成功打造了"离客户心灵最近的网络品牌"。

思考与互动：

学生思考并回答以下几个问题，教师点评、归纳。

① 根据上述案例，分析企业是如何开展网络产品定位的。

② 根据上述案例，分析企业进行网络产品定位的基础。

③ 适宜的网络产品定位能给企业带来什么好处？

④ 通过上述案例，具体谈谈进行网络产品定位有哪些注意事项。

⑤ 通过上述案例进一步收集资料，谈一谈该企业秉承了哪些企业家精神。

⑥ 根据你对服装产品的了解，在进行网络产品定位时，你还有哪些建议或对策呢？

案例分析与提高

京东商城的产品策略

京东商城是中国 B2C（business to customer）市场最大的 3C 产品网购专业平台，也是中国电子商务领域最受消费者欢迎和最具影响力的电子商务网站之一，如图 5-3 所示，在 2022 年《财富》世界 500 强的排名跃升至 46 位，连续 6 年排名国内行业首位。

京东商城无论在访问量、点击率、销售量还是在业内知名度和影响力上，在国内 3C 产品网购专业平台中都首屈一指。该平台在线销售计算机、手机及其他数码产品、家电、汽车配件、服装与鞋类、奢侈品、家居与家庭用品、化妆品与其他个人护理用品、食品与营养品、书籍与其他媒体产品、母婴用品与玩具、体育与健身器材及虚拟商品 13 大类 3 150 万种 SKUs（stock keeping units）优质商品。2022 年上半年，京东营收 5 073 亿元，同比增长 11.0%，第三季度经营利润高达 87 亿元，活跃用户数达到 5.883 亿人。伴随着京东的超速发展，京东商城为合作伙伴提供了更广阔的发展平台，为广大消费者提供了可靠的网络商品。

图 5-3　京东商城网站

1. 网上商品种类

相较于同类电子商务网站，京东商城拥有更为丰富的商品种类。京东零售已完成电脑数码、手机、家电、消费品、服饰、居家、美妆、运动户外、奢侈品钟表、生鲜、生活服务、工业品等全品类覆盖。目前，京东零售拥有超 1 000 万种 SKUs 的自营商品，并凭借更具竞争力的价格和逐渐完善的物流配送体系等各项优势，赢得市场占有率，多年稳居行业首位的骄人成绩。

京东商城坚持以"产品、价格、服务"为中心的发展战略，不断增强信息系统、产品操作和物流技术三大核心竞争力，始终以服务、创新和消费者价值最大化为发展目标，不仅将自己打造成国内最具价值的 B2C 电子商务网站，更要成为中国 3C 电子商务领域的翘楚，引领高品质时尚生活。

2. 便宜包邮

京东商城针对消费金额低又不想承担运费的消费者推出了"便宜包邮"活动，涵盖食品、清洁、美妆护肤、运动户外、家用电器、服饰内衣、营养保健等八大类商品。

3. 京东国际

2019 年 11 月，京东进口业务战略升级为京东国际，整合了京东旗下跨境商品和一般贸易进口商品，围绕"基于保税，联动有税，发展免税"的三大发展战略，在消费场景、营销生态、品质和服务、招商四大维度全面升级，并通过线上线下全渠道一体化共建，为消费者同步世界好物。

4. 内容丰富的购物节

京东推出了丰富的主题购物节活动，1—6 月有电脑节、机票节、女人节、手机节、阅读节、美食节、家装节、母婴节、美妆节和"6·18 大促"等；7—12 月有清凉节、数码节、厨房用具节、京东沙漠风暴、"双 11 购物狂欢节"和"双 12 会员日"，通过联动直播、预售、百亿购物金、储值膨胀、爆品补贴等方式回馈消费者，刺激消费者购买。

分析与提高

① 根据上述案例，分析京东商城的网络产品策略。

② 通过上述案例进一步收集资料，谈谈该企业秉承了哪些企业家精神。

③ 根据上述案例和本节所学知识，结合当下的网上潮流和热点，为其他企业设计网络产品策略，要弘扬企业家精神，践行社会主义核心价值观。

5.2 网上价格策略

商品或服务价格的变化直接影响着消费者的购买行为，影响着生产、流通经营者盈利目标的实现。价格策略是指企业通过对顾客需求的估量和成本分析，选择一种能吸引顾客、实现市场营销组合的价格策略。

在网络环境下，信息获取更加方便，交易成本更加低廉，竞争更加激烈，要求经营者更加重视商品和服务的价格策略问题。互联网对产品和服务的价格之所以会产生影响，是因为顾客能够较为充分地收集产品及定价信息，并对不同商品进行比较，所以他们能够进行最大限度的讨价还价。互联网所提供的低交易成本和充分的信息提升了需求方的主动性，同时促进许多更有效的网络定价策略的产生。下面将主要阐述网络对传统定价方法和策略的影响，并通过案例重点介绍当前网络营销过程中的定价新方法和新策略。

5.2.1 网络营销定价方法

企业制定价格是一件很复杂的工作，必须全面考虑各个方面的因素，采取一系列步骤和措施。一般来说，不论是在传统环境下还是在网络环境下，都需要经过6个步骤：选择定价目标、确定需求、估计成本、分析竞争者的价格和产品、选择定价方法、选定最终价格。不同的企业或同一企业在不同的时期面临的情形不同，如在选择定价目标时，可以是生存目标、获得当前最高利润目标、获得当前最高收入目标、销售额增长最大目标或者最大市场占有率目标等。选择定价方法也是企业完成定价活动中非常重要的一个环节。

网络环境是一种新的环境，与传统市场有较大的差别，这种差别导致了网络营销的定价方法与传统营销的定价方法也有较大区别。在网络环境下，由成本导向来确定价格将逐渐被淡化，而以需求导向来确定价格将成为企业确定价格的主要方法，同时竞争导向法中的投标定价法和拍卖法不断得到广泛应用。

1. 需求导向定价法

通过顾客跟踪系统，企业可以经常关注顾客的需求，时刻注意潜在顾客的需求变化，保证网站向顾客需要的方向发展。作为需求导向定价的两种方法——认知价值定价法和需求差异定价法将在网络营销中得到更充分的应用。

首先，在传统市场营销中，企业运用认知价值定价法的关键问题是获得顾客对有关产品价值认知和理解的准确资料，而在网络市场中对价值评估的准确性更高。利用互联网的互动性和快捷性，企业能及时、准确地掌握和了解顾客的预期价格，从而正确地确定产品的价格，避免了因估价过高影响销量，或定价过低企业减少盈利的不利现象。

其次，互联网的互动性和快捷性也使企业避免了因为难以准确和动态地把握顾客差异化需求而使定价发生误差的问题，从而使需求差异定价法能更有效地发挥作用。例如：以产品为基础的差异定价，是针对同种产品的不同外观、花色、型号、规格、用途等来确定不同价格的。在传统市场营销中，其价格的高低主要是根据少数几个简单的、固定的标准来确定的。这种确定方法忽视了顾客个性化和多样化的需求。在网络营销中，对于同种产品来说，企业可根据不同顾客的不同需求，让顾客自行设计产品，实现完全定制化的设计和生产，并依此来确定产品的价格，更好地满足顾客个性化和多样化的需求。

最后，传统的以生产成本为基础的定价在网络营销中逐渐被摒弃。新型的定价应是以顾客能接受的成本为基础，并依据该成本来指导生产和销售。其实，这种定价并不陌生，德国的大众汽车在最初诞生时就是在确定了价格之后，才开始根据价格的限制来进行设计和生产的。测定顾客的需要及价格认同的标准，在互联网上很容易实现，顾客可以通过网络提出可以接受的价格，企业根据顾客的价格提供柔性的产品设计和生产方案供顾客选择，直到顾客认同确认后再组织生产和销售。所有这一切都是顾客在公司的服务器程序的导引下完成的，并不需要专门的人员，因此交易成本也非常低廉。国外的许多公司，如美国的通用汽车公司（见图 5-4）允许顾客在互联网上通过公司的有关导引系统亲自设计和组装满足自己需要的汽车。顾客首先确定接受价格的标准，然后系统根据价格的限定从中显示满足顾客要求式样的汽车，顾客还可以进行适当的修改，公司最终生产的产品恰好能满足顾客对价格和性能的要求。

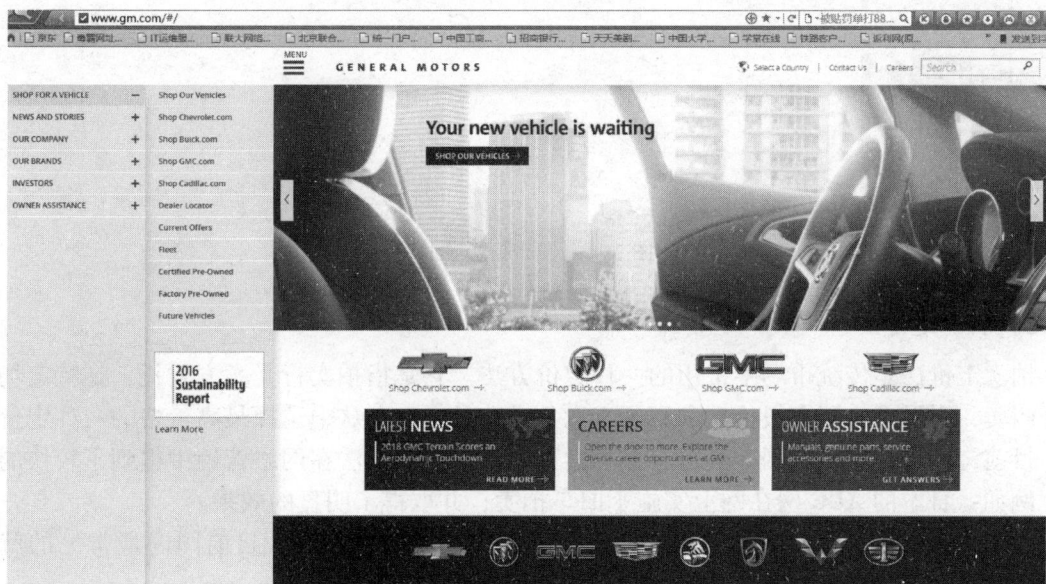

图 5-4　通用汽车公司网站

2. 竞争导向定价法

在网络市场中，同样存在竞争，而且这种竞争从深度和广度上说都超越了传统市场中的竞争。大多数购物网站经常会将网站的服务体系和价格等信息公开，这为注意竞争对手的价格提供了方便。企业可以随时掌握竞争者的价格变动，调整自己的竞争策略，时刻保持产品的价格优势。在网络营销中，以竞争为基础的定价方法目前主要有两种：一是招标投标定价法，二是拍卖定价法。

1）招标投标定价法

招标投标定价法是招标单位通过网络发布招标公告，由投标单位进行投标，而择优成交的一种定价方法。对于招标单位来说，网络招标定价法不仅降低了招标成本，节省了时间，更重要的是扩大了投标单位的选择范围，从而使企业能在更大范围内进行最优选择。对于投标单位来说，网络投标定价法不仅增加了投标的营销机会，而且使企业能获得更加公平的竞争环境，为企业的发展创造了良机。招标投标定价法一般适用于大型工程承包、商品或劳务贸易等项目，而招标发布一般由企业在企业内部系统发布招标项目，如图 5-5 所示，其他公司再通过公司的对外网站了解该信息。

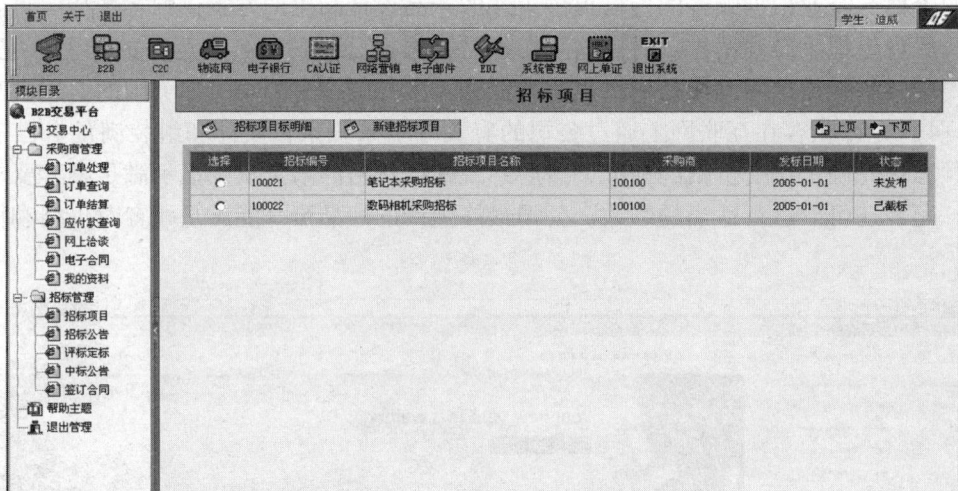

图 5-5　发布招标项目

2）拍卖定价法

拍卖定价法是传统市场中常用的一种定价方法。它是指拍卖行受卖方委托，在特定场所公开叫卖，引导多个买方报价，利用买方竞争求购的心理，从中选择最高价格的一种定价方法。目前，许多拍卖行在网上进行有益的尝试，使拍卖定价法在网络营销中得到了较快的发展。例如：日本的 AUC 网在网上实施了旧车拍卖，并取得了明显的效果。

除了一些专业的拍卖网站，如专注于艺术品交易的嘉德在线，目前国内最常见的就是 C2C 网站平台，如淘宝的闲鱼拍卖、京东拍卖等，如图 5-6 所示。

毫无疑问，网上拍卖是利用网络对传统拍卖进行的成功创新。网络提供了一个交易平台，改变了传统拍卖的低效率，同时大大降低了交易成本。网上拍卖的产品也已经从古董、珍品、工艺品及大宗商品扩展到其他任何一种产品。网络将拍卖这种贵族化的交易方式变成了平民交易。无论是谁，无论他身在何处，只要能上网，就可以在网上竞拍任何物品，并且可以随时交易。

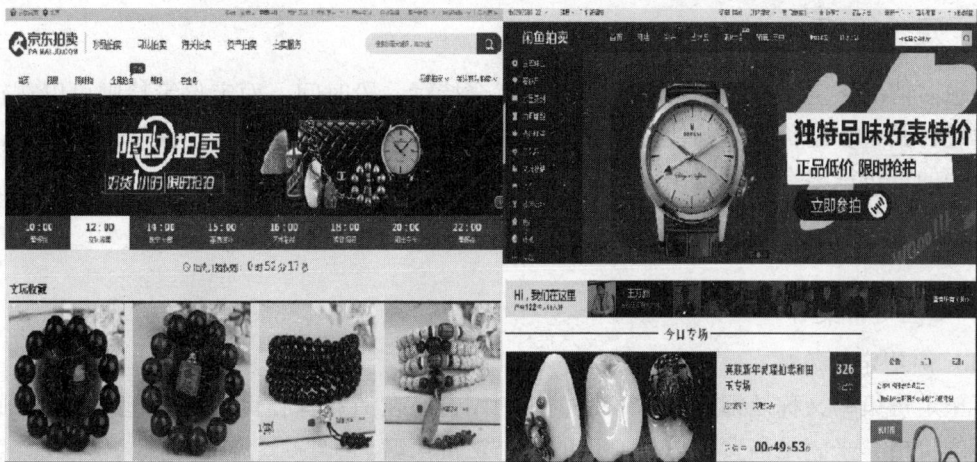

图 5-6　两大平台 C2C 网站平台

课堂练习 5-2

定价方法的应用

练习目的：

通过本次课堂练习，获得定价方法应用的感官体验，深刻体会网络营销中产品定价的过程和重点。

练习要求：

学生自由组合成小组，分析"目标利润定价法"的案例内容，结合理论知识分析案例的实际应用特点；各小组还可以模仿这个案例，把比较有代表性的、实际在企业中应用到的典型应用案例与全班师生一起分享，以便更好地掌握所学理论知识。

练习内容：

目标利润定价法

某工厂生产能力为 1 000 万个产品，估计未来时期 80% 的生产能力能开工生产，则可生产、出售 800 万个产品；生产 800 万个产品的总成本估计为 1 000 万元。若工厂想得到 20% 的目标利润率，则目标利润为 200 万元。总收入为 1 200 万元。目标利润价格计算如下。

$$P = 1\ 000\ 万元/800\ 万个 + (20\% \times 1\ 000\ 万元)/800\ 万个 = 1.5\ 元$$

思考与互动：

学生思考并回答以下几个问题，教师点评、归纳。

① 根据上述案例，分析企业是如何为产品定价的。

② 根据上述案例，分析目标利润定价法的优势和不足。

③ 根据上述案例，具体谈谈产品定价有哪些注意事项。

④ 根据你对定价方法的了解，你还有哪些定价方面的建议或对策？

5.2.2　定价策略

在很多情况下定价方法一旦确定，往往就会持续一段时间，而定价策略则可以在较短的时间内进行调整。定价策略的使用往往要考虑消费者心理和行为因素。在网络环境下，许多传统营销的定价策略在网络营销中得到了延续，并且还有许多创新。

1. 传统营销定价策略

1）心理定价策略

（1）声望定价策略

声望定价策略又称炫耀定价术，是企业利用自己在消费者心目中树立起的声望，通过制定较高的价格，来满足消费者炫耀心理的一种定价策略。

一般经营销售类似商品的生意人，常常利用人们的这种心理价值观念，在价格上做点手脚，反而可能会使自己的商品变得抢手起来。

（2）尾数定价策略

据一些商业心理学家研究，标价有尾数的商品，其销售量远比全是整数的要多得多。这是因为尾数价格对顾客心理产生积极作用所致，能给人以货真价实的感觉，认定有尾数的价格准确合理，从而产生信任感。尾数定价策略虽已广为使用，但它的范围仅适用于一般日用品及工业品。

（3）招徕定价策略

招徕定价策略指商家拿出一种或几种顾客普遍需要的商品加以降价，有时甚至只卖进货价或超低价，借此吸引顾客在买这些商品的同时购买其他商品。

这里需要说明的是，应用招徕定价策略所选的降价商品，必须是顾客都需要而且市场价被人们所熟知的才行。

2）折扣定价策略

折扣定价是指对基本价格作出一定的让步，直接或间接降低价格，以争取顾客，扩大销量。其中，直接折扣的形式有数量折扣策略、现金折扣策略、功能折扣策略、季节折扣策略，间接折扣的形式有回扣和津贴策略。

（1）数量折扣策略

数量折扣策略是指按购买数量的多少，分别给予不同的折扣，购买数量愈多，折扣愈大；其目的是鼓励大量购买，或集中向本企业购买。数量折扣包括累计数量折扣和一次性数量折扣两种形式。累计数量折扣规定顾客在一定时间内，购买商品若达到一定数量或金额，则按其总量给予一定折扣，其目的是鼓励顾客经常向本企业购买，成为可信赖的长期客户。一次性数量折扣规定一次购买某种产品达到一定数量或购买多种产品达到一定金额，则给予折扣优惠；其目的是鼓励顾客大批量购买，促进产品多销、快销。

（2）现金折扣策略

现金折扣是对在规定的时间内提前付款或用现金付款者所给予的一种价格折扣，其目的是鼓励顾客尽早付款，加速资金周转，降低销售费用，减少财务风险。采用现金折扣一般要考虑 3 个因素：折扣比例、给予折扣的时间限制、付清全部货款的期限。

　　现金折扣的前提是商品的销售方式为赊销或分期付款，因此，有些企业采用附加风险费用、管理费用的方式，以避免可能发生的经营风险。同时，为了扩大销售，分期付款条件下买者支付的货款总额不宜高于现款交易价太多，否则就起不到"折扣"促销的效果。

　　（3）功能折扣策略

　　中间商在产品分销过程中所处的环节不同，其所承担的功能、责任和风险也不同，企业据此给予不同的折扣称为功能折扣。对生产性用户的价格折扣也属于一种功能折扣。功能折扣的比例主要考虑中间商在分销渠道中的地位、对生产企业产品销售的重要性、购买批量、完成的促销功能、承担的风险、服务水平、履行的商业责任，以及产品在分销中所经历的层次和在市场上的最终售价。功能折扣的结果是形成购销差价和批零差价。

　　鼓励中间商大批量订货，扩大销售，争取顾客，并与生产企业建立长期、稳定、良好的合作关系是实行功能折扣的一个主要目标。功能折扣的另一个目的是对中间商经营有关产品的成本和费用进行补偿，并让中间商有一定的盈利。

　　（4）季节折扣策略

　　有些商品的生产是连续的，而其消费却具有明显的季节性。为了调节供需矛盾，这些商品的生产企业便采用季节折扣的方式，对在淡季购买商品的顾客给予一定的优惠，使企业的生产和销售在一年四季能保持相对稳定。例如：啤酒生产厂家对在冬季进货的商业单位给予大幅度让利，羽绒服生产企业则为夏季购买其产品的顾客提供折扣。

　　季节折扣比例的确定，应考虑成本、储存费用、基价和资金利息等因素。季节折扣有利于减少库存，加速商品流通，迅速收回资金，促进企业均衡生产，充分发挥生产和销售潜力，避免因季节需求变化所带来的市场风险。

　　（5）回扣和津贴策略

　　回扣是间接折扣的一种形式，它是指购买者在按价格目录将货款全部付给销售者以后，销售者再按一定比例将货款的一部分返还给购买者。津贴是企业为特殊目的，对特殊顾客以特定形式所给予的价格补贴或其他补贴。例如：当中间商为企业产品提供了包括刊登地方性广告、设置样品陈列窗等在内的各种促销活动时，生产企业给予中间商一定数额的资助或补贴。又如：开展以旧换新业务，将旧货折算成一定的价格，在新产品的价格中扣除，顾客只支付余额，以刺激消费需求，促进产品的更新换代，扩大新一代产品的销售，这也是一种津贴的形式。

　　上述各种折扣价格策略增强了企业定价的灵活性，对提高厂商收益和利润具有重要作用。但在使用折扣定价策略时，必须注意国家的法律限制，保证对所有顾客使用同一标准。如美国 1936 年制定的罗宾逊-巴特曼法案规定，折扣率的计算应以卖方实现的成本节约数为基础，并且卖方必须对所有顾客提供同等的折扣优惠条件，不然就是犯了价格歧视罪。

　　3）新产品定价策略

　　新产品定价是否合适，直接影响新产品能否顺利进入市场，并且影响企业的目标和收益。根据定价的高低，常见的新产品定价策略有 3 种不同的形式，即撇脂定价策略、渗透定价策略和适中定价策略。

　　（1）撇脂定价策略

　　当生产厂家把新产品推向市场时，利用一部分消费者的求新心理，定一个高价，像撇取牛奶中的脂肪层那样先从他们那里取得一部分高额利润，然后再把价格降下来，以适应大众的需求水平，这就是所谓的撇脂定价策略，是一种聪明的定价策略。

撇脂定价策略给我们提供了一种思路，即价格先高后低的思路，如果应用得当，可以为企业带来丰厚的利润。但它应用的前提是产品必须能吸引消费者，也就是产品要有新意。

（2）渗透定价策略

渗透定价策略是以一个较低的产品价格打入市场，目的是在短期内加速市场成长，牺牲高毛利以期获得较高的销售量及市场占有率，进而产生显著的成本经济效益，使成本和价格得以不断降低。渗透价格并不意味着绝对的便宜，而是相对于价值来讲比较低。

渗透定价策略取得成功一般需要满足一些条件：有足够大的市场需求；消费者对价格高度敏感而不是具有强烈的品牌偏好；大量生产能产生显著的成本经济效益；低价策略能有效打击现存及潜在的竞争者。

（3）适中定价策略

适中定价策略既不是利用高价来获取高额利润，也不是利用低价来占领市场。在不存在明显适合于撇脂定价策略或者渗透定价策略的环境下，企业一般采取适中定价策略。例如：某洗衣液一开始被市场看作普通产品，没有哪个细分市场愿意支付高价，无法采用撇脂定价策略；同样，因为产品刚刚进入市场，顾客会认为低价代表低质量，也无法采用渗透定价策略。原则上讲，适中定价策略要求产品的价值与价格基本相符。

2. 网络营销定价策略

许多传统营销的定价策略在网络营销中都可以适用，同时网络环境也给网络营销带来许多新的策略。这些策略很多，下面主要根据网络营销的特点，着重阐述免费定价策略、低价定价策略、定制化定价策略、使用定价策略和逆向定价策略。

1）免费定价策略

互联网作为全球性开放网络，可以快速实现全球信息交换。一般来说，只有那些适合互联网这一特性的产品才适合采用免费定价策略。因此，免费产品一般具有以下特性。

① 易于数字化。互联网是信息交换的平台，它的基础是数字传输。易于数字化的产品都可以通过互联网实现零成本的配送。企业只需要将这些免费产品放置在企业的网站上，用户就可以通过互联网自由下载使用，企业通过较低的成本实现产品推广，可以节省大量的产品推广费用。

② 无形化特点。通常采用免费定价策略的大多是一些无形产品，它们只有通过一定的载体才能表现出一定的形态，如软件、信息服务、音乐制品、图书等。这些无形产品可以通过数字化技术实现网上传输。

③ 零制造成本。零制造成本主要指产品开发成功后，只需要通过简单复制就可以实现无限制的生产。对这些产品实行免费策略，企业只需要投入研制费用即可，至于产品的生产、推广和销售则完全可以通过互联网实现零成本运作。

④ 成长性。采用免费定价策略的产品一般都是利用产品成长推动占领市场，为未来市场发展打下坚实基础。

⑤ 冲击性。采用免费定价策略的主要目的是推动市场成长，开辟出新的市场领地，同时对原有市场产生巨大的冲击。例如：3721 网站为推广其中文网址域名标准，以适应中国人对英文域名的不习惯，采用免费下载和免费品牌计算机预装策略，结果在 1999 年短短的

半年时间内迅速占领市场，成为市场标准。

⑥ 间接收益特点。采用免费价格的产品（服务），可以帮助企业通过其他渠道获取收益。这种收益方式也是目前大多数网络内容服务商（ICP）的主要商业运作模式。

然而，尽管免费可以迅速扩大自己的知名度，但免费定价策略也有风险。Netscape 公司把它的浏览器免费提供给用户，开创了 Internet 免费的先河。Netscape 公司当时允许用户免费下载浏览器，主要的目的是在用户使用习惯之后，就开始付费，这是 Netscape 公司提供免费软件的背后动机。可后来微软公司也如法炮制，免费发放 IE 浏览器。IE 的出现打碎了 Netscape 公司的美梦。对于这些公司来说，为用户提供免费服务只是其商业计划的开始，商业利润还在后面，但是并不是每个公司都能获得成功。Netscape 公司的免费浏览器计划就没有成功。所以，对于这些实行免费策略的企业来说，必须面对承担很大风险的可能。

免费定价策略一般与企业的商业计划和战略发展规划紧密关联，企业要降低免费定价策略带来的风险，提高免费定价策略的成功性，应遵循一些基本步骤进行思考。

第一，在互联网这个成长性的市场中获取成功的关键是要有一个可能获得成功的商业运作模式，因此考虑免费定价策略时必须考虑是否与商业运作模式相吻合。

第二，分析采用免费策略的产品（服务）能否获得市场认可，也就是提供的产品（服务）是否为市场迫切需求的。互联网上通过免费定价策略已经获得成功的公司都有一个特点，就是提供的产品（服务）受到市场的极大欢迎。例如：雅虎的搜索引擎克服了在互联网上查找信息的困难，给用户带来了便利；新浪网站提供了大量实时性的新闻报道，满足了用户对新闻的需求。

第三，分析免费定价策略产品推出的时机。在互联网上的游戏规则是 "Win-take-all"（赢家通吃），只承认第一，不承认第二，因此在互联网上推出免费产品是为抢占市场。如果市场已经被占领或者已经比较成熟，则要审视推出产品（服务）的竞争能力。

第四，考虑免费产品（服务）是否适合采用免费定价策略。目前，国内外很多提供免费 PC 的 ISP，对用户也不是毫无要求的，有的要求用户接受广告，有的要求用户每月在其站点上购买一定金额的商品，还有的收取接入费用等。

第五，策划推广免费产品（服务）。互联网是信息的海洋，网上用户已经习惯免费的产品（服务）。因此，要吸引用户关注免费产品（服务），应当与推广其他产品一样有严密营销策划。在推广免费产品（服务）时，主要考虑通过互联网渠道进行宣传。

2）低价定价策略

借助互联网进行销售，比传统销售渠道的费用低廉，因此网上销售价格一般来说比流行的市场价格要低。由于网上的信息是公开和易于比较的，因此网上的价格信息对消费者的购买欲起着重要作用。相关研究表明，消费者选择网上购物，一方面是因为网上购物比较方便，另一方面是因为从网上可以获取更多的产品信息，从而以最优惠的价格购买商品。低价定价策略一般被制造业企业在网上进行直销时采用，如戴尔公司计算机的定价比同性能的其他公司产品低 10%～15%。通过互联网，企业可以节省大量的成本费用。

低价定价策略是折扣策略，它是在原价基础上进行折扣来定价的。这种定价方式可以让顾客直接了解产品的降价幅度以促进顾客的购买。这类价格策略主要用在一些网上商店，一般按照市面上的流行价格进行折扣定价。如亚马逊网站的图书价格一般都要进行折扣，而且折扣率达到三折到五折。

如果企业是为拓展网上市场，但产品价格又不具有竞争优势时，则可以采用网上促销定价策略。由于网上的消费者面很广，而且具有很强大的购买能力，许多企业为打开网上销售局面和推广新产品，采用临时促销定价策略。促销定价除了前面提到的折扣策略外，比较常用的是有奖销售和附带赠品销售。

在采用低价定价策略时要注意的是：首先，由于互联网是从免费共享资源发展而来的，因此用户一般认为网上商品比从一般渠道购买的商品要便宜，在网上不宜销售那些顾客对价格敏感而企业又难以降价的产品；其次，在网上公布价格时要注意区分消费对象，一般要区分一般消费者、零售商、批发商、合作伙伴，分别提供不同的价格信息发布渠道，否则可能因低价策略混乱导致营销渠道混乱；最后，网上发布价格时要注意比较同类站点公布的价格，否则价格信息公布将起到反作用，因为消费者可以通过搜索功能很容易地找到最便宜的商品。

3）定制化定价策略

定制化定价策略是在企业能实行定制生产的基础上，利用网络技术和辅助设计软件，帮助消费者选择配置或者自行设计能满足自己需求的个性化产品，同时承担自己愿意付出的价格成本。戴尔公司的用户可以通过其网页了解某型号产品的基本配置和基本功能，根据实际需要在能承担的价格内，配置出用户最满意的产品，使消费者能够一次性买到自己中意的产品。在配置计算机的同时，消费者也相应地选择了自己认为价格合适的产品，因此对产品价格有比较透明的认识，增加企业在消费者面前的信用。目前，这种允许消费者定制定价订货的尝试还只处于初级阶段，消费者只能在有限的范围内进行挑选，尚不能要求企业完全满足自己所有的个性化需求。

4）使用定价策略

所谓使用定价，是指顾客通过互联网注册后可以直接使用某公司的产品，顾客只需要根据使用次数进行付费，而不需要将产品完全购买。这一方面减少了企业为完全出售产品而进行的不必要的大量生产和包装，另一方面可以吸引过去那些有顾虑的顾客使用产品，扩大市场份额。顾客只是根据使用次数付款，节省了购买产品、安装产品、处置产品的麻烦，还可以节省不必要的开销。例如：微软公司曾在 2000 年将其产品 Office 2000 放置到网站，用户通过互联网注册使用，按使用次数付费。

采用按使用次数定价，一般要考虑产品是否适合通过互联网传输，是否可以实现远程调用。目前，比较适合的产品有软件、音乐、电影等。对于软件，如我国用友软件公司推出的网络财务软件，用户在网上注册后即可直接处理账务，无须购买软件和担心软件的升级、维护等；对于音乐产品，也可以通过网上下载或使用专用软件点播；对于电影产品，则可以通过现在的视频点播系统来实现远程点播，无须购买影带。另外，采用按使用次数定价对互联网的带宽提出了很高的要求，因为许多信息都要通过互联网进行传输，如互联网带宽不够将影响数据传输，势必影响顾客租赁使用和观看。

5）逆向定价策略

一般情况下，都是企业制定价格，消费者接受价格。但是在以消费者为主导的网络环境下，买方的定价权也应该得到体现。以拍卖为代表的逆向定价策略在互联网上逐步流行。拍卖定价，即将商品公开在网上拍卖，拍卖竞价者在网上进行登记，拍卖方只需将拍卖品的相关信息提交给拍卖平台，经公司审查合格后即可上网拍卖。

根据供需关系，逆向定价策略主要有下面几种。

① 竞价拍卖。典型的是 C2C 交易，包括二手货、收藏品，也可以是普通商品以拍卖方式进行出售，如惠普公司将公司的一些库存积压产品也放到网上拍卖。

② 竞价拍买。消费者提出一个价格范围，求购某一商品，由商家出价；出价可以是公开的或隐蔽的，消费者将与出价最低或最接近的商家成交。

③ 集体议价。在互联网出现以前，这种方式在国外主要是多个零售商结合起来，向批发商（或生产商）以数量换价格的方式。互联网出现后，使得普通的消费者能使用这种方式购买商品。集合竞价模式，就是将需求类似的消费者通过网络集结在一起，增加与商家的讨价还价能力，是一种由消费者集体议价的交易方式。提出这一模式的是美国著名的 Priceline 公司，该公司网站如图 5-7 所示。

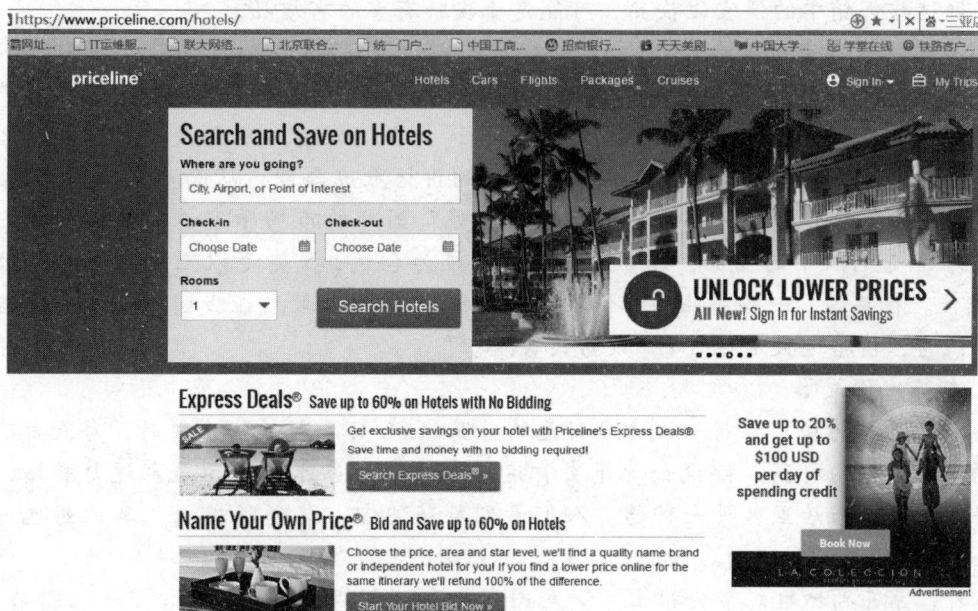

图 5-7　Priceline 公司网站

课堂练习 5-3

定价策略的应用

练习目的：

通过本次课堂练习，获得定价策略的感官体验，深刻体会网络营销中定价策略应用的过程和重点。

练习要求：

学生自由组合成小组，分析"定价策略的几种应用"的案例内容，结合理论知识分析案例的实际应用特点；各小组还可以模仿这个案例，把比较有代表性的、实际在企业中应用到的典型应用案例与全班师生一起分享，以便更好地掌握所学理论知识。

练习内容：

定价策略的几种应用

1. 衬衫的炫耀定价术

我国的衬衫在质地和做工上比美国的要略胜一筹。在美国，美国产的衬衫卖35美元，我国的衬衫定价总是比人家低一点，以求薄利多销，但结果适得其反，销量很差。后来，把价格提高到高出美国产品3～5美元，销量却变好了。原来就是炫耀定价作用的结果。穿一件价格贵的中国衬衫显得有气派，如果穿的衬衫比别人低5美元，说明是二流货，便会降低身价。其实，何止美国人是这样。特别是年轻漂亮的女性，身上的衣着、首饰及化妆品，越是名贵越能衬托出自己身份高贵。所以，在大都市里，如果想通过大降价的办法，把珠宝首饰、流行时装、化妆品向女性推销，不一定能够获得成功。因为这种有失身份的便宜货，对于崇尚炫耀的摩登女士来说，比较缺乏吸引力。即使是一般人，也会怀疑这些促销中的便宜化妆品，可能是于皮肤有害的劣质品。

2. 皮鞋的尾数定价策略

一双皮鞋标价89.9元，比标价90元销路要好。这是因为尾数价格对顾客心理产生积极作用所致。尾数价与整数价虽然是一角之差，但在消费者心理形成了一个档次差，能给消费者以货真价实的感觉，使其认定有尾数的价格准确合理，从而产生信任感。那么，应用尾数定价策略时究竟定哪个尾数比较合适呢？国外的市场学家曾有专门研究。在美国，认为5美元以下的商品，尾数定在"9"较为合适；5美元以上的商品，尾数定在"5"较佳。在英国，一些商品的标价往往以"99"作为尾数。在我国，一些有经验的营销人员认为，价格尾数定在"7"较易销售。

3. 招徕定价策略

日本"创意药房"在将一瓶200日元的补药以80日元超低价出售时，每天都有大批人潮涌进店中抢购补药。按说如此下去肯定赔本，但财务账目显示盈余逐月骤增，其原因就在于没有人来店里只买一种药。人们看到补药便宜，就会联想到"其他药也一定便宜"，采取盲目的购买行动。

另外，京东商城也经常会推出"一元图书"和"超级秒杀"活动。"一元图书"，顾名思义就是无论书的原价多少，活动价就是一元钱；"超级秒杀"活动中的商品种类很多，包括食品、服装、日用品等，其价格都远低于市场价，因此会给人们产生一种"卖得越多，赔得越多"的感觉。岂不知，京东商城用的正是招徕定价策略。以一小部分商品的超低价格吸引人气，消费者在浏览过程中很自然地被其他商品吸引，这样，一元钱和超低价的商品就带动了其他商品的销售。

4. 现金折扣策略

在西方国家，典型的付款期限折扣表示为"3/20，n/60"。其含义是在成交后20天内付款，买者可以得到3%的折扣；超过20天，在60天内付款不予折扣；超过60天付款要加付利息。

思考与互动：

学生思考并回答以下几个问题，教师点评、归纳。

① 根据上述案例，分析企业是如何选取定价策略的。

② 根据上述案例，分析每种定价策略的优势和不足。

③ 根据上述案例，具体谈谈选取定价策略有哪些注意事项。

④ 根据上述案例进一步收集资料，谈谈上述企业秉承了哪些企业家精神。

⑤ 根据你对定价策略的了解，你还有哪些定价方面的建议或对策？

思政拓展

京东商城的价格策略

2023 年 3 月 6 日，京东百亿补贴全面上线，用户只需打开京东 App，在首页显著位置即可看到京东百亿补贴频道，活动长期在线，天天低价。

京东百亿补贴是京东联合海量品牌、商家直接对商品进行真金白银的补贴，以商品直接降价的方式带来性比价最高的商品，消费者无须领券等复杂操作，即可直接抢购。补贴涵盖了 3C 家电、厨具、抽纸、美妆、生鲜、零食、营养保健等全品类商品。

创新发展、专注品质和追求卓越是企业家精神的核心理念。近年来，京东投入大量资金用于以供应链为基础的关键技术创新，从而提高运营效率，降低商品价格，为广大消费者提供更多优质的低价商品和更好的用户体验。

不只是京东，低价可以说是全球所有零售企业竞争力的根基。京东零售 CEO 辛利军表示，京东百亿补贴频道的上线，对于京东低价心智的打造而言，仅仅是开始。未来，京东零售将在每个环节都围绕"低价"的目标，持续完善自身能力建设，实现"天天低价"，更好地让利于消费者。履行责任、敢于担当和服务社会，肩负起企业家责任，这正是企业家精神的最好诠释。

案例分析与提高

得到 App——知识付费领域的典型旗帜

在互联网中，充斥着大量免费的信息、文章和电子书籍，网民也习惯了免费应用互联网工具、免费通过互联网获取知识。但是，从 2016 年开始，知识付费领域迎来大浪潮，付费内容、知识服务、知识明星成为关注的焦点。知乎、分答、得到等如雨后春笋般冒出的各类知识分享和付费平台，形成了一种新的互联网应用，带来了价值创造的新模式。

得到 App，罗辑思维团队出品，提倡碎片化学习方式，让用户短时间内获得有效的知识。得到 App 在线上发布多种类型的知识形式，用户购买相应的知识服务。目前，产品线主要有在线音视频课程、年度订阅、每天听本书、电子书、小课题、知识新闻和罗辑思维等。其收费模式分为两大类：听书和在线课程。

统计发现，目前该 App 收录 62 121 本电子书，以精华摘要的形式呈现，其中"小说""互联网""心理学""历史""商学""自我提升""管理学"等分类超逾千本。除此以外，丰富的历史学、经济学等在线课程也深受用户欢迎。

以北大经济学教授薛兆丰为例，其开设的"经济学课"订阅用户超过了 58 万人，按照 394 元/人的价格计算，总金额超过了 2 亿元；万维钢的"精英日课"4 季的累计订阅用户也超过了 50 万人。

由于拥有海量粉丝，得到 App 可以拿到部分实体书的独家版权，定价比市场同类图书高出一倍。2015 年实体书的销售额超过 1 亿元，2017 年跨年演讲中首发的 2018 年度图书《枢纽》和得到 App 上的大师课《枢纽——中国史纲 50 讲》，销量已达到 12 万本。

分析与提高

① 根据上述案例，分析得到 App 是如何在互联网免费应用中异军突起的。

② 根据上述案例，分析互联网知识付费领域的定价过程中应该注意的问题。

③ 根据上述案例进一步收集资料，谈谈该公司秉承了哪些企业家精神。

④ 根据上述案例和本章所学知识，结合当下的网上潮流和热点，设计其他的网络价格策略，要弘扬企业家精神，践行社会主义核心价值观。

5.3　网络渠道策略

【引导案例】

四天赚了 800 多万美元

故事发生在 20 世纪 70 年代 10 月的一天。这是一个不算晴朗的上午，美国一家商社的老板 Bob 先生正一手端着咖啡，一手握着鼠标悠闲地浏览着网页。忽然，以色列当地一家报纸的消息让他精神一振。消息说："伊拉克可能会对以色列使用化学武器，以色列的老百姓因此惶惶不可终日……"Bob 先生坐直身体，脸上有几分严肃。多年的商业经验和敏锐的商业头脑告诉他，这是一个绝好的赚钱机会：以色列需要大量的防毒面具。他要马上行动，Bob 采取的行动包括：通过美国一个商业网站发布紧急求购防毒面具的消息；打电话通知他在以色列的分店经理，与最有声望的传媒联系，发布该店供应防毒面具的消息。

消息发出后，求购者蜂拥而至，把分店挤得水泄不通，登记的队伍排成了长龙。而在美国，Bob 当天就在网上收到了来自 5 家厂商的供货信息。由于每个厂商都在网上看到了其他厂商的标价，为了得到这批订单，他们之间竞相降价，很快价格就从 145.25 美元/件降到 86.6 美元/件。供应商还答应了 Bob 的订货条件……第三天晚上，Bob 包用的两架美国空军运输机飞抵以色列，在那里 Bob 以 330 美元/件销售了近 5 万件防毒面具，净赚 842 万美元，创造了现代商业史上的一个奇迹。

案例点评：

读完这个简单的案例后，我们不禁要思考以下 3 个问题。

首先，如果 Bob 当时没有上网，也没有进行网上供货信息交流，那么对 Bob 来说，他不可能买到大批便宜的防毒面具。正是因为网络促生透明化价格竞标活动，Bob 才能以如此低的价格收购这些防毒面具。

其次，假设当时以色列人可以网上订购的话，就不会造成分店的拥挤或出现高价购买的现象。如今随着网络技术的发展，人们坐在家里，足不出户就能游遍世界各地，轻点鼠标就能订购千里之外的商品，不用多久就能送货到家，这一切变化都有赖于网络及网络渠道。

最后，今天的网络渠道最终就是要解决供求之间货物的传递，以及由此派生出来的其他问题。前面曾谈到，网络营销渠道是指要借助互联网技术提供产品或服务的信息，方便消费者信息沟通、资金转移和商品转移的一整套相互依存的环节。换句话说，从消费者上网查找商品的信息、下订单、支付货款一直到拿到商品的整个流程都属于网络营销渠道。

5.3.1　营销渠道概述

在营销活动中，渠道是指产品在从生产者向消费者或用户的转移中经过的通道。它由一系列市场分销机构或个人组成。渠道的起点是生产者，终点是消费者。中间环节有批发商、零售商、代理商、经纪人等。渠道中的中间商起到了经济节约的作用，其示意图如图 5-8 所示。商品社会生产规模日益增长，企业的市场覆盖面越来越广。这样广阔范围内的营销活动，一般规模的企业很难全部顾及，因此需要大批的中间商帮助宣传商品、开拓市场、组织销售。对于消费者而言，中间商为他们提供采购服务，向他们发布购买信息，为他们提供产品质量担保，并协调生产者与消费者之间的矛盾。

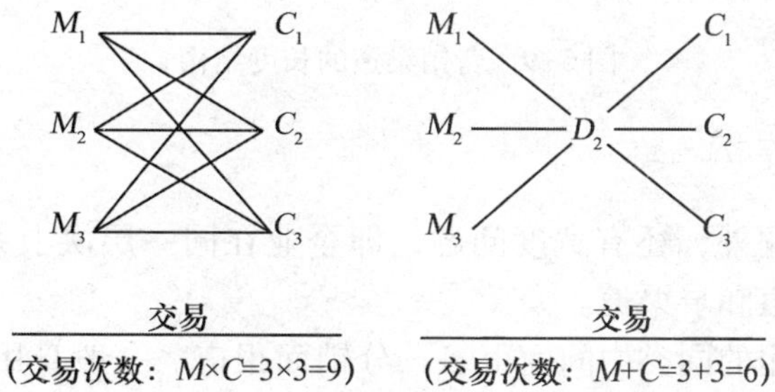

图 5-8　中间商节约社会总劳动成本示意图

可以从长度、宽度和整个系统的角度来认识渠道。

1. 营销渠道的长度结构

营销渠道的长度结构，又称为层级结构，是指按照其包含的渠道中间商（购销环节），即渠道层级数量的多少来定义的一种渠道结构。

通常情况下，根据包含渠道层级的多少，可以将一条营销渠道分为零级渠道、一级渠道、二级渠道和三级渠道等。零级渠道，又称为直接渠道，是指没有渠道中间商参与的一种渠道结构。零级渠道，也可以理解为是一种分销渠道结构的特殊情况。在零级渠道中，产品或服务直接由生产者销售给消费者。零级渠道是大型或贵重产品，以及技术复杂、需要提供专门服务的产品销售采取的主要渠道。在 IT 产业链中，一些国内外知名 IT 企业，如联想、IBM、惠普等公司设立的大客户部或行业客户部等就属于零级渠道。另外，戴尔的直销模式，更是一种典型的零级渠道。一级渠道包括一个渠道中间商。在工业品市场上，这个渠道中间商通常是一个代理商、佣金商或经销商；而在消费品市场上，这个渠道中间商则通常是零售商。二级渠道包括两个渠道中间商。在工业品市场上，这两个渠道中间商通常是代理商及批发商；而在消费品市场上，这两个渠道中间商则通常是批发商和零售商。三级渠道包括三个渠道中间商。这类渠道主要出现在消费面较广的日用品中，比如肉食品及方便面等。在IT产业链中，一些小型的零售商通常不是大型代理商的服务对象，因此便在大型代理商和小型零售商之间衍生出一级专业性经销商，从而出现了3级渠道结构。营销渠道的长度结构如图5-9所示。

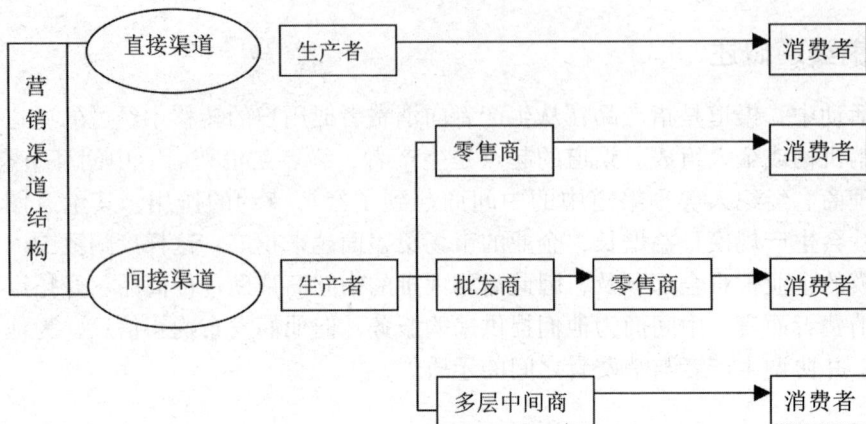

图5-9　营销渠道的长度结构

2. 营销渠道的宽度结构

营销渠道除长度问题外，还有宽度问题，即企业在同一层次上并列使用的中间商的多少。企业的销售分宽渠道和窄渠道。

宽渠道是指企业使用的同类中间商很多，分销面很广。一般日用品都通过宽渠道销售，由多家批发商转售给更多的零售商进行分售。这种分销渠道能够大量销售产品，与消费者接触面广。窄渠道是指企业使用同类的中间商很少，分销面窄，甚至一个地区只有一家中间商经销。窄渠道一般适用于专业性较强的产品或较贵重的耐用消费品。

渠道宽度的选择及策划取决于企业的战略目标、产品特点和顾客分散程度。

此外，就渠道的宽度选择而言，因为营销战略不同，渠道设计也有所不同，通常有3种可供选择的策略。

① 密集型分销，即尽可能通过较多的中间商销售产品，以扩大市场覆盖面或快速进入新市场，使众多的消费者随时随地能够买到这些产品。

② 选择型分销，即在同一目标市场上，依据一定的标准选择少数中间商经销其产品，而不是允许所有有合作意向的中间商都参与经销。这种战略的重心是维护企业、产品的形象和声誉，建立和巩固市场地位。

③ 独家型分销，即企业在一定时间、一定地区，只选择一家批发商或零售商经销其产品。通常双方订有协议，中间商不得经营其竞争者的产品，企业也不得向其他中间商供应其产品。这一策略的目的是控制市场，彼此得到对方更积极的配合，强化产品形象并获得较高的利润。

课堂练习 5-4

营销渠道的长度结构判断

练习目的：

通过本次课堂练习，加深对营销渠道长度结构的理解，了解营销渠道的结构和类型，以便更好地掌握所学理论知识。

练习要求：

学生自由组合成小组，讨论在他们的生活中零级渠道、一级渠道、二级渠道和三级渠道的商品可能有哪些，完成下表。

序号	渠道长度	商品	中间渠道描述	其他商品
1	零级渠道			
2	一级渠道			
3	二级渠道			
4	三级渠道			

思考与互动：

思考并回答以下几个问题，教师点评、归纳。

① 什么样的商品多采用零级渠道进行销售？

② 营销渠道的长度结构与价格存在什么样的关系？

③ 根据本课所学知识，你在营销渠道的选择上有什么建议？

5.3.2　网络营销渠道

互联网的发展为传统的分销渠道带来了新的革命，网络营销渠道作为一种新兴的渠道系统开始登上历史的舞台。

1. 网络营销渠道的功能

与传统营销渠道一样，以互联网作为支撑的网络营销渠道也具备订货、结算和配送三大功能。

1）订货系统

订货系统为消费者提供产品信息，同时方便厂家（商家）获取消费者的需求信息，以求达到供求平衡。一个完善的订货系统，可以最大限度地降低库存，减少销售费用。

2）结算系统

消费者在购买产品时，希望有多种方式供选择以方便进行付款，因此厂家（商家）应有多种结算方式。目前，国外流行的几种方式包括信用卡、电子货币、网上汇款等。而国内付款结算方式主要有网银、支付宝、货到付款等。

3）配送系统

一般来说，产品分为有形产品和无形产品。对于无形产品，如服务、软件、音乐等可以直接通过互联网进行配送；对于有形产品，配送要涉及运输和仓储等问题。厂家（商家）可以建立自己的物流系统，也可以利用专业配送公司，实现有形产品的配送。

2. 网络营销渠道的类型

互联网的发展改变了营销渠道的结构。从总体上看，网络营销渠道可分为网络直销渠道模式和网络间接营销渠道模式两种类型，分别如图5-10和图5-11所示。

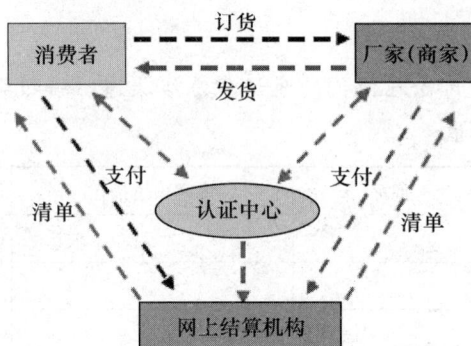

图5-10　网络直销渠道模式

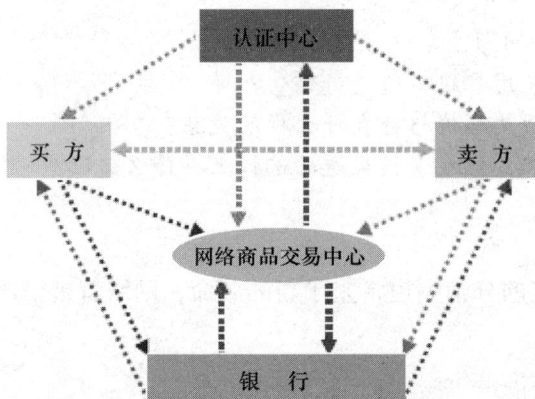

图5-11　网络间接营销渠道模式

与传统分销渠道相比，不论是网上直销渠道模式还是网上间接营销渠道模式，都有许多更具竞争优势的地方。

首先，利用互联网的交互特性，营销渠道从过去单向信息沟通变为网上双向直接信息沟通，增强了厂家（商家）与消费者的直接联系。

其次，网上营销渠道可以提供更加便捷的相关服务。一是厂家（商家）可以通过互联网提供支付服务，消费者可以直接在网上订货和付款，然后就等着送货上门，这大大方便了消费者的购买。二是厂家（商家）可以通过网上营销渠道提供售后服务和技术支持，特别是对于一些技术性比较强的行业，如IT业，提供网上远程技术支持和培训服务，既方便消费者，也使生产者为消费者服务的成本大为下降。

最后，网上营销渠道的高效性，可以大大减少过去传统分销渠道中的流通环节，有效降低成本。通过网上直接营销渠道，生产者可以根据消费者的订单按需生产，实现零库存管理。同时，网上直接销售还可以减少过去依靠推销员上门推销产生的昂贵的销售费用，最大限度地控制营销成本。对于网上间接营销渠道，通过信息化的网络营销中间商和快速、有效的信息收集、反馈和沟通，生产者可以进一步扩大规模，实现更大的规模经济，提高专业化水平；通过与中间商的网络连接，可以提高信息透明度，最大限度地控制库存，实现高效物流运转，降低物流运转成本。

1）网上直销渠道

网上直销渠道与传统直接分销渠道一样，都是没有营销中间商。网上直销渠道一样也要具有营销渠道的订货、支付和配送功能。网上直销渠道与传统直接分销渠道不一样的地方在于，生产企业通过建设网络营销站点，使消费者可以直接从网站进行订货；通过与一些电子商务服务机构，如网上银行合作，可以通过网站直接提供支付结算功能，简化了过去资金流转的问题；至于配送方面，网上直销渠道可以利用互联网技术构建有效的物流系统，也可以通过互联网与一些专业物流公司进行合作，建立有效的物流体系。

2）网上间接销售渠道

网上间接销售渠道是指各类网络营销中间商的专业网上销售平台，网络营销者可借助其发布产品信息，在网上销售产品。网络营销中间商是融入互联网技术后的中间商，具有非常强的专业性，能根据顾客需求为销售商提供多种销售服务，弥补网上直销的不足。这类机构成为连接买卖双方的枢纽，大大提高了网上交易的效率，中国商品交易中心、中国国际商务中心及阿里巴巴网站等都属于网上交易中介机构。

以提供信息服务和虚拟社区为核心的网络营销中间商主要有以下几种。

① 目录服务。目录服务是指利用互联网上目录化的 Web 站点，提供信息检索功能。现在主要有 3 种目录服务：第一种是通用目录（如雅虎），可以对不同站点进行检索，所包含的站点分类按层次组织在一起；第二种是商业目录（如 Internet 商业目录），提供各种商业站点的索引，类似于印刷出版的工业指南手册；第三种是专业目录（如中国粮食信息网），针对某个领域或主题建立站点。

② 搜索服务。与目录服务不同，搜索站点（如百度）为用户提供了基于关键词的检索服务，站点利用大型数据库分类存储各种站点介绍和页面内容。

③ 虚拟商业街。虚拟商业街是指在一个站点内连接两个或以上的商业站点。与目录服务不同，虚拟商业街定位于某一地理位置和某一特定类型的生产者和零售商，在虚拟商业街销售各种商品，提供不同服务。

④ 网上出版。网络出版站点可以提供大量有趣和有用的信息给消费者，如电子报纸和电子杂志等即属于这种类型。由于该类网站内容丰富且免费，访问量特别大，此类站点就利用广告和提供产品目录来进行收费。

⑤ 虚拟零售商店（网上商店）。与虚拟商业街不同，虚拟零售商店拥有自己的货物清单，直接销售产品给消费者，如亚马逊。其包括的类型有电子零售型、电子拍卖型和电子直销型。

⑥ 站点评估。提供站点评估的网站可以帮助消费者根据以往数据和等级评估，选择合适站点访问。通常，一些目录和搜索站点也提供一些站点评估服务。

⑦ 电子支付。电子商务要求在网络上交易的同时，能实现买方和卖方之间的授权支付。目前，我国许多银行都提供了网上支付服务，许多网站也提供了第三方支付服务。

⑧ 虚拟市场和交换网络。虚拟市场提供了一个虚拟场所，任何符合条件的产品都可以在虚拟市场站点内进行展示和销售，消费者可以在站点中任意选择和购买，站点主持者收取一定的费用，如阿里巴巴。

⑨ 智能代理。智能代理是这样一种软件，它根据消费者的偏好和要求预先为用户自动进行初次搜索，避免在纷繁复杂的站点中难以选择。该软件在搜索时，还可以根据用户自己的喜好和别人的搜索经验自动学习优化搜索标准。用户可以根据自己的需要选择合适的智能代理站点为自己服务，并支付一定的费用。

5.3.3 网络营销渠道建设

得"渠道"者得天下，为在网络营销市场竞争中抢占制高点，开展网络营销的各大企业不断加强营销渠道建设，力求实现网络营销渠道的合理化。

在设计网络营销渠道时，一般遵循以下步骤。

1. 分析目标顾客群

由于网上销售对象不同，因此网上销售渠道是有很大区别的。一般来说，网上销售根据购买对象不同主要分为两种方式。

一种是 B2B，即企业对企业的模式。这种模式每次交易量很大，交易次数较少，并且购买方比较集中，因此网上销售渠道建设的关键是订货系统，方便购买企业进行选择。在这种方式下，一方面，企业一般都有较好的信用，通过网上结算比较简单；另一方面，由于量大次数少，因此配送时可以进行专门运送，既可以保证速度，又可以保证质量，减少中间环节造成的损耗。

另一种是 B2C，即企业对消费者的模式，这种模式每次交易量少，交易次数多，而且购买者非常分散，因此网上渠道建设的关键是结算系统和配送系统，这也是目前网上销售经常遇到的门槛。在国内网上购物的初始阶段，因为消费者信用机制还未建立起来，加之缺少专业的配送系统，很多企业都因此失败，如杭州的新华书店等。近年来，随着网银和第三方支付系统的普及，以及物流业的迅猛发展，这两个问题已经不再是困扰企业开展网络营销的难题。此外，也可以从其他方面来分析目标消费者，如地域、消费习惯等。

2. 确定产品所需的服务方式

在选择网络销售渠道时还要注意产品的特性。有些产品易于数字化，可以直接通过互联网传播，脱离对传统配送渠道的依赖；但大多数有形产品还必须依靠传统配送渠道来实现货物的空间移动。对于部分产品所依赖的渠道，可以通过互联网进行改造，最大限度地提高渠道的效率，减少渠道运营中由于人为失误和时间耽误造成的损失。

3. 确定渠道模式

确定渠道模式，是对网络直销渠道和间接渠道的选择。企业可根据产品的特点、企业战略目标的要求及各种影响因素，决定采用哪种类型的分销渠道：网络直销还是网络间接销售。通常来说，直接销售渠道一般适合大宗商品及生产资料的交易，而间接销售渠道一般适用于小批量商品及生活资料的交易。有些产品具有非常高的技术性，或需要经常的技术服务与维修，应由生产企业直接销售给用户为宜。这样，企业既可以保证向用户提供良好的销售技术服务，也可以在采用网络直销的同时开辟网络间接销售渠道。这种混合销售模式被西方的许多企业采用。因为在目前买方市场条件下，通过多种渠道销售产品比通过一条渠道更容易实现"市场渗透"，增加销售量。

4. 选择网络渠道成员

在从事网络营销活动的企业中，大多数企业除建立自己的网站外，还同时利用网络间接渠道，如信息服务商或商品交易中介机构发布信息，销售产品并扩大企业的影响力。因此，对于开展网络营销的企业来说，要根据自身产品的特性、目标市场的定位和企业整体的战略目标正确选择网络分销商。一旦选择不当就可能给企业带来很大的负面影响，造成巨大的损失。在筛选网络分销商时，应该从它的服务水平、成本、信用、覆盖、特色及连续性等方面进行综合考虑。

5. 确定渠道方案

企业在进行产品定位、明确目标市场后，在对影响网络分销渠道决策的因素进行分析的基础上，就需要进行渠道设计，确定具体的渠道方案。渠道设计包括 3 方面的决策：确定渠道模式、渠道的集成和明确渠道成员的权责利。渠道模式的选择在前面已经介绍过，这里主要介绍渠道的集成和渠道成员的权责利。

1）渠道的集成

渠道的集成，即确定营销渠道的中间商数目。在网络营销中，渠道大大缩短，企业可以通过选择多个中间商，如信息服务商或商品交易中间商来弥补短渠道在信息覆盖上的不足。在确定网络中间商的个数时，可参照传统营销渠道的选择策略，如密集型分销渠道策略、选择型分销策略或独家型分销策略。

2）明确渠道成员的权责利

在渠道的设计过程中，还必须明确规定每个渠道成员的责任和权利，以约束成员在交易过程中的行为。如生产企业向网络中间商提供及时供货保证、产品质量保证、退换货保证、价格折扣、广告促销协助、服务支持等；分销商要向生产企业提供市场信息和各种统计资料，落实价格政策，保证服务水平，保证渠道信息传递的畅通等。在制定渠道成员的责任和权利时要仔细谨慎，考虑多方面的因素，并取得有关方面的积极配合。

在具体设计网络营销渠道时，还要考虑到以下几个方面。

首先，从消费者角度设计渠道。只有采用消费者比较放心、容易接收的方式才有可能吸引消费者上网购物，以克服网上购物"虚"的感觉。如在中国，支付宝的存在降低了人们网上购物的顾虑。

其次，订货系统的设计要简单明了，不要让消费者填写太多信息，而应该采用现在流行的模拟超市的"购物车"方式，让消费者一边看物品比较选择，一边选购。在购物结束后，一次性进行结算。另外，订货系统还应该提供商品搜索和分类查找功能，以便消费者在最短时间内找到需要的商品；同时还应对消费者提供想了解的有关产品信息，如性能、外形、品牌等。

再次，在选择结算方式时，应考虑到目前实际发展状况，尽量提供多种方式以方便消费者选择，同时还要考虑网上结算的安全性。对于不安全的直接结算方式，应换成简单的安全方式，如借助现有的第三方支付工具来解决资金结算问题。

最后，设计网络营销渠道的关键是建立完善的配送系统。消费者只有看到购买的商品到家后，才真正感到踏实，因此建设快速有效的配送服务系统是非常重要的。随着我国物流业的迅猛发展和配送体系的完善，网上销售的商品种类越来越丰富，也不再局限于最初的图书和小件电子产品。

课堂练习 5-5

网络营销渠道的建设

练习目的：

通过本次课堂练习，获得网络营销渠道策略的感官体验，深刻体会网络营销中，建设网络营销渠道的过程和重点。

练习要求：

学生自由组合成小组，分析"李宁公司网络营销渠道建设案例分析"的案例内容，结合理论知识分析案例的实际应用特点；各小组还可以模仿这个案例，把比较有代表性的、实际在企业中应用到的典型应用案例与全班师生一起分享，以便更好地掌握所学理论知识。

练习内容：

李宁公司网络营销渠道建设案例分析

一、网络营销渠道的选择

2008 年 4 月 10 日，李宁公司在淘宝商城开设的第一家直营网店上线。接着相继在新浪商城、逛街网、拍拍和易趣上通过直营与授权的形式开设了网店。可以看出，李宁公司刚开始选择的渠道是网上商城模式。2008 年 6 月，李宁公司推出了自己的官方商城——李宁官方商城。

之后，在京东、天猫等电商平台上陆续开设了李宁官方旗舰店，并推出了李宁商城 App 和公众号。

在网络营销渠道的选择上，李宁公司首先是通过利用已有的网络渠道资源，对一些网络店铺进行授权、整合，将其纳入自己的渠道范围，同时积极在各大商城开设李宁网络直营店铺，并在此基础上推出了自己的网络直销平台。可见，李宁公司在网络营销渠道模式的选择上，采用的是从网上商城到网络直销的模式。

二、网络营销渠道的实施

1. 网络商城模式的实施

李宁公司于 2008 年 4 月开始在淘宝商城上开设自己的直营店铺，接着通过直营和授权的方式开设了多家网络店铺。

（1）李宁官方直营店铺包括李宁官方商城、李宁淘宝官方网店、李宁淘宝官方折扣店、李宁商城手机版。

（2）李宁官方授权店包括李宁淘宝五洲商城、李宁淘宝古星专卖店、李宁淘宝古星折扣店、李宁易趣古星专卖店、新浪李宁专卖店等授权店。

2. 网络直销渠道的实施

随着我国服装行业网络直销的兴起，在网络经济环境下，网络消费者对服装的个性化需求也快速提升。据此，李宁公司于2008年6月推出了李宁官方商城（图5-12）。

图5-12 李宁官方商城

（1）网站建设。网站是服装企业通向互联网的大门，网络消费者通过官方网站能了解企业的相关信息，通过文字、图片和视频等了解产品的相关特性。

（2）功能系统的实现。①信息系统，主要是用于李宁公司和服装产品的信息发布、活动公告、消费者信息采集等。②购物系统，主要是提供给消费者服装产品、订购方式等信息，记录购物车信息，以及让消费者选择支付和配送方式。③数据库系统，主要是有效记录系统传递的信息，并与外部接口（银行系统、认证机构、物流配送中心）连接，同时将实时数据传送至企业内部各个系统，供企业实施相应的内部管理、客户资源管理等。

三、网络营销渠道的支付方式和配送方式

（1）支付方式：网银在线、微信支付、支付宝和货到付款。

（2）配送方式：申通、中通、宅急送、EMS、优速、汇通、韵达、圆通。

四、网络营销渠道的管理

1. 网络渠道推广

（1）和门户网站的合作。曾在网易首页上投放的旗帜广告，可直接连接到官方网站，和新浪合作开设李宁俱乐部板块。

（2）通过搜索引擎推广。李宁公司购买了百度的相关关键词广告，在百度上搜索"李宁"，李宁公司的官方网站就排在第1位。

（3）通过主题活动推广。在官方网站上，会不定期地举办各种主题活动。例如：2015年购买奥尼尔的战靴赠送"大鲨鱼"玩偶、2017年李宁路跑联赛——线上联赛、2022年12月的孙颖莎签名球拍抽签0元购等活动。

2. 渠道协调

为了更好地协调网络营销渠道和传统市场营销渠道之间的关系，李宁公司还做了如下工作。

（1）在销售的商品上进行区分。线下各专卖店的销售以正价新品为主，在专门的打折店中以销售库存产品为主。李宁官方商城主要以正价新品的推荐和限量产品为主，包括明星签名的产品，这些产品瞄准的是少数消费者。而淘宝商城的网店则进行一部分库存产品的销售。

（2）网络渠道和传统渠道产品价格一致。李宁公司把各种网店纳入自己的价格体系中，在B2C方面，李宁公司沿用线下渠道和经销商合作的方式，与网上的B2C平台签约授权产品销售。对于C2C中的网店，李宁公司虽没有与之签订正式的授权协议，但通过供货、产品服务及培训等优惠条件，将其纳入自己的价格体系中。

（3）整顿网络营销渠道和传统市场营销渠道。为了协调好网络营销渠道和传统市场营销渠道之间的关系，李宁公司对很多网店及传统市场营销渠道进行了一次整顿，目的是拒绝线下经销商和制造商违规出货。

思考与互动：

学生思考并回答以下几个问题，教师点评、归纳。

① 根据上述案例，分析企业是如何建设网络渠道的。

② 根据上述案例，分析网络营销渠道策略的重要性。

③ 根据上述案例并进一步收集资料，谈谈该企业秉承了哪些企业家精神。

④ 根据你对渠道策略的了解，你还有哪些渠道建设方面的建议或对策？

案例分析与提高

叮咚买菜——为现代家庭创造美味与幸福感的生鲜即时电商平台

叮咚买菜App在2017年5月正式上线，经营品类主要有新鲜蔬菜、水果、肉禽蛋、海鲜水产、活鱼活虾等一日三餐食材。以"产地直采+前置仓配货+29分钟内即时配送到家"的模式提供生鲜菜品服务，已发展为国内领先的生鲜即时电商平台。

叮咚买菜的上游供应商主要有城批市场、品牌供应商和农业合作社，截至2019年，叮咚买菜已与200多家合作社、3 000余名农户、养殖户进行合作，80%以上的商品来自产地直采，生鲜直供地达到350个，从生产制造商直接采购，缩短了供应链中间环节，极大提高了整个链条的效率；采取"前置仓+到家"的模式，将前置仓布局在供应链末端最靠近消费者的一个节点，以此让生鲜离消费者更近一点；配送效率更高，最快29分钟就能送货到家。截至2021年12月，叮咚买菜拥有约60个区域分选中心和1 400个前置仓，覆盖北京、上海、广州、深圳、杭州、成都等一线城市。同时，叮咚买菜拥有自己的配送团队，这种"单点到多点"的配送模式一方面很容易并单，另一方面也比"多点到多点"的配送模式效率更高，运营效率不断提升。

目前平台总计拥有商品近 2 000 种，品类丰富，满足了家庭消费者的基本需求，并且经常会上新一些网红商品。SKU 集中采购保证平台可以拥有足够大的订单量，能获得与生产商之间更强的议价能力，拿到较低的进货单价，用户可以享受到优惠的价格。此外，平台实施的会员制可以提供绿卡会员六大权益——免费领菜、绿卡专享券、绿卡专享价、周五绿卡日、免配送费、专属客服，增强了用户黏性，会员用户的消费频次、客单价、留存率都远超非会员。

平台上的商品详情页配有丰富的图片和文案，贴合真实场景的人性化产品设计及贴心的购物提示和售后服务。例如：每次下单的时候，叮咚买菜都会提示是否需要免费的小葱；购买鱼类添加购物车时，会提供杀好（不要内脏）、杀好（要内脏）、不杀等处理方式；购买甘蔗时，也会提供削皮切断、不削皮切断等处理方式。这些人性化的产品设计和处理方式选择非常符合日常线下的场景，也能满足更多用户的需求。

> ### 分析与提高
> ① 根据上述案例，分析叮咚买菜的网络渠道策略。
> ② 根据上述案例，分析制定网络渠道策略过程中应该注意的问题。
> ③ 根据上述案例进一步收集资料，谈谈该公司秉承了哪些企业家精神。
> ④ 根据上述案例，设计其他的网络渠道策略，要弘扬企业家精神，践行社会主义核心价值观。

✎ 思政拓展

叮咚买菜的责任担当

企业是以盈利为目的的，但企业家关注的不仅是盈利，更是以实现投资人、客户、员工、社会大众的利益最大化为使命。可以说，一个成功的企业家，除了取得经济上的成功，还以履行社会责任、为社会创造价值为己任，秉承企业家精神。

2017 年正式上线的叮咚买菜，不断探索新模式，从最初"29 分钟配送到家"这一行业标准的提出及"总仓+前置仓"供货模式的创立，到建立自主供应链，加大田间地头直采，再到推出备受好评的"预制菜"，倾力打造自有品牌，在异常激烈的国内生鲜电商平台竞争中发展壮大。2023 年 2 月 13 日，叮咚买菜发布的财报数据显示，叮咚买菜 2022 年第四季度实现营收 62 亿元人民币，净利润 4 988 万元，第一次实现 GAAP 标准下的全面盈利。

叮咚买菜在关注自身发展实现盈利的同时，也不忘履行企业的社会责任。叮咚买菜致力于开展电商扶贫合作，吸纳退伍军人就业，荣获"2017—2020 年度上海市助力脱贫攻坚先进集体"。在 2020—2022 三年抗疫攻坚战中，叮咚买菜"保民生、保供应、稳菜价"，叮咚铁军一直奋战在疫情一线，为上海、深圳、成都等多个城市输送物资补给，受到新闻联播点赞。2021 年 7 月，河南遭遇极端强降雨，汛情牵动人心。叮咚买菜在第一时间联系到河南政府相关部门，捐赠 500 万元人民币，用于保障受灾群众所必需的生活物资、防汛物资及应急救援工作，充分体现了叮咚人的社会责任担当。履行责任、敢于担当和服务社会，肩负起企业家责任，这正是企业家精神的最好诠释。

5.4　网络促销策略

网络促销策略是在互联网上开展促销活动的方法和技巧的总称，是企业整体经营战略的一个重要的组成部分。

5.4.1　网络促销概述

网络促销的目的与传统市场营销中的促销目的是一致的，都是利用相关手段向目标市场传递有关的产品和服务信息，达到引导消费者认识产品、激发消费者的购买欲望、影响消费者购买行为的目的。

1. 网络促销的内涵

网络促销是指利用现代化的网络技术和方法向虚拟市场传递企业产品和服务的信息，以启发需求、影响消费者购买行为的各种活动。与传统的市场营销相比，网络促销与传统促销的目的都是推销产品和服务；但是，由于网络促销所利用的信息传递工具是互联网，所以依附于网络技术的强大功能，网络促销在促销观念和手段等方面也具有一些有别于传统促销的特点。

1）网络营销环境对企业的促销策略和实施方案有了更新的要求

网络营销促销是在虚拟的网络市场中进行的，由于网络市场空间的无限性使得这个市场融合了不同国家的多种文化，聚集了具有不同法律背景、不同信仰的消费群体，没有了传统促销所受到的物理距离和时间上的限制。这种环境的变化，要求企业在进行网络促销时要用适合网络营销环境的思维方式指导网络营销促销策略的策划和策略的实施，不要受到传统营销思想的束缚。

2）营销环境的变化带来了消费者认知和消费行为的变化

在信息技术和网络环境的熏陶下，消费者的消费思想和行为都发生了很大的变化，这种变化主要表现在需求的个性化和购买行为的理性化方面。因此，网络促销策略和方法应适应网上消费者特有的消费行为。

3）信息沟通渠道的变化带来了促销方法和效果的改变

网络技术的实时、互动、快捷等特点，使网络促销能够与消费者进行任何时间的、一对一的、具有针对性的沟通，这无疑使网络促销的策略、方法和效果与传统的促销有所不同。

2. 网络促销组合

促销策略主要有推动策略和拉引策略两种。推动策略是指利用人员推销和商业促销手段为主的促销组合，通过影响中间商使其产生积极性来推动产品销售，由中间商将产品送达消费者手中。拉引策略是指通过广告和以对消费者促销活动为主的促销组合，来直接影响、吸引消费者，激发其购买欲望，再通过消费者的需求刺激中间商的需求，使其增加对企业的订货。

从以上两种策略出发，传统的促销组合是指企业根据促销的需要，对广告、销售促进、宣传推广和人员推销等主要促销方式进行的适当选择和综合运用。网络营销中企业也应根据网上促销的需要综合利用网络营销的各种促销方式。

与传统的促销方式相对应，网络促销组合主要有以下 4 种：站点推广、网络广告、销售促进和关系营销。其中，站点推广和网络广告是企业网络营销中必不可少的促销方式和手段。网络广告促销主要实施"推动战略"，其主要功能是将企业的产品推向市场，获得广大消费者的认可；网络站点促销主要实施"拉引战略"，其主要功能是将消费者牢牢地吸引过来，保持稳定的市场份额。

① 站点推广。站点推广是指利用各种营销策略提高企业站点的知名度，吸引网上用户访问站点，以达到宣传和推广企业和企业产品的效果。站点推广的方法主要有搜索引擎注册、互换链接等。

② 网络广告。网络广告是网络营销的主要促销方法之一。网络广告是指通过在网上知名站点、自己的网站，或利用电子邮件、新闻组、BBS（bulletin board system，电子公告板）等公开的交互站点发布有关企业的信息，达到宣传推广企业或企业产品的目的。随着网络技术的发展，网络广告的形式越来越多，一般常用的有旗帜广告、巨型广告、电子邮件广告等。

③ 销售促进。销售促进是指企业利用可以直接销售的网络营销站点，采用一些销售促进方法，如价格折扣、有奖销售、拍卖销售等方式吸引网上用户，销售企业产品的促销方式。

④ 关系营销。关系营销是指借助互联网作为媒体和沟通渠道，通过与企业利益相关者，包括供应商、顾客、经销商、社会团体等建立良好的合作关系，为企业的经营管理营造良好的环境。

3. 网络促销的作用

① 信息传播的作用。网络促销能够把企业的产品、服务、价格等信息传递给目标公众，引起他们的注意。

② 沟通的作用。网络促销的目的在于通过各种有效的方式，解除目标公众对产品或服务的疑虑，说服目标公众坚定购买决心。例如：在同类产品中，许多产品往往只有细微的差别，用户难以察觉；企业通过网络促销活动，宣传自己产品的特点，使用户认识到本企业的产品可能给他们带来的特殊效用和利益，进而乐于购买本企业的产品。此外，网络促销还能够通过电子邮件及时地收集和汇总消费者的需求和意见，迅速反馈给企业管理层。由于网络促销所获得的信息基本上是文字资料，信息准确，可靠性强，对企业经营决策具有较大的参考价值。

③ 挖掘潜在需求的作用。运作良好的网络促销活动，不仅可以诱导需求，而且可以创造需求，发掘潜在的消费者，扩大销售量。

④ 促进销售的作用。由于某种原因，一个企业的产品销售量可能时高时低，波动很大。这是产品市场地位不稳的反映。企业通过适当的网络促销活动，树立良好的产品形象和企业形象，往往有可能改变用户对本企业产品的认识，使更多的用户形成对本企业产品的偏爱，达到稳定销售的目的。

4. 网络营销促销的实施过程

实施网络营销促销策略是企业关注的一个重要问题，也是企业营销人员在网络营销工作中需要认真策划和完成的工作。网络营销促销的实施过程可以通过以下步骤来逐步完成。

1) 确定网络促销对象

网络促销对象是那些在网络市场上现有的和潜在的消费群体。企业网络促销的对象一般应锁定以下 3 部分人员。

① 产品的使用者，是指实际使用或消费产品的人。对产品的实际需求是他们关注和购买产品的直接原因。因此，企业如能利用合理的促销方式抓住这一消费群体，将会为自己创造一个稳定的市场。

② 产品购买的决策者，是指实际决策购买产品的人。由于网络市场上的消费者大多具有独立的决策和经济支付能力，所以，一般情况下，产品的使用者和决策者是一致的。但随着网络产品的日益丰富和上网人群的不断扩大，有些产品市场上的产品使用者和购买决策者是分离的。例如：低龄上网者想要购买产品，最后决定购买的大多是他们的父母。因此，网络促销人员应该认清促销对象在购买过程中所充当的角色。

③ 产品购买的影响者，是指对购买决策有一定影响的人。这个群体通过发表对产品的看法、建议或亲身的体会影响消费者的购买决策。由于网络信息的传播能力巨大，因此，营销人员应该对这个群体加以关注。

2) 设计网络促销内容

网络促销的最终目标是希望引起购买行为，这是要通过设计具体的促销信息内容来实现的。消费者实施购买是一个复杂的、多阶段的过程，所以，在决定促销内容和方式时，营销人员可以根据消费者所处购买过程的特点和产品所处的生命周期来进行策划。

3) 决定促销组合方式

由于企业网上产品类型多样、销售对象不同，因此促销方式与产品类型、销售对象之间就会产生多种不同的网络促销组合方式。究竟采用何种促销组合，企业营销人员应该根据产品特点、消费对象、促销方式自身的优势及企业促销的费用灵活策划，并保证整体促销组合的相互协调，扬长避短，合理组合，以达到最佳的促销效果。

4) 制定网络促销预算

网络促销实施过程中，使企业感到最困难的是预算方案的制定。对企业网络促销进行预算必须建立在以下 3 个方面的基础上。

① 已经明确了网络促销的对象，是哪个群体或哪个阶层，是国内的还是国外的。不同网站的服务对象有较大的差别。

② 已经确定了网络促销的目标，是树立企业形象、宣传产品，还是宣传服务。围绕这些目标来策划投放内容的多少，包括文案的数量，图形的多少，色彩的复杂程度，投放时间的长短、频率和密度，以及广告宣传的位置、内容更换的周期及效果检测的方法等。

③ 已经明确了网络促销的方式和促销组合的方法。网络促销活动的开展可以在企业自己的网站上进行，其费用最低，但因知名度的原因，其覆盖范围可能有限，因此可以借助信息服务商进行，但不同信息服务商的价格可能相差悬殊。所以，企业应当认真比较投放站点

的服务质量和价格，从中筛选适合于本企业促销活动开展、价格匹配的服务站点。

在明确了以上问题之后，企业才能够根据具体的实施方式预计所用的费用，才可能用有限的精力和有限的资金收到尽可能好的效果，做到事半功倍，并在实践中不断学习、比较和体会，不断地总结经验。

5) 衡量网络促销效果

企业对自己的网络促销活动进行效果评价，一方面是为了衡量促销是否达到了预期的目标要求，另一方面也是为了根据评价指标判断促销决策正确与否，及时总结经验，修正错误。

进行促销效果的评价可以通过两个方面进行。一是可以利用互联网的专业统计软件对主页访问人数、点击次数等直接手段进行评价。通过这些数据，促销者可以看出自己的优势与不足，以及与其他促销者的差距，从而及时对促销活动的好坏作出基本的判断。二是可以通过统计产品销售量、利润变化等间接手段进行促销效果的评价。同时还应注意促销对象、促销内容、促销组合等方面与促销目标的因果关系分析，从中对整个促销工作作出正确的判断。

6) 网络促销过程的综合管理和协调

网络促销是一项崭新的事业，要在这个领域中取得成功，科学的管理起着极为重要的作用。在对网络促销效果正确评价的基础上，对偏离预期促销目标的活动进行调整是保证促销取得最佳效果的必不可少的一环。同时，在促销实施过程中，加强各方面的信息沟通、协调与综合管理，也是提高企业促销效果所必需的。

5.4.2　网络营销站点推广

网站是企业开展网络营销的阵地。企业网站是否能够吸引广大消费者的注意、被广大消费者认可，是企业建立网上品牌、获得网上经营成功的关键，也是网络营销的基础。简单地说，网站推广就是如何让更多人知道你的网站。常用的网站推广方法有以下几种。

1. 搜索引擎注册

搜索引擎注册是最常用的网站推广方法之一。对于大部分的网络用户来说，门户网站的搜索引擎通常是大家找寻网上信息时考虑的第一个方法。因此，在著名的搜索引擎上注册，主动到这些搜索引擎登录公司网站的资料，让使用者可以很快地搜寻到所要的网站，为目标用户提供方便的找寻和进入网站的途径，是一种便宜又很有效率的方法。

2. 互换链接

与其他网站建立互换链接是一种重要的、常见的网站推广方法。通过与其他网站交换链接，可以缩短网页之间的距离，达到网站之间相互合作、内容共享、资源互换、互为推荐的目的，提高站点被访问的概率。互换链接的作用主要表现在以下几个方面：

① 通过与合作网站的链接增加访问量；

② 提高访问者对网站的可信度；

③ 增加网站在搜索引擎上排名的优势；

④ 增强与同行业企业的联系，提高企业在行业内的知名度。

为了达到以上效果，在建立互换链接时应该注意以下问题：

① 具有相关性或互补性的合作网站更容易吸引访问者的注意；

② 注意链接网站的质量；

③ 注意检查互换链接的质量；

④ 运用打开新窗口的功能。

3. 发布网络广告

与传统的广告形式和效果相比，网络广告的制作更加方便，形式更加多样，效果更加生动。因此，网络广告已经成为企业在网上树立企业形象、建设产品品牌、推广企业网站的有效方式。比较廉价的一种做法是加入广告交换组织，广告交换组织通过不同站点的加盟，在不同站点交换显示广告，起到相互促进的作用；另一种做法是在适当的站点购买广告栏，发布网络广告。无论采用哪种方式都要保证整体推广策略的一致，注意线上线下的配合。

4. 病毒式推广——口碑营销

病毒式推广并非传播病毒，而是利用用户口碑传播的原理，借助网络社区、聊天室和BBS 等人和人之间的信息交流，让信息像病毒那样扩散，从而达到推广的目的。

5. 电子邮件营销

电子邮件是最常用的网络服务之一，通过电子邮件向用户发送产品或服务等有价值的促销信息，企业可以达到宣传自己站点的目的。

在利用电子邮件宣传站点的时候，网站应该从用户的角度出发，避免因发送电子邮件而引起用户对站点的反感。应注意以下细节：

① 不要向用户发送未经许可的电子邮件；

② 发送的电子邮件应有明确的主题；

③ 表明邮件发件人的姓名和地址；

④ 尽量在邮件的正文部分表现内容，减少使用附件的形式；

⑤ 发送邮件的内容应有的放矢、内容简洁、制作严谨。

6. 提供免费服务

提供与企业或企业产品密切相关的免费信息通常会得到消费者的认可，也可以在网上开展有奖竞赛或者抽奖活动，吸引消费者访问企业的网站。

7. 发布新闻与排行榜

在著名的门户网站发布新闻或信息，确保新闻或信息的权威性、传播性、吸引性；或者参加网站评比发布网上排行榜或网上的公益活动，确保活动的权威性、传播性，从而树立良好的企业形象。

8. 使用传统的促销媒介

使用传统的宣传媒介吸引用户访问站点也是常见的网站推广方法，运用得当也会带来很好的效果。

9. 其他推广方式

目前，随着网络的快速发展和深入应用，还有许多网络推广工具和方法被广泛应用，如微博营销、微信营销、二维码营销、众筹营销、社群营销和 App 营销等（本书将在第 6、7 章中介绍）。

课堂练习 5-6

搜索引擎的注册方法

练习目的：

通过本次课堂练习，获得搜索引擎注册的感官体验，深刻体会在企业网站推广中，搜索引擎注册的步骤、注意事项和特点，进而更加深入地了解网站推广中搜索引擎注册的具体内容及其对企业的重要性。

练习要求：

学生自由组合成小组，分析"关键词检索和分类目录检索"的案例内容，结合理论知识分析案例的具体特点；各小组还可以模仿这个案例，把比较有代表性的、实际在企业中应用到的搜索引擎注册的典型案例与全班师生一起分享，以便更好地掌握所学理论知识。

练习内容：

关键词检索和分类目录检索

如前所述，搜索引擎有两种基本类型：一类是关键词检索（机器人搜索引擎），另一类是分类目录检索（目录式搜索引擎）。这两种不同类型的搜索引擎，注册网站的方式也有很大差别。

1. 关键词检索的注册方法

这类搜索引擎，如百度、谷歌等，通常不需要自己注册，只要网站被其他已经被搜索引擎收录的网站链接，搜索引擎可以自己发现并收录你的网站。但是，如果网站没有被链接，或者希望自己的网站尽快被搜索引擎收录，那就需要自己提交网站信息。这类搜索引擎通常只需要提交网站的上层目录即可，而不需要提交各个栏目、网页的网址，也不需要网站介绍、关键词之类的附件信息。另外，当网站被搜索引擎收录之后，网站内容更新时，搜索引擎也会自行更新有关内容，这与分类目录是完全不同的。

把网站提交给百度搜索引擎，即可看到免费登录网站的界面，如图 5-13 所示。

2. 分类目录检索的注册方法

这类搜索引擎只有自己将网站信息提交，才有可能获得被收录的机会（如果分类目录经过审核认为符合收录标准的话），并且分类目录注册有一定的要求，需要事先准备好相关

图 5-13　将网站登录到百度搜索引擎

资料，如网站名称、网站简介、关键词等。由于对网站的收录原则不同，需要对每个不同的分类目录进行详细的了解，并准备相应的资料。另外，有些分类目录检索是需要付费才能收录的，在提交网站注册资料后，还需要支付相应的费用才能实现分类目录型搜索引擎的注册。

　　将企业网站提交给360智慧商业，可以在IE栏中键入"http：//e.360.cn/static/zhihui/"，即可根据企业需求选择360所提供的产品服务，如图5-14所示。

图 5-14　将企业网站提交给360智慧商业

思考与互动：

学生思考并回答以下几个问题，教师点评、归纳。

① 根据上述案例，分析进行搜索引擎注册需要做好哪些准备工作。

② 根据上述案例，分析进行搜索引擎注册的基础。

③ 为企业网站进行搜索引擎注册，能给企业带来什么好处？

④ 通过上述案例，具体谈谈进行企业网站搜索引擎注册有哪些注意事项。

⑤ 根据上述案例，在进行搜索引擎注册时，你还有哪些建议或方法？

思政拓展

海尔集团的网站促销和社会担当

海尔集团早在 1996 年年底就率先在互联网上申请了域名，建立了企业网站，开始利用海尔网站向国内外进行宣传。为了配合集团的国际化战略，海尔建站之初就策划采用中英文双语网站的形式；在内容上，海尔网站设立"我们的品牌""海尔家电产品""走进海尔""海尔生态""投资者关系""媒体中心""加入海尔"等栏目。

为了方便网站的浏览者能快速寻找相关的内容，海尔集团在网站上为每个栏目设计了详细的下拉式菜单，并在网站首页提供了"搜索"功能；网站首页右上角的"海尔家电产品"栏目，可显示海尔的冰箱、冰吧、洗衣机、空调、电视机、热水器、计算机及外设等全系列产品，单击某个系列产品，进入相应的网页可查看产品详情，进行产品对比，也可直接单击进入产品购买页面。此外，网站的网上订购功能在为顾客提供方便、快捷的购买途径的同时，也为企业了解消费者的需求提供了直接和顾客沟通的渠道。为了充分发挥海尔的服务特色和竞争优势，在网站上设立了售后服务栏目，构建了网络上下的售后服务体系；通过网上售后服务渠道，消费者可以直接通过网站登记售后服务的时间，也可以在网上寻找距离最近的客户服务中心，同时还可以对产品的销售和服务情况进行评价，更好地拉近了消费者和海尔的关系。为了保持网站的活力，海尔网站推出了"走进海尔""媒体中心"等栏目，定期报道公司动态、创新发展及经营状况等，并通过建立海尔俱乐部、定期举办娱乐活动、发送海尔网上杂志等来保持与消费者的沟通和联系，宣传海尔品牌。

作为国际性的集团公司，海尔集团非常注重企业文化的建设和传播。海尔集团设立了"海尔生态""海尔科技""社会责任"等栏目来宣传公司的经营理念，传播企业文化，还设立了"海尔在全球"和"全球网站"等栏目展示公司的国际化发展策略和公司在全球的发展。此外，为了加强企业之间的合作，网站在其"子公司网站"中设立了"供应商合作""B2B 采购"和"招投标网"等栏目，通过构建良好的公共关系促进企业的发展。同时，为保持网站的吸引力，海尔网站没有一成不变，而是定期对网站布局和栏目进行调整，既保持原有的风格，又不断增加新的元素。

为做好网站推广工作，树立海尔的网上品牌形象，海尔集团为自己的网站申请了域名，将公司的域名与公司的标志整合在一起，来强化自己的品牌形象。同时，海尔还利用传统的包装和媒体宣传自己的网站，并在 1999 年就开始在全国一些著名的网络内容服务商网站发布网络广告，在网络中更好地宣传了自己，树立了网上品牌形象。此外，海尔还积极加入一些中介型的电子商务站点，如加入中国政府主办的"中国产品交易市场"，借助这些新兴网上中介机构的市场聚集效应宣传海尔，并寻求更多的商业机会和合作机会。海尔集团已逐步成为世界第四大白色家电制造商、中国最具价值品牌，2022年全球营业收入达 3 506 亿元，品牌价值达 4 739.65 亿元。

案例点评：

海尔网站的建设和一系列的促销，不但为海尔建立了一个与各国企业和消费者直接沟通的渠道，而且为海尔建立国际化的品牌树立了良好的形象，对海尔品牌本身的推广是一个非常有效的手段。海尔网站本身的建设、运营、推广，推动了海尔品牌在网上知名度的提高，为海尔进入网络市场——21 世纪最大的虚拟市场打下了坚实的基础。可见，海尔集团的网站促销是海尔集团成为一个国际化知名企业的关键环节。

另一个关键环节就是海尔集团的社会担当。"海尔应像海，为社会、为人类作出应有的贡献"，海尔创始人张瑞敏的这句话，是追求卓越创新、勇于社会担当的企业家精神的写照。一路发展壮大的海尔，作为全球领先的家电企业，一直在践行着其创始人的企业家初心和责任担当。

2020 年，国家主席习近平提出"2030 碳达峰，2060 碳中和"的国家自主减排贡献目标。海尔率先响应国家"双碳"目标，制定降碳策略，减少产品生产过程中的碳排放，围绕绿色发展，聚焦产品能效提升，大力开发低碳产品。2021 年首批 7 个型号的冰箱产品及 8 个型号的冷柜产品均获得了国家绿色低碳家电认证；同时，加大研发投入，攻关低碳核心技术，应用海尔生物"蓄冷蓄热组合式恒温设备及控制方法"专利技术的太阳能疫苗冰箱系列产品，已进入包含"一带一路"沿线的 78 个国家和地区，全球累计装机 15 万台，每年可降碳 109 500 吨，相当于 4 500 亩成年树林的中和量，为全球"双碳"事业发展提供了中国方案。

5.4.3 网络广告策略

网络广告策略是网络营销策略之一，也是企业最常用的促销产品、宣传企业、推广站点的手段。自 1994 年 10 月第一个网络广告发布以来，网络广告因网络媒体的迅速发展而变得家喻户晓，网络广告的市场也因上网人数的不断增多而迅速扩大，网络广告的形式更是由于计算机技术的发展而不断推陈出新。

1. 网络广告概述

《中华人民共和国广告法》对"广告"的定义是：商品经营者或者服务提供者承担费用，通过一定媒介和形式直接或者间接地介绍自己所推销的商品或者所提供服务的商业广告。网络广告就是在网络上做的广告。网络广告包括 5 个基本要素：广告主、广告费用、广告媒体、广告受众和广告信息。

广告是促销方式的一个重要手段，它所追求的实质就是与目标受众的良好沟通，通过有效的沟通最终达到使顾客作出消费决策的目的。调查显示，随着社会进步和技术经济水平的提高，个人的消费需求个性化程度日益提高，因此具有实时性、互动性特点的网络给广告带来了根本性的变化。凭借着互联网和计算机技术所具有的交互性、多媒体等独有特性，网络广告具有交互性强、信息量大、传播广泛、易统计、经济实惠等特点。

2. 网络广告的形式

借助于网络和计算机技术，网络广告的形式丰富多彩。目前，网络广告最常用的表现形式有以下几种。

1）旗帜广告

旗帜广告也叫横幅广告、条幅广告，如图 5-15 所示。它是以图像的形式来表现广告的内容，并在图像中用极简练的文字表现广告的主题。为了吸引浏览者注意并点击页面上的广告，广告主通常会利用各种表现手法来设计旗帜广告，如动画、闪现等，一般发布在网站主页面上的显著位置，目的在于树立形象，扩大知名度。

图 5-15　旗帜广告示意图

2）按钮广告

按钮广告是网络广告中运用最早、最常见的形式之一。通常，这种广告是出现在 Web 页面上的一个图标，这个图标可以是一个企业的标志，也可以是一个象形图标，有的就是一个按钮的形状，故称按钮广告，如图 5-16 所示。它们都采取与有关信息实现超链接的互动方式，单击时，可链接到广告主的站点或相关信息页面上。按钮广告要求浏览者自己点选才能看到有关的广告内容，因此它缺乏主动性。

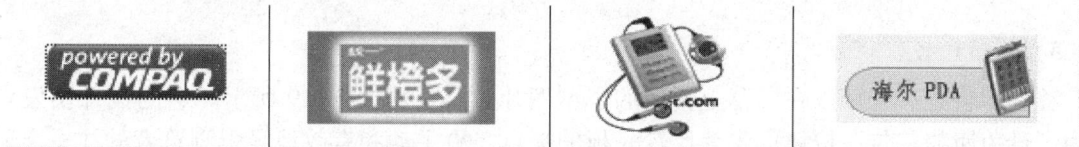

图 5-16　按钮广告示意图

3）文字链接广告

文字链接广告采用文字标识的方式，单击后可以链接到相关网页，如图 5-17 所示。这种广告形式简单、价格低、效果较好，通常运用于分类栏目中。为了追求良好的广告效果，文字广告一般放置在热门站点首页的关键位置，借助浏览者对热门网站的访问，吸引他们关注和点击广告。

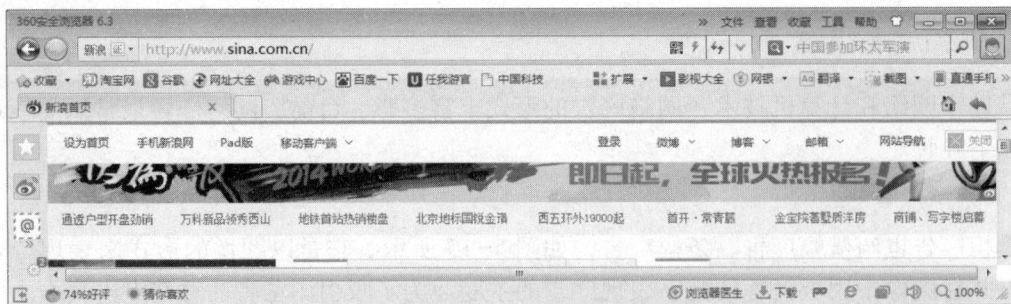

图 5-17　文字链接广告示意图

4) 巨型广告

与旗帜广告相比，巨型广告的版面比较大，一般占屏幕显示的 1/3。较大的版面蕴含了更加丰富的信息。同时，运用 Flash 的手段制作的广告能更加吸引浏览者的注意力，如图 5-18 所示。

图 5-18　巨型广告示意图

5) 移动广告

移动广告是一种可以在屏幕上移动的小型图片广告，如图 5-19 所示。它的设计出发点是为了避免旗帜广告、按钮广告等比较呆板的缺点，更主动和有效地吸引浏览者的注意。但由于移动广告随着页面的移动会影响浏览者的视觉，所以设计不当的移动广告会引起浏览者的反感。值得注意的是，很多用户的计算机上都安装了腾讯管家、360 安全卫士等应用程序，能够对移动广告进行拦截。为避免上述问题，可以改进移动广告的播放位置。

6) 弹出式广告

弹出式广告是指随着网页页面的打开会自动弹出一个新窗口来展示内容的网络广告，如图 5-20 所示。弹出式广告有两种表现形式：一种是当用户打开网页时马上弹出广告窗口，另一种是当用户离开网站时才弹出广告窗口。弹出式广告虽然能带来访问量的上升，但和移

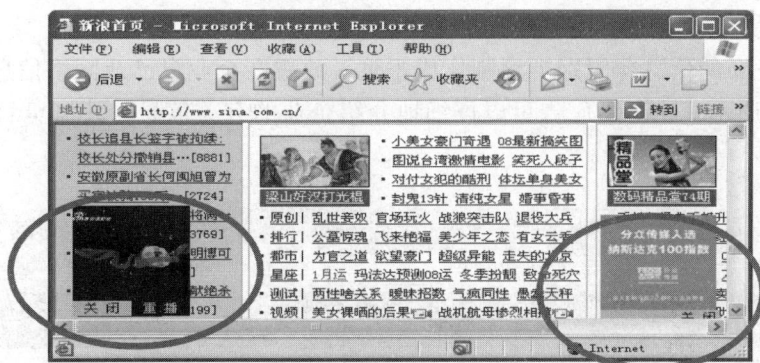

图 5-19 移动广告示意图

动广告一样，浏览者也会对过量的弹出式广告产生反感情绪，而且也会遭到拦截。因此，广告主应该注意，到底有多少用户真正观看了弹出式广告。

图 5-20 弹出式广告示意图

7）分类广告

　　网上的分类广告与报纸、杂志中的分类广告类似，是由专门提供广告信息服务的站点提供的一种发布广告的形式，如图 5-21 所示。在这种站点中，按照产品类别或企业类别等分类检索方法，可以检索到相应的广告信息。

图 5-21 分类广告示意图

8）主页型广告

将企业要发布的信息分门别类地制作成主页，放置在企业自己或网络信息服务商的站点上，如图 5-22 所示。主页型广告可以详细地介绍企业的有关信息，让浏览者全面地了解企业和企业的产品。

图 5-22　主页型广告示意图

9）电子邮件广告

电子邮件广告是指利用电子邮件或电子杂志发布广告。广告的形式可以是图片或文字，如图 5-23 所示。

图 5-23　电子邮件广告示意图

3. 网络广告的发布途径

企业制作和发布网络广告是为了更好地宣传企业和企业产品，吸引广告目标受众的注意和浏览，达到树立企业形象、增进产品销售的目的。因此，企业应该根据不同广告受众的需求特点和网上行为特点，根据企业的产品特性、企业实力及广告目标选用不同的发布途径，以达到预期的广告效果。

企业常用的网络广告发布途径有以下几种。

1）创建自己的网站或主页

建立自己的网站或主页并在上面发布广告，这是企业发布网络广告最简单、最常用的方式，也是企业网络营销发展的必然趋势。

对于企业网络营销的整体策略来说，企业网站或企业主页本身就是树立企业形象和信誉、增进产品宣传的一种最直接和有效的广告。有了自己的网站和主页，企业可以方便地利用其他的广告发布形式如企业名录、新闻组等进行与公司主页的链接，加强广告宣传的力度。此外，在自己的网站上发布广告可以在广告创意、广告形式和广告内容上充分发挥自己的想象，较少受到他人的限制。

2）通过网络内容服务商

由于提供了大量网上浏览者感兴趣的免费信息服务，因而网络内容服务商（ICP）网站成为访问量大、引人关注的站点，如新浪、搜狐等。在这些网站上发布广告，可以借助网站流量大的优势，提高浏览者关注和点击广告的概率。

3）利用专类销售网站

这是一种专类产品直接在 Internet 上进行销售的方式，如国内的太平洋电脑网等。在太平洋电脑网站上，消费者只要根据自己的需求输入相关的计算机产品需求条件，按下搜索按钮，网站就会马上提供符合条件的各种产品和服务的信息。由于这类网站给消费者提供了有针对性的、详尽方便的信息服务，因此消费者在考虑购买相关产品时会首先登录这类网站进行产品信息的查询。对于相关产品的生产企业、代理商和销售商来说，选择这类网站做产品广告会取得事半功倍的效果。

4）采用黄页形式

在 360 导航等专门提供检索服务的网络服务商网站上，查询是按照类别划分站点的，站点的排布形式如同电话黄页一般。这些网站会在网页上为企业留有发布广告的位置，企业可以在此发布相关的广告。由于查询结果是按照关键字出现的，因此在这些位置上发布广告，具有很强的针对性。

5）加入企业名录

一些政府机构或行业协会网站会将一些企业的信息吸收进他们的网站主页中。例如：中国粮食网网站主页中就有"友情链接"栏目，点击企业名称后可以直接链接到企业的网站主页上。

6）利用网络社区

任何用户只要遵循一定的礼仪都可以成为网上虚拟社区的成员，并可以在上面发表自己的观点和见解。因此，可以在网络社区发表与公司产品相关的评论和建议，起到良好的免费宣传作用。但要注意，应该严格遵守相关的网络礼仪。

7）利用电子邮件

企业可以像传统营销中发送邮寄广告一样以 E-mail 的方式向网上用户发送产品或服务的信息。

在利用电子邮件发送广告时应注意：要事先得到用户的许可，如利用注册会员的方式；在发送 E-mail 邮寄广告时应明确发件人的地址，允许用户拒绝接收邮件。

4. 网络广告的推广策略和技巧

1）网络广告的推广策略

一个成功的广告不仅需要好的广告策划和高超的技术，如广告的形式、创意、动画效果等，还需要广告推广策略的配合。企业可以根据广告总体目标的要求，选择运用如下的推广策略。

① 注册有礼。运用这个策略可以达到增加注册用户的目的，扩大广告宣传对象在目标浏览者中的知名度。

② 有奖活动。有奖投票、有奖征文等策略通过设立一定的奖励，鼓励和吸引网络用户参与活动，能够增加用户的参与和互动。

③ 低消费策略。用低价格引起网络用户的购买欲望，推动会员跨出网上购物的第一步。

④ 在线游戏。在线游戏能够迎合网络用户追求新奇、敢于冒险的心理，因此可以增加广告活动的参与性，特别适用于年轻一族。

⑤ 在线沙龙。以专题论坛的形式吸引目标受众的关注和参与，如北京天文馆网站的天文爱好者论坛。

2）网络广告技巧

网络广告以其独特的优势给商家、企业和消费者带来了新的机遇。但是应该看到，与传统广告相同，使用网络广告也要遵循一定的原则，注意运用技巧，否则网络广告同样会遭遇失败。

网络广告应该重点把握的三要素是锁定目标受众、广告设计、实时效果监控。

（1）锁定目标受众

企业可以按照适宜的标准持续做好目标受众的需求调查和细分，如性别、年龄、文化程度、收入、职业、地域特点等。通过调查和细分，了解目标受众的需求和偏好，选择适合的网站做宣传，并为网上用户提供购买和试用的机会。

（2）广告设计

营销人员应与技术人员共同完成广告设计；针对信息特点，综合运用营销技巧和技术手法；在提供丰富的信息资源的同时，形成强大的吸引力。

（3）实时效果监控

利用访问统计软件或广告评估机构进行实时的技术和内容监测；利用网络广告的测评指标（点击数、页面印象、回应单击）显示监测结果，根据结果分析、判断广告效果，把握今后的改进方向。

3）网络广告的实用小技巧

① 在网页上方做广告的效果比在下方好。

② 让广告与网站最主要的内容相伴。

③ 经常更新，保持新鲜感。

④ 直接链接到目标页面。

⑤ 适当采用动画图片、声音，不要忽视文字的作用。

⑥ 网上、网下相互呼应，共同努力。

5.4.4　网上销售促进

销售促进主要是用来进行短期性的刺激销售。网上销售促进是指利用网上促销工具刺激消费者购买产品或者使用服务的活动。网上销售促进的主要方式包括以下几种。

1. 网上折价促销

折价也称打折、折扣，是目前网上最常用的一种促销方式。由于网上销售商品不能给人全面、直观的印象，也不可试用、触摸，再加上配送成本和付款方式的复杂性，造成消费者网上购物和订货的积极性下降；而幅度比较大的折扣可以促使消费者进行网上购物的尝试，并作出购买决定。

目前，大部分网上销售商品都有不同程度的价格折扣。折价券是直接打折的一种变化形式，有些商品因在网上直接销售有一定的困难，便结合传统营销方式进行：在网页上提供可下载打印的优惠券，潜在顾客可通过访问网页获得此优惠券，凭此优惠券到当地商店购买商品时可获得优惠。此法一举两得：第一可增加网站访问量，让更多的消费者了解企业；第二可促进销售。

2. 网上变相折价促销

变相折价促销是指在不提高或稍微增加价格的前提下，提高产品或服务的质量，较大幅度地增加产品或服务的附加值，让消费者感到物有所值。由于网上直接价格折扣容易给消费者造成降低品质的印象，利用增加商品附加值的促销方法会更容易获得消费者的信任。

3. 网上赠品促销

赠品促销目前在网上的应用不算太多，一般在新产品推出试用、产品更新、对抗竞争品牌、开辟新市场情况下，利用赠品促销可以达到比较好的促销效果。

赠品促销的优点，一是可以提升品牌和网站的知名度，二是鼓励人们经常访问网站以获得更多的优惠信息，三是能根据消费者索取赠品的热情程度来分析营销效果。

4. 网上拍卖促销

网上拍卖促销就是将产品不限制价格在网上拍卖。网上拍卖这一新兴的促销方式，由于快捷方便，吸引了大量用户参与，如淘宝网上商品的拍卖活动，就获得了很好的效果。

5. 网上有奖促销

网上有奖促销是应用较广泛的促销形式之一，是大部分网站乐意采用的促销方式。有奖促销是以一个人或数人获得超出参加活动成本的奖品为手段进行商品或服务的促销。网上抽奖活动主要穿插在网上调查、产品销售、扩大用户群、企业庆典等活动中。消费者或访问者通过填写问卷、注册、购买产品或参加网上活动等方式获得抽奖机会。

6. 网上积分促销

网上积分促销在网络上的应用比起传统营销方式要简单和易操作。网上积分活动很容易通过编程和数据库等来实现，并且结果可信度很高，操作起来相对较为简便。积分促销一般设置价值较高的奖品，消费者通过多次购买或多次参加某项活动来增加积分以获得奖品。积分促销可以增加上网者访问网站和参加某项活动的次数，可以增加上网者对网站的忠诚度，可以提高活动的知名度，等等。

7. 网上联合促销

由不同商家联合进行的网上促销活动称为网上联合促销。网上联合促销可以使促销的产品或服务形成一定的优势互补，互相提升价值。如果应用得当，联合促销可起到相当好的促销效果。例如：网络公司可以和传统商家联合，以提供在网络上无法实现的服务；网上销售汽车的公司和销售润滑油的公司联合促销等。

8. 网上免费促销

免费促销的主要目的是推广网站。所谓免费资源促销，是指通过为访问者无偿提供其感兴趣的各类资源，吸引其访问，提高站点流量，并从中获取收益。目前，利用提供免费资源获取收益比较成功的站点很多，如提供搜索引擎服务的雅虎和搜狐等。

以上几种是网上促销活动比较常见的方式，节假日促销、事件促销等都可以与以上几种促销方式综合应用。但要想使促销活动达到良好的效果，必须事先进行市场分析和网上活动的可行性分析，并与整体营销计划结合，以达到预期的促销效果。

5.4.5 网络公共关系策略

公共关系是指利用各种传播手段唤起人们对企业及企业产品的好感、兴趣和信赖，争取人们对企业经营理念的理解，树立企业形象的一种营销工具。通过实施公共关系策略，企业可以培养消费者对企业产品和服务的信任和忠诚，提升企业在社会公众和消费者心目中的形象，为企业营造出良好的经营环境。

1. 公共关系的构成要素

公共关系强调的是信息的传递和双向的沟通。在企业的公共关系活动中，不可缺少的3个构成要素是企业、公众、传播媒介。只有3个要素相互结合，充分发挥每个要素的作用，才能获得良好的沟通效果。

1）企业——公共关系的主体

企业在公共关系构成中处于主体的地位，它是有关信息的主要发布者和接收者。一方面，企业作为社会中的一个组织要与其他公众不可避免地发生各种关系，产生各种交流活动，为了保证企业的生存和发展，环境要求企业必须有意识、有目的地主动开展公共关系活动，以增进企业与公众的相互了解、沟通和合作；另一方面，企业作为营利性的组织，为了获得良好的经济效益，也必须以公共关系主体的身份积极开展各种公关活动，为企业营造良好的内、外部环境。

2）公众——公共关系的客体

公众是指与企业相互联系、具有相关目的和利益的社会群体。企业所面对的公众主要由以下两个方面构成。

① 内部公众：企业内部的员工和股东。

② 外部公众：与企业经营活动有密切联系的消费者、中间商、供应商、传播媒介、社区、政府等。

企业在经营中应注意处理好与上述公众的关系。

3）传播媒介——公共关系的载体

信息传播的过程是一个双向交流的过程。传播媒介指的是在企业和公众之间传递信息的介质和途径。在公共关系中，信息传播的过程既是一个企业有计划的行动过程，也是一种信息分享的过程。一方面，企业利用传播媒介向公众及时有效地传递企业的信息，收集公众对企业的各种意见和建议，了解公众的态度；另一方面，公众从企业发布的信息中获取有用的信息，并作出反馈。

2. 公共关系的形式

企业在进行公共关系活动时，可以根据活动的目的和对象的不同，利用不同的沟通媒介，选用不同的活动方式。常见的公共关系形式有以下几种。

1）利用新闻媒介

由于新闻媒介在社会上具有较高的权威性和传播的广泛性，因此企业利用这种方式向社会介绍企业和企业产品，能够达到事半功倍的效果。这些活动包括新闻稿件、电视专题采访、记者招待会等。

2）出版物

出版物是宣传企业、联系公众的有力沟通手段。它包括企业的年度报表、企业的宣传手册、企业的内部期刊、企业的业务通信等。

3）专题活动

通过举办各种有影响的专题活动来吸引公众对企业和企业产品的关注，包括各类庆典活动、竞赛、对体育竞赛或文化活动的赞助等。

4）公益活动

企业通过参加社会的各种公益福利活动来树立在公众心目中的良好形象，包括赞助社会公益活动、资助失学儿童、募捐、扶贫救灾等。

5）建立企业文化

通过对企业的经营理念、行为方式和视觉识别进行系统的革新和统一的传播，使公众对企业产生一致的认同感和价值观，赢得社会和消费者的信赖和肯定，从而实现产品的销售目标，为企业带来更好的经营绩效。

3. 网络公共关系

公共关系强调通过使用有效的信息传递和沟通方式，与各类社会公众之间建立相互信任、支持的良好关系。由于互联网技术给企业营销工作提供了新的信息交流平台和交流手段，因此，也给公共关系策略带来了新的方式和特有的优势。网络公共关系是指借助互联网作为媒体和沟通渠道，通过与企业利益相关者包括供应商、顾客、经销商、雇员、社会团体等建立良好的合作关系，为企业的经营管理营造良好的环境。

1）网络公共关系中信息传递的优势

网络公共关系与传统的公共关系相比，具有以下几方面的优势。

① 信息发布可以不需要经过媒体中介，主体主动性增强。

② 突破了时间和地域上的限制。

③ 增强了信息传播的互动性和针对性，提高了公共关系活动的效能。

2）网络公共关系的新形式

（1）传统印刷媒体的电子版刊物

为了扩大刊物的知名度和影响力，许多传统的印刷媒体都在网上建立了网站，并开办了相应的电子版刊物。利用网络，这些刊物不仅可以刊登与实体刊物相同的信息内容，还可以提供相关的即时信息和有针对性的信息反馈；同时，发布信息的形式也多种多样，如网上专家论坛、公共论坛、读者俱乐部等。

（2）网络媒体出版物

网络媒体出版物通常是企业为了在网上发布有关产品信息、行业信息或技术支持培训信息所创办的定期或不定期的电子刊物。通过电子刊物，企业可以宣传和推广企业的产品和技术服务，有计划地开展相关知识的传播，增强消费者对企业产品的了解和信任。

（3）网络广播节目

网络广播节目是指在网上建立广播台，根据不同的专题制作节目，通过对公众关心的热点问题的讨论，对政府及不同领域专家的网上采访和网上即时讨论等方式，向目标受众传播有价值的信息并进行有效的信息交流。一般采用的形式有广播台、电视台、网络会议等。

（4）网络社区

网络社区是指由组织或个人在互联网上组成的群体，这个群体的成员具有共同的兴趣和爱好，并乐于在社区中提供和传递有价值的信息。企业可以利用网络社区的信息传递能力，增强目标受众对企业及企业产品的了解和认识，树立企业的形象。

3）网络公共关系的作用

随着消费者对网络的日益依赖和熟悉，互联网技术已经越来越多地运用在企业公共关系的建设中，同时，网络公共关系也给企业带来了事半功倍的经营效果。企业网络公共关系活动的作用主要体现在以下几个方面。

（1）宣传企业站点，树立企业形象

企业网站是企业进行网络营销的大本营，宣传企业网站、提高企业网站的知名度是网络公共关系的重要任务。宣传企业站点除可以在有影响的新闻媒体上发布消息、通过网络社区等进行宣传之外，更重要的是要注意加强企业站点的自身建设，即提供适合网上目标消费者需求的产品和服务，不断更新站点的内容，采用有效吸引访问者的策略。

（2）宣传企业产品和服务

在企业产品开发和推广中，可以通过网上慈善拍卖、网上公益活动等网络公关活动宣传，推广自己的产品，树立企业的形象。

（3）进行有效的消费者教育

通过网络社区、新闻宣传等网络公关方式在消费者中间进行潜移默化的产品知识和消费理念的教育影响活动，引导消费者树立正确的消费观念，加深对企业产品的认识。例如：亨氏联合有限公司的网站上除了有公司的产品介绍外，更多的是有关育婴和喂养知识的介绍。公司把网络经销的侧重点放在了育婴理念的宣传和为适龄女性提供婴儿喂养知识上。虽然没有直接的利润，但一批与公司具有相同理念的顾客将是亨氏婴儿食品的下一批购买者和宣传者。

（4）建立快速反应渠道，维护企业形象

利用网络快速传递信息的功能，企业可以在第一时间发现环境中出现的负面影响，并通过网络公关活动作出快速的反应，消除企业因经营过程中的失误带来的影响。

（5）建立战略联盟，沟通与合作伙伴的关系

通过网络公关活动，企业不仅能够与顾客建立良好的关系，也可以加深与自己经营合作伙伴之间的联系和合作关系。例如：思科公司在自己网站"合作伙伴与代理商"板块中开辟了加入生态系统栏目，以便客户查找合适的解决方案及相应的合作伙伴。由于有了共同的发展目标和良好的合作关系，思科公司产品的优势得到了极大的发挥。

4. 公共关系决策

企业在实施公共关系策略时应从以下 4 个方面进行策划。

① 确定公共关系的目标。

② 选择公共关系的内容和方式。

③ 实施公共关系计划。

④ 评估公共关系效果。

课堂练习 5-7

网络公共关系的建立

练习目的：

通过本次课堂练习，获得网络公共关系建立的感官体验，深刻体会网络营销中建立网络公共关系的过程和重点。

练习要求：

学生自由组合成小组，分析"复爱合缘的顾客关系"的案例内容，结合理论知识分析案例的实际应用特点；各小组还可以模仿这个案例，把比较有代表性的、实际在企业中应用到的典型应用案例与全班师生一起分享，以便更好地掌握所学理论知识。

练习内容：

复爱合缘的顾客关系

2017 年 9 月，百合网和世纪佳缘两家婚恋网站合并成立"百合佳缘"，于 2022 年 5 月

更名为"复爱合缘集团",是无可撼动的婚恋龙头老大。由于深知网络婚恋领域的"痛点"问题,即婚恋社交活动对于大多数人属于一次性的需求,用户的生命周期极短,一次成功配对的同时也意味着一次用户的流失,并且用户连接得越好、配对速度越快,用户的生命周期也就越短。尤其是复爱合缘这样的龙头企业,对痛点问题的体会也会更加明显,如何拉长用户的生命周期、如何建立持续的顾客关系自然成为亟须解决的问题。

复爱合缘集团涵盖了婚恋、婚嫁和娱乐社区三大业务板块。在婚恋这一领域,复爱合缘一直以专业服务聚焦于相对严肃的婚恋市场,主要盈利模式是订阅会员信息共享、信息分享等方式;婚嫁涵盖了婚品、婚纱、婚庆、婚宴、旅行等细分市场;恋爱社区业务板块主要聚焦于娱乐社区。目前,沟通方式日益多元化,人们交往的目的性被弱化。伴随着娱乐,发展出一些简单的关系,如通过打网游、剧本杀等交往形式发展恋爱关系的模式开始流行,以兴趣划圈的圈层文化兴起。复爱合缘顺应这种潮流适时开发相应的项目,满足客户的需求变化。

思考与互动:

学生思考并回答以下几个问题,教师点评、归纳。

① 根据上述案例,分析企业是如何建立网络公共关系的。

② 根据上述案例,分析建立网络公共关系的重要性。

③ 根据上述案例,具体谈谈建立网络公共关系有哪些注意事项。

④ 根据上述案例进一步收集资料,谈谈该公司秉承了哪些企业家精神。

⑤ 根据上述案例和本章所学知识,设计其他的网络公共关系活动,活动要弘扬企业家精神,践行社会主义核心价值观。

案例分析与提高

"VIPKID 在线英语"的网络推广计划

米雯娟是 VIPKID 的创始人,她经过大量的市场调研发现:多数人对英语培训机构的了解只停留在新东方、环球雅思、华尔街等少数几家培训机构,更多人关注的是成人英语教育,如托福、雅思培训。在线英语教育,特别是儿童在线英语教育极度匮乏。因此,2013 年 10 月创始之初,VIPKID 将学员锁定为 4~12 岁来自中高端收入家庭的儿童,致力于整合全世界最优秀的北美外教,通过一对一实时在线视频学习平台给中国小朋友提供个性化的学习体验。

通过上述分析,该公司确定了网络推广计划:通过搜索引擎推广、网络广告推广、电子邮件营销、论坛推广、微博推广和微信推广等多种网络推广方式,加强该品牌美誉度、亲和度,搭建全新互动体验的学习平台,促进了产品销量的增长和利润指标的提升。

目前,VIPKID 拥有 8 万余名北美纯正外教,累计学员超过 100 万人。

分析与提高

① 根据上述案例,分析该公司的网络营销推广计划。

② 根据上述案例,分析在制订网络营销推广计划过程中应该注意的问题。

③ 根据上述案例进一步收集资料,谈谈该公司秉承了哪些企业家精神。

④ 根据上述案例和本章所学知识,结合当下的网上潮流和热点,为其他企业设计网络营销推广活动,活动要弘扬企业家精神,践行社会主义核心价值观。

5.5　上机练习与实践——网络营销组合实训

5.5.1　实训目的

　　某自行车销售商是一个销售各种品牌自行车及其零部件的国内大型连锁公司，公司业务遍及全国各地。随着网络全面渗透企业运营和个人生活，为了更好地吸引众多的网络客户，开拓网上销售渠道，提高公司管理各类客户的能力和综合竞争力，该公司决定开展网络营销。

　　公司在了解、熟悉网络和网络营销的现状、发展、演变及未来发展趋势，分析了我国制造行业的网络营销现状，进行了网络环境分析、网络市场调研、目标市场分析后，明确了网上产品定位、网上定价策略和网络营销渠道。目前，打算熟悉、了解网上同类产品的特色、定位及定价特色，掌握同类产品定位和定价的主要内容和方法，并通过网上产品定价策略、网上营销渠道的比较，撰写本公司网上产品定位及定价策略的分析报告，设计网络营销渠道；同时，熟悉、了解和应用搜索引擎注册、与其他网站的互换链接操作和在网上发布广告的流程，根据本公司网上产品的特点和定位，做好公司网站的推广工作，秉承企业家精神，为企业进一步的开展网络营销活动打好基础。

　　本章实训练习分为 4 个部分，每个部分均围绕实训内容、步骤方法、示例和要求展开。

5.5.2　实训练习 1——网上产品定位

　　1. 实训内容

　　① 登录相关电子商务平台网站——阿里巴巴网站、天猫网站和京东网站等，进行注册。

　　② 登录网站，寻找自行车类相关产品。

　　③ 在众多网店中选中几家有特色的网上商店。

　　④ 进入这些网上商店分析其网上产品的特色和市场定位，掌握同类产品定位的主要内容。

　　⑤ 登录国内知名自行车品牌网站——捷安特自行车网、上海永久股份有限公司网站、凤凰自行车网站，分析其网站特色和网上产品市场定位，掌握同类产品定位的主要内容。

　　⑥ 分析本公司的目标消费者需求和企业竞争优势，分析本公司产品的各个层次内容和特点，分析本公司产品所属分类，为本公司的网上产品进行定位。

　　2. 实训方法

　　① 连接互联网。

　　② 在浏览器地址栏输入相应网址，按照实训示例中的提示，分步骤完成。

　　3. 实训示例

　　① 进入相关电子商务平台网站——阿里巴巴网站、天猫网站和京东网站等，注册成为会员，并登录。

　　② 从产品类目中查找自行车，进入后从所有分类中查找与本公司产品相近的自行车品种，并观察其所属分类。

③ 缩小搜索范围，输入关键字、价格区间等，选择进入几家网店，分析其产品特色和定位，掌握同类产品定位的主要内容。

④ 登录国内知名自行车品牌网站——捷安特自行车网站、上海永久股份有限公司网站、凤凰自行车网站等，分析其网站特色和网上产品市场定位，掌握同类产品定位的主要内容，分析相关企业是如何不断创新发展、专注品质和追求卓越的。

⑤ 分析本公司的目标消费者需求和企业竞争优势，分析本公司产品的各个层次内容和特点，分析本公司产品所属分类，为本公司进行自行车类产品网上定位的分析，网上产品定位还要能解决社会热点问题、承担社会责任和服务社会。

4. 实训要求

① 根据各自的练习情况，以"某自行车销售公司网上产品定位"为题目，进行网上实际操作，并撰写一份实训报告，要有关键步骤的抓图。

② 以小组为单位对教师指定的某类产品进行产品定位策划，写出简单的策划报告。
策划报告内容要求：

- 说明该产品的各层次内容。
- 分析该类产品的特点。
- 对该类产品进行类别划分。
- 体现产品定位的各项原则。
- 报告要弘扬企业家精神，践行社会主义核心价值观。

5.5.3　实训练习2——网络定价实训

1. 实训内容

① 了解常用的网络营销定价策略。
② 网上销售商品价格的定价体验。
③ 具体网站网络营销定价策略分析。

2. 实训步骤

① 针对本章内容，结合互联网搜索相关信息，了解常用网络营销定价策略的适用产品特性及条件，并填写表5-1（包括但不局限于教材提供的常用网络营销定价策略）。

表 5-1　常用网络营销定价策略分析

常用网络营销定价策略	适用产品特性	适用条件
免费定价策略		
低价定价策略		
定制化定价策略		
使用定价策略		
逆向定价策略		
其他		

② 网上销售商品价格体验。浏览互联网，按要求填写表 5-2。

分别登录阿里巴巴网站、天猫网站、京东网站，搜索同一自行车品牌与规格型号的产品，比较各网上商店价格的高低，并分析其定价策略。

表 5-2 网上销售商品价格体验

产品名称与规格：_____

网站	价格	定价策略
阿里巴巴网站		
天猫网站		
京东网站		
总结		

③ 同类产品网站中的商品主要定价策略体验。浏览互联网，按要求填写表 5-3。

分别登录捷安特自行车网站、上海永久股份有限公司网站、凤凰自行车网站，分析这些网站网络营销的主要定价策略，分析其网络定价中的承担社会责任、服务社会和回报社会的相关内容。

表 5-3 具体网站网络营销定价策略分析

商务网站	定价策略
捷安特自行车网站	
上海永久股份有限公司网站	
凤凰自行车网站	

3. 实训要求

① 根据各自的练习情况，以"某自行车销售公司网络营销定价实训"为题目，进行网上实际调研和分析，以 2～3 人的小组为单位完成以上 3 项任务，并撰写一份实训报告。

② 实训报告内容要求：

* 以 2～3 人为单位完成报告，字数在 2 000 字以上。

* 对相关信息进行收集和整理，并有图表等数据分析和结论。

* 报告应做到主题突出、收集的信息及数据表达清晰、分析和结论合理、叙述流畅、无错别字。

* 列出所查询的网站网址，参考文献的标题和作者。

* 报告要弘扬企业家精神，践行社会主义核心价值观。

5.5.4 实训练习 3——网络营销渠道建设

1. 实训内容

① 比较网络直接销售相对于传统间接销售的优势。

② 网络营销渠道分析训练。

③ 网络营销渠道设计。

2. 实训步骤

① 访问戴尔中国公司的网站，并在其他网站上搜索相关信息，比较一下网络直接营销渠道和传统分销渠道相比所具有的竞争优势。参考表5-4填写你的看法。

表5-4　网络直接营销渠道和传统分销渠道比较

项目	渠道	消费者	服务	库存	营销
网络直接销售					
传统分销					

② 网络营销渠道决策分析训练。请按照以下步骤试着进行营销渠道的决策。假定你是某企业的营销策划人员，选择一种要开展营销的产品，回答以下问题。

● 渠道分析

企业倾向选择的营销渠道是：

A. 直销　　　　　　　　　B. 中间商

● 成本分析

可变动的销售渠道成本是否会影响最终产品到消费者手中的价格？

A. 是　　　　　　　　　　B. 否

描述成本对销售渠道的影响：

_____

● 激励

选择一个影响销售渠道的激励标准：

A. 折扣　　　　　　　B. 可选性　　　　　　C. 专一性

选择的原因：

_____

● 分销分析

是否需要全球分销？

A. 是　　　　　　　　　　B. 否

是否需要仓库？

A. 是　　　　　　　　　　B. 否

假如需要，那么需要几个：_____

列出仓库位置：

A. _____ B. _____ C. _____ D. _____ E. _____

是否满足服务要求？

A. 是　　　　　　　　　　B. 否

是否需要包装公司？

A. 是　　　　　　　　　　B. 否

是否需要运输公司？

A. 是　　　　　　　　　　B. 否

是否需要支付服务？

A. 是　　　　　　　　　　B. 否

列举企业期望的其他营销渠道：

A. ＿＿＿＿＿＿　B. ＿＿＿＿＿＿　C. ＿＿＿＿＿＿　D. ＿＿＿＿＿＿　E. ＿＿＿＿＿

- 网站问题分析

如果已有零售店，你将怎样在虚拟商场建立商场氛围？

＿＿

＿＿

＿＿

你会在自己的网站上推销其他网站或其他企业吗？

A. 是　　　　　　　　　　B. 否

列出你要促销的网站或企业：

A. ＿＿＿＿＿＿　B. ＿＿＿＿＿＿　C. ＿＿＿＿＿＿　D. ＿＿＿＿＿＿　E. ＿＿＿＿＿

描述与这些合作伙伴的策略目标：

＿＿

＿＿

- 特殊服务的分析

你是否会将服务延伸至其他网站？

A. 是　　　　　　　　　　B. 否

通过互联网你会提供什么服务？

A. 全部　　　　　　　　　B. 部分

列出你在互联网上提供的服务：

A. ＿＿＿＿＿＿＿＿＿＿＿＿＿＿＿＿＿＿＿＿＿＿＿＿＿＿＿＿＿＿＿＿＿＿＿＿＿＿＿

B. ＿＿＿＿＿＿＿＿＿＿＿＿＿＿＿＿＿＿＿＿＿＿＿＿＿＿＿＿＿＿＿＿＿＿＿＿＿＿＿

C. ＿＿＿＿＿＿＿＿＿＿＿＿＿＿＿＿＿＿＿＿＿＿＿＿＿＿＿＿＿＿＿＿＿＿＿＿＿＿＿

3. 某产品的网络营销渠道设计

- 每 3～4 人组成一个小组，每个小组选一位组长，负责组织讨论和分工，撰写设计方案。

- 讨论选择一种产品，描述产品的特点，了解不同时期企业产品的发展历程，分析企业是如何专注品质、创新发展和追求卓越的。

- 讨论设计该产品可能的渠道形式，说明渠道的网络建设工作内容，如组织结构设计、组织建立、渠道的层级、网络及宽度等的设计理由。由记录员记录，确定其渠道及网络。在网络渠道设计中，要融入解决社会热点问题、承担社会责任和服务社会的内容。

- 每小组提交一份设计方案。

4. 实训要求

① 根据各自的练习情况，以"网络营销渠道建设实训"为题目，按照实训步骤进行网

上实际调研和分析，以小组为单位完成以上 3 项任务，并撰写一份实训报告。

② 实训报告内容要求：

- 以小组为单位完成报告，字数在 2 000 字以上。
- 对相关信息进行收集和整理，并有图表等数据分析和结论。
- 报告应做到主题突出、收集的信息及数据表达清晰、分析和结论合理、叙述流畅、无错别字。
- 列出所查询的网站网址、参考文献的标题和作者。
- 报告要弘扬企业家精神，践行社会主义核心价值观。

5.5.5　实训练习4——网络促销实训

1. 实训内容

① 将指定网站分别注册到百度、谷歌、搜狐和奇虎 360 等网站上，进行搜索引擎注册操作练习。

② 进行指定网站与其他网站的互换链接操作练习。

③ 进入新浪微博营销中心网站，熟悉并了解在新浪网站上做网络广告的条件、要求、规范和步骤。

④ 进入百度营销中心，了解其营销平台上的产品及百度广告的类型、购买和付费方式。

⑤ 进入阿里妈妈网站，熟悉并了解其营销平台上的产品。

⑥ 进入 U-Mail 邮件营销平台，熟悉并了解进行许可式电子邮件营销的操作流程。

2. 实训方法

① 连接互联网。

② 在浏览器地址栏输入相应网址，按照实训示例中的提示，分步骤完成。

3. 实训示例

① 搜索引擎注册操作步骤和方法。

② 在新浪微博营销中心网页上，单击相应链接，了解在新浪网站上推出富媒体广告方案。

③ 在阿里妈妈网站上，了解淘宝联盟推广的操作流程。

④ 进入 U-Mail 邮件营销平台，熟悉并了解进行许可式电子邮件营销的操作流程。

⑤ 分析随着互联网和数字技术的发展，各网络营销平台都秉承了哪些企业家精神。

4. 实训要求

① 根据各自的练习情况，以"网络促销练习"为题目，进行上网实际操作和练习，并撰写一份实训报告，要有关键步骤的抓图，报告要弘扬企业家精神，践行社会主义核心价值观。

② 以小组为单位对教师指定的某网站或产品进行网络广告促销策划，写出简单的策划报告，能够使用一种技术工具实现一种广告形式的广告制作。

策划报告内容要求：

- 确定网络广告所要达到的目的。
- 对网络广告目标受众进行需求特点分析。
- 进行网络广告信息设计制作说明。
- 运用所学的工具进行网络广告的简单制作。
- 选择和确定合适的网络广告发布途径。
- 网络广告要弘扬企业家精神，践行社会主义核心价值观。

5.6　本章小结

本章从产品整体概念出发，介绍了网上产品定位及网络营销、品牌及网络营销品牌策略，进而引申出产品定价方法及营销渠道的结构和类型等相关内容，详细阐述了网上产品的产品策略、价格策略、渠道策略和促销策略的相关概念、组合方式及实施方法等内容，通过案例说明了实施网络营销组合策略的重要性，并重点讲解了企业开展有效的网络营销组合的途径和方法。

思考题

1. 如何在网上建立产品的品牌？
2. 当你为企业定位网上产品时，应该关注哪些要素的影响？
3. 试论述网络营销定价与传统营销定价的异同。
4. 试论述网络营销渠道的功能与类型。
5. 网络直销渠道相对于传统间接渠道有什么优势？
6. 什么是网络营销促销？它的组合方式是什么？
7. 常用的网站推广方法有哪几种？
8. 目前，网络广告最常用的表现形式有哪几种？
9. 网上销售促进主要有哪几种？（列举 5 种即可）
10. 网络公共关系活动能起到哪些积极的作用？

第6章

网络营销推广工具与方法

引言

随着网络技术的不断普及与发展，企业网络营销行为日益广泛，网络营销推广方法也日新月异。本章从理论出发，分别讲解了搜索引擎营销、电子邮件营销、社交媒体营销、二维码营销、H5 营销、众筹营销和广告联盟营销的相关知识与营销策略，并简要介绍了口碑营销与微博营销的发展和应用情况。

主要知识和技能点：
- 搜索引擎营销的概念及策略
- 搜索引擎优化的概念及策略
- 电子邮件营销的概念及策略
- 社交媒体营销、二维码营销、H5 营销、众筹营销和广告联盟营销的概念及策略

教学要求：
- 识记：搜索引擎营销，搜索引擎优化，微博、众筹营销的构成
- 领会：选择关键词的主要原则和步骤，电子邮件营销的一般过程，微信和微博营销的常见模式，广告联盟营销的主要形式
- 简单应用：制定搜索引擎、电子邮件营销、社交媒体营销、二维码和 H5 营销策略
- 综合应用：将相关知识应用到案例分析或实际场景中

【引导案例】

网络直播营销

2020 年 5 月 6 日，据《人民日报》报道，第一季度全国网络零售市场，运行基本平稳，"宅经济"成为市场热点。商务部大数据监测显示，第一季度电商直播超过了 400 万场。应该说，在 2020 年电商直播真火！

我们所有人都可以开展网络直播。但是，我们要打个问号，我们都能达到网络直播这种

流量转化成销售的能力吗？网络营销工具是非常多的：微信、微博、短视频、淘宝直播间等。我们不一定都能带来销售额。

2023 年 5 月，中国演出行业协会发布了《网络表演（直播与短视频）行业发展报告（2022—2023）》。该报告中指出：截至 2022 年末，我国网络表演（直播）行业主播账号累计开通超 1.5 亿个，其中日均新增主播峰值为 4.3 万人。在这些以直播为主要收入来源的主播中，95.2% 月收入为 5 000 元以下，仅 0.4% 主播月收入为 10 万元以上。主播账号数据与收入数据调研结果如图 6-1 所示。

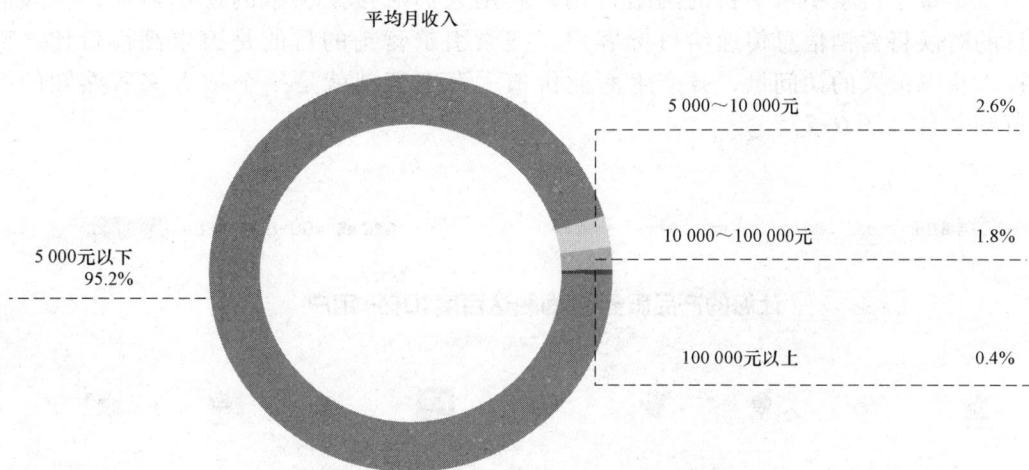

平均月收入

5 000～10 000 元　2.6%

10 000～100 000 元　1.8%

5 000 元以下
95.2%

100 000 元以上　0.4%

图 6-1　主播账号数据与收入数据调研结果

可以看出，确实是可以人人参与直播活动，但是直播活动的转化效果却不一定能够达到我们心目中理想的状态。

案例点评：

我们应如何正确地应用网络营销工具和方法，如何了解消费者的需求，如何让产品杀出重围，如何低成本产生高收益，如何让流量转化为销售额呢？在前期的营销环境分析时，我们要做好网络目标客户群体分析、网络营销环境分析；同时，要做好网络市场细分，针对网络目标客户群体，灵活和创新性地应用网络营销工具和方法，释放新业态、谋求新窗口、探索新增长，确定适合自己的网络营销策略。

因而，本章主要讲网络营销工具和方法。也就是说，在网络营销活动中引领潮流时，应该如何熟练地掌握这些网络营销工具，应该如何灵活地运用这些网络营销方法。

6.1　搜索引擎营销

6.1.1　搜索引擎营销的基本原理

随着信息技术和互联网技术的不断发展，互联网网页数量已经达到千亿级别。根据中国互联网信息中心发布的统计信息显示，截至 2022 年 12 月，中国网页数量为 3 588 亿个，较 2021 年 12 月增长 7.1%。对于广大网民来说，不是信息量不够，而是信息太多。如何让企业的商品和服务信息从众多的信息中脱颖而出，呈现在用户面前，并引起用户的关注，成为广告商非常重视的问题。搜索引擎在某种程度上解决了信息获取和信息筛选的问题。

1. 搜索引擎营销概述

1）搜索引擎营销的定义

搜索引擎营销（search engine marketing，SEM）是指在用户使用搜索引擎进行信息检索时，利用用户检索信息的机会尽可能将营销信息传递给目标用户。简单来说，搜索引擎营销就是基于搜索引擎平台的网络营销，利用人们对搜索引擎的使用习惯，在人们检索信息的时候将营销信息传递给目标客户。搜索引擎营销的目的是追求高性价比，以最小的投入获得最大的访问量，并产生商业价值。百度营销就是一个被大家所熟知的搜索引擎营销平台（图6-2）。

图6-2　百度营销首页

2）搜索引擎营销的目标

① 被搜索引擎收录。

② 在搜索结果中排名靠前。

③ 增加用户的点击率。

④ 将浏览者转化为顾客。

在这4个目标中，前3个目标可以理解为搜索引擎营销的过程，而只有将浏览者转化为顾客才是最终目标。在一般的搜索引擎优化中，通过付费登录或者设计网页标题、关键词等相关标签，可以实现前两个初级目标。想要实现高层次的目标，还需要进一步对搜索引擎进行优化设计。

　　3）搜索引擎营销实现的基本过程

　　企业将信息发布在网站上，成为以网页形式存在的信息源；搜索引擎将网站/网页信息收录到索引数据库；用户利用关键词进行搜索；搜索引擎结果中罗列相关的索引信息及其链接；根据用户对搜索结果的判断，选择有兴趣的信息并点击进入信息源所在网页。这样就完成了企业从发布信息到用户获取信息的整个过程，这个过程也说明了搜索引擎营销的基本原理和基本过程。

　　4）搜索引擎营销的任务

　　从搜索引擎的基本原理可以看出，实现搜索引擎营销的任务有以下 4 个方面。

　　① 构造合适的搜索引擎检索信息源。信息源被搜索引擎收录是搜索引擎营销的基础，这也是网站建设成为网络营销基础的原因。

　　② 创造网站或网页被搜索引擎收录的机会。网站建设完成并发布到互联网上并不意味着自然可以达到搜索引擎营销的目的，还需要增加被搜索引擎收录的机会。

　　③ 使网站信息出现在搜索引擎结果中靠前的位置。网站或网页仅仅被搜索引擎收录还不够，还需要让企业信息出现在搜索引擎结果中靠前的位置，这就是搜索引擎优化所期望的结果。

　　④ 以搜索结果中有限的信息获得用户关注。通过对搜索引擎检索结果的观察可以发现，并非所有的检索结果都含有丰富的信息，用户通常并不能点击浏览结果中的所有信息，而是需要对结果进行判断，从中选出一些相关性强、最能引起关注的信息进行点击，进入相应的网页之后获得更为完善和完整的信息。

　　2. 搜索引擎营销的特点

　　1）受众广泛准确

　　根据中国互联网信息中心发布的统计信息显示，截至 2022 年 12 月，中国网民规模达到10.67 亿。如此大规模的互联网用户群为搜索引擎营销提供了大量的潜在客户。这些潜在客户中即使有 1% 的客户转化为顾客，也会为企业带来可观的收益；同时，搜索引擎营销相比传统营销方式，最大的特点是受众的准确性。传统的营销方式往往都是拓宽各种渠道，尽可能接触潜在客户。这种方式覆盖面很广，然而真正的转化率却比较低，并且传统的营销方式采用的是拉动、说服等被动方式。搜索引擎营销是用户主动搜索相关信息，他们比传统营销中的用户更有可能转化为消费者，这种关注正是搜索引擎的价值所在，也是搜索引擎营销存在和成长的关键。

　　2）方便快捷

　　激烈的市场竞争使企业间的竞争日益激烈，早一步的行动就可能为企业带来巨大的利润空间，而搜索引擎营销也正是以其高速而得以发展。在传统营销手段中，企业要开展意向促销活动，往往需要前期投入大量时间对营销人员进行培训，然后将营销人员分配到有限的地点进行宣传。这样的传统营销方法不仅需要耗费大量的人力、物力和财力，还需要企业投入较长的时间，且活动覆盖范围小，效果可控性差。搜索引擎营销的做法是在编辑好相关的广告内容和选择好关键词后，就可以为这些关键词购买排名，在向搜索引擎提交竞价广告时只需要填写一些必要的信息，如企业和账户信息、关键词及其描述等，即可以发布。只要事先准备好，整个过程只需要几个小时，甚至几分钟的时间。然后用户在搜索这些关键词时就会看到排名较前的公司促销广告的链接，不但可以对很多浏览者产生作用，而且在促销活动结束时也可以很快删除相关链接，不会有任何滞后反应。促销信息的发布更是非常方便，只需要添加一个全新的页面，然后在人气和流量较高的页面中添加指向该页面的链接即可。

3）投资回报率高

很多企业都倾向于用投资回报率来评价营销活动的效果，即用最少的钱达到最好的宣传和推广效果。因为搜索引擎是开放性的平台，门槛比较低，所以与传统广告和其他网络推广方式相比，搜索引擎营销更加便宜、有效。任何企业，不论其企业规模大小，也不论其品牌知名度高低，都可以在搜索引擎上推广宣传，并且机会均等，发布的信息都有可能排在前面。与此同时，搜索引擎营销的投资回报率高还体现在竞价排名按照点击付费，这种付费方式都是在用户发生兴趣并且实际发生点击行为以后发生的费用，并不是可以预测的。

4）可控性较强

搜索引擎营销的可控性主要表现在广告内容、广告时间和广告成本上。首先，广告内容是由搜索引擎广告商自己控制的，广告商有自己修改和优化广告内容的权限，这些对于广告商非常重要。因为广告发布本身是一个不断测试的过程，广告商如果在运行中发现什么问题或者有需要改动的地方，就可以随时修改广告内容，大大提高了广告的反馈效率，增强了广告的投放效果。其次，广告商可以选择最合适的时间投放自己的广告，就好像电影选择暑期档期、春节档期宣传造势一样。这样对那些产品或服务具有明显周期性的广告商很有好处，不但可以节约成本，而且可以大大提高广告效果。最后，对广告成本的控制主要是基于每次点击付费（cost per click，CPC）的付费方式。广告商花在搜索引擎营销上的成本可以由点击量和 CPC 的价格很简单地算出。而且当广告商发现搜索引擎营销的费用已经超过预算时，可以马上停止广告投放。

6.1.2 搜索引擎营销的主要模式

搜索引擎营销的主要实现方法包括竞价排名、关键词广告、搜索引擎优化、分类广告、付费搜索广告、地址栏搜索、网站链接策略等。此外，还出现了更多的搜索引擎模式，如本地搜索、博客搜索、垂直搜索、新闻搜索等，这些都是搜索引擎在某些领域的具体细分模式。

1. 竞价排名

竞价排名是由客户为自己的网页购买关键字排名，按点击计费的一种服务。网站付费后才能出现在搜索结果页面，付费越高者越靠前。客户可以通过调整每次点击付费价格，控制自己在特定关键词搜索结果中的排名，并可以通过设定不同的关键词捕捉到不同类型的目标访问者。其基本特点是按点击付费，推广信息出现在搜索结果中，如果没有被用户点击，则不收取推广费用。如"英语培训"在百度中的搜索结果如图 6-3 所示，其中方框标示的内容为竞价排名的结果。

1）竞价排名的主要作用

竞价排名是一种按效果付费的网络推广方式，用少量的投入就可以给企业带来大量潜在

图 6-3　"英语培训"在百度中的搜索结果

客户，有效提升企业销售额和品牌知名度。竞价排名按照给企业带来的潜在客户访问量计费，企业可以灵活控制网络推广投入，获得最大的回报。

在推广过程中，竞价排名主要发挥了以下几方面的作用。

① 按效果付费，费用相对较低。

② 出现在搜索结果页面，与用户检索内容高度相关，增加了推广的定位程度。

③ 竞价结果出现在搜索结果靠前的位置，容易引起用户的关注和点击，因此效果比较显著。

④ 搜索引擎自然搜索排名的推广效果有限，特别是对于自然排名效果不好的网站来说，采用竞价排名可以很好地弥补这种不足。

⑤ 企业可以自己控制点击价格和推广费用。

⑥ 企业可以对用户点击情况进行统计和分析。

2）竞价排名的优点

① 见效快。通过选择一定价格的关键词后就可以进入排名前几位，并且可以自己控制位置。

② 关键词数量没有限制。可以在后台设置无数的关键词进行推广，没有任何限制。

③ 关键词不分难易程度。不论多么热门的关键词，只要想做，排名都可以进入前三，

甚至第一。

3）竞价排名的影响因素

① 竞价关键词的设定。如果企业设置的关键词太少，就可能造成没有营销效果的现象。少量的关键词覆盖范围有限，所以企业应该尽量多设置一些与产品相关的关键词，提高关键词密度。

② 竞价排名的先后。据权威机构调查：60%～70%的网民仅访问检索结果的第 1 页，20%～25%的网民访问第 2 页，只有 3%～4%的网民访问所有的结果。所以，排名的前后也是很重要的。

③ 网页的描述。有时候会有这种情况，虽然企业在网页的排名第一，但是没有排名第三的效果好。用户在看到搜索结果后，对网页的描述是很关注的，如果不感兴趣就不会打开链接，所以好的网页其描述也是很重要的。

④ 网站网页的打开速度。在浏览网站的时候有一个 8 秒原则，即网站如果在 8 秒内没有打开，用户就会选择关闭。如果企业的网站上有大量的动画效果，或者其他原因导致网站打开速度过慢，就会使竞价排名产生了费用却没有效果。

⑤ 联系方式是否明确。用户通过竞价排名找到企业，对产品也很满意，但是联系方式不容易找到，访问者可能会失去耐心，不再寻找。这种现象也是经常出现的，因此联系方式必须要在醒目的位置，而且每个网页上都要有。

⑥ 是否要全国推广。企业在使用竞价排名的时候做的是全国甚至全球推广，这样有很多客户通过竞价排名看到企业的产品，但是由于地域的关系没有联系企业，竞价排名费用增加了，但是没有效果。因此，企业应该根据其面对的主要市场，有选择性地投放，这样所产生的访问就是有效的，花的费用和产生的效果可以让人满意。

2. 关键词广告

关键词广告是目前常用的网络广告方式之一。从 2002 年开始，关键词广告成为网络广告中市场增长最快的模式。

1）关键词广告概述

关键词广告是付费搜索引擎营销的一种形式，也可以称为搜索引擎广告、付费搜索引擎关键词广告等。简单来说，关键词广告就是当用户利用某一关键词进行搜索时，在搜索结果页面会出现与该关键词相关的广告内容。只有在搜索特定关键词时，关键词广告才出现在搜索结果页面的最显著位置，所以其针对性非常高。不同的搜索引擎对关键词广告信息的处理方式不同，有的将付费关键词检索结果显示在搜索结果列表最前面，也有的出现在搜索引擎结果页面的专用位置，如百度的关键词广告"英语培训"出现在搜索结果页面的右方（图 6-4），而左侧是免费的自然搜索结果。

2）关键词广告的优点

① 关键词广告点击率比横条广告高。利用关键词广告进行网站推广是一种有效的方法，不仅操作简单，而且点击率较高。除直接的点击之外，由于关键词广告的定位程度较高，还可以获得额外的广告浏览价值。

② 关键词广告价格比较低廉。关键词广告采用按点击量收费的方式计价，在企业没有

图 6-4　"英语培训"在百度中的搜索结果（关键词广告）

很多非常热门的关键词的情况下，关键词广告收费相对低廉，降低了企业在网络广告方面的投入费用，改变了只有大型企业才能应用网络广告的状况，增加了中小企业的竞争实力。

③ 点击率没有最低限额，并且广告预算可以自行控制。与国内一些服务商要求每月投放广告最低限额不同，直接在搜索引擎投放关键词广告没有"最低消费"，也不用担心选择的关键词太热门而超过财务预算，因为每次点击的费用和每天的最高限额都是由商家自己设定的，而且可以随时变化设置，甚至暂停或者取消广告活动。

④ 操作简单。投放关键词广告的操作过程简单，任何个人或企业都可以根据网站说明完成广告投放。

⑤ 关键词广告是一种高效的广告投放方式。很多搜索引擎可以实现实时显示，所有的关键词和链接地址都是自行设定的。虽然这样大大提高了投放广告的效率，但也存在一定的弊端。由于不存在审批和人工控制问题，因此可能会出现一些潜在的虚假广告，甚至恶意广告，一旦出现纠纷，结果会比较麻烦。

⑥ 关键词广告与网站优化排名并不矛盾。一般的网站不可能保证优化设计使得很多关键词都能在搜索引擎结果中排名第一，关键词广告是免费登录的一种补充，两者并不矛盾。即使在搜索排名中处于第一的位置，也可以采用付费的关键词广告，这是因为搜索结果排名信息与关键词广告的信息并不一定相同，用户的偏好也有差别。

3）关键词广告的不足

关键词广告虽然具有很多优点，但是也有其不足之处。其中，最大的缺点就是广告商不得不面对恶意点击。恶意点击有时候是竞争者所为，目的是消耗完广告商当天的预算费用，使其广告不再显示，从而使得自己的广告排名上升。另一种情况可能来自搜索引擎广告联盟网站，他们为了获得每次点击的广告佣金而自己实施广告点击行为。这种行为导致的结果就是广告商每天的广告投入增加，但是由关键词广告产生的效益并不产生明显变化。这种现象就是典型的搜索引擎关键词中的恶意点击。

3. 搜索引擎优化

搜索引擎优化（search engine optimization，SEO）是近年来较为流行的网络营销方式，主要目的是增加特定关键词的曝光率以增加网站的能见度，进而增加销售机会。SEO 的主要工作是通过了解各类搜索引擎如何抓取互联网页面、如何进行索引及如何确定其对某一特定关键词的搜索结果进行排名等技术，对网页做相关优化，使其提高在搜索引擎中的排名，从而提高网站访问量，最终提升网站的销售能力或宣传能力。

1）搜索引擎优化的目标

搜索引擎优化不能只考虑搜索引擎的排名规则，更重要的是要为用户获取信息和服务提供方便，也就是说，搜索引擎的最高目标是为服务用户，而不是为搜索引擎。当一个网站能够不断为用户提供有价值的信息时，它在搜索引擎中的表现自然也就好了。这表明搜索引擎优化是以客户为导向的网站优化效果的自然体现，因为搜索引擎的检索原则就是为用户提供与检索信息最相关的内容，如果一个网站/网页做到了这一点，自然会在搜索引擎检索结果中获得好的排名；反过来，如果不注意网站基本要素的优化设计，用其他方式来获得排名效果则是不太现实的。

2）搜索引擎优化的重点

搜索引擎优化应该重视的是网站内部的基本要素：网站结构、网站内容、网站功能和网站服务。搜索引擎优化以网站结构和网站内容最为重要。可以肯定地说，一个网站的结构和内容优化做好了，那么它就至少完成了 70% 的搜索引擎优化工作。大家认为最重要的一个搜索优化因素——网站外部链接，其重要程度在搜索引擎优化中不超过 20%，而且这还是指高质量的、高相关性的网站链接。如果只是一般的网站链接或垃圾网站的链接，可能还会有反作用。例如：谷歌的网页级别技术 PR（page rank）计算值中，PR 值越高说明该网页越重要。影响 PR 值的因素包括与 PR 值高的网页链接、与内容质量高的网站链接等。对方给该网站做链接时，并不是对方网站的 PR 值越高越好，对方网站的外部链接数量也很重要。PR 值最高为 10，一般 PR 值达到 4 就是一个不错的网站了。

3）搜索引擎优化的优点

① 搜索结果在受关注度上要比搜索广告更有优势。这是由于和搜索结果同时出现的竞价排名广告相比，大多数用户更青睐于那些自然的搜索结果，感觉搜索引擎更加中立。

② 建立外部链接，让更多站点指向自己的网站，是搜索引擎优化的一个关键因素。这些链接本身就促进网站排名提升，从而带来更多访问量，并长期保持这一优势。

③ 能够为客户带来更高的投资回报。

④ 网站内容的良好优化可以改善网站对产品的宣传力度。

4）搜索引擎优化的不足

① 搜索引擎对自然结果的排名算法并非一成不变，一旦发生变化，往往会使一些网站不可避免地受到影响。因而，搜索引擎优化存在效果不够稳定、无法预知排名和访问量的缺点。

② 由于搜索引擎优化不但要寻找相关的外部链接，还要从结构乃至内容上对网站精雕细刻，以改善网站对关键词的相关性及设计结构的合理性。同时，这种外部链接无法立竿见

影，因此想要享受到搜索引擎优化带来的收益，可能需要等几个月甚至更长的时间。

③ 搜索引擎优化最初以低成本吸引人们的眼球，但是随着搜索引擎对其排名系统的不断改进，优化成本亦越来越高，这一点在热门关键词上的表现最为明显。

5）搜索引擎优化的工作流程

一般搜索引擎优化工作需要经过关键词确定、竞争网站分析和网站结构优化 3 个步骤。

① 第一步：关键词的确定。

- 由申请者向搜索引擎网站提供所需要的关键词。
- 对所要优化的网站进行受众分析。
- 根据申请者提供的网站情况，搜索引擎网站进一步分析浏览对象的搜索习惯和搜索心理。
- 确定网站主要营销关键词及辅助营销关键词。

② 第二步：竞争网站的分析。

根据已经确定的营销关键词，申请者所在的营销网站对同行业领域网站进行分析。

- 网站优化结构分析。
- 搜索引擎优化情况分析。
- 网站优化情况分析。
- 搜索引擎数据情况分析。

③ 第三步：网站结构的优化。

遵照国际标准，通过对网站结构的调整提升自身网站的整体环境，使企业网站更符合用户的浏览习惯和搜索引擎的收录标准，使网站具备良性的、独立的"造血功能"，保证网站在所属领域内处于领先位置。

6.1.3 搜索引擎优化策略

搜索引擎优化是利用搜索引擎营销的重要途径。第一，认识并了解搜索引擎优化在网站内容制作、关键词密度等方面的基本策略是非常必要的；第二，掌握并应用实施搜索引擎优化师应该利用的各种策略，如归类总结策略、新闻站点技巧策略等，对提高搜索引擎优化的效果十分重要。

1. 搜索引擎优化基本策略

1）丰富网站内容

网站的实际内容是网站优化策略的一个重要因素。如果希望在搜索结果中排名靠前，网站中必须有实际的内容。搜索引擎的"蜘蛛"程序只能从网页内容来判断网站的质量，而不能从图片、Flash 动画上判断。人们在查找信息的时候，总是希望找到包括很多重要信息的网站，网页内容丰富的网站要比网页内容不那么丰富的网站排名好得多。无论是搜索引擎还是访问者都希望看到比较新的信息，这就要求网站收集大量的信息，专注于该领域的动态。

2）提高关键词密度

网页上通常会有数以百计的词语，那么搜索引擎如何分辨哪些是描述网站的重要词语呢？搜索引擎会统计页面的字数，重复出现的词或短语被认为比较重要。搜索引擎利用自身的算法统计页面中每个字的重要程度，关键词字数与该页面字数的比例称为关键词密度，这是搜索引擎优化最重要的因素之一。

为了得到更好的排名，网站的关键词必须在页面中出现若干次，但必须在搜索引擎语序的范围内。要想知道关键词的密度是多少才能够得到较好的排名，方法很简单，只要在搜索引擎中搜索要优化的关键词，然后统计排在前面的几个网站的关键词密度就可以了。

3）突出关键词

在有价值的地方放置关键词。当统计完页面需要多少个关键词后，接下来就可以考虑把关键词放在页面的什么地方。突出关键词是吸引搜索引擎注意的一个重要因素。搜索引擎将要专注于网页中某一部分的内容，处于这一部分的词语显得比其他部分的词语重要得多，这就是所谓的"突出关键词"。

① 标签（title）。标签是网页中最重要的部分。所以在标签中放置关键词显得非常有必要。有一些搜索引擎会格外注意"描述"和"关键词"标签。

② 标题（headings）。标题为网站的访问者指明了哪些是网站中比较重要的内容。在标题中能出现关键词对于提高网站排名有很大的好处。

③ 超链接文本。超链接文本（也称超文本）是指使用超链接的方法，将各种不同空间的文字信息组织在一起的网状文本。超文本更是一种用户界面方式，用以显示文本及与文本之间相关的内容。现时超文本普遍以电子文档的方式存在，文字包括可以衔接到其他位置或者文档的链接，允许从当前阅读位置直接切换到超文本链接所指向的位置。超文本的格式有很多，目前最常使用的是超文本标记语言（hyper text markup language，HTML）及富文本格式（rich text format，RTF）。

④ 统一资源定位符（uniform resource locator，URL）文本。如在网站名和网页中出现关键词，对于搜索引擎排名会产生很大的影响。这样的关键词被称为"URL文本"，网站间建立链接时，尽量使用关键词作为链接文字，有利于提高网页的重要性，从而影响网页排名。

⑤ 顶部。网页顶部的文本，每段开头的内容十分重要，所以尽量在这些地方包含关键词。

4）提高点击流行度

在某些搜索引擎中影响排名的因素是点击流行度，在搜索结果中点击链接到网页的次数会被统计。经常被点击的页面，其点击流行度就高。当访问者从搜索结果中点击网站时，搜索引擎将奖励网站一定的分数。如果网站得到较高的点击量，该网站将来能够得到更多的分数。不要尝试重复点击网站，对于同一 IP 地址的重复点击，搜索引擎会将其删除。

5）提高链接流行度

链接流行度被认为是搜索引擎优化的一个主要因素。搜索引擎认为外部链接较多的网站重要性也相对较高。不是所有的链接都是公平的，从高质量网站的链出会给网站带来更多的分数。链接文字必须包含优化的关键词，这样会提高网站的排名。链接流行度并不在网站能控制的范围内，但是可以按照以下做法提高链接流行度。

① 做一个高质量的网站，如果人们发现它有有价值的内容，会主动与网站进行链接。

② 使交换链接变得更加简易。在交换链接页面放置链接代码，把交换链接的联系方式放在显眼的地方，方便伙伴与网站的交换。

③ 在搜索引擎中找到网站竞争对手的链接伙伴，要求与他们进行交换链接。互利的交换链接对双方都是有益的。

④ 在重要的网站中做广告或者在收费目录中提交网站。

此外，可以将很多免费目录、黄页等提交网站，还可以在作品中加上链接等。

2. 搜索引擎优化的技巧策略

搜索引擎优化的实施步骤一般包括：基本状况分析；关键词分析；网站内部优化实施；网站外链建设；排名效果跟踪，流量分析；根据排名效果，重回第一步，进行调整；关键词排名维护或培训客户进行维护。在实施搜索引擎优化的过程中，需要采取适当的策略和技巧，提高搜索的效果。

1）运用归类总结策略

对于互联网上浩如烟海的资源，可以按照某种分类或者归类方法，直接列出一个清单，表明相关数据等，这样的文章很容易作为权威数据被大量引用。例如："中国十大工人知名导航网"，即建立一个知名导航网列表，然后列出导航网列表顺序；或者"豆腐制作方法大全"，即详细列出常用的制作豆腐的方法；或者"生活中应该注意的××十大细节"。从表面上看，作出来的各列表虽然很简单，但是非常实用，很容易作为权威文件而被大量引用。

2）巧妙利用新闻站点和 RSS 聚合

撰写高质量的文章，然后在对应的行业新闻网站发布。这些权重高的网站排名高、人气旺、流量大，在这里发表文章除了能增加网站的反向链接，还会带来意想不到的流量。如果研究的是 SEO，就是在 SEO 方面的网站和论坛上发表，同时可以提交到新闻门户网站。利用互联网上的 RSS 聚合，把文章发送到 RSS 网站上，便于人们阅读和收藏。

3）利用网址站、目录站和社会化书签

根据自己网站的情况，把网址提交到网站开放目录或者其他免费目录中，如好 123、百度网址大全等。这些目录站的人气非常旺，如果能被这些网站收录，带来的不仅仅是流量，更重要的是能够为网站带来源源不断的网站"蜘蛛"，这对网站被搜索引擎收录、提高网站关键词的排名都是非常有效的。同时把自己的网站内容添加到百度搜藏、雅虎搜藏、QQ 书签等社会化书签，让用户通过阅读器、RSS 等订阅，不断扩大网站的影响力。

4）充分利用合作伙伴和链接交换

充分利用与合作伙伴或者商业伙伴之间的关系，尽可能让对方为自己的网站添加或者互换一个链接。管理好自己的友情链接，尽可能从权重高的网站上获得链接的支持。利用某些网站提供交换链接的地方，留下自己的网站链接。有条件的可以采取提供开源程序或者模块等方式，让采用者留有链接，也可以给内容管理系统（content management system，CMS）或者 Blog 系统等开源网站系统提供免费的精美模板；为开源网站程序开发插件，并留有作者链接；开发有用的工具，发表并留有下载地址；等等。

5）利用互动平台巧妙留下链接

积极参与问答平台，如百度知道、雅虎知识、搜搜问问等，这些问答平台不仅能提供解决问题的方案，还能留下相关站点的链接。参与相关论坛，如安全杀毒论坛等，可以为站点添加链接。参与社会平台，如百度百科、维基百科等的编辑，利用一些交易平台或者交换平台巧妙地留下自己的链接。

6.2　电子邮件营销

在互联网上，当一种应用的客户群逐渐增大的时候，其营销价值也会逐渐凸显。电子邮件并不是为营销而生，但随着电子邮箱成为大众的消息传播工具和人们日常生活的一部分，其营销价值也正在日益显现出来。

6.2.1　电子邮件营销概述

1. 电子邮件营销的概念

电子邮件营销是指在用户事先允许的前提下，通过电子邮件的方式向目标客户传递有价值信息的一种网络营销手段。其有 3 个基本因素：用户许可、以电子邮件为信息载体、邮件内容对客户是有价值的（能够满足客户需求）。电子邮件营销是网络营销方法体系中相对独立的一种，既可以与其他网络营销方法相结合，也可以独立应用。采用电子邮件营销形式可以减少广告对客户的滋扰、增加潜在客户定位的准确度、巩固与潜在客户的关系、提高品牌忠实度等。

2. 电子邮件营销与垃圾邮件

1）垃圾邮件的概念

垃圾邮件并没有一个非常严格、统一的定义。一般而言，凡是未经用户许可就强行发送到用户邮箱中的任何电子邮件都可以称为垃圾邮件。《中国互联网协会反垃圾邮件规范》中这样定义垃圾邮件，本规范所称垃圾邮件，包括下述属性的电子邮件：① 收件人事先没有提出要求或者同意接受的广告、电子刊物、各种形式的宣传品等宣传性电子邮件；② 收件人无法拒收的电子邮件；③ 隐藏发件人身份、地址、标题等信息的电子邮件；④ 含有虚假的信息源、发件人、路由等信息的电子邮件。

不难看出，垃圾邮件和电子邮件营销的本质区别在于是否得到用户的许可。垃圾邮件未征得用户的许可，而电子邮件营销是在用户许可的前提下展开的营销活动。如果方式不当，电子邮件营销也可能变成垃圾邮件。因此，传输有价值的信息在开展邮件营销活动中变得极为重要。

2）降低邮件成为垃圾邮件的概率

为降低邮件成为垃圾邮件的概率，应注意以下几点。

① 检查服务器 IP 是否在黑名单中。

选择邮件服务器时，应该检查服务器提供商的 IP 地址是否被列在主要的垃圾黑名单中。国际主要的垃圾黑名单组织包括 spamhaus. org、spamcop. net、cauce. org 等。

② 邮件撰写规范。

- 在邮件标题及正文中都尽量少使用敏感、典型的垃圾邮件常用词汇，如贷款、获奖、免费、促销、发票、避税等。由于电子邮件客户端或邮件服务器上有用于过滤垃圾邮件的过滤算法，所以尽量减少应用上述词汇，避免激发过滤算法。

- 少使用惊叹号，减少使用夸张的颜色，特别是加粗的红色字体。如果是英文邮件，不要完全用大写。

- 邮件内容、标题、发件人姓名都不要使用明显虚构的字符串。有的垃圾邮件发送者当然不会告诉别人真实姓名，就在发信人名称中随便写上几个字母。

- HTML 邮件代码应该简洁，减少使用图片。虽然 HTML 邮件允许使用图片美化邮件，但是应注意图片在邮件中的比例，图片越多，越容易触发过滤算法。

③ 注册流程的注意点。

- 在用户提交注册表格后显示的感谢页面及确认邮件中，应该提醒用户将域名及邮件地址加入用户自己的白名单和通信录中。

- 如果某邮件已经被过滤到垃圾邮件夹中，提醒用户单击"不是垃圾"按钮，告诉过滤器判断错误了，这些反馈信息会被邮件服务器的过滤算法统计和运用到今后的算法中。

- 给用户最简单的退订方法。在发给用户的所有邮件中都应该包含退订链接，用户单击这个链接，程序就会自动将其电子邮件地址从数据中删除。退订方法越简单，用户将邮件拉入垃圾邮件的可能性就越小。

- 及时处理投诉和退信。收到用户投诉，应尽快处理，否则会引起黑名单组织注意。由于种种原因，发送出去的电子邮件不一定能送达对方服务器，而是被退回。对退回的邮件地址应该及时进行鉴别和处理，大量收到退信的用户，也会引起黑名单组织的注意。

6.2.2　开展电子邮件营销的基础条件

电子邮件营销主要涉及三方面问题：采取何种电子邮件系统、向哪些用户发送邮件、如何发送邮件及发送何种内容的邮件，即电子邮件营销的技术基础、电子邮件营销的地址资源、电子邮件营销的内容设计。

1. 电子邮件营销的技术基础

在开展电子邮件营销所面临的问题中，发送邮件列表的技术保障是主要基础，也是电子邮件营销的技术基础。通过自建或者选择其他电子邮件系统，从技术上保证用户自由、便利地加入和退出邮件列表，从功能上保证实现对用户资料的管理，以及邮件发送后的效果跟踪。一般而言，将具有这些功能的系统称为"邮件列表发行平台"。邮件列表发行平台是电子邮件营销的技术基础。经营邮件列表，可以自己建立邮件列表发行系统，也可以根据需要选择专业服务商提供的邮件列表发行平台服务。实际情况中具体采用哪种形式，取决于企业的资源和经营者的个人喜好等因素。

2. 电子邮件营销的地址资源

在用户许可的情况下，引导更多的用户资源加入邮件列表，从而获得尽可能多的用户电子邮件地址资源，是电子邮件营销发挥作用的必要条件。获取用户资源是电子邮件营销中最为基础、最重要的一项长期工作，但在实际工作中往往被忽视。有些邮件列表建立以后，缺少持续的有效管理，所以加入邮件列表的用户越来越少，电子邮件营销的优势难以发挥，一些公司甚至因此半途而废。同时在获取用户电子邮件地址的过程中，应该对邮件列表进行相应的推广，及时更新，完成订阅流程，并注意对用户隐私的保护，从而提高用户加入的成功率，增强邮件列表的总体有效性。可见，在获取邮件列表用户资源过程中，应利用各种有效的方法和技巧，加上长期有效的推广和管理，才能做到真正专业的电子邮件营销。

网站的访问者是邮件列表用户的主要来源，企业还可以采取一定的推广措施吸引用户的注意。

① 充分利用网站进行推广。

② 使用合理的地址收集软件。

③ 提供多订购渠道。

④ 充分挖掘现有网站用户。

⑤ 充分挖掘朋友和同行。

⑥ 改善现有用户体验。

⑦ 得到同行的推荐。

⑧ 合理设置奖励措施。

通过合理设置奖励措施，使其与邮件列表挂钩。例如：某些在线优惠券、研究资料只能通过邮件列表发送，甚至有些资料需要加入邮件列表才能获得。

3. 电子邮件营销的内容设计

有效的内容设计是电子邮件营销发挥作用的重要前提和基本保障。在电子邮件营销中，营销信息是通过电子邮件向用户发送的，邮件的内容能否引起用户的关注、对用户是否有价值，直接影响电子邮件营销的最终结果。没有合适的内容，拥有再好的电子邮件营销技术基础、再多的电子邮件营销地址资源，也无法向用户传递有效的营销信息。

1）电子邮件内容的设计原则

电子邮件营销并没有统一的内容模式，即使是同样的电子邮件内容，在企业营销的不同阶段也会发生一定变化。然而，总结这些内容模式却可以归纳出电子邮件内容设计的一些原则。

① 电子邮件营销的目标应该与企业总体营销战略保持一致，这样才能够实现企业的总体营销目标。

② 电子邮件营销内容中应直接或间接地体现企业相关营销信息，使读者能够方便、快速地了解和获取企业的相关信息。

③ 电子邮件营销的内容在一段时期内应保持连续性、系统性，从而使用户产生整体印象，精确地获取这一阶段的营销主题。

④ 电子邮件营销的内容应该要精练且保持美观。尽量减少图片的使用，而凭借 HTML 字体、色彩和背景的搭配运用达到美观的效果。

⑤ 电子邮件营销的内容必须有稳定、持续的来源，确保邮件发送周期。

2）电子邮件内容的基本要素

每封邮件的内容尽量结构各不相同，但邮件列表的内容有一定的规律可循。设计完善的邮件内容一般应具有下列基本要素。

① 邮件主题。本期邮件的主题，或者是通用的邮件列表名称加上发行的期号。

② 邮件正文。本期邮件的核心内容，一般安排在邮件的中心位置。

③ 退出列表的方法。这是正规邮件列表内容中必不可少的内容，在每一封邮件内容中均应合理设计退出列表的方法。纯文本的邮件内容可以用文字说明退订方式，HTML 格式的邮件内容除了说明退订方式，还应该设计退订框，方便用户直接输入邮件地址进行退订。

④ 其他信息和声明。如果有必要对邮件列表作进一步的说明，可将有关信息安排在邮件结尾处，如版权声明和页脚广告等。

⑤ 邮件列表名称。一个网站可能有若干个邮件列表，一个用户也可能订阅多个邮件列表，邮件主题不一定能完全反映所有信息，需要在邮件内容中显示列表的名称。

⑥ 当期目录或内容提要。如果邮件信息较多，给出当期目录或内容提要是很有必要的。

⑦ 邮件内容 Web 阅读方式说明（URL）。如果提供网站阅读方式，应在邮件内容中给予说明。

6.2.3　电子邮件营销的基本方式和一般过程

可以说没有完全一样的营销活动，但是归纳多个电子邮件营销实践活动，可以发现规律性的基本方式和一般过程。了解了这些基本方式和一般过程，并且掌握电子邮件营销的基础条件，就能够形成系统、全面、形象的营销模式。

1. 电子邮件营销的基本方式

按照电子邮件地址资源所有权的划分，电子邮件营销常用的形式有内部列表和外部列表两种。两者各有其侧重点和优势，并不矛盾，如果必要，可以同时采用。

内部列表就是平时所说的邮件列表，包括企业通过各种渠道拥有的各类用户的电子邮件地址资源（用户的注册信息）。内部列表电子邮件营销就是在用户许可的前提下，营销者利用注册用户的资料开展的电子邮件营销。一般而言，对电子邮件营销比较重视的企业通常会拥有自己的内部列表。

外部列表是指企业服务商或者其他可以提供专业服务的机构提供的电子邮件地址资源，如专业的电子邮件营销服务商、相同定位的网站会员资料、免费邮件服务商等。外部列表许可电子邮件营销就是在用户许可的前提下，营销者利用专业服务商提供的电子邮件地址资源开展的电子邮件营销。

2. 电子邮件营销的一般过程

开展电子邮件营销的过程，就是在营销目标的指导下，将有关营销信息通过电子邮件传递到目标用户的电子邮箱中，通过营销信息的渗透达到营销的目的。电子邮件营销的一般过程可以分为以下 5 个步骤。

1）制定电子邮件营销目标

一般而言，根据不同的营销目标，电子邮件营销又可以进一步细分为品牌形象推广电子邮件营销、产品营销电子邮件营销、社会调查电子邮件营销、用户服务电子邮件营销、网站推广电子邮件营销等。因此，企业应该结合自身当前的状况，根据不同的电子邮件营销计划，确定在推广企业形象和产品、提高市场营销等不同方面的营销目标。

2）合理选择营销途径

根据企业要实现的营销目标、企业的资金状况及企业拥有的电子邮件地址资源确定有效的邮件列表和外部列表，选择合适的外部列表服务商。企业、邮件列表及外部列表服务商是这一阶段要考虑的 3 个重要因素。邮件列表的建立并不是一个人或者一个部门可以独立完成的事情，它涉及技术编程、网页设计等框架内容，市场、销售等数据收集设计内容，如果是外包服务，还需要与专业服务商进行功能沟通。一般而言，专业的外部列表服务商拥有大量的用户资源，有专业的发送和追踪技术。因此，为达到营销目标，要在企业资源、邮件列表和外部列表服务商之间达到一种均衡。

3）合理设计邮件内容

针对内部邮件列表和外部邮件列表，由企业自己或者与外部列表服务商合作设计邮件内容。在电子邮件营销中，邮件的内容设计范围广，灵活性也大，对电子邮件营销的最终结果影响更直接、更显著。如果没有合适的邮件内容，再好的邮件列表技术平台、再多的列表用户也无法实现营销目的。同时，由于内部和外部邮件列表存在差异，企业有必要针对这两种邮件列表在不同的阶段或者根据环境的变化设计不同的内容。在是否选择附件的问题上，一般从节约客户时间和保障安全性的角度来说，应尽量把内容安排在邮件的正文部分。

4）按时发送邮件

根据营销计划向潜在用户发送电子邮件。在向潜在用户发送邮件之前，应该根据营销计划确定邮件发送周期，并履行自己的诺言。然后，利用企业的邮件发送系统或者选定的第三方发行系统，根据设定的邮件列表发送周期按时发送。要注意邮件发送周期不能过于频繁，这样不但达不到邮件营销的目的，还会给用户造成不好的印象，甚至被列入"黑名单"。

5）及时跟踪反馈

及时跟踪电子邮件营销活动的效果，并且及时调整自己的营销策略，营销活动结束后，对营销效果进行分析总结。

营销计划制订后不是一成不变的，应及时跟踪，并且根据跟踪结果或者服务商提供的专业分析报告及时调整策略行动，这样才能够了解顾客、服务顾客，并且达到企业的营销目的。

6.2.4 跟踪与监测电子邮件营销结果

电子邮件营销的效果不能够直接检测，需要通过对邮件送达率、阅读率、点击率等指标进行量化分析来监测。

1. 邮件列表注册转化率

邮件列表注册转化率，即完成电子杂志注册人数与访问网站的独立 IP 人数之比。测量方式是参考网站流量统计中的独立 IP 人数，提交电子杂志注册表格后所显示的确认网页次数，以及电子杂志数据库中最终完成双重选择加入的总人数。以确认页面显示次数除以独立 IP 数，就得出转化率。以电子杂志数据库中的总人数除以独立 IP 数，才是最终电子杂志转化率。计算都是以某段时间为标准，比如按日、周或者月得出的转化率。通常电子商务网站销售转化率在 1% 左右属于正常。邮件列表或者电子杂志的转化率应该更高，5%～20% 都属于正常。

2. 退订率

订阅用户单击邮件中的退订链接后，其电子邮件地址将从数据库中删除，电子邮件营销系统后台应做相应的记录。退订是无法避免的，但是如果退订率过高，营销人员就要对邮件内容进行检查。在保证邮件内容的前提下，真正对主体感兴趣的用户通常不会轻易退订；退订的那部分用户也有可能只是对免费礼物感兴趣或好奇而订阅，并非真正的目标用户。

3. 邮件送达率

以发送邮件总数（通常就是数据库中的订户总数）减去接收到的退还邮件数目，就是送达的邮件数。以送达邮件数除以发送总数，就是送达率。送达率显示邮件已经进入用户邮箱的比例。不过，进入邮箱却不一定意味着用户能看到这封邮件。邮件有可能直接就进了垃圾文件夹，有可能用户只看了标题就删除了，这些邮件也都被计算在送达邮件数字之内。所以，送达率是一个必须知道，但是实际意义比较小的参数，若用它来衡量用户看到邮件的真实状况则存在误差。

4. 邮件打开率/阅读率

邮件打开率/阅读率直接表明用户真正打开邮件的比例。测量方法是在邮件的 HTML 版本中，嵌入一个跟踪图片文件，且每期邮件的跟踪图片文件名都不同。例如：第一期杂志图片文件名为 tracking1.jpg，第二期杂志图片文件为 tracking2.jpg。当用户打开邮件，邮件客户端就会调用网站服务器上的这个跟踪图片文件。从服务器日志中记录的这个图片文件被调用的次数就可以知道相应邮件的被阅读次数。用跟踪文件调用数除以发送邮件总数，就是比较准确的邮件阅读率。

邮件打开率或阅读率能够较为真实地反映出邮件信息展现在用户面前的比例。但是也存在一定的误差，不能反映用户阅读邮件的真实状况。例如：用户打开邮件很快就关闭，并没有仔细阅读邮件里面的内容。所以，到目前为止，用户仔细阅读邮件内容的次数是无法统计的。

课堂练习 6-1

邮件营销策略的应用

练习目的：
通过本次课堂练习，充分了解电子邮件营销特点，并深入体会电子邮件营销内容设计技巧。

练习要求：
学生自由组合成小组，分析"新西兰航空网电子邮件营销"的案例内容，结合理论知识对案例内容进行分析。各小组还可以仿照案例选取一个企业，为其设计电子邮件营销策略，撰写邮件内容。

练习内容：

新西兰航空网电子邮件营销

图 6-5 是新西兰航空网在进行电子邮件营销时，发送给用户的一封电子邮件。

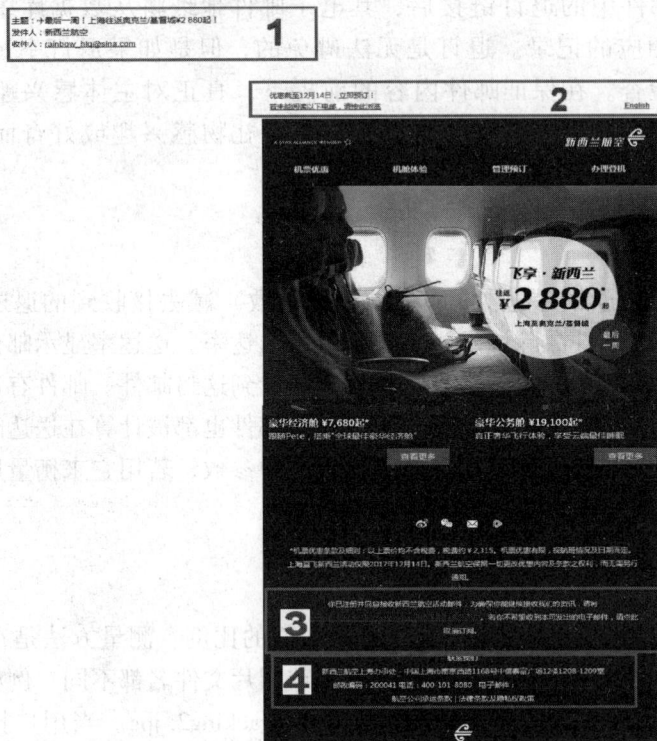

图 6-5　电子邮件营销内容

图 6-5 中方框 1 的内容如下：

主题：✈最后一周！上海往返奥克兰/基督城￥2 880 起！

发件人：新西兰航空

收件人：rainbow_hlq@ sina. com

图 6-5 中方框 2 的内容如下：

优惠截至 12 月 4 日，立即预订！

若未能阅读以下电邮，请按此浏览。

图 6-5 中方框 3 的内容如下：

你已注册并同意接收新西兰航空活动邮件，为确保你能继续接收我们的资讯，请将 airnz@ newsletter. airnewzealand. cn 添加至你的通信录中。

若你不希望收到本司发出的电子邮件，请点此取消订阅。

图 6-5 中方框 4 的内容如下：

新西兰航空上海办事处—中国上海市南京西路 1168 号中信泰富广场 12 楼 1208～1209 室

邮政编码：200041　电话：400-101-8080　电子邮件：resChina@ airnz. cn. nz

航空公司承运条款法律条款及隐私权政策

思考与互动：

学生思考并回答以下几个问题，教师点评、归纳。

① 请同学们分析上述邮件，并根据本节学习内容，分析这个营销邮件的优点及缺点。

② 请同学们仿照上述邮件，选取一家企业，为其撰写电子邮件营销邮件内容。

6.3　社交媒体营销

6.3.1　社交媒体营销的概念

社交媒体是指一个具有网络性质的综合站点。其内容大多由用户自愿提供，而用户与站点不存在直接的雇佣关系。人们通过相互联系、相互依存的网络平台进行在线交流，传送信息，进行合作和增进关系。它有社会化社区、社会化发布、社会化娱乐和社会化商务的功能。

社交媒体是用户自愿登录的，发布的信息也是自己自愿的，用户跟平台并没有雇佣的关系。同时，人们在这个平台上互相联系、互相依存，开展在线交流。

图 6-6 是几种常见的社交媒体平台头像标识。微信和微博主要是属于社会化社区功能，人们在上面进行文字、图片、视频等的聊天，信息发布，就是一个社会化社区的功能。今日头条，它主要属于发布功能。除了官方的新闻发布，普通的网民也可以在上面进行点评。QQ 游戏属于社会化娱乐功能。大众点评属于社会化商务，只要用户在上面发生了购买或者服务使用行为，就可以进行点评，从而形成一个社会化的交流。

图 6-6　常见的社交媒体平台头像标识

社交媒体营销主要是利用社交网络在线社区等社交媒体来传播和发布资讯形成营销、销售、公共关系处理和客户关系服务维护及开拓的一种营销方式。也就是说，这个营销活动主要是利用社交媒体来展开。社交媒体就是通过社会化社区、社会化发布、社会化娱乐和社会化商务等来发布自己的商务信息，从而进行营销的一系列活动。它主要实现促进销售和品牌管理、客户关系管理和服务、营销研究、零售和顾客评价等目标。

图 6-7 是某一个品牌的微信公众号。这个公众号在传递着自己的销售信息，促进了销售和品牌管理；同时，公众号里还有会员管理的功能，从而实现了客户关系管理和服务。在这里还有预订和外卖，能有针对性地开展营销研究；同时，它提供了秒杀和品牌服务等项目，可以收集零售和顾客的评价，从而能够更好地开展社交媒体营销。

社交媒体营销主要有微信营销、微博营销等。

图 6-7　某品牌的微信公众号

6.3.2　微信营销

1. 微信营销的概念

微信是腾讯公司于 2011 年推出的一款通过网络快速发送语音短信、视频、图片和文字，支持多人群聊的手机聊天软件。

微信营销是网络经济时代对企业营销模式的重大挑战。微信不存在距离的限制，用户注册微信后，可与周围同样注册的"朋友"形成一种联系，用户订阅自己所需的信息，商家通过提供用户需要的信息，推广自己的产品。

2. 微信的特点

作为一对一的互动交流方式，微信具有良好的互动性，精准推送信息的同时，更能形成一种朋友关系。和微博相比，微信具有如下特点。

① 微博是自媒体，微信则是兼具自媒体和用户管理的双重身份。

② 微博是一对多，微信是一对一，更具有针对性。

③ 微博更像传统广告，微信则是真正的对话。

④ 微博是开放的扩散传播，微信是私密空间内的闭环交流。

⑤ 微博是弱关系，微信是强关系，用户价值更高。

⑥ 微博是一种展示工具，微信是一种联络工具。

3. 微信营销策略

1）公众号运营

建立微信公众号，可以在微信平台上实现和特定群体的文字、图片、语音的全方位沟通和互动。图 6-8 是列举了两个品牌的微信公众号。

图 6-8　微信公众号（品牌列举）

2）二维码扫描

二维码，又称二维条码，是用特定的几何图形按一定规律在平面（二维方向）上分布的黑白相间的图形，它是企业所有信息数据的一把钥匙。图 6-9 是微信二维码示例。

图 6-9　微信二维码示例

手机二维码是二维码技术在手机上的应用，它是网络浏览、应用下载、网上购物、网上支付等服务的重要入口。它可以印刷在报纸、杂志、图书及个人名片等多种载体上，用户通过手机摄像头扫描二维码，即可实现快速手机上网，下载图文、音乐、视频，获取优惠券，参与抽奖，了解企业产品信息等。

使用二维码营销，可以利用微信订阅号、论坛社区、问答平台等线上平台进行二维码推广，也可以通过报纸、杂志、包装、名片等进行线下二维码推广。在使用二维码时需要注意以下事项。

① 为用户提供有价值的扫码理由。二维码对应的内容必须有足够的诱惑力，能解决顾

客的问题，如售后服务、优惠等。

②二维码要放在适当的地点，如公交车站的灯箱、餐桌的桌角、地铁的车门边等。

③建立移动版网页。通过扫二维码打开的网站，应使用移动版进行设计，这样打开的速度快，页面显示友好，才能吸引用户。

④内容编排简洁。扫描二维码后进入的页面内容要简洁，不要设计得太过复杂，否则用户会因为找不到自己需要的内容而放弃。

3）微信开放平台

利用微信开放平台（https：//open. weixin. qq. com），可通过微信开发接口接入第三方应用，还可以将应用的 LOGO 放入微信附件栏中，让微信用户方便地在会话中调用第三方应用进行内容选择与分享。如图 6-10 所示，使用招商银行微信开放平台的用户可以将相应的内容分享到微信中，进而通过微信上用户转发，可以使招商银行的口碑得到不断的传播，做口碑营销。其他示例如图 6-11 所示。

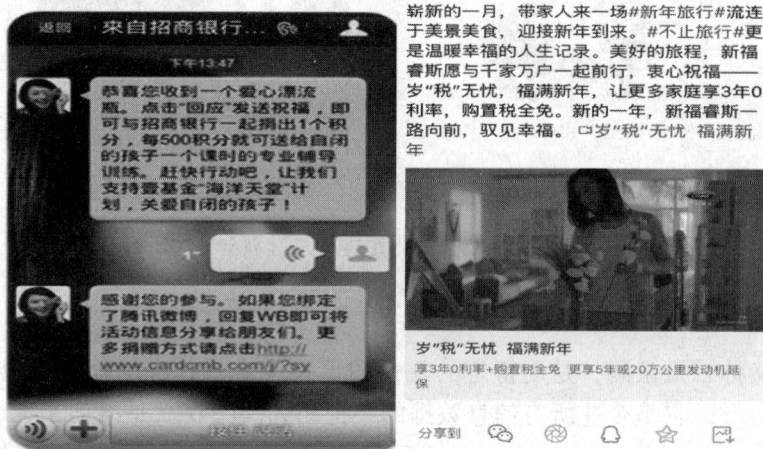

图 6-10　招商银行微信开放平台营销示例

图 6-11　微信二维码营销示例

4）微信小程序

小程序是基于微信平台开发的应用，能够随时使用，方便，快捷，并且成本更低。对于微商城而言，微信小程序是微信营销和获取流量的有效渠道。微信小程序营销示例如图 6-12所示。

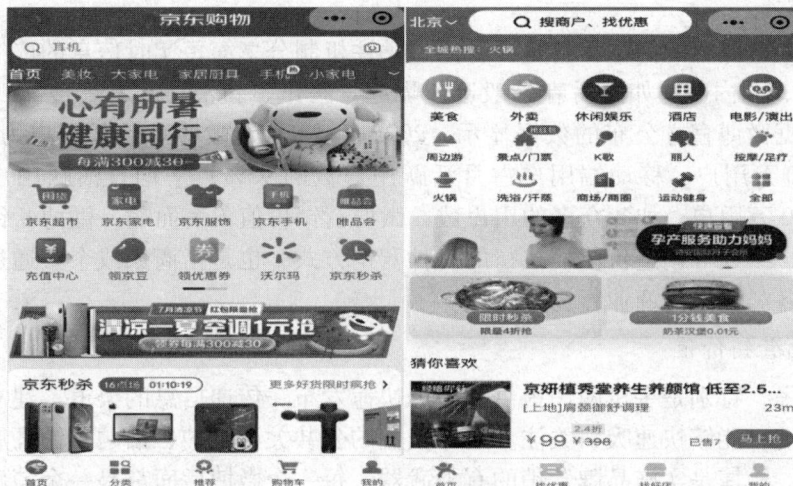

图 6-12　微信小程序营销示例

5）朋友圈运营

朋友圈运营的第一要务是分享。当企业/个人主动发送信息或与客户互动时，需要遵循一定的规则，如精准互动、积极回复等。圈内好友分享要多点赞，话题要多评论，遇到问题要多关怀、多安慰，一切从他人的心理需求出发。

朋友圈运营的内容应以知识性为主，销售为辅，过多的销售会引起朋友圈好友的反感，甚至被拉黑。清新、诙谐、幽默的运营内容更能够有效地提高阅读率和转发率，从而达到有效的互动。在运营时分享短文与知识应以正能量形式出现。示例如图 6-13 所示。

图 6-13　朋友圈运营营销示例

6.3.3 微博营销

1. 微博概述

1）微博概述

微博，即微型博客的简称，它是一种通过关注机制分享简短实时信息的广播式社交网络平台。2010 年，国内微博如雨后春笋般迅速崛起，腾讯、新浪、网易、搜狐四大门户网站均开设微博。据微博官方公布的数据显示，2022 年 12 月，微博月活跃用户为 5.86 亿，同比净增约 1 300 万用户，移动端用户占月活跃用户数的 95%；平均日活跃用户为 2.52 亿，同比净增约 300 万用户。如此众多的用户数，微博营销价值不言而喻。微博营销是指通过微博平台为商家、个人等创造价值而执行的一种营销方式，也是指商家或个人通过微博平台发现并满足用户各类需求的商业行为方式。

2）微博的营销价值

微博给网民，特别是手机网民提供了一个快速发布、传递信息的渠道。建立一个微博平台上的营销环境，能够快速吸引关注。这对企业的公共关系维护、话题营销开展能够起到如虎添翼的作用。微博是实施品牌营销的有力武器。每一个微博后面都是一个消费者、一个用户。越是只言片语，越是最真实的用户体验。

3）微博营销特点

（1）立体化

微博营销可以借助先进的多媒体技术手段，从文字、图片、视频等展现形式对产品进行描述，从而使潜在消费者更形象、直观地接收信息。

（2）高速度

微博最显著特点之一就是其传播速度快。一条关注度较高的微博在手机 WAP 平台上发出后，短时间内互动转发就可以抵达微博世界的每一个角落，达到短时间内最多的点击人数。

（3）便捷性

微博营销有别于传统的广告行业，发布信息的主题无须经过繁复的行政审批，从而节约了大量的时间和成本。

（4）广泛性

通过粉丝关注的形式进行病毒式传播，影响面非常广泛；同时，名人效应能够使事件的传播量呈几何级放大。

2. 微博营销策略

1）内容营销

微博的迅速转发模式是迄今为止传播最为便利的工具之一。基于用户喜欢博主的内容从而达到值得一看、值得一读的效果，如图片、视频等，真正达到情感上的共鸣。

2）意见领袖

网络无权威，但是有意见领袖，他们在女性、互联网、美食、体育等领域掌握着强大的话语权，潜意识地影响着数以万计的围观群众。如果想让品牌、产品信息快速传播，那么一定要锁定重要的意见领袖，并引导意见领袖去讨论、传播产品。

3）活动营销

活动营销英文里叫作 event marketing。所谓的活动营销，是指企业通过介入重大的社会活动或整合有效的资源策划大型活动而迅速提高企业及其品牌知名度、美誉度和影响力，促进产品销售的一种营销方式。简单地说，活动营销是围绕活动而展开的营销，以活动为载体，使企业获得品牌的提升或销量的增长。

4）情感营销

品牌塑造不仅包括产品、符号，个性上还有一个重要的特点就是企业本身。一直以来空洞、刻板的企业文化很难与客户沟通，而在互联网上的微博有着无可比拟的亲和力，它少了些教条，多了些人性化。企业若选择微博这种轻松的互动方式，即可较为容易地调动消费者参与其中，深层次地走进用户内心，用情感链条提升品牌的影响力。

6.3.4　企业微博营销基本方法与技巧

1. 企业微博的要素

① LOGO：微博的标志，应与企业品牌和文化联系在一起，方便网民记忆。

② 基本信息：企业微博的名称、地址、博客地址、一句话介绍等。

③ 话题：微博发布的内容，其基本要求为内容原创、把握重点、图文并茂等。

④ 更新标志：微博就像一本随时更新的电子杂志，要让大家养成观看习惯，需要定时、定量、定向发布内容。当用户登录微博后，能够想着看看你的微博有什么新动态，这无疑是最成功的境界。虽然很难达到，但至少企业要做到经常出现在消费者面前，久而久之便成为他们的一个习惯。

⑤ 粉丝群：拥有高质量的、庞大的粉丝群，是微博营销成功的基础。

⑥ 微群：类似 QQ 群，就是微博群的简称。能够聚集相同爱好或者相同需求的朋友，将所有与之相应的话题全部聚拢在微群里面。由于微群中话题更加集中，用户互动的频率也大大提高，因此信息传播性更强。

⑦ 活动策划：在微博上经常发布活动促销信息、免费信息，能有效吸引网民关注，从而增加粉丝数量。

⑧ 标签：微博标签是自定义描述网民职业、兴趣爱好的关键词，可让更多的人找到你，让你找到更多同类。企业微博标签应包括公司主要的业务与热点话题。

⑨ 个性化模板：一个专业的企业微博，应专门设计适合企业产品与文化的模板，而不是免费模板，这和品牌与商品的定位一样，在感性层面塑造个性。这样的微博具有很强的吸引力，可以持续累积粉丝。

2. 微博营销基本方法

做微博营销，要给企业做一个系统的定位，塑造企业的形象，而且需要组建一个专门的企业微博运营团队。其主要操作方法如下。

1）价值传递

企业博客经营者首先要改变观念——企业微博不是一个"索取"的工具，而是一个"给予"的平台。现在微博数以亿计，只有那些能对浏览者创造价值的微博，自身才有价值，此时企业微博才可能达到期望的商业目的。

企业要改变对价值的认识，并非只有物质奖励才是有价值的。例如：为客户创造价值包括提供给目标客户感兴趣的相关资讯、常识、窍门，也可以以自己的微博为媒介平台，链接众多目标客户，如俱乐部、同城会等；同时，将线上与线下打通，让微博有更多的功能与实际作用，这样才能构建出一个拥有高度忠诚度与活跃度的企业微博。

2）内容规划

在内容规划上，企业要学会换位思考，站在客户的角度考虑客户需要什么东西、需要什么样的服务，做目标客户喜欢的内容；同时，企业要显示人性化的一面，把企业文化也带到企业微博中。

（1）话题设定

① 大众热点话题。在发布话题方面，企业可以抓住目前时尚热点话题，如热点人物、流行案例等，有效吸引网民关注。

② 隐私性话题。一般人们对不为人知的事情都很感兴趣，那么适当加入一些隐私性话题会增加微博吸引力。当然，这里的隐私性话题不是个人私生活隐私，而是产品背后的故事，如生产中不为人知的工艺、企业员工或领导者的小故事等，这些都会给粉丝带来新鲜感和求知欲。

③ 营销性话题。要注意企业宣传信息不能超过总体信息的 10%，最佳比例是 3%～5%。更多的信息应该融入粉丝感兴趣的内容之中。

（2）内容表达

① 悬念提问式内容。如果你的博文是提问性的或是带有悬念的，引导粉丝思考与参与，那么浏览和回复的人自然就多，也容易给人留下印象；反之，如果仅仅是新闻稿一样的博文，那就算粉丝想参与，都无从下手。

② 轻松幽默式内容。微博用户都是以休闲的心态使用微博的，因此内容上尽量轻松幽默，给人很有趣的感觉，如语言上尽量诙谐、幽默，回复生动、有趣。这样让粉丝本能地愿意关注你的微博，对增加品牌的亲和力也很重要。总之，抓住人性的特点和交流技巧，可以让你的微博更受欢迎。

③ 图文并茂式内容。枯燥的内容越少越好，10 个字能说清楚的问题不要拖到 11 个字；同时，配以图片和视频也是化解枯燥的好办法。人类本能地对视觉图像有兴趣，因此每篇博文配上对应的图片或视频对提高博文质量很有帮助。

3）坚持互动

微博的魅力在于互动，拥有一群不说话的粉丝是非常危险的，因为他们会渐渐地变成不看你内容的粉丝，最终结果极有可能是离开。因此，互动性是使微博持续发展的关键。"活动+奖品+关注+评论+转发"是目前微博互动的主要方式。但是实质上，更多的人关注奖品，对企业的宣传内容并不关心。相较于赠送奖品，微博经营者认真回复留言，用心感受粉丝的思想，更能唤起粉丝的情感认同。这就像朋友之间的交流一样，时间久了会产生一种微妙的情感连接，而非利益连接，这种联系持久而坚固。当然，适时结合一些利益作为回馈，粉丝会更加忠诚。

4）模式创新

虽然微博营销诞生不久，但是一些企业已经走在前面，尤其是美国的一些企业，已经取得了显著的成效。我们应该多参考、借鉴这些成功案例，然后结合自身特点与客观环境进行创新。

5）举办活动

定期举办活动，如开展有奖活动、提供促销打折信息等，能够带来快速的粉丝增长，并增加其忠诚度。

6）持续更新

定时、大量地发布企业微博自然是最有力的，大量发布可以在一段时间内占据关注者的微博首页，至少不会被快速淹没。但是一定要保证微博质量，在质量和数量上一定要质量为先。其中应该注意以下几点。

① 根据不同的时期设置不同的标签，永远让搜索结果处在第一页。

② 有规律地更新，每天 5～10 条，1 小时不要连发两条。

③ 午休、下午 4 点后及晚上 8 点，抓住这些高峰时段发帖。

④ 让你的内容有连载性，连载会显著提高粉丝的活跃度。

3. 推广微博的基本技巧

有了更新内容，就需要更好的对外推广，如果没有跟随者，那么再好的内容也无法得到有效的传播。企业微博的推广方式很多，这里总结了一些常用的技巧。

1）开展有奖活动

提供免费奖品是一种营销模式，也是一种推广手段，很多人喜欢奖品，这种方式可以在短期内获得一定的用户量。

2）特价或打折信息

提供限时内的商品打折活动，也是一种有效的推广方法，如销售主机或者域名的企业微博，可以定时发布一些限时的优惠码，能以低廉的折扣购买，可以带来不错的传播效果。

3）广告宣传

在一些门户网站、百度推广平台等发布企业微博的广告，增加普通网民的关注度。

4）企业内部宣传

一些大型企业本身就有不少员工，可以引导企业员工开通微博并在上面交流信息。对于大企业来说，这样操作可以在短时间内增加大量的粉丝，当订阅用户增多以后，就有可能登上微博平台的首页，吸引更多的用户订阅跟踪。

5）合作宣传

联系微博平台的业务员，将企业微博的账号添加到“公司机构”等栏目，并通过实名身份认证。

6）广发邀请

通过邮件或其他渠道，邀请企业自己的客户、潜在用户注册，使用指定的注册链接，这样别人注册之后会自动关注企业微博。

4. 评估微博营销的效果

与传统营销手段具有相对完善的量化评价指标不同，微博营销的评价体系还不成熟，效果评估模式目前的争议也还比较大，人们初步较认可的评估手段主要集中在微博本身的价值评估和微博传播活动的价值评估两方面。

1）微博本身的价值评估

微博传播需要通过博主发布或者转发信息完成，因此微博博主本身的价值有多大直接影响着传播活动的效果。微博的传播价值大小可以从以下几个方面进行初步评价。

① 微博信息的数量。信息发布的主动权掌握在企业自己手里，具有较高质量的微博数量在一定程度上表明了该企业的活跃程度，也是企业微博营销的基础。一般来说，微博数量与微博营销效果具有正向相关关系。

② 用户资源的价值。通过好友的数量及活跃程度可大致判断其用户群体的潜在网络营销价值。企业信息传播直接取决于好友数量（也有部分浏览量来自搜索引擎检索等渠道），而转发数量则取决于好友群体的数量及活跃程度。

2）微博传播活动的价值评估

除了对微博博主进行价值评估，微博的传播活动也需要进行价值评估。传播过程的价值评估指标主要集中在以下 4 个方面。

① 微博内容的传播价值。好的微博内容有助于人们自发地转发和评论，从而引起更多的关注，所以一次好的微博营销要从内容端开始就做好充分准备。

② 高端博主的转发数量。高端博主一般是指具有很高价值的博主，主要有好友众多等特点，而且往往其在特定领域内有一定的知名度和影响力，是该领域的意见领袖，其参与转发与否及转发数量的多少直接关系微博内容的传播效果。

③ 用户互动效果。用户评论数量、回复数量、用户直接参与其他活动数量等，是反映企业微博效果的外在体现，也是评估企业微博影响力的重要指标。

④ 网站推广效果。微博与企业官方网站不是替代关系，两者可以互为补充，部分用户通过微博的链接进入企业网站获取进一步的信息。

课堂练习 6-2

微博营销策略的应用

练习目的：

通过本次课堂练习，充分体会微博营销的概念，以及在实际应用中微博营销策略的实施。

练习要求：

学生自由组合成小组，分析"'野兽派花店'微博营销"的案例内容，结合理论知识分析案例的成功因素；各小组还可以模仿这个案例，选取一个熟悉的企业，为其设计微博营销策略。

练习内容：

"野兽派花店"微博营销

"野兽派花店"是一家上海公司。这家公司开始的时候没有淘宝店，也没有网页。店家仅开设了一个微博账号叫"野兽派花店"。仅凭微博上几张花卉礼盒的照片和 140 个字的文字介绍，从 2011 年 12 月到 2012 年 8 月，"野兽派花店"微博粉丝超过 20 万人，每月通过微博可以实现 100 万元的营业额，截至 2023 年 5 月，微博粉丝数量达到 102.6 万人（图 6-14），并建有野兽派网站和天猫店。

图 6-14　"野兽派花店"的新浪微博

与其他花店不同的是，野兽派花店倾听客人的故事，然后将故事转化为花束，每束花都因为被赋予了丰富的故事而耐人寻味。这其中，有幸福的人祝自己结婚周年快乐的、有求婚的、有祝父母健康的、有纠结于暗恋自己的男同事的……在日复一日的寻常生活中，阅读 140 字的离奇情节，也成为粉丝们的一种调节剂。野兽派花店所选用的花束绝不是市场上常见的，这些进口花卉品种经过精心雕饰后，针对不同的人群、送花人与收花人的心境起上颇有文艺范儿的名字，包装完成的花束只在微博上出售，顾客也都是花店的粉丝，在微博上通过私信下单，客服通过私信回答顾客的问题，最终达成交易。

有一次，因为下雨，负责配送的小姑娘迟到了。因为送花的小姑娘在路上不小心滑了一下，高跟鞋的鞋跟断了。然后花店在第一时间拍张照片发到微博上：我们送花的小姑娘在大雨中鞋跟断了，所以花没有送到，但是你不要担心，我们的小姑娘现在回去换鞋重新出发，两小时以后会送给你。这个微博引起很多粉丝围观，这件事情本来是一个小小的危机，但一下子就转变成一个契机，表现出了花店的诚意。

思考与互动：

学生思考并回答以下几个问题，教师点评、归纳。

① 请同学们阅读并分析上述案例，并根据本节学习内容，分析"野兽派花店"微博营销的成功之处。

② 根据上述案例，分析该企业秉承了哪些企业家精神。

③ 请同学们仿照上述案例，选取一家企业，为其策划微博营销策略。要弘扬企业家精神，践行社会主义核心价值观。

✍ 思政拓展

野兽派花店的企业家精神

BEAST 野兽派，2011 年年底诞生于微博，从最初的传奇花店，成长为知名艺术生活方式品牌。野兽派产品多为自家设计制作，也在全世界搜罗气质相投单品，涵盖花艺、家居、艺术品和个性配饰，关注人的情感及引领潮流的品位，以自然优雅的设计、富有情感的表达，赋予一花一物自由自尊的灵魂。

从野兽派的发展轨迹上看，仅仅从微博开始，目前野兽派已经逐步建立了多家实体店、官方网站、微信小程序、微信公众号和淘宝旗舰店等线上线下相融合快速发展模式，正是因为秉承了艰苦奋斗、创新发展、专注品质、追求卓越、服务社会和回报社会的企业家精神，才能使其成为中国高端品牌O2O的先行者。

6.3.5　社交媒体营销的对策

社交媒体营销就是要以企业家精神为引领，分析问题、解决问题。

1. 精准定位

开展社交媒体营销，首先要进行精准定位，即根据自己营销的内容精准定位用户，与正确定位的用户开展营销活动，这样才能更有针对性，成功性更高。确定品牌的目标受众后，需要在社交媒体平台上基于目标用户的特点进行有针对性的宣传和推广。例如：面向年轻一代消费者的品牌可以在视频分享平台上发布有趣的短视频，获得更多的曝光机会。在社交媒体平台上进行品牌营销需要先了解目标客户群体的特征，如年龄、性别、职业、地理位置等，然后针对这些特征来选择合适的营销渠道和方式。

2. 编写有趣味的图文内容

在社交媒体平台上，大家更喜欢有趣、独特、创新的内容。品牌营销人员需要不断创造新颖有趣的内容，通过吸引用户的眼球，从而提高用户的参与度和互动率。例如：通过发布用户故事或与品牌相关的微电影等方式，提高用户对品牌的认知和好感度。根据目标客户的需求和喜好，制定出相应的品牌营销策略，如发布内容、活动策划、社群运营等。要保证策略的创意和差异化，吸引用户的注意力。

在编写图文中，要注意保证内容的健康性和正能量。

3. 合理的发送时间

在社交媒体平台上，发布时间的选择很重要，可以根据目标用户的使用习惯进行选择。同时，规律性的发布也很重要，可以保持品牌形象的连续性，提高用户的参与度。在社交媒体平台上建立品牌社群，与用户进行不断的互动和交流，增强用户体验和品牌忠诚度。可通过品牌互动活动和奖品送出等方式，吸引更多用户参与。

4. 建构品牌社群

一个强大的社群需要很强的凝聚力，让更多的受众长期留存其中。因此，建立一个共同的价值观非常重要，通过社交媒体平台上的内容传播，及时分享企业文化、品牌理念及其作用，不仅吸引更多相同兴趣爱好或想法的受众，更能加强社群成员间的联系。

保持社群成员正确认知、兴趣爱好、需求可帮助构建稳定而健康的社群生态。不仅仅是产品或广告，需要更多有价值的内容，如新闻、研究报告、市场趋势及 DIY 指导等，让社群成员感受到品牌的诚信和专业度。

互动是社交媒体平台上建立社群的重要部分，只有真正互动的社群才有长期发展的可能性。因此，需要给社群成员提供不断互动的机会，如提问答案环节、话题讨论、福利奖励等，让大家融入其中。

5. 建立关系链

无论哪个领域，在客户服务方面的重要性不言而喻。与客户建立良好的沟通，了解他们遇到的问题，并提供高效的解决方案，既能提高口碑，又能让更多潜在客户对品牌产生信任。

营销推广不仅是销售产品的方法，也可以是进一步促进社交媒体运营的方式。通过社群成员的共同体验和反馈，将品牌故事打造出来，并使其更广泛地传开，从而吸引更多潜在用户。这可以通过各种推广手段（如优惠券、大转盘）来实现。

6. 做好数据监测和报告

社交媒体运营需要监控各种反馈，包括直接向品牌提出的建议、投诉和反馈，还有经由媒体提及的信息。对反馈作出及时回复，进行适当调整，对品牌形象有着明显提升的作用。

6.4　二维码营销

6.4.1　二维码的概念

二维码（也称为二维条码），最早起源于日本，原本是公司为了追踪汽车零部件而设计的一种条码。它是用特定的几何图形，按一定规律在二维平面上分布的黑白相间的图形，用于记录数据。

6.4.2　常见的二维码功能

1. 二维码名片

微信、QQ、支付宝等 App 都有二维码名片，所以这些 App 的用户只要将自己的二维码展示给他人，他人就可以通过手机扫码将用户添加为好友。

2. 二维码支付

二维码支付是一种基于账户体系搭建出来的新一代无线支付方案。二维码支付有两种形式：一种是商家把账号信息汇编成一个二维码并印刷出来，用户通过手机客户端扫描该二维码，输入相应的交易金额，实现交易的支付结算；另一种是商家输入金额后，扫描用户的支付二维码进行收款。

3. 网页跳转

用户扫码之后可以跳转至企业官网或商品商城、活动商城等。利用二次跳转可以刺激消费者反复购买，提升产品营业额。

4. 优惠促销

消费者扫码后得到红包奖励、积分兑换等，通过优惠券、抽奖等活动，刺激消费者购买产品。

5. 产品溯源

通过扫码可以查阅产品的生产地、生产制作过程等。由于溯源可果，消费者购买更为放心。

6. 广告推送

企业可以设定广告推送，利用 banner、视频链接等吸引消费者的眼球，或者接入第三方平台进行展示。

7. 信息采集

在生产及零售的交易过程中，自动采集记录每个环节产品的来源、检测、交易、流向及经营者信息。

8. 产品防伪

每个产品生成的二维码都是不相同的，产品的信息记录也是不一样的，这样就保障了产品难以仿冒。

6.4.3　二维码营销

二维码营销是指通过引导用户扫描二维码获取产品和企业信息、商家推广促销活动、支付购买入口等，促进消费者购买行为的营销方式。二维码本身只是一种技术手段，要通过上述这些营销行为才能达到促进消费者购买行为。

二维码营销的展现形式有线上和线下两种方式。采用线上方式，可以将用于营销的二维码放到互联网上任意的地方，如微信、微博、今日头条、支付宝等。用户可以通过识别二维码进入到相应的链接地址，查看内容。采用线下方式与我们的生活现在已经息息相关。如我们在小超市采用支付宝或微信扫描二维收款码进行付款就属于二维码在线下的展现方式。

二维码虽然是简单的图案，但可以承载非常多的信息和内容。所以，采用二维码营销有着很大的优势，它运营成本低，效果好，创意广告实现精准营销，跨越线上线下空间的立体营销，能够与传统的广告、企业活动的宣传完美地结合。

开展二维码营销，首先要为用户提供有价值的扫码理由。要把二维码放在合适的地点，建立移动版网页，内容编排要简洁。这样才能使目标用户群体能一目了然，从而更好地达成开展营销活动的目的。

开展二维码营销，采用的步骤如下：设计和制作二维码；设计二维码的说明内容；选择投放渠道，以提高二维码扫描率；增强用户体验，获取数据；开展精准营销。

课堂练习 6-3

微信和二维码营销策略的应用

练习目的：

通过本次课堂练习，充分了解微信和二维码营销特点，并深入体会微信和二维码营销内容设计技巧。

练习要求：

学生自由组合成小组，设计为某种产品进行微信和二维码营销的方案。可参考任意一个品牌微信公众号营销的示例，申请本小组产品的微信公众号，并设计二维码进行营销。

练习内容：

① 进入微信公共平台，注册公众号；

② 练习撰写并发布公众号消息；

③ 利用二维码生成工具制作产品的二维码；

④ 分别采用微信群、朋友圈和公众号等进行微信和二维码推广；

⑤ 有能力的小组可利用微信开放平台开发或添加公众号的第三方应用，从而增强微信公众号的效果。

思考与互动：

学生思考并回答以下几个问题，教师点评、归纳。

① 根据本小组的微信推广操作，分析进行微信推广需要做好哪些准备工作。

② 根据本小组的微信推广操作，分析进行申请微信公众号有哪些注意事项。

③ 根据本小组的微信推广操作，设计制作二维码有哪些工具？本小组选用的是哪种工具？为什么选用这个工具而不是其他工具？

④ 本小组在营销设计和实施过程中，秉承了哪些企业家精神？

6.5　H5 营销

6.5.1　H5 营销的概念

H5 是万维网的核心语言，它是标准通用标记语言下的一个应用超文本标记语言，也就是 HTML 的第五次重大修改，所以简称为 H5。它有非常多的优点：提高可用性，改进用户的友好体验，同时提供新的标签，这将有助于开发人员定义重要内容，可以给站点带来更多的多媒体元素。

H5 营销就是企业通过 H5 技术进行的营销活动。它的特点是开发成本低、传播性强、互动性好。因为流量占得少，所以传播性比较强。用户可以在上面玩游戏，进行互动，并且带有音乐、小视频、动画、游戏等这些因素，所以互动性更好。此外，H5 的开发成本还比较低，因而 H5 受到了企业的广泛应用。

6.5.2　H5 营销的形式

H5 营销常见的形式主要有 3 种——幻灯片，交互式和功能型。

1. 幻灯片

最早期的 H5 主要是以图文的形式展示，通过图文和滑动翻页等简单的交互动作，实现 H5 的动态效果。这种形式类似于 PPT 幻灯片的播放效果，因此被称为幻灯片 H5。图 6-15 是故宫博物院幻灯片 H5。

图 6-15　故宫博物院幻灯片 H5

幻灯片 H5 主要被用于纯展示产品介绍或品牌介绍，起到宣传广告的效果，它要求图文文案的高质量和图文展示的能力。

2. 交互式

图 6-16 展示的是一个交互式的 H5 页面。用微信扫描图 6-16 右侧的二维码，小程序会要求用户输入自己的名字，从而寻找用户将要守护的那颗星辰，最后匹配对应守护的汉字。

图 6-16　有道 App 开展的"以你之名守护汉字"的 H5 页面

3. 功能型

功能型 H5 多会结合相关的软件数据来展示内容，如每年年底的支付宝年度账单、网易云音乐的年度歌单报告（图 6-17）、微信的年度报告或者会议活动的抽签等。具体根据适用场合和方式来确定。

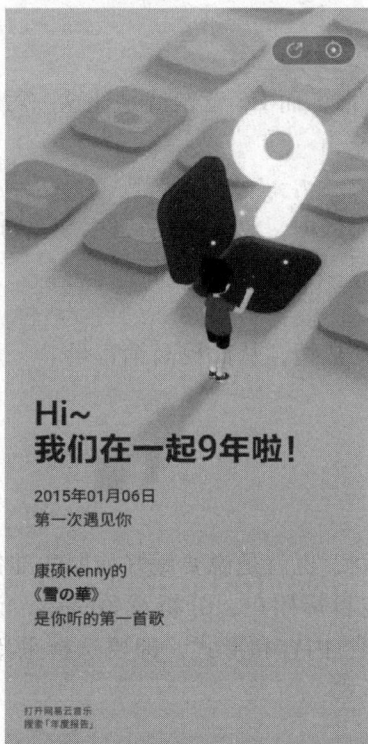

图 6-17　网易云音乐的年度歌单报告 H5 页面

6.5.3　H5 营销应用场景

H5 不仅用来做广告，还可以进行邀请函、活动营销、品牌宣传、产品推广、数据调查及粉丝运营等的设计与制作。

H5 营销应用场景主要有以下 6 个方面。

1. 品牌传播

H5 营销页面大多会从整体的结构考虑设计，主题设计上侧重于突出品牌形象，渲染品牌情怀，以达到用户能够在短时间内对品牌产生共识与基础认知的目的。并通过个性化的设计、创意性的方案，让用户迅速对品牌留下深刻的印象。

2. 活动运营

与品牌传播型不同，H5 营销更侧重于利用多种创意型活动组件，烘托出浓郁的活动氛围，提升用户的互动性与参与的趣味性。常见的形式有音乐相册、红包、游戏、节日贺卡等。

3. 企业招聘

H5 营销聚焦于通过简洁趣味的方式让企业进入大众的视野，能够让大众了解企业，认识企业，提高企业招聘的人才竞争力，同时使招聘工作更加高效具有趣味性。

4. 汇报总结

阶段性总结是人们的行为习惯，而 H5 营销就是让这一习惯生动化、趣味化。

5. 产品介绍

H5 营销将以产品本身特点为依据，放大产品特性，完成产品的形象塑造。

6. 商品营销

H5 营销可以激发用户的购物热情，从而提高销售量。

6.5.4　H5 营销的步骤

1. 前期策划

H5 营销首先要进行前期策划，也就是说要做好前期的准备活动。

在前期策划中，首先要确定目标用户，分析竞争对手，认真分析企业本身的特色等内容，然后根据这些情况确定主题、内容和形式，即要选择采用邀请函、小游戏、调查问卷、产品品牌的宣传推广等哪一种形式。

2. H5 页面的制作

H5 页面的制作，是一项比较专业的技术工作，需要开发者熟知并掌握 HTML5 标准。但是如果用户所设计制作的 H5 结构简单，则可以通过目前市面上提供的 H5 制作 App 来实现。常见的这类 App 有 MAKA、易企秀等。可以在 App 上利用相关模板免费制作符合自身要求的 H5 页面；如果需要功能复杂的 H5 页面，需要付费才能使用。

3. 推广

推广要注意线上线下相结合，同时要跟品牌微信公众号相结合，跟微博、身边的社群相结合等。总之，在网络上的各个角落，可以放置相关的二维码及 H5 链接。如果使用二维码进行推广需要符合二维码的要求。

课堂练习 6-4

H5 营销策略的应用

练习目的：

通过本次课堂练习，充分体会 H5 营销的概念，以及在实际应用中 H5 营销策略的实施。

练习要求：

学生自由组合成小组，分析"北京奥莱分手博物馆 H5 营销"的案例内容，结合理论知识分析案例的成功因素；各小组还可以模仿这个案例，选取一个熟悉的企业，为其设计 H5 营销策略。

练习内容：

北京奥莱分手博物馆 H5 营销

图 6-18 展示的是北京奥莱分手博物馆。

图 6-18　北京奥莱分手博物馆

首先是看其前期策划。北京奥莱分手博物馆以传统七夕情人节为档期节点，希望通过分手博物馆 H5 的内容以差异于常规形式的情绪表达，激发青年人心底的情感共鸣，传达正能量的情感观念，选取 20～40 岁女性为目标客户群，进行朋友圈广告投放，精准定位目标客户群，有利于实现品牌转化及情感转达。在七夕情人节时，即使分手了，也要采取积极的心态，尽快从这个悲观的情绪中脱离出来，积极地面对工作和生活。所以，它的主题是通过 H5 营销来传达正能量的情感观念。

其次是 H5 页面的制作。在 H5 页面中，可以看到分手博物馆里有售票处、请检票（检票口）、进入。

最后是开展推广活动。首先，它采取了朋友圈广告的投放方式。其次，它还开展了抖音和小红书等资源进行整合。通过传统新媒体渠道释放活动信息，捕捉目标客户群关注度，结合时下最火的两大平台（抖音和小红书），特邀两大平台的网红达人到活动现场拍摄抖音及照片素材，用于第三方 App 渠道推广。所以，这个分手博物馆采用了线上线下结合的方式，并且利用网红达人多方面开展宣传推广，取得了很好的宣传效果。

思考与互动：

学生思考并回答以下几个问题，教师点评、归纳。

① 请同学们阅读并分析上述案例，并根据本节学习内容，分析北京奥莱分手博物馆 H5 营销的成功之处。

② 根据上述案例，分析该企业秉承了哪些企业家精神。

③ 请同学们仿照上述案例，选取一家企业，为其策划 H5 营销策略。要注意弘扬企业家精神，践行社会主义核心价值观。

思政拓展

北京奥莱分手博物馆的企业家精神

随着科学技术和经济的快速发展，现代社会充满了各种各样的机遇和挑战，同时也伴随着无数的情感问题。在当代年轻人中，情感现状中常常出现一些负面情况。特别是在恋爱方面，许多年轻人会面临各种各样的情感困扰。

首先，生活压力对当代年轻人的情感产生了巨大的影响。由于生活中的各种压力导致了许多年轻人在情感上感到无所适从，甚至出现了焦虑和抑郁等情况。其次，社会的变化和信息的过载也对年轻人的情感造成了负面影响。在社交网络这样一个全新场景中，年轻人在追求情感愉悦的同时也面临着信任问题，以及来自过多信息的干扰和困扰。

在当今社会，年轻人的情感问题已经成为时下最热门的话题之一。针对这些问题，需要更多的思考和探讨，共同寻找出解决的办法。

北京奥莱分手博物馆正是抓住了这个契机，在了解了现代年轻人的情感需求后，通过各种手段和方式，激发青年人心底的情感共鸣，传达一种正能量的情感观念，鼓励年轻人采取积极的心态，尽快从悲观情绪中脱离出来，积极地面对工作和生活。这正是企业家精神中解决社会热点问题、承担社会责任、回报社会和服务社会的最好体现。

6.6　众筹营销和广告联盟

6.6.1　众筹营销

1. 众筹营销的概念

众筹，就是大众筹资（crowd funding）。众筹营销是指利用众筹模式实现企业产品设计、生产及销售等目标的一种网络营销手段。大众筹资具有需要较大的用户群、预售性、排他性等优点。

在这种营销模式下，企业不存在缺货的情况，而是根据消费者的个体需求实现一对一的产品制作和销售。

2. 众筹营销的优势

众筹营销方式的出现为中小企业提供了更广泛的新型融资模式。我国筹资的渠道主要以商业银行和民间借贷为主。以商业银行为代表的金融机构为降低放贷风险，往往对中小企业设立较高的融资门槛，对企业资产规模、营业收入、企业信用、贷款额度与期限等方面作出严格要求，导致中小企业无法获得足额贷款。民间借贷虽在一定程度上缓解了融资难问题，但其高利率与高风险让中小企业难以承受。相比之下，众筹融资门槛要低很多。中小企业只需要在众筹平台上提供项目创意、可行性、风险等信息即可，待通过审核后就可以在网络平台上向公众融资。

众筹营销为创业企业提供了多种服务。众筹在小成本项目上产生了非常明显的效果。众筹平台可以为创业者提供从资金、生产、销售到营销、咨询等各种资源和服务，在互联网上模拟出"孵化器"的角色，让创业者的精力集中在经营和开拓市场上，扶持项目快速成长。广泛的网上宣传，也让更多的人理解和认识到创业项目中的创新点及其作用，并有效地创新应用在创业者还没有发现的新的市场空间中，促进创新技术与商业模式的应用，同时推动创业企业的迅速发展和进步。

众筹营销能更全面地获得市场反馈信息。利用众筹可以充分展示创业者的创新，也能够广泛征求潜在顾客的诉求，再通过众人的讨论可以让顾客来充分理解和分析体验新产品的特征，及时收集用户反馈，增强用户互动，完善新产品设计，有效地拓展新用户。参与众筹的支持者提出对新设计产品的信息反馈，其参考价值很强。创业者在研究用户意见，收集、筛选有价值、可操作的信息后，可以有针对性地修正产品设计。

众筹营销扩大了社会影响力。众筹重视用户互动，强调意见反馈。众筹的讨论平台不仅为生产者带来有价值的信息，而且能够挖掘用户心理，增进用户对品牌的信赖和忠诚度。通过众筹可以最大限度地在网络上传播创业项目的信息，吸引投资人，通过他们可以迅速获得资金以外的战略资源、智力和经验，以及潜在的客户网络，建立起人脉和管理经验库，同时也为创业企业带来广泛的社会影响力。

3. 众筹营销的常见策略

1）完善的目标用户定位

在进行众筹前，众筹企业需要了解目标受众，在对产品作出相对准确的用户分析后再开展众筹才能增加成功的把握。

2）提供有创意的产品或服务

众筹的本质是向群众募集资金，其核心就在于能够提供注重创新创意、新奇且具有前瞻性的产品或者服务。因此，提供与众不同具有创意的产品或者服务是开展众筹营销一个很重要的策略。图6-19是一款名为Scanadu Scout的智能手表产品，它可以监测用户的心跳、体温、血压等健康指数并发送到用户的手机上。这款产品小到可以随身携带，看起来就像一块稍大的鹅卵石。这款手表可以安装多款应用，并将用户的电话、邮件等信息通知从手机传送到手表上。这款产品通过众筹网站募集的资金远远超过了最初定下的目标。

图 6-19 成功的创意众筹产品 Scanadu Scout

3）完善的市场调研

众筹在确定发起项目之前，完善的市场调研计划是必不可少的。面对可能的投资者，发起者必须要做到"有理有据"，而市场调研的数据，则是最直观的"武器"。市场调研可以直观地体现出产品的优势和劣势，这为开展众筹指明了方向。

4）精心制作的产品宣传

线上众筹项目最重要的营销手段就是宣传视频。发起人必须重视视频宣传，要发动身边一切可以发动的力量来观看和分享这一视频，从而扩大其影响力。

5）令人振奋的投资回报

对参与众筹的投资者给予可观的回报是项目成功的重要因素。每一位项目发起人都要认真考虑对投资者回报的问题，能够为投资者提供真正有价值的回报产品才算是真正的成功。

6）完善的粉丝经营对策

众筹是粉丝经济中最好的商业模式，粉丝最大的特点就是有广泛的群体。通过众筹让有想法的粉丝参与进来，提高粉丝群体价值，帮助粉丝实现利益最大化，帮助粉丝的项目和产品众筹到位。

6.6.2 广告联盟营销

1. 广告联盟营销的概念

广告联盟营销，也称网站联盟营销，是一种按营销效果付费的网络营销方式，即商家（又称广告主，在网上销售或宣传自己产品和服务的厂商）利用联盟营销机构提供的网站联盟服务拓展其线上及线下业务，扩大销售空间和销售渠道，并按照营销实际效果支付费用的网络营销模式。

主要形式有靠中小会员网站来发布广告及大型门户网站的广告联盟。

根据商家网站给联属会员的回报支付方式，这种营销方式可以分为 3 种形式。

1）按点击数付费

（cost-per-click，CPC）。广告联盟营销管理系统会记录每个客人在联属会员网站上点击到商家网站的文字或者图片的链接（或者 E-mail 链接）次数，商家（merchant）按每个点击多少钱的方式支付广告费。

2）按引导数付费

（cost-per-lead，CPL；有的叫 CPA，cost-per-acquisition）。访问者通过联属会员的链接进入商家网站后，如果填写并提交了某个表单，管理系统就会产生一个对应给这个联属会员的引导（lead）记录，商家按引导记录数给会员付费。

3）按销售额付费

（cost-per-sale，CPS）。商家只在联属会员的链接介绍的客人在商家网站上产生了实际的购买行为后（大多数是在线支付）才给联属会员付费，一般是设定一个佣金比例（销售额的 10%～50% 不等）。

2. 广告联盟营销的优势

使用广告联盟营销可以让更多的媒体宣传企业，从而达到更大的影响力。使用广告联盟营销可以产生更好的投放效果，还可以实时分析广告效果，还可以精确设定广告的预算。

6.7　上机练习与实践——网络营销推广工具应用

6.7.1　实训目的

某自行车销售商是一个销售各种品牌自行车及其零部件的国内大型连锁公司，公司业务遍及全国各地。随着网络全面渗透至企业运营和个人生活中，为了更好地吸引众多的网络客户、开拓网上销售渠道、提高公司管理各类客户的能力和综合竞争力等，该公司决定开展网络营销。

公司了解、熟悉网络和网络营销的现状、发展、演变及未来发展趋势，分析我国制造行业的网络营销现状，进行网络环境分析、网络市场调研、目标市场分析后，明确网上产品定位、网上定价策略和网络营销渠道；应用搜索引擎注册、在网上发布广告、开展二维码营销和 H5 营销的流程，以做好公司网站的推广工作；然后通过本章所介绍的知识，进一步开展网络营销推广。

6.7.2　实训方法

① 连接互联网。
② 在浏览器地址栏输入相应网址，按照实训示例中的提示，分步骤完成。

6.7.3　实训示例

① 了解该公司网络营销现状。
② 为该公司制定搜索引擎营销方面的营销策略。登录百度网站，单击"营销推广"链

接，了解在百度网站上开展搜索引擎营销的手段和方法，并按照企业需求准备相关文字，根据本章所学知识开展搜索引擎营销。

③ 为该公司制定电子邮件营销方面的营销策略。

④ 为该公司制定微博营销策略。登录新浪网站，单击相应链接，为企业开通新浪企业微博，了解微博特点，并按照企业需求撰写相关文字，根据本章所学知识开展微博营销。微博营销的内容和设计，要秉承爱国敬业、创新发展、专注品质、追求卓越和服务社会的企业家精神。

⑤ 为该公司制定二维码营销策略。通过草料二维码或联图网等平台，设计与应用二维码，开展二维码营销。二维码的内容和设计，要秉承爱国敬业、创新发展、专注品质、追求卓越和服务社会的企业家精神。

⑥ 为该公司制定 H5 营销策略。通过墨刀网站或在手机上下载墨刀客户端，设计 H5 页面，开展 H5 营销。H5 的内容和设计要秉承爱国敬业、创新发展、专注品质、追求卓越和服务社会的企业家精神。

6.7.4 实训要求

① 根据各自的练习情况，以"网络营销推广工具练习"为题目，进行上网实际操作和练习，并撰写一份实训报告，要有关键步骤的抓图。

② 实训报告内容要求：

- 以小组为单位完成报告，字数在 2 000 字以上。
- 对网络营销目标受众进行需求特点分析。
- 对企业进行网络营销特色分析。
- 应用搜索引擎营销、微博营销、电子邮件营销、二维码营销和 H5 营销等，要包括相应的文字和图片，要能体现出目标受众需求和企业特色，要能体现出企业爱国敬业、创新发展、专注品质、追求卓越和服务社会的企业家精神。
- 实施和发布。设计、实施和发布过程中，要秉承企业家精神，践行社会主义核心价值观。

6.8 本章小结

网络营销推广工具是企业开展网络营销活动必不可少的应用手段。本章从搜索引擎营销、电子邮件营销、社交媒体营销、H5 营销、众筹营销和广告联盟 6 个方面，分析介绍了企业应用网络营销推广工具的方法和策略。

案例分析与提高

有道翻译官创意 H5《深夜，男同事问我睡了吗》

在进行这个案例前，大家先扫描图 6-20 的二维码，查看这个创意 H5 营销的完整内容。

有道翻译官是网易公司继有道词典后打造的又一语言翻译类 App，集结了多项顶尖 AI 黑科技，能帮助用户轻松读 107 种语言。在有道 AI 黑科技的加持下，查词翻译早已无须手

图 6-20 《深夜，男同事问我睡了吗》创意 H5 二维码

动键入，有道翻译官于 2017 年推出拍照翻译功能，只需轻轻一拍，路牌、菜单、论文等多场景图文内容即可翻译，省时、省力。

这么实用的功能，如何通过营销让更多人知道呢？如何更直观地让用户了解有道翻译官的便捷性和拍照翻译的使用场景，并吸引在工作、学习、出国、旅行、海淘等场景中有翻译需求的用户群体参与到整个传播当中，成为这个 H5 营销的传播目标。

职场社交已成为微信社交的重要组成部分，深夜沟通工作是现代年轻人的常态，"塑料姐妹花"这样的闺蜜微信群也是年轻人社交的重要方式。同时，微信文字沟通的方式，会发生很多有趣的心理活动，很容易对对方一句无意的话进行联想与发散。

这个案例就是创新录屏形式，将有趣的对话故事包装在产品功能展示中，让用户在故事中体验产品功能。故事以第一视角录屏的形式，呈现职场中同事相处的故事，用"深夜，男同事问我睡了吗"的话题性标题，调动起观众的好奇心，并加入表情包、塑料姐妹花等喜剧元素，最终剧情神反转，呈现出拍照翻译的完整功能。最后，有道翻译官的广告也自然而然地切入，充分体现了拍照翻译功能为工作带来的便利性。

当年这个 H5 营销推出后，短短 3 小时内浏览量就超 100 万次，引发了互联网人群转发刷屏高潮，24 小时内大量用户主动参与传播，浏览量达 600 万次，总浏览量达 1 581 万次，访客数达 1 266 万人。参与用户匹配度高，平台新增用户量大幅提升，成功传播并普及了翻译官拍照翻译功能。

其传播范围广泛，覆盖互联网、广告、快消、娱乐、银行等行业用户，且用户自主传播度高。在 facebook、即刻 App、饭否、脉脉等社交 & 媒体平台引发探讨，4A 广告门、界面、营销新榜样、今日头条等几十家媒体主动发布分析稿件，转载超百篇，并引发全民"戏精"话题讨论及效仿，美团旅行、伊蒂之屋等品牌及广告公司迅速推出戏精系列 H5，后续影响持续至今。

分析与提高

① 简要分析上述网络营销活动的成功之处。

② 学习了上述案例后，你能否针对某一产品的功能也编写一个巧妙宣传的创意脚本？

③ 结合本案例，谈谈企业家精神在营销活动中的作用。

④ 根据上述案例和本章所学知识，设计其他网络营销活动，活动要弘扬企业家精神，践行社会主义核心价值观。

思 考 题

1. 什么是搜索引擎营销？
2. 简述搜索引擎营销的几种主要模式及其各自的特点。
3. 什么是搜索引擎优化？简述搜索引擎优化的策略。
4. 简述电子邮件营销与垃圾邮件的区别。
5. 什么是社交媒体营销？社交媒体营销有哪些平台？简述社交媒体营销的策略。
6. 简述二维码营销、H5 营销、众筹营销和广告联盟营销的概念和策略。
7. 简述如何整合不同的网络营销推广方法，进行产品和品牌宣传。

第7章

网络营销主要手段

引言

本章从理论出发，分别讲解了关系营销、病毒式营销、事件营销、社群营销以及移动大数据精准营销等主要网络营销手段的相关知识和营销策略。

主要知识和技能点：

- 关系营销的概念和策略
- 病毒式营销的概念和策略
- 事件营销的概念
- 社群营销的概念及策略
- 移动大数据精准营销策略

教学要求：

- 识记：关系营销、病毒式营销、精准营销
- 领会：网络环境下客户关系的建立，如何开展病毒式营销，社群营销策略，常用的移动大数据精准营销方法
- 简单应用：制定关系营销、病毒式营销、事件营销、社群营销和精准营销策略
- 综合应用：将相关知识应用到案例分析或实际场景中

【引导案例】

有道词典：以你为名，守护汉字

有道词典是由网易匠心打造的互联网教育的入口级产品，拥有超 7 亿名用户。2018 年年初，有道词典引进了正版现代汉语大词典，上线汉语查词功能，但是很多用户并不了解。同时，面对汉字文化的消亡危机，有道词典主动承担起了拯救汉字文化的责任，以守护濒危汉字内容为突破口，开展了一系列的内容营销活动。结合内容营销，有道词典开展了二维码营销、H5 营销、微信营销、微博营销和其他社交平台的营销活动。

图 7-1 是这次活动的营销二维码。扫描这个二维码，会看到一小段 H5 的短视频。在这

个短视频中，它以浩瀚的星空为底色，讲述了中国源远流长的汉字，介绍了很多汉字起源于三千多年前，甚至四千多年前，汉字总数有 10 万多个，但是常用汉字不到 4 000 个，因此有很多汉字已经不被国人所熟知，属于濒危汉字了。接着它落在了"以你之名，守护濒危汉字，守护文化星河"这样一个界面。最后，它采用了一个互动的活动，即输入用户的名字，系统会自动寻找出对应将要守护的那颗星辰，然后匹配出一个濒危汉字。用户还可以把这个图片发布到微信朋友圈中，开展微信营销活动。

网易有道微信公众号发布了这个活动后，其微信阅读量随后就突破了 10 万次。同时，高峰期间 24 小时微信指数达到了 5 508 万。网易有道词典微信全网热点排名第四，微信指数日环比增长为 1 026.19%。当时《人民日报》微博公众平台也发布了"邀请你成为汉字守护者"的活动（见图 7-2），阅读量达 610.7 万次，讨论度达 5 237 次。同时，上微博社会榜前 10，近 20 万名用户主动参与晒出专属汉字守护图片。

图 7-1　有道词典"以你之名，守护汉字"活动的二维码

图 7-2　《人民日报》微博发布"邀请你成为汉字守护者"活动

案例点评：

通过这个案例可以看出，在第 6 章中介绍的网络营销工具和方法如 H5 营销、二维码营销等，并不是独立存在的。在这个案例中通过内容营销的方式，把 H5 营销、二维码营销和微信、微博营销巧妙地融合在一起。因而，本章主要讲网络营销手段，所学的内容就是如何融会贯通，来保证我们在营销活动中能引领潮流。

7.1　关系营销

与客户建立长期的关系对于任何追求持久利润的企业来说都是至关重要的。如果在线客户关系建立得不好，可能会直接导致网络营销企业因为在新客户获取上所支付的巨额成本而最终失败。外国学者研究分析得出，获得在线客户的成本比传统的商业模式要高 20% ～

25%，以至于新兴企业至少要 3～4 年持续不盈利。研究还表明若多留住 5% 的顾客，网络营销公司就能实现 25%～95% 的更多利润。

7.1.1　关系营销概述

关系营销是企业为实现其自身目标和增进社会福利而与利益相关者建立和维持互利合作关系的营销方式。关系营销活动看成一个企业与消费者、供应商、分销商、竞争者、政府机构及其他公众发生互动作用的过程，其核心是建立和发展与这些公众的良好关系。

通常来说，企业总是试图建立长期的、互惠互利的双赢关系。履行承诺意味着企业在营销沟通过程中对客户许下承诺时，消费者期望在实际的品牌经历过程中会得到满足。

其核心是强调关系，留住客户，向消费者提供高度满意的产品或服务，在与顾客保持长期关系的基础上开展营销活动，实现企业的营销目标。实施关系营销并不以损害企业利益为代价，关系营销提倡的是企业与顾客双赢的策略。

由于保持住老客户是一件很难的事情，因此关系营销另一个重点是找出高价值客户和潜在客户。

7.1.2　关系营销的策略

开展关系营销，就要建设有足够吸引力的内容，掌握良好的客户沟通技巧，管理和维护客户信息，这些都是为了实现客户关系再造和客户关系升级。企业与商家之间不仅仅是普通的消费者和商家这样一种关系，而是要建立更紧密的关系。客户关系升级，则要求企业和商家的紧密度更高。

如何建立有足够吸引力的内容？

图 7-3 是 4 个带有吸引力的广告内容图片。图 7-3（a）可以看到"怕上火喝王老吉"

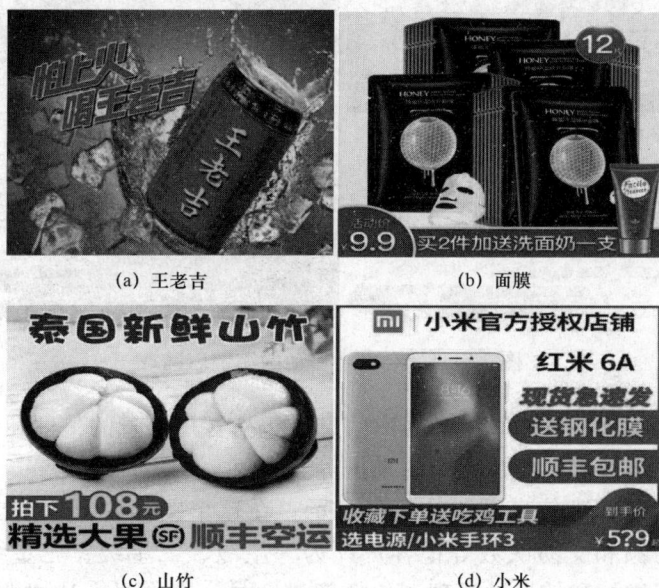

(a) 王老吉　　　　　　　　　(b) 面膜

(c) 山竹　　　　　　　　　(d) 小米

图 7-3　带有吸引力的广告内容

是从 4P 策略中的产品方面来突出产品特性：一说到"怕上火"，就想到了王老吉。图 7-3（b）写到"买 2 件加送洗面奶一支"，价格 9.9 元，主要是从产品的价格上来突出它的特色。图 7-3（c）中的泰国新鲜山竹，一般用户可能会担心新鲜的山竹运到自己手里会不会坏了，所以广告中强调了"顺丰空运"，主要从营销渠道上来凸显运输特色。图 7-3（d）讲了小米官方授权店铺、现货急速发等，主要是从促销角度上来讲产品的特色。

上面示例关于吸引力设计的内容是根据 4P 理论展开的。当然，企业也可以根据自己的实际情况，从 4C 理论，或者 4R 理论、4D 理论来开展自己的营销活动，来建设有足够吸引力的内容。

企业要掌握良好的客户沟通技巧。首先要礼貌热情地沟通，大方地介绍自己的优点，还要善于倾听，同时要换位思考，还要深入地了解需求。也就是说，企业不能仅仅使用礼貌用语，还要考虑其他方面；要进行沟通互动，才能进行深入地交流，以便了解客户的需求。

图 7-4 是淘宝上一家带有直播活动的店铺。目前淘宝上有很多类似的商家，为了更好地达到宣传效果，它除了有图片还有短视频来宣传商品；同时用户可以进入直播间直接与商家进行沟通。在直播间里，商家会更形象、更直观地介绍产品的各项优点，同时客户也可以直接在直播间里留言，反馈自己的需求。商家采用短视频、文字、图片、电商直播等多种形式进行销售都是为了更好地与客户进行沟通，从而达到有效销售这一目的。

图 7-4　带有直播活动的淘宝店铺

客户关系营销策略还要管理和维护客户信息，包括客户信息的整理和分析、保障客户信息的安全、客户的分级管理、客户关系的维护等。

图 7-5 是京东会员管理信息系统的后台显示。在这个图片中可以看出京东对会员进行分级管理，通过交易额和交易次数等把客户评为一星级、二星级、三星级、四星级、五星级，也对客户进行了维护和信息的管理，包括新进会员、老会员、达成购买意向的会员等，都有一系列的统计数据分析。

总的来说，关系营销策略要建设有足够吸引力的内容；要掌握良好的客户沟通技巧；要

图 7-5　京东会员管理信息系统

能够管理和维护客户信息，进行客户关系再造和客户关系升级，最终能够达成企业和客户的双赢。企业留住了客户，增加了自己产品的利润，而客户也得到了心中所想，这是一个双赢的结果。作为企业来讲，就是要不断地通过关系营销来提升客户的满意度和忠诚度。

总之，作为企业家要有企业家的精神。企业家精神中最重要的一个方面是企业家的责任，要执着、有担当，服务社会。而每个客户都是社会的一部分，所以企业要考虑到如何与客户达成双赢，这样才能把企业家的精神传递下去，才能够更好地把企业做好。

7.2　病毒式营销

在网络营销中，网民只会对自己有用的资讯感兴趣，一般的广告信息则很容易被网民直接过滤掉。如果网络广告的效果不尽如人意该怎么办？怎样把自己的企业形象推广给目标和客户群？网络广告的效果不好，我们又该如何开展自己的营销活动？

7.2.1　病毒式营销概述

病毒式营销是指利用用户口碑传播的原理，利用快速复制的方式，将有利于企业的营销信息传向众多的受众人群，使企业的营销信息像病毒一样传播和扩散。通过这个概念可以看出病毒式营销跟计算机病毒或者生物学的病毒并没有关系，它只是一个形容词，用来描述营销信息的传播方式。

病毒式营销是一种低成本、传播速度快的营销方式。从根本上来说，病毒式营销是内容营销、网络分享营销、社交关系营销等方法相结合实现的多渠道传播。也就是说，企业在创建网络营销信息源时，要充分考虑到信息对用户是否有价值及用户传播的意愿和传播方式，从而可以通过用户及社会关系网络不断向更大的范围传递信息，实现"病毒式传播"的效果。

7.2.2 开展病毒式营销

开展病毒式营销，首先要有吸引力的"病原体"，要传播的营销信息需要对目标客户群体有很大的吸引力；其次要有几何倍数的传播速度；最后要有高效率的接收，要想到目标客户群体如何能够接收到相应的信息。

1. 有吸引力的"病原体"

网络受众拥有高度的自主选择权，要想利用其人际渠道和群体传播的渠道，成为企业产品或品牌信息的传播介质，传播者传递给他们的信息必须脱掉营销信息这个商业外衣。没有经过加工的、太过赤裸裸的、带有明显广告痕迹的产品就会引起网络受众的抵触情绪。所以，广告内容的吸引力与隐蔽性是实施病毒式营销所要迈出的第一步，同时也是最重要的一步。这样，受众才能在与媒体接触的过程中产生兴趣，信任度较高。那么，广告信息要怎么样进行伪装才能吸引受众的眼球呢？这里的吸引力可以是物质诱惑、娱乐吸引，也可以是美学上的分享等。例如：必胜客发起的"吃垮必胜客"活动、百度推出的"唐伯虎"系列短片等，都是病毒式营销史上成功的"病原体"。

2. 几何倍数的传播速度

由于互联网的存在，一个突发事件在短短几十分钟内就可能传播到全世界。只要信息具备传播的亮点，能够引起大众的注意，那么它便能在极短的时间内以指数级增长。病毒式营销就是通过类似于人际传播和群体传播的渠道，产品和品牌信息被消费者传递给那些与他们有着某种联系的个体，接收到这些信息的人又将此转发给身边的朋友、同事等，如此循环下去，便构成了几何倍数传播的主力。

3. 低廉的营销成本

病毒式营销借助目标消费者的参与热情，利用信息刺激将原本由企业承担的广告成本转嫁到了目标消费者身上，使消费者自愿加入产品或品牌信息的后续传播过程中，这样，企业就大大节省了渠道使用的推广费用。相较以前大众媒体的广撒网式投入，病毒式营销显然是花小钱办大事。

4. 高效率的接收

在找准了第一批目标消费者后，病毒式营销便采用"口碑传递"和"人际推荐"的形式，所传递的对象也大多是与第一批目标消费者具有相同兴趣、目标等相似特征的人群，大大提高了营销的精准性。通过熟人推荐或自己主动去搜寻所得，避免了消费者的排斥心理，取而代之的是积极的心态，加上病毒式营销通过手机短信、E-mail、QQ 等渠道进行传播，在渠道上保证了私人化隐蔽性，减少了接收过程中所产生的噪声干扰，从而增强了传播的效果。

5. 飞快的更新速度

任何产品都有生命周期。为了能够有效地利用信息的爆发力，在渗透期内企业就应该将传播力变为购买力。"病毒种子"的新鲜感会随着时间的推移而丧失，消费者的注意力也会产生偏移，风靡的传播行为则会呈现衰减的趋势。为了保证产品有足够的吸引度，不断升级更新也是企业不容忽视的问题。

课堂练习 7-1

口碑营销

练习目的：

通过本次课堂练习，充分体会口碑营销的概念，以及在实际应用中口碑营销策略的实施。

练习要求：

学生自由组合成小组，分析"小米公司的口碑营销"的案例内容，结合理论知识分析案例的成功因素。各小组还可以模仿这个案例，选取一个熟悉的企业，为其设计口碑营销策略。

练习内容：

小米公司的口碑营销

小米公司是一家专注于高端智能手机、互联网电视及智能家居生态链建设的创新型科技企业。得益于数目庞大的粉丝数量，小米公司利用口碑营销创造了一个又一个小米神话。从创业之初到 2014 年，小米公司的估值就高达 460 亿美元；2017 年仅第二季度小米手机销量就达到 2 316 万台，居世界第五。

口碑营销又称病毒式营销，其核心内容就是能"感染"目标受众的病毒体（口碑），让消费者自动传播公司的产品和服务的良好评价，让人们通过口碑了解产品、树立品牌，最终达到企业销售产品和提供服务的目的。在今天这个信息爆炸、媒体泛滥的时代里，消费者对广告，甚至新闻，都具有极强的免疫能力，只有制造新颖的口碑传播内容才能吸引大众的关注与议论。

小米科技创始人雷军在接受新闻媒体采访时曾说过，口碑营销是小米最好的推广渠道，要让消费者和小米官方团队一起，成为产品设计、产品改进、品牌传播的"大明星"。公司在开发手机功能之际就积极邀请用户提供意见和建议，而当用户提出的功能被采纳并得以实现时，他们就乐于在网络上分享，从而帮助更多的消费者认识小米这一品牌；一个用户开始使用了小米手机，那他的家人或朋友也极有可能开始关注并使用小米手机。如此一来，小米就通过这种"用户带动用户"的模式有效地展开了口碑营销。

通过以上良好的口碑效应，当小米开发产品时，数十万名消费者热情地出谋划策；当小米新品上线时，几分钟内数百万名消费者涌入网站参与抢购，数亿元销售额瞬间完成；当小米要推广产品时，上千万名消费者兴奋地奔走相告；当小米产品售出后，几千万名消费者又积极地参与到产品的口碑传播和每周的更新完善之中……

消费者和品牌从未如此相互贴近，互动从未如此广泛深入。通过互联网，消费者扮演着小米的产品经理、测试工程师、口碑推荐人、梦想赞助商等各种角色，他们热情饱满地投入品牌发展的各个细节中。小米现象的背后，是互联网时代人类组织结构的深层巨变，是小米公司对这一巨变的敏感觉察和精确把握，可以说小米公司将口碑营销做到了极致。

思考与互动：

学生以小组为单位，思考并回答以下几个问题，教师点评、归纳。

① 请同学们阅读并分析上述案例，并根据本节学习内容，分析上述案例的成功之处。

② 根据上述案例进一步收集资料，谈谈该公司秉承了哪些企业家精神。

③ 请同学们仿照上述案例，选取一家企业，为其策划并开展口碑营销，要注意弘扬企业家精神，践行社会主义核心价值观。

思政拓展

小米公司的创新发展

根据调查，2/3的消费者表示体验过良好的消费体验后会告诉朋友和家人；60%的消费者表示会分享到社交媒体上。这意味着品牌给消费者提供良好的消费体验后会获得口碑传播。

在现代营销学之父菲利普·科特勒看来，口碑是指由生产者以外的个人将关于产品、品牌等信息传递给受众并导致其改变态度，甚至影响购买行为的一种双向互动传播行为。简单地说，口碑就是"口口相传"，其作用原理在于人们总是认为朋友、熟人的推荐肯定要比广告更具可信度，因而对企业品牌树立和产品推广十分重要。口碑营销是企业在调查市场需求的情况下，为消费者提供他们所需要的产品和服务，同时制订一定口碑推广计划，让消费者自动传播公司产品和服务的良好评价，让人们通过口碑了解产品、树立品牌，最终达到企业销售产品和提供服务的目的。

随着市场竞争日益激烈和互联网时代的到来，口碑将在现代企业营销活动中发挥越来越重要的作用。小米公司秉承着创新发展的企业家精神，不断尝试和使用新的营销策略，小米公司的成功就是最好的例证。

7.3 事件营销

7.3.1 事件营销概述

事件营销是指企业通过策划、组织和利用具有新闻价值、社会影响及名人效应的人物或事件吸引媒体、社会团体和消费者的兴趣与关注，以求提高企业或产品的知名度、美誉度，树立良好品牌形象并最终促进产品或服务营销目的的手段和方式。事件营销要聚焦人物或者事件，最终还是为了提升企业的美誉度和知名度，最终达到产品营销的目的。其最大的特点是成本低、见效快、影响面广、关注度高。

营销事件往往是结合人物或者事件展开，一般有借势和造势两种模式，可以形成线下和线上的互动。线下包括电视媒体、报纸媒体；线上包括新闻门户、网络媒体、社会网站等，最终形成品牌的推广，媒体、网民主动参与进来，形成线上线下互动的热潮。

7.3.2 事件营销策略

开展事件营销有借势和造势两种模式，这两种模式殊途同归，都是为了提升企业形象或者销售产品。

1. 借势

借势是指参与大众关注的焦点话题，将企业带入话题的中心，由此引起媒体和大众的关注。借势营销的关键在于发现和挖掘与产品或品牌价值相关联的事件，并对时机进行精准把握。要实现好的效果，借势型事件必须遵循的主要原则是相关性原则、知名度原则和时间性原则。

1）相关性原则

相关性是指选择的社会热点尽量与企业的自身发展密切相关，也与企业的目标受众密切相关。企业在运作借势营销时，把公众的关注点、事件的热点与企业的诉求点统一起来，事件营销才会起到事半功倍的效果，同时借势要找准关键点，巧妙切入。

2）知名度原则

借势营销应尽量与大事件联系，引发公众联想，事件越大，关注度越高，传播范围越广，传播速度也越快。

3）时间性原则

借势应反应迅速，要在第一时间介入。借势营销对品牌的巧妙创意及反应速度有很高的要求。

2. 造势

造势的核心即企业自己制造热点事件、策划热点活动，通过传播使之成为公众所关注的公共热点。造势营销要注意合理定位，巧妙制造新闻事件，同时要建立风险防范机制。

1）合理定位

● 消费者定位：不同的消费者会关注不同的事件，只有有的放矢地进行事件营销，才能最大限度地提升营销效果。

● 事件定位：策划事件应尽量与品牌产生关联，与品牌的卖点产生关联。

● 推广定位：根据目标消费者定位以及事件定位，确定事件传播的方式，可以选择网络传播、电视广告、户外广告等合适的传播方式。

2）巧妙制造新闻事件

明确事件营销定位后，即可制造具有新闻价值的事件，并通过具体的操作，让这一新闻事件得以传播，从而达到广告的效果。

3）建立风险防范机制

事件营销是把"双刃剑"，运作不好会给企业带来难以挽回的负面影响。由于热点事件效应的即时性、发展的不可预见性，以及企业对事件策划的掌控能力有限，企业一旦决策失误，就有可能变成不利方。因此，企业有必要对运作或利用的事件进行全面的风险评估，建立风险预警机制并制定风险补救措施，避免对企业造成无法弥补的伤害。

作为企业家来讲，开展事件营销要秉承企业家的精神，要遵守企业家的品质，要爱国敬业遵纪守法，要拥有企业家的理念，要关注热点追求卓越，不断地创新发展；同时，能够承担企业的责任，执着担当服务社会，做好企业家精神才能够更好地开展事件营销。

课堂练习 7-2

创意短视频的事件营销

练习目的：

通过本次课堂练习，充分了解用作事件营销的短视频特点，掌握查找短视频的方法，了解发布短视频的网站，并练习和发布，掌握事件营销策略。

练习要求：

① 熟练使用短视频的发布网站；

② 学习揣摩优秀的短视频营销案例；

③ 掌握短视频发布的方法；

④ 掌握事件营销策略。

练习内容：

① 分别进入下面的短视频网站：哔哩哔哩、腾讯视频、爱奇艺、优酷、土豆、56 视频、酷六、新浪和搜狐等。

② 搜索下面的成功短视频案例，观看并体会如何开展事件营销。

- 唐恩都乐超级碗广告；
- M&C Saatchi 戒烟广告；
- 索尼带你走进盗梦空间；
- 阿迪达斯世界杯用球演变之史；
- 芝麻街——"走过路过不要错过"。

思考与互动：

学生以小组为单位，思考并回答以下几个问题，教师点评、归纳。

① 请同学们阅读并分析上述案例，并根据本节学习内容，分析上述创意短视频的成功之处。

② 根据上述案例进一步收集资料，谈谈该案例都秉承了哪些企业家精神。

③ 请同学们仿照上述案例，选取一家企业，为其策划设计某产品的创意短视频脚本，开展事件营销，要注意弘扬企业家精神，践行社会主义核心价值观。

7.4　社群营销

7.4.1　社群营销概述

1. 社群的概念

点与点之间通过某种媒介的连接和互动就产生了联系，连接这两个点之间的线就是社交。每个点不只连接一个点，多点之间的多线条社交就形成了面，并且经过不断的优胜劣汰、协作，连接线越来越牢固，形成的面就越来越稳固。这些点与线形成的面，就是社群。

随着移动互联网的快速发展，PC 桌面端转移至移动端，加上 QQ、微信等高效率的交流工具大范围的应用，使得传统的社群发生了很大的变化，社群的组织、互动和管理变得更加容易。

社群具有 3 个基本特点。

一是具有共同的兴趣、利益、价值观或者是目标、纲领，基本上能做到让属性相同的人在一起，就是社群基础。

二是具有高效率的协同工具。现在移动互联网时代，微信、QQ 等都可以进行实时交互，这样协同其实很简单。

三是具有一致的行动。而这个一致的行动也反过来促进了社群的稳固。

2. 社群的要素

构成社群需要 5 个要素。

① 同好。它决定了社群的成立。所谓"同好"，是对某种事物的共同认可或行为，可以是某个产品（如小米手机），也可以是某种行为（如读书交流），也可以是某个空间（如小区业主），也可以是基于某种情感（如老乡会）。

② 结构。它决定社群的存活。社群的结构包括组织成员、交流平台、加入原则、管理规范 4 部分。这 4 部分做得越好，社群存活时间就越长。

- 组织成员：发现、号召那些有同好的人抱团形成组织。最初的一批成员会对以后的社群产生巨大的影响。
- 交流平台：QQ、微信、陌陌等。
- 加入原则：设立筛选机制门槛，一是保证质量，二是让新加入者感到不容易而更加珍惜。
- 管理规范：一是要设立管理员，二是要不断完善群规。

③ 输出。它决定了社群的价值。没有足够价值的社群迟早会被解散，或者让很多人退出。好的社群一定要能给群员提供稳定的服务输出，这是群员加入群、留在该群的价值。

④ 运营。它决定了社群的寿命。通过运营要建立社群的"四感"：仪式感（如入群申请、行为的奖惩）、参与感（如通过有组织的讨论、分享等）、组织感（如对某主题事物的分工、协作、执行等，以此保证社群战斗力）、归属感（如通过线上线下的互助活动等保证社群凝聚力）。

⑤ 复制。它决定社群的规模。由于社群的核心是情感归宿和价值认可，社群越大，情感分裂的可能性就越大，一个社群如果能够复制多个平行社群，将会形成巨大的规模。

3. 社群的组织模型

只要是能长期生存的社群，都有其内在生态模式。在这样的社群中都会存在表 7-1 中的几种角色，这种角色的不同组合，就构成了不同的群生态模式。

表 7-1 社群角色说明表

社群角色	说明
组织者	负责社群的日常管理和维护，是群的活跃分子
思考者	社群的灵魂人物，在圈子里有威信或影响力的人
清谈者	能够轻松自如接受大家的调戏，让群变得活跃和有气氛的人
求教者	在社群里提出自己各种困惑希望得到帮助的人
围观者	习惯潜水，偶尔说一句话，很快又消失的人
挑战者	加入一个社群后往往对群的管理方式或交流内容公开提出不满的人

围绕这些社群角色，基本上分为两种管理模式：一种是基于社交群的环形结构，另一种是基于学习群的金字塔结构。

在环形结构中，每个人的身份可以互相变化和影响，但是一个群里必须存在至少一个活跃的灵魂人物，他可能兼具思考者、组织者多个身份，如果一个群里有两到三个（或者以上）活跃的思考者，这个群就会碰撞出很多火花，社群的生命力就会旺盛。

在金字塔结构中，一定有个高影响力的人物，然后发展一些组织者帮助管理群员，在此结构中，基本上是追随影响力人物进行学习的，所以群里必须有设计严格的群规。这种模式下，最常见的就是影响力人物在群里定期分享，由组织者进行日常的群管理。

4. 社群营销的概念

社群营销就是基于相同或相似的兴趣爱好，通过某种载体聚集人气，通过产品或服务满足群体需求而产生的商业形态。社群营销的载体包括微信群、QQ 群、陌陌群等各种线上平台，甚至线下的平台和社区也可以做社群营销。

7.4.2 社群营销策略

1. 使用方便的管理群工具

每一个互联网门户都提供了管理群的工具，如较早出现的新浪、网易等门户网站推出的聊天室。当腾讯相继推出基于通信交流平台的 QQ 和微信后，QQ 群和微信群成为国内垄断的群组管理软件。

1）QQ 群和微信群

表 7-2 比较分析了 QQ 群和微信群的产品设计逻辑，通过对比，可以更好地理解如何管理群。

表 7-2 QQ 群和微信群的对比

对比项	QQ 群	微信群
群规模	购买超级会员可以建 4 个超级群，每个群 2 000 人，1 000 人群 8 个，500 人群随意建	普通用户可以建立 500 人群

对比项	QQ 群	微信群
群数量	低于 500 人群可以建多个，只要不超过 QQ 好友剩余上限	随时可以建，可以认为没有限制
群结构	这个群必须有群主，群主可以设置管理员，只有管理员权限才能允许别人入群	每个群有一个创建者，群之间的关系其实是平等的，大家可以同时面对面建群，每个人可以拉自己的好友入群，类似 QQ 的讨论组
群权限	群主拥有绝对的群管理权限，比如解散群。群管理员拥有一般的群管理权限，不能解散群。支持群发邮件或文件	群员之间权限平等，只有群的创建者可以踢人，其他群员不能踢人。不支持群发邮件或文件
群玩法	群主或管理员可以全体禁言或个别禁言，QQ 群成员都可以发群红包，单个金额最高 5 000 元，最多 200 人	微信群可以发红包，上限 5 000 元，最多 100 人
群共享	有群论坛，群里可以发任何网站链接	微信群屏蔽了某些网站的跳转链接，如淘宝网等

通过以上对比，可以发现在社群营销中，QQ 群比微信群更适合社群运营。

2）其他群产品

① 微博群。微博群本质上是一个论坛，不是真正意义上的聊天群。

② YY。YY 语音分享是比较常用的群组学习工具，也是目前唯一支持万人加群的平台。YY 是典型的金字塔结构。

③ 阿里旺旺。淘宝聊天工具阿里旺旺也有群功能，可以针对有兴趣的游客买家进行促销和维护，快速导流到店铺中，快速群发优惠信息，适合淘宝商户使用。

2. 保证群活跃度的方法

在以下几种情况下，就算群主很少出现，群里的用户也能非常活跃。

① 群里有 1 个以上的灵魂人物或者明星用户，这样聊的话题自然会有针对性。

② 从某些用户组织或者用户型产品衍生出来的社群，如版主团队等。

③ 从大的社群中把一些非常核心的用户拉出来再建一个群来辅助管理，这其实就是大群的用户金字塔。

④ 由某些共同的爱好而产生的社群，如登山群、旅游群等。

除了上述情况，群主或管理员就要花更多精力维护群，提升群的活跃度了。

3. 社群营销的三维定位

检验社群营销的一个标准就是三维定位。这 3 个维度分别是"内容""交流""引导"，而原点就是品牌账号。

1）内容

这是所有社群营销的基础，其要点是"写、读、评、转"。一个好的话题，需要让用户"希望写、想要读、愿意评、用力转"。作为企业的营销社群，首先要设计好议题。好的内容才是吸引社群用户的关键。

2）交流

一旦有了品牌账号，企业就开启了一扇门，消费者随时有权利在这个平台上发表任何言论。这时企业的回应方式极为重要。用具有诚意的态度交流，正面的言论能够得到正面的印证，负面的言论也有可能成为转机。此外，需要让消费者看到改变，鼓励消费者发言，并且针对消费者的建议作出改进。

3）引导

消费者很少会特意上网搜索和询问一个企业的品牌专页或者官方微博是否上线，他们需要企业自己说出有这样一个沟通交流的平台。可见，适度的引导非常必要，尤其是需要在短期内看到效果的时候。

社群营销要取得成功，需要企业在每一个维度都作出表现，要真正将"用户体验"贯穿社群营销始终，这样才能将品牌精神传递给消费者，这也是社群营销的真正意义。

开展社群营销要注意以下几点。首先要有合适的内容，然后在基于相同的兴趣爱好的群体中进行交流，有了交流，有了碰撞，有了火花，就会激发更大的兴趣，展开更多的交流。在交流中要着重引导，引导社群的人进行相应的"写""读""评"和"转"，增加人气，从而满足群体的需求。

课堂练习 7-3

社群营销的工具使用

练习目的：

通过本次课堂练习，充分了解社群营销特点，掌握社群营销的工具使用，并练习使用社群工具进行营销。

练习要求：

学生以小组为单位进行练习，选定一款产品作为社群营销的目标，然后在学习使用社群营销的工具（QQ群或微信群）后进行营销。小组成员进行角色分工，如企业的技术人员、销售人员、客服人员、顾客等。

练习内容：

① 如果有QQ（或微信），可以直接登录，如果没有，可以注册QQ（或微信）。

② 小组内选举一名组员作为群主，建立QQ群（微信群），小组内的其他成员加入这个群，QQ群还需要群主指定1～2名管理员。

③ 根据小组内企业角色，小组讨论如何对选定的产品进行社群营销。

④ 顾客角色接受或拒绝社群营销的产品。

思考与互动：

学生思考并回答以下几个问题，教师点评、归纳。

① 根据本小组的社群营销操作，说明如何使用社群营销工具。

② 根据本小组的社群营销操作，说明如何才能让顾客接受社群营销的产品。

③ 如果顾客拒绝，作为营销人员，如何改进营销方法？

④ 本小组在社群营销设计和实施过程中，秉承了哪些企业家精神？

✎ **思政拓展**

社群营销中的社会责任和创新精神

一个优秀的社群文化必定需要传递正能量，只有思想积极、乐观豁达的成员汇聚在一起，才能使大家身心放松，受到激励，才能长久维系下去，才能使社群更具有吸引力，吸引更多的用户加入社群。同时，企业在开展社群营销时，应当承担一定的社会责任，利用社群的影响力，开展各类社会公益活动或积极向上的活动，引导人们树立积极向上的生活态度。这样才是履行责任、敢于担当和服务社会的企业家责任的最好诠释。

社群营销中，社群结构、价值输出、推广策略和营销活动等都可以复制，可以借鉴他人成功的经验。但是，要做好社群营销，作出好的社群产品，就需要具备企业家精神中创新发展、专注品质和追求卓越的企业家理念，需要具备匠人精神。匠人精神是指将一份工作做到极致的坚定、踏实、精益求精的精神，是对职业道德的遵守，是追求卓越的创造精神。

不只是社群，其他网络营销相关工作，特别是随着互联网的快速发展和应用，科技发展日新月异，都需要企业秉承创新发展、专注品质和追求卓越的企业家精神。

7.5　移动大数据下的精准营销

7.5.1　移动大数据营销概述

1. 移动大数据的概念

大数据（big data）是指无法在一定时间范围内用常规软件工具进行捕捉、管理和处理的数据集合，是需要新处理模式才能具有更强的决策力、洞察发现力和流程优化能力的海量、高增长率和多样化的信息资产。大数据的特点包括 volume（大量）、variety（多样）、value（低价值密度）、velocity（高速）、veracity（真实性）。

移动大数据可以看作在智能手机、平板电脑等移动终端上产生的各种移动互联网上的数据集合。它的功能主要包括用户画像、精准广告的投放、精准服务信息的推送和用户服务改进。

2. 移动大数据营销的概念

移动大数据构建了精准营销模式。在大数据时代，企业有更多的机会去了解消费者甚至比消费者还要了解其真正的需求。之前，企业获取营销数据的途径一般是 CRM（客户关系管理系统），然而通过 CRM 获取的数据只能满足企业的部分正常营销管理需求，企业不能洞察数据规律。而其他类型的消费者数据，如社交媒体数据、邮件数据、地理位置等，多以图片、视频等形式存在，难以运用到实际营销中。大数据具有更强大的分析功能，能够采集和分析更多的消费者数据，洞察数据之间的关联或规律。

沃尔玛、家乐福、麦当劳等企业安装了收集运营数据的装置，用于跟踪消费者互动、店内客流和预订情况。运营人员可以将菜单变化、餐厅设计和消费者意见等数据与交易记录结合起来，然后利用大数据工具展开分析，从而为消费者提供指导意见，力求为消费者提供良好的优惠策略和个性化的沟通方式。

简单地讲，移动大数据营销就是通过移动互联网采集大量的行为数据帮助企业找出目标消费者，以此为基础对广告投放的内容、时间、形式等进行预判与调配，完成广告精准投放的营销过程。它体现出以下 4 个营销特点。

1）个性化营销

以往的营销活动主要以媒体为导向，选择知名度高、浏览量大的媒体投放广告，消费者被动接收信息。如今，企业以消费者为导向进行网络营销，应用大数据的数据采集、分析可以做到为关注同一媒体的相同界面的不同消费者提供不同的广告内容，实现精准化推荐和个性化营销。

2）时效性

大数据营销具有很强的时效性。在网络时代，消费者的消费行为和购买方式极易在短时间内发生变化。大数据营销可通过技术手段充分了解消费者的需求，并在消费者作出决定的那一刻及时推送广告。

3）关联性

关联性是指在大数据营销模式下，消费者看到的上下两条广告之间有一定关联。这是因为在采集大数据的过程中可快速得知目标消费者关注的内容，以及知晓消费者所在位置和消费特征等，这些有效信息可使投放的广告产生关联性。例如：通过观察消费者购物车中的产品，分析出消费者的基本消费习惯；通过了解哪些产品频繁地被消费者同时购买，发现消费者的购物偏好，从而针对此消费者制定出相关产品营销策略。

4）多平台数据采集

大数据营销的数据来源是多样化的，多平台的数据采集能将消费者画像刻画得更加全面和准确。这些平台包括互联网、移动互联网、智能电视及户外智能终端等。

例如：每年的最后一周，网易云音乐如约向每位消费者发布其专属的"年度听歌报告"。从发布"2017 年度听歌报告"起至今，培养了众多消费者的使用习惯，使他们对每年的听歌报告翘首期盼。

与往年的听歌报告大同小异，听歌报告统计的数据包括消费者注册以来播放的第一首歌、年度听歌时间和曲数、常听的歌、单曲循环多的歌、听过的很小众的歌、年度歌手，以及发送的评论、收听习惯等，清楚地列出每位消费者的收听喜好并分析消费者听歌的心情等，以此制定消费者标签，增加更多的个人情感内容，为消费者提供定制化体验。听歌报告的实现离不开大数据的支持，通过收集、分析消费者大量的歌曲搜索、收听信息和数据，为每位消费者生成千人千面、个性化的听歌报告，同时借助情感视角，提供个性化、情感化、精准化的内容，引起消费者的情感共鸣，与消费者建立情感联系，从而增强消费者对网易云音乐的信任和依赖性。

近年来，各类年度歌单、年度账单（如支付宝年度账单）风靡一时，这些歌单或账单会在年底为消费者生成千人千面、个性化的信息汇总报表，显示一年内消费者在应用程序上的各种使用行为。这些报表就是利用大数据技术收集消费者的行为数据，并通过分类和计算获得的；同时，通过消费者使用应用程序场景化的刻画与消费者产生情感交互，帮助消费者回忆起一些重要的、难忘的时刻和生活场景，从而对应用程序产生认同感和归属感。

7.5.2　移动大数据营销的关键要素

移动大数据本质上是一种工具，只有当数据被企业利用并开始创造价值时，它们才有了真正的意义。利用移动大数据洞察消费者行为变化，准确地分析消费者的特征和偏好，挖掘产品的潜在高价值消费群体，实现市场营销的精准化、场景化，是企业使用大数据实现精准营销时需要考虑的问题。

1. 用户画像

移动大数据精准营销要生成个性化的用户画像。用户画像是根据用户的社会属性、生活习惯和消费行为等信息抽象出的一个标签化的用户模型，具体包括以下 5 个维度。

① 用户固定特征。用户固定特征包括性别、年龄、受教育水平、职业等。

② 用户兴趣特征。用户兴趣特征包括兴趣爱好，经常查看的网站，使用的 App 浏览、收藏、评论的内容，以及品牌和产品偏好。

③ 用户社会特征。用户社会特征包括生活习惯、婚恋情况、社交情况及家庭成员等。

④ 用户消费特征。用户消费特征包括收入状况、消费水平、产品购买渠道、购买频次和购买产品种类偏好等。

⑤ 用户动态特征。用户动态特征包括用户当下需求、正在做的事、周边的商户、周围的人群等信息。

构建和生成用户画像一般通过采集和分析数据、用户分群和优化整理数据 3 个步骤实现。

1）采集和分析数据

数据是构建和生成用户画像的核心依据，只有建立在客观数据基础上的用户画像才是真实可靠的。

2）用户分群

用户分群就是为用户贴上标签，用标签将用户分类，为一对一的精准营销做准备。例如：一个"80 后"用户喜欢上午 11 点在生鲜网站下单买菜，晚上 6 点回家做饭，周末喜欢去附近吃韩国烤肉。经过信息搜集与转换，系统就会产生一些标签，如"80 后""生鲜""韩国烤肉"等。再如：一位用户在社交网站上经常分享旅游照片，其服饰、背包等都是同一品牌，系统可以为该用户贴上如"旅游""某牌控"等标签。

3）优化整理数据

生成准确的用户画像后，企业便能清楚地了解用户需求，在实际操作上深度经营用户关系，甚至找到扩散口碑的机会。例如：针对前面提到的那位"80 后"用户，企业可推送生鲜打折券、烤肉推荐等信息。

除此之外，在不同阶段，企业还需要观察营销的成功率，并追踪用户反馈的信息，确认整体经营策略与方向是否正确。如果效果不佳，企业应该对营销策略作出调整，做到循环优化。

2. 预测分析

在传统营销时代，以产品为中心，满足传统的消费者需求；在现代营销时代，以社会价值与品牌为使命，但不能非常精准地对接个性化需求；进入移动大数据营销时代后，可实现一对一营销，对每个消费者实施个性化匹配，甚至精确计算成交转化率，从而提高投资回报比。移动大数据营销时代的关键词是"预测"，企业运营比的是早一步的预知能力。

利用移动大数据，企业可从消费者交易数据中预测下一次的购买行为。预测能力能够让企业专注于一小群消费者，而这群消费者能代表特定产品的大多数潜在消费者。例如：将营销活动的目标消费者锁定为 20 万名潜在消费者或现有消费者，拨出部分预算用于吸引部分消费者群，从而可预测特定产品的整个消费者群，同时可减少营销成本。

移动大数据营销的预测能力强调的是决策价值，与被动接收和观察数据不同。例如：与以前注重观察消费者购买频率、购买日期不同的是，预测注重分析的是下次购买的时间和消费者的终身价值。预测催生了一种新的数据驱动营销方式，就是以消费者为中心，核心在于帮助企业完成从以产品或渠道为中心到以消费者为中心的转变。

3. 精准推荐

移动大数据价值不是事后分析，而是预测和推荐，精准推荐成为移动大数据改变零售业的核心功能。例如：在个性化推荐机制方面，大多数服装订购网站采用的是消费者提交身形、风格数据，然后人工推荐的模式，而服装订购网站还结合了机器算法进行推荐，通过消费者提供的身材比例等数据，加上销售记录的交叉核对，挖掘出每个人专属的服装推荐模型。

移动大数据整合改变了企业的营销方式，从海盘业务广播式推送，过渡到了一对一的以消费者体验为中心的业务精准推荐。企业在注重消费者体验的同时可达到良好的营销效果，并且可对营销过程进行全程跟踪，从而不断优化营销策略。

课堂练习 7-4

移动大数据营销的用户画像

练习目的：

通过本次课堂练习，充分体会移动大数据营销的概念，以及在实际应用中移动大数据营销中用户画像的实施。

练习要求：

学生自由组合成小组，分析"京东的大数据用户画像"的案例内容，结合理论知识分析案例的成功因素；各小组还可以模仿这个案例，选取一个熟悉的企业，为其设计大数据用户画像策略。

练习内容：

京东的大数据用户画像

京东作为全品类综合电商，海量商品和用户产生了从网站前端访问、浏览、搜索、购买和 App 后端支付、客服等多维度和全覆盖的大数据体系。

京东的数据体系记录着用户持续的网络行为，用户画像据此来捕捉用户的个人基本特征信息、兴趣爱好、社交信息、消费习惯和偏好、收入与支付能力等。了解了用户各种消费行为和需求，并针对特定业务场景进行用户特征不同维度的聚合，就可以把原本抽象凌乱的数据提炼成可视化的用户形象，发现和把握蕴藏在细分用户群体中的巨大商机，从而指导和驱动业务运营。

那么，针对不同的用户群体如何构建用户画像呢？京东大数据驱动的用户画像通常通过业务人员的业务经验和建立数据分析模型相结合的方法实现，但有主次之分。

第一种情况是：用户画像以业务人员的业务经验判断为主。当用户的网络行为与业务紧密相关，就可以通过业务人员的业务经验描述用户画像。例如：基于用户的购买频次、购买金额及产生的利润等方面的数据指标，业务人员凭经验根据用户的价值可以对用户进行分级。那么，在用户分级画像的前提下，京东一方面可以根据用户价值的不同采取针对性的营销策略；另一方面可以思考如何将低价值的用户发展成高价值的用户。又如，业务人员根据用户在下单前的浏览情况，描述用户的购物特征：总是在短时间内哪怕商品比较少的情况下也下单的用户，具有冲动型的购物特征；总是反复比较少量同类商品后才下单的用户，具有理性型的购物特征；总是长时间比较很多商品才下单的用户，具有犹豫型的购物特征。在此前提下，京东可以针对不同购物特征的用户进行个性化的精准营销，如给冲动型用户推荐畅销的同类商品、给理性型用户推荐口碑好的同类商品等。

第二种情况是：用户画像以建立数据分析模型为主。当用户网络行为的逻辑关系比较复杂时，用户画像需要建立数据分析模型。例如：业务人员不能简单地凭借业务经验判断购买母婴类商品的用户家里一定有小孩，因为用户购买母婴类商品可能是送礼。因此，要判断用户是否有小孩，所购买的母婴类商品是不是给自己的小孩用，需要根据用户的商品浏览、收货地址、商品评价等多种信息建立数据分析模型。判断出用户家里有小孩时，可以进一步根据用户购买母婴类商品的频次及商品标签，如奶粉的段数、儿童洗护用品的适用年龄等信息，建立孩子的成长模型，并在孩子所处不同的阶段进行精准营销。

目前，构建用户画像成为大数据驱动的用户行为分析的基础及流行方式之一。用户画像作为京东的大数据典型应用技术，在其运营中起着不可忽视的重要作用。京东大数据用户画像的应用实践对其他电子商务有很大的参考价值。

思考与互动：

学生思考并回答以下几个问题，教师点评、归纳。

① 根据上述案例，分析其是如何开展大数据用户画像的。

② 根据上述案例，分析其秉承了哪些企业家精神。

③ 根据上述案例和本章所学知识，为其他企业设计大数据用户画像策略，要弘扬企业家精神，践行社会主义核心价值观。

✍ 思政拓展

移动大数据时代的企业社会责任感

移动大数据的发展和应用为企业实施精准营销提供了极大的便利，数据成了重要的商业资源，其价值不可估量。

企业收集消费者行为的海量数据，建立模型分析数据的相关性有利于对消费者未来的购买行为作出预测。当然，这些数据超越了传统的存储方式和数据库管理工具的功能范围，必须用大数据存储、分析和可视化技术（如云计算）才能挖掘出巨大的商业价值。这些都体现了企业创新发展、专注品质和追求卓越的企业家精神。

但大数据的应用也产生了一些不利因素，如掌握大量消费者数据的企业，由工作疏忽或技术漏洞导致消费者信息泄露，以及有的企业为了获得更多的消费者数据，可能诱导消费者作出隐私授权，进行数据过度采集，而此时消费者在企业面前可能完全是"透明"的，无隐私可言。

这种情形下要求企业秉承企业家精神，要承担社会责任，具备社会责任感：一是明确大数据技术（包括其他新兴技术）发展的根本目的是促进人类发展，数据采集和挖掘应合法、合乎情理；二是企业应支持消费者知情同意，即企业要在消费者知情授权的情况下进行数据采集；三是企业要保护和维护消费者的个人信息，并建立相应的保护和维护措施，防止信息泄露等。

可见，企业的健康、持续和长久的发展，除了要不断学习和应用新技术，不断创新发展，专注品质和追求卓越，还要承担企业家的责任，即履行责任、敢于担当和服务社会。

7.5.3 移动大数据精准营销策略

未来对市场的争夺就是对消费者资源的争夺。企业如果能够有效利用手中大量的移动大数据资源，在精准定位和数据分析的基础上，充分运用各种数据挖掘分析技术提供更加个性化、差异化、精准化的服务，就能深入挖掘新的市场价值，实现自身营销的优化。移动大数据精准营销策略表现在以下 5 个方面。

1. 广告投放策略

在移动大数据营销思维的指导下，企业已然改变了广告投放策略，利用大数据的采集与分析功能定位消费者，将广告投放给准确的目标消费者。特别是互联网广告，需要向不同的人传递最适合的广告内容。谁看了广告、看了多少次广告、通过什么渠道看的广告、对广告内容的反应和反馈都可以通过数据化的形式来了解、监测和追踪。这样可使得企业更好地测评广告和营销效果，从而使企业的广告投放策略更加有效，转化率更高。

2. 精准推广策略

移动社交网络的发展降低了信息的不对称性，消费者能随时随地在社交平台上了解想购买产品的信息。企业以传统营销方式制造光环来吸引消费者越来越难，没有目标消费者的精准定位，盲目推广可能会导致营销推广没有效果或者效果甚微。那么，在大数据时代背景下，企业应该适时更新动态、丰富消费者的数据信息，并利用数据挖掘等技术及早预测消费者下一步的举措或更深层次的需求，从而进一步加大推广力度，达到扩大企业利润的目标。例如：电影《小时代》在预告片投放后，从微博、微信上通过大数据分析得知其主要观众群为"90 后"女性，因此后续的营销活动主要针对该人群展开，取得了不错的票房成绩。究其根本，主要是通过移动大数据了解了消费者需求，然后根据消费者特征和详细分析作出了精准推广。

3. 个性化产品策略

在今天的消费市场中，消费者呈现出的个性化特点逐步凸显。消费者的阅读、交际网及消费行为等有很大的不同，并体现在日常生活的方方面面。个性化营销是市场的需求，也是企业发展过程中必不可少的环节。将同样包装、同等质量的产品卖给所有消费者，或将同一品牌的不同包装、不同质量的产品卖给若干消费者群，这种传统的营销策略对消费者的吸引力越来越弱，越来越不能满足消费者的个性化需求。

随着科技的不断发展，生产制造向生产"智"造方向转变，同时移动大数据通过相关性分析，将消费者和产品进行有机串联，对消费者的产品偏好等进行个性化定位，进而反馈给企业的产品研发部门，研发出与消费者个性相匹配的产品。

4. 制定科学的价格体系策略

为了收集不同类型的数据，如不同的消费者需求、不同渠道平台的数据，企业需要基于移动大数据技术构建跨越多种不同系统的大数据营销平台，帮助企业快速、全面、精准地搜集消费者的海量数据，洞察、分析和预测消费者的偏好，以及消费者对不同价格段产品的反应。这也要求企业应当根据不同的阶段，具体分析影响因素，如支付方式、价格、付款期限等。此外，企业的存货地点、覆盖区域及运输方式等也可以根据市场的变化而变化，价格、促销折扣、促销人员的收益、广告投放方式和公关关系都会随之发生变化。企业可以利用大数据了解消费者行为和反馈，深刻理解消费者的需求，关注消费者行为，进而高效分析信息并作出预测，不断调整产品的功能方向，验证产品的商业价值，制定科学的价格策略。

5. 重视消费者关系管理

产品同质化是很多企业面临的发展瓶颈。企业要想在竞争日趋激烈的市场环境中获得竞争优势，长期良好的消费者关系是关键因素之一。

在移动大数据时代背景下，如果企业拥有良好的消费者关系，那么在搜集和洞察消费者动态时，这些消费者关系可以提供大量的数据信息。因此，加强消费者关系管理，发掘有效的消费者资源应受到企业重视。由于消费者信息繁杂，企业可将这些消费者按照已有的标准分成不同类别。按照地域、行业、购买能力等因素划分消费者的方式较为常见，但是这样的分类方式依然无法精确反映消费者的不同需求。因此，企业应当进一步挖掘和分析掌握的销售数据，将影响大的因素作为划分标准，实现更精细的类别划分。针对不同类别，企业可以制定不同的营销策略，维护和管理好消费者关系。

7.5.4　企业实施大数据精准营销的准备工作

虽然大数据在精准营销中发挥着巨大作用，但企业不只会面临技术和工具问题，更重要的是要转变营销思维和组织架构，真正挖掘出具有商业价值的准确信息。因此，企业构建大数据挖掘与分析系统，实施大数据营销，让数据赋能，需要做好充分准备。

1. 明确目标

大数据的资源繁杂丰富，企业实施大数据精准营销需要制定明确的目标。一般有 4 种目标可供选择。

1）留住消费者

留住消费者就是维护现有老消费者，通常保留一个老消费者的价值要高于争取一个新的消费者，因此，有的企业在这方面不遗余力。具体做法是关注老消费者的反馈信息，有针对性地提供产品或服务，满足老消费者的期望，提高他们的忠诚度。

2）增长销售

增长销售是指针对现有消费者追加销售或交叉销售。事实证明，购买多个产品或配套产品的消费者往往忠诚度更高，这就好比一个家庭内多个家电产品使用同一个品牌，以后更换和添置电器时会首先选择已有品牌。实现增长销售的营销目标，需要企业通过大数据预测消费者的购物需求，以期在适当时候进行精准推荐。

3）激活消费者

激活消费者是指企业将"休眠"消费者作为营销对象，激活这些消费者为企业创造利润。激活消费者的具体做法是，企业通过消费者过往的购买行为等历史数据，预测其重新购买的可能性，并通过即时性的关联性信息激活这些不活跃的消费者。

4）拉新消费者

拉新消费者即获得新的消费者，这是所有企业实施精准营销所面临的一个难题。因为新消费者没有购买过企业的任何产品，企业对他们是不了解的，在这种情况下，企业需要找到合适的数据源，通过数据去了解潜在消费者的兴趣爱好与需求，并向潜在消费者提供与之高度关联的营销信息。

2. 数据收集

数据对精准营销至关重要，因此，收集数据是企业实施精准营销非常重要的准备工作。通常，企业进行数据收集可采取直接渠道和间接渠道两种途径。

1）直接渠道收集数据

直接渠道收集数据主要有这几种方式：一是与消费者直接交谈获得消费者的个人信息及对企业品牌和产品的评价；二是在营销活动中记录消费者的基本信息；三是通过售后服务，如回访消费者、查看消费者的维修记录等获得消费者信息；四是通过企业的网站和 App 应用程序获得消费者信息。一方面，消费者在网站或 App 应用程序中了解和购买产品时，需要提交注册账号信息、收货地址等；另一方面，企业可在网站或 App 应用程序中追踪消费者的浏览行为和购买偏好等。

2）间接渠道收集数据

企业可以通过间接渠道生产或购买数据，其主要方式有：通过消费者在搜索引擎或电子商务网站中输入的关键词了解消费者；通过文献资料和网络问卷调查收集数据；通过社交网站获得消费者的职业、兴趣爱好、消费者信息反馈等方面的信息，这种方式需要一定的技术支持来采集相应的信息。

多渠道的数据统一收集和管理可以帮助企业用已知的数据寻找线索，不断挖掘素材，不仅可以巩固已有的消费者，还可以分析得出未知的消费者及其需求，进一步开发市场。

3. 技术强化

大数据资源繁杂丰富，大数据精准营销要解决的首要问题是数据的整合汇聚。企业启动大数据营销的一个主要挑战是数据信息系统不共享。在许多企业，数据散落在互不相通的数据库中，相应的数据处理技术也存在于不同部门中。只有将这些孤立的数据库互联、交换，并且实现技术共享，才能够有效实现大数据精准营销。为此，需要构建大数据交换共享平台，整合共享数据，汇集消费者在多个渠道上的行为数据：一方面实时监控各渠道的消费者特征、运营和营销效果；另一方面集中消费者数据，以便后续进行深入挖掘分析，提高数据价值，实现消费者交互的精准识别和多渠道数据汇集，为消费者提供更加准确的服务和营销策略。

整合汇聚数据后，再将数据进行可视化分析。企业可以通过三维表现技术来展示复杂的大数据分析结果，借助人脑的视觉思维能力，通过挖掘数据之间重要的关系，将若干关联性的可视化数据进行汇总处理，揭示出大量数据中隐含的规律和发展趋势，进一步提高大数据的预测能力。

4. 储备人才

储备人才是企业实施大数据精准营销又一项十分重要的准备工作。没有技术人才的支撑，企业的大数据精准营销不可能长久。因此，企业运用大数据为精准营销服务时，营销团队到位是前提。企业的营销团队要能够非常自如地运用大数据，具备数据采集、数据挖掘与分析、数据可视化等能力。

7.6 上机练习与实践——移动互联网营销应用

7.6.1 实训目的

某自行车销售商是一个销售各种品牌自行车及其零部件的国内大型连锁公司，公司业务遍及全国各地。随着网络全面渗透至企业运营和个人生活中，为了更好地吸引众多的网络客户、开拓网上销售渠道、提高公司管理各类客户的能力和综合竞争力等，该公司决定开展网络营销。

在公司了解、熟悉网络和网络营销的现状、发展、演变和未来发展趋势，分析了我国制造行业的网络营销现状，进行网络环境分析、网络市场调研、目标市场分析后，明确了网上产品定位、网上定价策略和网络营销渠道；应用搜索引擎注册、与其他网站的互换链接操作和在网上发布广告的流程，做好公司网站的推广工作。接下来，通过本章所学知识，进一步开展各类营销活动。

7.6.2 实训内容

① 注册 QQ 号和微信公众号，使用工具建立社群，设计相应的营销方案并实践。
② 设计并制作推广软文、H5、二维码和短视频等，实施关系营销、病毒式营销、事件营销、社群营销和精准营销等。

7.6.3　实训示例

① 了解该公司产品的网络营销现状。
② 为该公司产品设计并制作推广软文、H5、二维码和短视频等。
③ 制定关系营销、病毒式营销和事件营销策略。
● 登录微信公众平台，注册微信公众号。
● 使用微信公众号，发布推广软文、二维码和短视频等。
● 结合发布内容，实施关系营销、病毒式营销和事件营销策略。
④ 为该公司产品制定社群营销和精准营销策略。
● 注册 QQ（微信），创建 QQ 群（微信群）。
● 在 QQ（微信）社群内，发布软文、H5、二维码和短视频等，宣传推广产品。
● 结合发布内容，实施社群营销和精准营销。
⑤ 各项营销策略都要弘扬企业家精神，践行社会主义核心价值观。

7.6.4　实训要求

① 根据各自的练习情况，进行上网实际操作和练习，并撰写一份实训报告，要有关键步骤的抓图。
② 实训报告内容要求如下。
● 以小组为单位完成报告，字数在 2 000 字以上。
● 对移动营销目标受众进行需求特点分析。
● 移动营销推广的内容要包括相应的文字和图片，要能体现出目标受众需求和企业特色；内容要积极向上、传递正能量或解决目标受众难题等，要能体现出企业爱国敬业、创新发展、专注品质、追求卓越和服务社会的企业家精神。
● 实施和发布。设计、实施和发布过程中，要秉承企业家精神，践行社会主义核心价值观。

7.7　本章小结

开展网络营销要利用好相应的手段。本章讲述了关系营销、病毒式营销、事件营销、社群营销、移动广告相关的知识和概念及具体的操作方法。

案例分析与提高

淄博烧烤红火记——一次事件营销的完美展现户

如果问 2023 年上半年哪个词比较"火"？想来有很多人要为"淄博烧烤"投上一票。伴随着这个名词红遍全国，淄博获得了实实在在的经济效益。

这个名词的由来，要从 2022 年说起。2022 年 5 月，山东大学中心校区出现疫情。山东大学中心校区数万名学生，被集中转运到济南、泰安、淄博和德州四地，其中淄博接收 1.2 万余名学生。淄博调动多个部门，协同保障了这 1 万余名学生的生活。在临走之际，淄博市请这些学生吃了一次烧烤，并与他们约定，待来年春暖花开之时再次相约。

2023 年 3 月 8 日，抖音上"大学生组团坐高铁去淄博撸串"这个话题，登上抖音同城热搜，随即掀起第一波大学生打卡热潮。3 月 26 日，千万名美食博主乌啦啦发布的"淄博烧烤 plus 吃法"助力话题#淄博烧烤炸裂整个烧烤界#登上抖音热榜 Top1，淄博烧烤的热度再次推向高潮。4 月 2 日央视新闻报道了淄博，8 日探店博主 B 太连续测评 10 家淄博摊位，发现当地消费不仅物美价廉，更没有一家店铺缺斤少两，甚至还会"多送"，可以"免费尝"。

而此次助推淄博烧烤火出圈的，淄博政府的举措更谓得力，可以用"反应迅速、规划合理"来评价淄博政府的作为。在淄博烧烤刚开始火出圈时，淄博市政府新闻办就立即召开新闻发布会，拟定 3—11 月为"淄博烧烤季"，并计划在"五一"前后举办"淄博烧烤节"；还出台了一系列市场激励措施，设立淄博烧烤名店"金炉奖"，成立烧烤协会，还直接发放了 25 万张烧烤消费券。淄博能在短时间内爆火，还能维持有条不紊的市场秩序，淄博政府出色的组织管理能力功不可没。在关键时刻，淄博政府主抓两件事：一是做好服务；二是规范市场。为了做好淄博的品牌维护，淄博政府出动消防、民警、卫生、市场监管等各部门，开启护航"淄博烧烤"的行动。为了做好服务，淄博先是加开 24 列济南到淄博的烧烤专列，给乘客们准备文旅伴手礼，并配上手绘风格的烧烤地图，让游客们"上车空着手，下车兜着走"。在方便来往游客出行的同时，还优化了旅游体验感。街区有摆渡车，招手即停，免费乘坐。在主城区，40 多条淄博公交线路覆盖了当地近 80% 烧烤店。还专门新开设 20 多条特色烧烤公交专线，青年旅社半价入住，增派武警维持夜市安全。被带火的八大局市场，更是连夜清洗地面。开设"烧烤办证专属窗口"，20 分钟就能办好所需证件。另外，为了避免哄抬物价、坑客宰客的情况出现，淄博政府也从多方面规范市场行为。当地市场监管部门就对辖区烧烤店开展专项检查，督促烧烤门店诚信经营、明码标价。当地商家也发现，监管部门"隔一段时间就来查一次秤"。出租车每天都会不定时收到通知，严禁不打表、拒载等行为借机宰客，一旦被投诉直接停运。

哪怕是"五一"节假日，各地酒店、餐饮行业都在纷纷涨价，淄博政府仍然坚持"让利于客、让路于客、让景于客"，守护这份城市荣誉，严禁酒店涨价。正是淄博让利于民，才有如此多的人对它向往。仅在 3 月，淄博就接待外地游客 480 多万人，而淄博 2022 年的常住人口仅为 471 万人。仅在 4 月，淄博消费收入猛增 16.2 亿元。

可以说，这是一个非常完美的借势营销活动。表面上看是抖音热搜带红了淄博烧烤，但背后则是淄博人情味的尽情体现，实则是淄博人的踏实、热情以及政府规范市场行为才支撑了淄博烧烤经济的增长。

分析与提高

① 简要分析淄博烧烤经济的成功之处。

② 结合本案例，谈谈企业家精神在营销活动中的作用。

③ 根据上述案例和本章所学知识，为其设计其他营销活动，活动要弘扬企业家精神，践行社会主义核心价值观。

思 考 题

1. 什么是关系营销？

2. 什么是事件营销？

3. 什么是病毒式营销？和病毒有无关系？

4. 什么是社群？什么是社群营销？运用社群营销最主要的工具有哪些？

5. 什么是移动大数据？移动大数据营销的关键要素有哪些？

6. 简述如何整合不同的网络营销手段，进行产品和品牌宣传。

第8章

网络营销效果评价与管理

引言

网络营销效果评价是一个系统工程，可以帮助企业评测出最适合企业的推广方案、最有效的网络营销活动开展方式、销量最好的产品及销量不好的产品。

市场营销的过程，也就是企业对市场营销活动进行管理的过程，具体的管理活动包括计划、组织、领导、控制等职能的执行过程。在管理职能层面上，企业对网络营销的管理与传统营销管理是一致的，但是由于互联网的特点和强大的力量，使得网络营销管理中出现了许多新的特点和问题。

网络营销管理是指对网络营销活动的计划、组织和控制过程。制定网络营销计划是网络营销管理过程的起点，组织落实计划是网络营销管理主体的内容，反馈控制网络营销计划的落实情况是网络营销管理的关键环节。三者形成了一个封闭的管理过程。

主要知识和技能点：

- 网络营销效果评价的定义、范畴
- 网络营销效果评价工具和指标体系
- 企业网络营销的实施过程
- 网络营销的评估内容和方法
- 网络营销风险控制的概念

教学要求：

- 识记：网络营销效果评价的定义、范畴
- 领会：网站分析工具的功能，电子商务平台工具的功能，网络营销绩效考核指标体系
- 简单应用：Excel、MATLAB、SPSS 等基础数据分析工具的应用
- 综合应用：将相关知识应用到案例分析或实际场景中

【引导案例】

IBM 公司的网络营销实施

"蓝色巨人"IBM 公司在 20 世纪 80 年代的鼎盛时期拥有工厂 400 余家，职工 40 余万人，营销机构遍布全球，产品涉及信息技术的方方面面，构筑起一个庞大的计算机产业帝国，曾经位居《财富》杂志评选的世界 500 强第二。

进入 20 世纪 90 年代，整个计算机产业的竞争格局发生了重大变化，许多掌握某一尖端技术而又具有创新经营模式的公司，纷纷侵蚀 IBM 公司的传统市场优势，并成为雄踞一方的霸主。而 IBM 公司却在 20 世纪 90 年代初承受了"近乎死亡的经历"——1991 年亏损 29 亿美元，1992 年亏损 50 亿美元，1993 年亏损 81 亿美元。在发明 PC 机概念 10 年之后，IBM 公司的 PC 机客户被康柏、戴尔、惠普和其他厂商夺走，微软成为计算机软件业的领头羊。一些以网络为中心的公司如思科，以及一些新兴企业，如美国在线和网景，成为互联网业中的佼佼者。尽管 IBM 公司对一些大型加工企业仍然非常重要，但它正在失去新的客户，这对公司的生存是一个威胁，公司的价值在急剧萎缩。从 1987 年至 1993 年，IBM 公司的股东价值损失了 75%。

1993 年 4 月 1 日，IBM 公司关键的转折点出现了。IBM 公司正式聘请路易斯·郭士纳为首席执行官。

面对 IBM 公司所面临的一系列难题，郭士纳进行了再造企业组织文化、完善企业设计等一系列重大举措，特别是在利用 Internet 方面，郭士纳作出了较大的动作。

1. 数字化采购

通过对以前手工操作的采购环节进行解剖，深入挖掘采购过程中存在的问题，IBM 首先进行了组织结构上的变革，成立了全球采购部，并构建了包括采购订单申请系统、订单中心系统、订单传递系统和询价系统四大系统在内的 IBM 数字化采购系统。基于网络采购，IBM 降低了采购的复杂程度，采购订单的处理时间缩短为 1 天，合同平均长度减少了 6 页，内部员工满意度提升了 45%。网络采购在 IBM 内部产生了效益的飞跃。

2. 在线培训

IBM 的培训部门在内部网上建立了一个面对所有员工的寰宇大学，开展员工的在线培训。2000 年，IBM 大约 36% 的员工是通过在线学习的方式进行培训的，这不仅是为了节约培训费用，更重要的是为了达到以电子化手段实现公司的知识管理架构，提升公司的工作效率、竞争力、反应能力和创造力。

3. 在线销售和服务

1999 年 11 月，IBM 开始整合全球电话服务中心和公司网络管理队伍，成立了一个集成的电话网络服务组织"ibm. com"中心——集成各种渠道服务于客户的"on IBM"。其目的很明确：确保 IBM 的销售和技术人员能够利用网络、电子邮件和电话为客户提供服务。整合后，IBM 网站成为客户服务的"门户"，公司在网站上还开辟了"Call Me Now"（网络回叫）和"Text Chat"（文本聊天）等功能，使客户能够快速与公司客户服务中心取得联系，创造了更加人性化的上网和服务感受。

案例点评：

通过 IBM 的案例介绍可以看到：网络营销是企业整体发展战略的重要组成部分，网络营销的实施可以给企业带来很大的竞争优势；加强网络营销效果评价和管理是实现网络营销目标的重要举措，搞好网络营销效果评价和管理工作意义重大。但是，实施网络营销是一项投资比较大、涉及高新技术、有很大风险的决策。因此，企业实施网络营销需要全面分析企业的内部经营状况和市场竞争环境，准确把握并控制实施的时机、成本及风险，并根据网络营销需求改进组织结构和管理模式，保证网络营销活动的系统开展和营销目的的顺利实现。

8.1　网络营销效果评价概述

8.1.1　网络营销效果评价的定义与范畴

网络营销效果评价是指借助一定的定性指标和定量指标，对企业开展的网络营销活动过程及最终效果进行评价。网络营销效果评价的目的是总结和改善网络营销活动，提高企业网络营销水平，获取最大的网络营销效益。

网络营销效果评价的主要内容包括网站访问评价、App 表现评价、网络广告效果评价、其他网络营销活动效果评价等。

1. 网站访问评价

网站访问评价是指在网站用户行为统计分析的基础上，利用专业的网站分析工具对网站建设及运营效果进行评价。网站访问评价的重要性表现在以下 3 个方面：

① 反映网站运营各方面的情况，帮助运营者了解用户访问网站的行为；

② 掌握网站推广的效果，减少盲目性；

③ 及时对各项网站活动进行效果分析，进行网站优化，调整网站运营策略。

2. App 表现评价

随着智能手机的普及和移动互联网的迅猛发展，App 营销帮助企业利用智能手机平台方便地开展体验营销或互动营销，实现品牌推广、产品促销等营销活动。App 成为企业与用户之间消费关系的重要渠道，也成为连接线上、线下的天然枢纽，因此 App 表现评价尤为重要。通过分析 App 营销绩效的关键因素，全面地评价移动营销效果，可以帮助企业制定可度量、可调控的精准营销策略。

3. 网络广告效果评价

网络广告区别于传统广告的最大优势就在于其交互性和可测量性。网络广告效果评价关系到网络媒体和广告主的直接利益，也影响到整个行业的正常发展。网络广告不仅可以对企业前期的广告运作作出客观评价，而且能够对企业今后的广告活动起到有效的指导作用。

4. 其他网络营销活动效果评价

除了网络广告，还有很多其他网络营销活动需要进行评价，如搜索引擎营销、即时通信营销、病毒式营销、微博营销、微信营销、短视频营销、网络软文营销等。因此，企业建立起完善的网络营销评价体系非常有必要。

8.1.2 网络营销效果评价原则

网络营销效果评价指标体系的构建应该遵循以下 4 个原则。

1. 目的性原则

网络营销效果评价指标体系目的要明确，能客观、准确地反映网络营销的综合效果，为企业决策提供可用的信息。

2. 科学性原则

网络营销效果评价指标体系应与所在的行业特征相匹配，通过指标体系的核算与综合评价，能客观、准确地找出网络营销实际运用效果与目标值之间的差距及问题所在，同时判断与竞争对手的差异。

3. 全面性原则

网络营销效果评价指标体系应该包含纵向比较指标和横向比较指标，能够完整地、多角度、多层次、分阶段地反映企业网络营销的效果。

4. 实用性原则

网络营销效果的评价应尽可能地采用技术手段，评价指标体系可行性要强，要具有可操作性，指标的核算应建立在现有统计数据的基础上，并通过较为准确的数据说明网络营销的实际效果。

8.1.3 网络营销效果评价的意义

网络营销效果评价对企业有十分重要的意义，具体表现在以下 7 个方面。

1. 为企业的战略决策提供科学依据

网络的真实数据反映了真实的市场情况，通过这些数据作出的网络营销效果评价可以明确所采用的战略与策略是否恰当，能不能为企业带来应有的效益与影响，为企业改进产品、战略转型提供科学依据。

企业的战略决策还体现在对客户搜索关键词的科学分析上。企业通过采集足够的关键词样本进行分析，或对这些关键词进行日期对比，发现这些产品的淡季和旺季。例如：某企业在分析电饭煲市场中发现，"预约功能"是一个很大的卖点，于是企业对此功能进行了重点改进，取得了很好的营销效果。

2. 为企业制定促销策划活动提供依据

商品促销在网络营销中十分常见，几乎所有的电子商务平台都会开展促销活动。促销不仅仅是一种短期的销售行为，更是一种计划。基于企业动态数据监测分析的效果评价是企业制定促销策划的依据。以关联销售为例，关联促销的商品与商品之间有着内在的联系，通过数据监测与分析发现，买了电视的顾客，有50%的人会采购电视壁挂架，30%的人会采购电视机顶盒，那么企业就可以关联这些相关商品，以促进商品销售。

3. 为企业确定最有效的网络营销方式

针对特定企业，并不是每种网络营销方式都会有效，各种方式的效率也各有不同。只有网络营销人员进行各种尝试，计算出投入产出比、进行效果监测，才能找出最有效的方式。

4. 为企业挖掘客户的潜在价值和终身价值

对于一个电子商务网站来说，了解并关注记录在册的客户群体是非常重要的，但从众多访客中发现潜在客户群体更为重要。如果发现某些访客属性属于潜在客户，就可以针对这类访客实施一定的营销策略，使他们尽快成为新客户。此外，客户对网站的价值，也不仅仅是一次销售，重点要考虑客户的终身价值。

5. 可以提高用户体验

无论是网站页面还是 App 界面，其设计和展示价值非常大。对于电子商务企业来说，消费者首先面对的就是企业的主页，如果页面设计不合理，用户体验不好，那么很难留住用户。网络营销效果评价可以追踪用户行为，监测到用户是从哪个环节离开网站的，更好地了解网站或 App 存在的问题并进行改善，从而提高用户体验，增加用户黏性。

6. 设计和应用有效的个性化推荐系统

建立有效的个性化推荐系统是网络营销的一个重要组成部分。个性化推荐系统是通过监测用户的购买行为，进而分析用户的兴趣特点，从而向用户推荐其感兴趣的信息和商品。随着电子商务规模的不断扩大，商品数量和种类快速增长，顾客需要花费大量的时间才能找到自己想买的商品，这种浏览大量无关的信息和产品过程会使淹没在信息过载问题中的消费者不断流失。推荐系统可以在海量数据挖掘基础上，模拟销售人员为客户提供个性化决策支持和信息服务。

7. 制定有效的网络广告策划

网络广告效果评价可以对企业前期的广告运作作出客观的评价，而且能够对企业今后的广告活动起到有效的指导作用，对提高企业的广告效益具有十分重要的意义。

8.2　网络营销效果评价工具

网络营销效果评价工具可分为基础数据分析工具、网站分析工具、电子商务平台数据分析工具。基础数据分析工具常见的有 Excel、MATLAB、SPSS 等；网站分析工具常见的有百度统计、友盟、各种站长工具等；电子商务平台数据分析工具常见的有阿里巴巴的生意参谋、京东的京东商智等。

8.2.1 基础数据分析工具

1. Excel

Excel 最重要的功能之一就是能快速方便地采用工作表中的数据生成柱状、折线、饼状和环状等分析图，而且普通的非技术人员也能操作。当数据规模不大时，可以利用数据透视表把数据分成多个维度来进行统计，制作成报表或各种 Excel 图表。

市场分析是 Excel 应用的一个重要领域，通过数据分析功能，可以很方便地对销售信息进行整理和分析。利用函数功能可以计算销售数据，掌握每一季度、每一年甚至每一阶段的产品销售情况；使用数据筛选功能可以快捷地找到符合条件的数据，有利于营销者掌握最核心的数据，制订下一步营销计划；使用分类汇总功能能够实现员工业绩评比及相关联数据的汇总，便于实行激励机制，随时调整营销策略；使用数据透视表功能实现分析和查询；而使用表单控件、文本框等功能则可以制作出美观实用的市场调查问卷，使企业能够更好地了解市场行情和消费者的消费意向，从而执行强有力的营销计划。

2. MATLAB

MATLAB 是 MathWorks 公司推出的产品，是一个高性能的数据计算和分析软件。MATLAB 将数值分析、矩阵计算、科学数据可视化及非线性系统的建模和仿真等诸多强大功能集成在一个易于使用的视窗环境中。在 MATLAB 中，如时间序列建模方法及回归分析方法可以对商品销售额进行预测分析，对企业营销决策有重要的指导意义。

3. SPSS

SPSS（statistical product and service solutions，统计产品与服务解决方案）是 IBM 公司推出的一系列用于统计学分析运算、数据挖掘、预测分析和决策支持任务的软件产品及相关服务的总称。

SPSS 的基本功能包括数据管理、统计分析、图表分析、输出管理等，操作界面友好，输出结果美观。SPSS 统计分析包括描述性统计、均值比较、一般线性模型、相关分析、回归分析、对数线性模型、聚类分析、数据简化、生存分析、时间序列分析、多重响应等几大类，每类中又分好几个统计过程，比如回归分析中又分线性回归分析、曲线估计、Logistic 回归、Probit 回归、加权估计、两阶段最小二乘法、非线性回归等多个统计过程，而且每个过程中又允许用户选择不同的方法及参数。SPSS 有专门的绘图系统，可以根据数据绘制各种图形。

在网络营销领域，SPSS 可以用来分析客户调查、市场占有率分析、竞争对手产品优势、产品区域销售率差别、新品上市对现有产品的冲击等数据，并且对将来的情况作出比经验更可靠的预测，其应用非常广泛。

8.2.2　网站分析工具

1. 百度统计

百度统计是百度推出的一个免费的专业网站流量分析工具,能够为用户全程跟踪访客的行为路径,统计出访客是如何找到并浏览用户的网站,在网站上做了什么,百度统计提供图形化报告,用户通过这些信息可以改善访客在访问其网站的使用体验,提升网站的投资回报率。百度统计提供了几十种图形化报告,全程跟踪访客的行为路径;同时,百度统计集成百度推广数据,帮助用户及时了解百度推广效果并优化推广方案。

2. 友盟

友盟一般指"友盟+",它以"数据智能,驱动业务增长"为使命,基于卓越的技术与算法能力,结合实时的全域数据资源,为互联网企业提供统计分析、运营及技术提效工具,同时为品牌主提供线上、线下数智化营销服务,助力业务持续增长。2019 年 7 月,友盟+数据智能服务战略升级,重磅发布友盟云——互联网企业数据智能云服务,通过集成领先的云技术,聚合生态服务资源,实现采集存储、建模、数据管理与数据应用的云上服务;全面支持互联网企业业务数据与行为数据的无缝融合,加速企业智能化进程,驱动业务增长。

3. 各种站长工具

Chinaz 是站长之家的简称。站长之家是国内知名的站长类网站,是一家专门针对中文站点提供资讯、技术、资源、服务的网站,是站长们一致认定实用的站长工具。

A5 站长网,是目前国内最大的站长信息和服务中心,主要有站长交易、站长论坛、网络营销、站长优化等项目。

爱站网除为站长们提供 IP 反查域名、Whois 查询、PING 检测、网站反向链接查询、友情链接检测等站长常用工具之外,还研发出百度权重查询功能,为站长提供网站百度权重值查询。

8.2.3　电子商务平台上的数据分析工具

1. 生意参谋

生意参谋诞生于 2011 年,最早应用在阿里巴巴 B2B 市场上。2013 年,生意参谋正式走进淘宝。2015 年,生意参谋整合了量子恒道和数据魔方,升级成为阿里巴巴商家端统一数据产品平台。

生意参谋定位为统一的商家数据产品平台且支持多端联动,基于全渠道数据融合、全链路数据产品集成,为商家提供数据披露、分析、诊断、建议、优化、预测等一站式数据产品服务。

生意参谋功能架构包括:首页——专属用户的个性化首页,常见功能模块聚合入口,商家运营阵地;实时直播——以店铺实时动态数据为切入点,提供实时数据的查询与分析;经营分析——以商家电商经营全局链路为主思路,结合大环境,对经营各个环节进行分析、诊断、建议、优化、预测；市场行情——以行业分析、竞争情况为切入点，对市场行情进行分析；自助取数——提供数据定制、查询、导出等高端数据服务，灵活可配置、周期可定制；专题工具——着重专题分析和一站式优化工具，含竞争情报、选词助手、行业排行、单品分析、商品温度计、销量预测等专项功能；帮助中心——门户及产品功能引导、数据答疑解惑、门户运营与推荐、用户互动学习等。

2. 京东商智

京东商智是京东旗下的数据产品，为京东相关商家提供数据服务，主要提供店铺与全行业的历史与实时的客户、流量、商品、交易、售后、供应链、搜索等数据，同时也提供购物车营销、客户营销工具等。

京东商智典型的网络营销数据分析指标有关键词分析、来源分析、客户分析、广告分析、流量分析和销售分析等。

8.3 网络营销效果评价指标体系

网络营销效果评价建立在用户行为分析、网络广告分析和综合分析的基础之上。企业将其网络营销目标、影响模式、实施战略通过这些量化的指标表示出来，以方便各个部门根据这些指标制订相应的行动计划。

8.3.1 网络营销评价中的基础评价指标

用户行为分析指标和网络广告效果评价指标是网络营销效果评价的基础指标，是衡量网络营销战略实施有效性的重要数据。

1. 用户行为分析指标

用户行为分析是指对用户行为相关数据进行统计、分析，从中发现用户访问站点的规律，为制定合理的网络营销策略提供依据。用户行为指标主要包括以下指标。

1) 页面浏览数

页面浏览数（page view，PV）是指在一定统计周期内所有访问者浏览的页面数量。例如：一个访问者浏览同一页面 3 次，那么页面浏览数就为 3 个。页面浏览数也就是通常所说的网站流量，或者称为网站访问量，常作为网站流量统计的主要指标，是监测网站内容质量和推广运营效果的重要参考数据，对网络营销分析有着重要意义。

2) 独立访客数

独立访客数（unique visitors，UV），有时也称为独立用户数量或独立 IP 数量，是指在一定统计周期内访问网站的数量（如每天、每月）。独立访客数是网站流量统计分析中另一个重要的数据，与页面浏览数之间有密切关系。独立访客数描述了网站访问者的总体状况，每一个固定的访问者只代表唯一的用户，无论他访问这个网站多少次。独立访客数越多，说明网站推广越有效。

3）用户的来源地区

来源地区的意义表现在：一方面可以了解用户最集中的区域，有利于开发者制定有效的城市推广策略，如用户较多、发展较成熟的城市需要进行老用户的维护，而用户较少的城市可以重点考虑做新用户推广和扩张等；另一方面对于部分大型移动 App 来说，开发者需要了解集中了 80% 用户的关键城市，对其做增加带宽、增设 CDN 服务器等策略的调整，保证集中的用户区域能有较好的用户体验。

4）页面访问路径

页面访问路径是分析网站（或 App）中不同页面之间的跳转和转化比例情况的方法。用户从打开 App 的首页开始，就会经历一系列页面浏览和跳转，最终从某一页面完全退出App。任何一位用户都会经历页面访问路径的跳转，不同的是某一个页面跳转到另一个页面的比例不同，从任何一个页面退出 App 的比例也不一样，从这些比例数据的差异上可以发现 App 在流程规划、信息架构、页面设计等方面存在的问题，进而引导开发者提出解决方案，实现对网站及 App 进行优化。

5）特定页面的访问

特定页面一般是指访问最多的页面、最热门的着陆页面、最热门的退出页面。访问最多的页面是指访问次数最多的页面；最热门的着陆页面是指用户来到网站时首先访问的页面；最热门的退出页面是指用户离开网站前所访问的最后一个页面。排在最热门的退出页面前面的可以预期，有很多是被访问者访问最多的那些页面，并不说明什么问题。但是有些页面本身访问次数不多，却使浏览者看完后立即离开网站，很可能是网站上没有满足用户需求的页面。造成这种结果的原因可能有以下几方面：页面文章内容没有吸引力；页面导航不清晰；没能再次强调购物的安全。如果这样的页面出现在购买流程的某一步，就更加说明这个页面就是阻碍用户完成订单的瓶颈。营销人员应该仔细检查该页面，确定页面上造成用户没有完成订购反而离开网站的具体因素。

6）用户的停留时间

用户在网站的停留时间分为页面停留时间和网站停留时间。页面停留时间是指访问者在某个特定页面或某组页面上花费的时间；网站停留时间是指访问者在网站上花费的时间。此外，停留时间还可以从人均使用时长、单次使用时长等角度进行分析。人均使用时长是指同一统计周期内的使用总时长和活跃用户数的比值；单次使用时长是指同一统计周期内使用总时长和启动次数的比值。使用时长相关的指标也是衡量产品活跃度和产品质量的重要指标。其原因很简单，用户每天的时间是有限且宝贵的，如果用户愿意在网站或 App 上投入更多的时间，证明该网站或 App 对用户很重要，同时也说明用户对该网站或 App 的黏性比较强。

7）跳出率

跳出率包括首页跳出率和所有页面跳出率。首页跳出率代表所有从首页开始的访问者中仅仅看了首页的访问者比率。该指标是所有内容型指标中最重要的一个，通常认为首页是最高的进入页面。对任意一个网站，如果访问者对首页或最常见的进入页面都是一扫而过，说明网站在某一方面有问题。如果针对的目标市场是正确的，说明问题是访问者在首页不能找到他想要的东西，可能是页面的设计有问题，这些问题可能是页面布局、网速或者链接的文字；如果网站设计是可行易用的，网站的内容可以很容易地找到，那么问题可能出在访问者的质量上，即市场问题。所有页面跳出率代表着访问者看到的仅有的一页的比率。这个指标对于进入页面有很重要的意义，因为流量就是从这些页面产生的，当对网站的导航或布局设计进行调整时尤其要注意到这个参数，以使这个比率不断下降。

8）回访者比率

回访者比率是指回访者数量占据独立访客数的比率。它可以衡量网站内容对访问者的吸引程度和网站的实用性，即网站是否有令人感兴趣的内容使访问者再次回来。回访者比率基于访问时长的设定和产生报告的时间段，可能会有很大的不同。绝大多数的网站都希望访问者回访，因此都希望这个值不断提高，如果这个值不断下降，则说明网站的内容或产品的质量不能吸引消费者，让其回访。

9）忠实访问者比率

忠实访问者比率是指访问时间在 19 分钟以上的用户数量占据总用户数量的比率。该指标使用了用户在网站停留的时间。访问者访问时长有很大的争议，一般该指标结合其他指标一起使用，如转化率。但总体来说，较长的访问时长意味着用户喜欢停留在该网站，高的忠实访问率当然是较好的。同样，访问时长也可以根据不同的需要自行设定。

10）新访客数

新访客数是指第一次访问网站或 App 的独立访客数。对于 App 来说，如果某一个用户之前安装过该 App 又卸载，之后又二次安装，那么只要该用户的设备没有更换或重置，则两次视为同一个用户，即第二次安装不算作新访客。

11）活跃用户

活跃用户是指在某统计周期内启动过 App 的用户。活跃用户是衡量 App 用户规模的指标。活跃用户通常都会有一个时间范围约束，根据不同统计周期可以分为日活跃数（DAU）、周活跃数（WAU）、月活跃数（MAU）。该指标是一个 App 用户规模的体现，同样也是衡量一个 App 质量的最基本指标，结合留存率、流失率、使用时长等指标还可以体现用户黏性。该指标也可以衡量渠道质量，排查渠道作弊。

12）留存用户

留存用户是指规定时间段 T_1 内 App 的新增用户中，在经过一段时间 T_2 后，仍然使用该 App 的用户。留存用户占当时新增用户的比例即留存率。其中 T_1 和 T_2 可以根据 App 自身的实际情况进行设置。留存用户主要用来衡量 App 对用户的吸引程度、用户对 App 的黏性、渠道用户质量及投放效果等。

13）启动次数

启动次数是指在某一统计周期内用户启动 App 的次数。在进行数据分析时，一方面要关注启动次数的总量走势，另一方面要关注人均启动次数，即同一统计周期的启动次数与活跃用户数的比值，如人均日启动次数，则为日启动次数与日活跃用户数的比值，反映的是每天每用户平均启动次数。通常，人均启动次数和人均使用时长可以结合起来分析。

14）使用频率和使用时长

使用频率和使用时长是典型的反映用户黏性的指标。移动开发者关注用户行为分析的本质目的，就是增强用户的使用黏性。使用频率是指用户在一天中启动 App 程序的次数。例如：用户某一天只在早晨 8 点和中午 12 点分别启动过 App，那么该用户当天的使用频率就是 2 次。通常情况下，用户使用时长越长、使用频率越高，说明用户黏性越强。

15）不同设备的适配能力

移动互联网时代与 PC 互联网时代相比，对于开发者最大的挑战之一就是终端设备千差万别，App 的适配问题常常让人头疼。分辨率不同、机型不一样、操作系统迥异，这些都给兼容性带来了极大的挑战。因此，对于开发者来讲，能够全面掌握用户的终端设备情况非常必要。

16）转化率

用户行为分析中，转化率是指进入下一页面的人数（或页面浏览量）与当前页面的人数（或页面浏览量）的比值。用户从刚进入最终完成某关键环节（如购物），不同步骤之间的转换会发生损耗。例如：用户进入某电商网站，从浏览商品、把商品放入购物车，最后到支付，每一个环节都有很多的用户流失损耗，可能放入购物车的人数是 100 人，但是最后支付的仅仅 6 人，说明损耗了 94 人，这一环节的转化率为 6%。通过分析转化率，可以比较快地定位用户使用产品的不同路径中哪一路径存在问题，以此作为网站改善的依据。

17）用户选择的入口方式

用户选择入口的方式主要有 3 种：直接访问、搜索引擎引入和其他网站链接。

直接访问是指用户通过保存在浏览器中的书签，或直接在浏览器地址栏输入网站地址访问的方式。直接访问流量在一定程度上代表了网站忠诚用户的数量，因为只有忠诚用户才觉得该网站对其有帮助，才有可能存入书签或记住域名。

搜索引擎引入是指访客通过在搜索引擎上输入搜索词后，在搜索结果页单击链接并访问目标网站的方式。搜索流量高低代表了网站在搜索引擎中的排名情况。

其他网站链接是指用户通过单击出现在其他网站的链接后到达该网站的方式。其来源可能是通过友情链接、博客、微信朋友圈、微博、论坛，也可能是站长自己在其他网站购买的网络广告。

18）关键词

关键词搜索是网络搜索索引的主要方法之一，要提高访问量，关键词分析很重要。网站通过对各搜索引擎关键词导入的流量及趋势进行分析，可以了解行业概况及竞争对手情况，并进行关键词优化。

2. 网络广告效果评价指标

网络广告效果评价的常见指标有：广告展示量、广告点击量、点击率、广告到达量与广告到达率、二跳量与二跳率、业绩增长率、回复率和转化率。广告主、网络广告代理商和服务商一般结合自身广告效果评估的要求，运用以上指标进行效果综合评价。

1）广告展示量

广告每一次显示，称一次展示，展示量通常反映广告所在媒体的访问热度。广告展示量的统计周期通常有小时、天、周和月等，也可以按需设定。被统计对象包括 flash 广告、图片广告、文字链广告、软文、邮件广告、视频广告、新媒体广告等多种广告形式。展示量一般为广告投放页面的浏览量。广告展示量的统计是 CPM 付费的基础。

2）广告点击量

广告点击量是指网民点击广告的次数，通常反映广告的投放量。广告点击量的统计周期通常有小时、天、周和月等，也可以按需设定。广告点击量与产生点击的用户数之比，可以初步反映广告是否含有虚假点击。广告点击量统计是 CPC 付费的基础。

3）点击率

点击率是指广告点击量与广告展示量之比，该值可以反映广告对网民的吸引程度。点击率是网络广告最基本的评价指标，也是反映网络广告最直接、最有说服力的量化指标。

4）广告到达量与广告到达率

广告到达量是指通过点击广告进入被推广网站（或活动页面）的次数。广告到达率是指通过点击广告进入被推广网站（或活动页面）的比例。从数值上表示，广告到达率等于广告到达量与广告点击量的比值，统计周期通常有小时、天、周和月等，也可以按需设定。广告到达率通常反映广告点击量的质量，是判断广告是否存在虚假点击的指标之一。广告到达率也能反映广告着陆页的加载效率。

5）二跳量与二跳率

广告带来的用户在着陆页面上产生的第一次有效点击称为二跳，二跳的次数即为二跳量。广告二跳量与广告到达量的比值称为二跳率，统计周期通常有小时、天、周和月等，也可以按需设定。

二跳率初步反映广告带来的流量是否有效，是判断广告是否存在虚假点击的指标之一，同时也能反映着陆页面对广告用户的吸引程度，以及广告页面的哪些内容是购买者所感兴趣的，进而根据购买者的访问行径来优化广告页面，提高转化率和线上交易额，大大提升网络广告投放的精准度，并为下一次广告投放提供指导。

6）业绩增长率

业绩增长率是指网站发布网络广告后带来的网上销售额增长的比率。尤其是对直销型电子商务网站，评估其所发布的网络广告最直观的指标就是网上销售额的增长情况。因为通过对网络广告监测可以判断购买方是从哪个网站链接而来、购买了多少产品、什么产品等情况，从而对网络广告的效果有了最直接的体会和评估。

7）回复率

回复率是指网络广告发布期间及之后一段时间内客户表单提交量、公司电子邮件数量等指标的增长率。回复率反映了收到询问产品情况或索要资料的电话、信件、传真等的增长情况，可作为辅助性指标来评估网络广告的效果。

8）转化率

网络广告中的"转化"是指用户受网络广告影响而形成的购买、注册或者进一步的信息需求。转化率可能是由于点击产生，也可能是由于浏览而产生的。

8.3.2　网络营销评价中的综合评价指标

综合评价指标体系是对项目的历史背景、经济效益、环境影响、存在问题与解决措施等一系列情况进行的全面评价的指标群。在综合评价指标体系中，每一指标对实现投资项目预定目标的重要程度是不同的，从而各指标的实现程度对投资项目效益的评定的作用大小也不相同。所以运用指标体系进行综合评价时，必须对每一指标的重要度与实现度加以评定。在网络营销评价体系中，综合评价指标主要包括客户视角考核指标、内部管理视角考核指标、学习和创新视角考核指标及财务视角考核指标等。

1. 客户视角考核指标

客户视角是指以企业传递的客户价值来衡量营销效果，主要是衡量客户忠诚度和终身价值，常用的指标如表 8-1 所示。

表 8-1　客户视角考核指标

目标	考核指标
提高网站的知名度，即网站流量	独立访客数
	页面浏览数
	每个访问者的页面浏览数
增加网站上软件的下载量	网站登录次数
提高网站客户满意度	回访者数量
	跳失率
	页面停留时间
	网站停留时间
提高在线购买价值和客户满意度	电子邮件和电话投诉次数
	放弃的购物车数量（转化率）
	相同产品在线和离线销售量
提高现有客户在线购买量和购买率	购买频率的变化情况
	人均购买量
建立客户关系	维系老客户的百分比
从目标市场获取信息	客户的购买方式
缩短从接受订单到递送商品的时间	从客户提交订单到商品配送的时间
	物流配送到达客户手中的时间
提高电子优惠券的使用频率	电子优惠券的兑换量
增加合作伙伴	一段时间内的合作伙伴数量
与合作网站进行交叉销售	从我方网站登录对方网站的访问人数

2. 内部管理视角考核指标

内部管理视角是指评价企业如何通过内部经营管理来满足客户的期望值。内部管理视角考核指标是企业制胜的关键因素。内部管理的许多目标影响人力资源、信息技术和其他各个领域，它们直接或间接地影响着营销战略。表 8-2 是从内部管理视角观察企业目标和绩效考核指标。

表 8-2　内部管理视角考核指标

目标	考核指标
提高在线服务质量	目标市场调查，调查的信息价值是否大于该信息收集成本
	利用在线服务的客户量
	网站上服务软件的运行时间
提高在线技术支持的质量	回复客户电子邮件的时间
	处理一个问题的联系次数
	常见问题栏目能够解决的问题数量
	客户跟踪调查中客户的满意度
缩短产品生产周期	生产产品需要的时间
提高在线服务产品的质量	某一绩效考核指标的产品测试数据
网站服务器空间重复，能够满足全年不间断运行	要求同时运行的实际页面数/最大浏览量
	服务器页面刷新的比例
	备份网址的数量
提高客服代表回复在线求助的数量	客户求助数/客服代表数
改善网站内容管理	每周刷新量
	统计网站点击率和点击模式
优化库存水平	仓库存货的平均数
	存货周转量
	供应商发货速度
提高供应商满意度	供应商从本企业订单获取的利润
提高合作方的价值	从合作网站登录我方网站的人数以及实际购买的人数
	合作方对产品设计的作用

3. 学习和创新视角考核指标

学习和创新视角（也称成长视角）是指企业不仅关注现有产品和服务的不断优化，而且关注产品的创新。该视角要求员工不是拘泥于日常的经营和销售，而是关注企业的可持续发展。对于电子商务企业来说，这一点尤为重要。

学习和创新考核指标大部分属于人力资源管理的范畴，仅有的两个例外是产品创新和营销流程持续优化。由于科学技术的快速发展，这两者在电子商务企业中的地位相当重要。表 8-3 从学习和创新视角观察企业目标和考核指标。

表 8-3　从学习和创新视角观察企业目标和考核指标

目标	考核指标
在线服务创新	一年中新服务产品的市场投放量
	竞争对手不具有的服务新特色
	新服务创造的销售量所占的比例
客户关系管理的持续优化	员工提出的建议数量
	一段时间内优化的类型和数量
提高网络因素导致的销售转化率	每位销售人员因网络因素促成的销售额
	网络因素促成的销售次数
提高对新市场的渗透率	新市场企业的销售份额

4. 财务视角考核指标

如果上述各项指标都能够按照预定的目标实现，完成财务指标就是水到渠成的事情。无论是在线还是离线，制定营销战略都是为了增加收入、创造利润。但是，企业的各项开支也会影响企业的利润。注重品牌经营的厂商应该同时关注利润。厂商在推出新产品或新的在线服务时，必须预测市场潜力、完成销售量所需的开支及获得盈利所需的时间（即收入抵消各项开支、收回启动资金所需的时间）。一般情况下，产品或内部管理项目突破盈利点越快，投资回报率越高，资金收回得就越快。表 8-4 从财务视角观察企业目标和考核指标。

表 8-4　从财务视角观察企业目标和考核指标

目标	考核指标
增加在线产品的市场份额	市场份额
销售额的增长	前后两个销售期的销售额
新产品一年 10% 的投资回报率	投资回报率（平均投资回报率）
降低在线客户获得成本	网站访问者的人均订单数（平均转化率、平均每次访问价值）
提高个体客户价值	订单平均价值（平均价值）
	单位时间客户创造价值减去客户获得成本
新产品的第一年净利润至少达到 10%	净利润与销售额之比

8.4　网络营销计划管理

8.4.1　确定网络营销计划的必要性

与传统营销管理一样，网络营销管理同样需要制订营销计划。制订网络营销计划是网络营销管理过程的起点，是确定网络营销的目标和实现目标的途径。网络营销计划是在网络营销观念的指导下，对网络销售活动做一个比较全面、有序的安排，目的是使网络营销活动能够责任明确、有条不紊地展开。

企业发展网络营销的形式大致可以分成两种：一种是"循序渐进"模式，即在企业市场营销已经形成一定特色的情况下，为了不引起太大的副作用而逐步引入网络营销的模式；另一种是"一步到位"模式，即对于新成立的公司，由于本身并不存在陈旧的桎梏，使得企业营销从一开始就完全按照网络营销的要求构建。后者进行网络营销的弹性很大，可以由浅入深、由简到全，可以是一个网页，也可以是一个站点，可以做简单的广告，也可以成为具有维护客户关系的管理系统。

此外，开展网络营销还有一个很现实的问题就是成本，网络的建立与应用需要投资，投资的大小取决于企业的网络营销目标。如果只是单纯地建立网络，其投资或许并不大，但是只有网络并不能发挥很大的作用。为了将网络应用于管理，企业必须为之配备相应的信息处理及决策支持系统，以及相应的人力资源。如此一来，企业花在网络营销上的信息技术投入便十分可观了。对此，企业首要考虑的问题便是：本企业是否应该进入网络营销领域？如果进入的话，它给企业带来的成本和效益如何？应该如何进行组织及人力资源上的规划，才能适应网络营销所带来的变化并充分发挥其作用？这些问题，都必须在制定网络营销计划时加以解决。

8.4.2 网络营销计划的构成要素

网络营销计划分为专业计划和综合计划、近期计划和长期计划等类型。总的来看，网络营销计划的构成主要包括以下要素。

1. 确立网络营销的目标

网络营销的目标是企业实施网络营销所希望达到的结果，是制订网络营销计划的核心。只有具有明确的网络营销目标，才能编制网络营销计划，并将计划付诸实践，最终评价网络营销的实施结果。

不同的企业具有不同的网络营销战略和企业特征，面对不同的市场环境和市场竞争结构，网络营销的目标也不同。影响企业确定网络营销目标的因素主要有企业内部因素、目标市场因素、市场竞争因素、市场调查因素、市场拓展因素、产品销售因素、公共关系因素、广告宣传因素和产品费用因素等。

2. 广泛听取各部门的意见

网络营销计划关系整个企业的生产、管理和销售，广泛征求各部门意见和建议，让全体员工充分理解计划内容和要求是顺利实施计划的关键。

3. 确定营销预算

网络营销的实施需要资金的支持，要根据网络营销目标编制营销预算，合理安排资金，提高资金使用率。营销预算应包括预算指标、预算项目和费用控制指标等内容。

4. 分配营销任务

根据网络营销的目标和企业的具体情况分配营销任务。例如：设置企业统一的网络资源管理部门来规划整个企业的电子商务计划，协调各部门的矛盾和冲突，提高企业网络资源管理效率和电子商务信息处理能力，统一企业电子商务信息。

5. 规划营销活动的内容

根据网络营销的目标和任务规划营销活动的内容，包括网上市场调查、网上消费者分析、网络营销策略制定等。规划制定后也不是一成不变的，随着网络经济的发展和技术的进步，企业网络营销规划也应不断根据市场的变化和实施情况进行调整，以适应发展的需要。

6. 选择网络服务商

企业选择网络服务商首先要听取当前其他客户的意见，进行初步筛选；然后亲自了解网络服务商，如访问该公司的主页及其客户的主页，获取公司工作质量和功能的第一手资料；最后对被选网络服务商进行评估，作出选择决策。评估和比较网络服务商考虑的因素包括网络服务商提供的服务、站点特性、费用、设备及性能、公司业务及背景等。

7. 设计网页或网站

企业计划网络营销还需要设计相应的网页，包括页面格式和内容。随着网络营销的开展和消费者需求的变化，以及营销过程中所产生的问题，企业需要及时改进网站内容，更好地展示商品的特点、性能、规格、技术指标，传递产品、服务信息和质量承诺，促进产品销售。同时，网页内容和形式的改进，也有利于建立企业与消费者之间的信任关系，树立良好的企业信誉，实现无障碍信息交流和感情沟通。

8. 使网上营销和企业的管理融为一体

网络营销是企业整体营销战略中的一个重要组成部分，网络营销计划应该与企业的目标和运营体系相符合。除了上面的内容外，还应注意企业传统形象的一致性、网络营销计划与企业整个营销计划的关系、网络营销服务管理人员构成及职责等。

8.5　网络营销组织管理

组织落实计划是网络营销管理的主体内容，是建立机构、配备人员和执行计划的过程。企业在确立了网络营销计划后，就要组织计划的执行。如果不进行有效的执行，该计划只是一种附加的营销方法，它不能体现出计划的竞争优势，相反只会增加企业的营销成本和管理的复杂性。

8.5.1　网络营销人员管理

网络营销的实施，使得信息技术与业务之间的关系比过去的任何时候都更加密切。网络技术所需要的软硬件的开发与维护，仅仅是保障网络营销能够顺利进行的一个方面，而人员素质才是最具有弹性的，并最终决定网络技术应用的效果。所以，企业需要以下 4 种人才。

1. 业务服务人才

此类人才最需要的是业务技能，并不要求有很高的信息技术知识和经验。

2. 业务支援人才

这类人才需要丰富的业务技能，并具有较高的网络及其他信息技术，在未来的一段时期内将成为网络营销管理类人才的主流。他们在进行本部门日常业务的同时，还负责与信息部门密切合作，以开发和利用信息系统。

3. 技术支援人才

这类人才具有十分丰富的网络及其他信息技术技能，并具有一定的业务知识。目前，许多信息部门为了能够更好地满足业务部门的需要，纷纷设立新的"业务分析"职能，将业务部门视为工作重点，并派专人负责。这样，信息部门就可以为业务部门提供网络及其他信息技术支援。

4. 技术服务人才

这类人才具有一流的网络及其他信息技术技能，是网络及软件方面的专家。这些专家在信息部门有的负责提供网络操作系统方面相当重要的技能，有的则负责开发复杂的软件系统，为企业更好地开展网络营销服务。

以上4类人才都是网络营销企业所必不可少的人才，但在合理的人才结构中，业务支援人才和技术支援人才需要占据主要部分。这正是网络营销企业目前所缺少的，也是培养的重点。

8.5.2　网络营销组织结构

网络营销的实施对企业营销组织有很大的影响，改变了企业营销组织的形式和结构。网络营销实施后，企业各部门对内相互协调、紧密配合，使企业能够为顾客提供满意的商品或服务；对外协调一致，为顾客提供整体解决方案，满足顾客需求。网络营销企业的组织结构如图8-1所示。

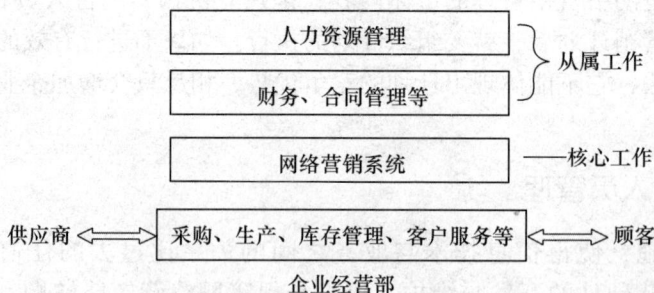

图8-1　网络营销企业的组织结构

企业开展网络营销后，传统的、条块分割的部门重组为统一的、为顾客服务的组织结构，企业与供应商联系更加密切，渠道更加通畅，网络营销系统成为企业的核心。这个系统不仅包括传统的营销部门，还包括与之相协调的供应、生产、网络信息技术和系统维护等业务部门，人力资源管理、财务管理及后勤保障等部门则属于支持部门。组织运转的动力来源于顾客需求及其变化，客户服务由服务部门统一对外提供，并通过企业内部的业务价值链往下传递，直至满足顾客的需求。

企业实施网络营销的组织结构有以下几个特点。

① 统一顾客服务部门，通过简化和统一顾客服务程序，为顾客提供满意的网上订购、技术支持与维修服务。

② 扁平化的组织结构，网络营销要求企业为顾客提供及时、高效的服务，对顾客需求的变化和市场竞争作出迅速反应，这就要求企业改变传统的"金字塔"形组织结构，建立反应迅速的扁平化企业组织结构；同时，网络营销的实施也为扁平化组织结构提供了必备的技术支持基础。

③ 横向信息沟通，为顾客提供统一的服务；网络营销需要不同职能部门协作配合，扁平化组织结构为部门之间的横向沟通提供了渠道和基础，提高了信息沟通的效率。

8.5.3　企业网络营销实施过程中的决策

企业实施电子商务、网络营销是企业经营过程中的重要决策，它不仅会影响企业的整个业务流程，还会引起投资、组织结构等诸多方面的变化。因此，企业实施网络营销不但要解决技术方面的问题，还要对所要面临的实施目标、实施时机、业务流程重组、组织结构变化等问题给予足够的重视，作出全面的、正确的决策。这些决策包括以下几个方面。

1. 网络营销目标决策

企业利用网络营销技术实施网络营销策略是为了实现企业的总体经营目标，因此，在实施网络营销之初，企业必须明确利用网络营销预期实现的目标是什么，以及它与企业经营总目标之间的关系。这不仅是指导企业实施网络营销工作的一个总体指导方针，也是企业进行网络营销实施时机决策、投资决策的基础。

一般来讲，企业通过实施网络营销能够实现以下目标，企业在决策时可以从这几方面进行考虑：

① 促进企业的网上销售；

② 提高企业形象，建立顾客忠诚度；

③ 收集有关信息，发现潜在需求；

④ 建立合作联盟，降低成本。

企业网络营销的目标一经确定，后续工作将围绕其展开。

2. 网络营销实施时机的决策

企业实施网络营销时的机遇和风险是并存的。何时实施网络营销、如何与企业的总体经营战略相配合，需要营销人员提出合理的建议、企业的高管人员进行全盘的考虑和决策。因此，如何选择网络营销实施的时机是企业实施网络营销过程中要面对的第二个重要决策。

企业在选择实施时机时可以从以下几方面进行衡量和考虑。

① 行业内竞争对手的饱和程度如何？除了网络营销之外，企业是否还有更好的竞争手段可以采用？

② 网络营销能给企业带来哪些竞争优势？

③ 企业在管理和技术应用方面的能力。

④ 网上受众的情况。

只有通过对上述几方面的严格自检和分析，企业才能选择对自己最有利的策略，确定网络营销实施时机。

3. 网络营销实施的投资决策

资金投入是企业实施网络营销的必要保证。由于网络营销的资金投入是一个长期的过程，不仅包括建立网站、实施目前的营销策略，还包括大量的后期维护、更新、新的营销策略的实施等工作，因此，企业必须在资金的投入上有一个比较长远的规划，作出合理的投资决策，即在投资实施之前分析网络营销带来的预期经济效益，确定企业的投资方向和投资方案。

企业可以利用费用效益分析方法进行网络营销的经济效益分析。在分析中，通过对成本和效益的估算和比较衡量经济收益的情况，为投资决策提供依据。

4. 网络营销组织结构决策

网络营销运用网络技术促进了企业内外的信息沟通，同时也给企业在经营管理的诸多方面带来了深刻的变化。这种变化除了体现在企业员工理念、认识上的变化，还突出地体现在对传统企业组织形式和业务流程的冲击上。这种变化和冲击要求企业的组织形式必须从传统的金字塔组织结构转化为网状的、相互沟通和学习的组织结构。这些变化的出现也要求企业在实施网络营销之初就应该对企业组织可能受到的影响和结构变化有比较成熟的考虑，并提出相应的措施。

1）网络营销对企业组织的影响

网络营销的实施对企业组织的影响主要表现在以下3个方面。

① 企业内部组织结构有可能不同。互联网技术的应用、企业内联网的建立使企业能够及时、有效地收集、处理和传播信息而不受时间和地域的限制，这给企业内部各部门根据业务特点采用不同的组织结构提供了条件。因此，企业内部各部门的组织结构有可能不尽相同。

② 企业组织结构趋于扁平。网络营销的实施为企业内部提供了良好的信息交流平台。通过企业内联网，企业各部门可以直接、快捷地进行信息交流，管理人员之间的沟通机会大大增加，企业内部人员之间的沟通也从原来的一对一、一对多的关系快速发展成为多对多的关系，企业内形成了网络状的组织结构；同时，网络给企业中层的管理人员提供了更多的直接信息，提高了他们在企业决策中的作用。这些都促进了企业组织结构的扁平化。

③ 市场驱动能力增强。建立在互联网基础上的网络营销系统为企业和外部顾客、供应商及企业各部门之间提供了良好的交流平台，使企业各部门能够面向市场，及时收集和了解市场的每一个动态；同时，企业为了更好地占领市场，将会根据市场动态争取在第一时间对市场的变化作出反应。因此，网络营销使得市场的驱动作用更加迅速和强烈。

针对以上的变化趋势，为了满足实施网络营销对企业组织结构的要求，企业必须对自己的组织形式进行改革。重组企业组织有利于实现达到以下目标：

① 重新策划顾客服务的流程，提供全方位的信息沟通；

② 加强企业内外部横向的信息沟通；

③ 使组织对市场变化有快速的反应。

2）网络营销对企业业务流程的影响

网络营销能够在网络上展示企业产品、传递实时的信息、提供顾客服务、沟通与外界的贸易联系，实现这些功能的基础是企业内部能够提供相关信息和服务的支持，具有相关的信息流通渠道。例如：网络营销可以利用互联网技术全天候地提供企业产品和品牌的最新信息，也可以将各类订货会和商品供销流程搬到网上，但是实现这些功能的基础是企业内部的相关部门能够提供相关的信息沟通渠道和信息内容的支持。所以，网络营销功能的实现要求企业进行业务流程方面的重组。

3）网络营销对企业人力资源的影响

随着信息技术的应用、企业组织结构和业务流程的变化，企业员工的岗位和岗位要求必然发生相应的改变。这种改变会使员工的思想和工作方式产生极大的波动，进而会对企业的经营效果产生影响。为了使员工能够及早适应这种变化，企业应该重视对员工职业生涯的规划和对员工技术技能上的培训。只有把企业网络营销人力资源开发、提高网络营销工作人员的技术水平工作做到前面，才能保证网络营销策略和技术发挥出最大的效果。

在企业人力资源开发的过程中，企业应该认识到员工才是企业最宝贵的财富，企业所有的计划、策略和技术都需要通过员工的努力来实现。所以，企业应该制订正式的组织计划，规划员工的职业生涯，使员工能够适应信息技术所带来的新的变化和要求，使员工与企业共同成长。

在企业人力资源开发的过程中，员工培训是必不可少的一项工作。在设计员工培训的内容和目标时，企业应注重培养员工在业务技术和信息技术两个不同层面上的知识和能力，使其能够对专业技术和信息技术融会贯通，培养能够兼顾业务与网络技术的复合型人才。

8.5.4　网络营销的风险管理

由于企业外部和内部因素的影响，企业开展网络营销还面临着技术、信用、法律、市场等风险。

1. 网络营销的风险

在企业整个网络经营过程中都伴随着风险，主要的风险表现在以下 4 个方面。

① 网络交易过程中的风险。在网络交易过程中，交易的双方可以不经见面就签订合同或达成购买。购买双方身份、交易信息和资金的可靠性、交易账户和密码等都会成为交易过程中可能出现的风险因素。

② 信息及信息传递过程中的风险。信息风险主要来自信息传递过程中的信息失密、信

息被篡改和信息丢失等。

③ 法律方面的风险。法律风险主要表现在法律法规的建设和完善方面，具体表现在网上知识产权保护、网上消费者保护、网络广告引发的法律问题等。

④ 网络技术风险。网络技术风险主要表现在因网络技术所带来的网络安全风险，如网络病毒、网络黑客的恶意攻击等。

无论出现上述哪种风险，都将给企业和消费者带来损失。因此，在企业进行网络经营的同时，必须进行风险控制。而网络安全技术措施、网络安全管理和信用体系、国家的有关法律法规是企业进行网络经营风险控制工作的基础和保证。

2. 网络营销风险的控制

安全的电子交易主要由 4 个要素组成：信息传输的保密性、数据交换的完整性、发送信息的不可否认性和交易者身份的确定性。相关的网络安全技术方法包括以下几个方面。

① 信息加密技术。信息加密技术通过对信息的加密、解密防止他人破译信息系统中的机密信息。在实际中应用最广泛的加密技术有两种：公共密钥和私用密钥。

② 数字签名技术。将发送的文件与特定的密钥捆绑在一起发出，用以鉴别或确认电子信息的发送者是否名副其实，认证信息内容是否有效，确保数据的完整和真实。

③ 数字凭证技术。数字凭证是网络通信中标志通信双方身份信息的一系列数据，用于识别和确认网络交易者的身份和权限。数字凭证有 3 种类型：个人凭证、企业（服务器）凭证、软件（开发者）凭证。

④ 数字时间戳。数字时间戳是一个由专门机构提供的经过加密后形成的凭证文档，用于保证交易文件的日期和时间信息的安全。

⑤ 客户认证。客户认证技术包括身份认证和信息认证，分别用于鉴别用户身份及保证通信双方的不可抵赖性和信息完整性。

3. 网络安全管理工作

企业自身的网络安全管理工作是维护网络交易安全、规避网络经营风险的具体保证。企业在实施网络营销之初，就应该对网络安全管理有一个较完整的策划，并制定出相应的规章制度。这些制度包括系统维护制度、数据备份制度、病毒定期清理制度、保密制度等；同时，全社会的网络安全意识的提高和建立健全社会信用保证体系也是规避和控制网络经营风险的保障。

4. 国家的法律法规

国家的法律法规是企业进行网络风险控制的制度保障。虽然有相关的网络安全技术作为网上经营的安全后盾，但是企业和消费者仍然对网上可能出现的个人隐私、交易合同执行、资金安全、知识产权保护等问题有所顾忌。这些问题的解决必须依据相关的法律法规，因此，建立完善的互联网法律法规体系是保证我国电子商务正常发展、控制企业网络经营风险的必要保障。

2005 年 4 月 1 日开始正式实施的《中华人民共和国电子签名法》是我国第一部真正意义的电子商务法，它的颁布和实施极大地促进了我国电子商务的法治环境建设，为企业进行安全、可信的电子交易提供了法律保障。

8.6　上机练习与实践——网络营销策划实训

8.6.1　实训总目的和任务

"网络营销策划实训"是网络营销理论课程的综合实训环节，它担负着培养训练学生掌握网络营销各种技能的任务。"网络营销策划实训"的目标是通过对一个企业的网络营销进行策划和实施，把若干个既相互独立又彼此联系的实践操作环节串联在一起，以企业家精神为引领，指导学生对网络营销战略、网上调研、网上渠道建设、网络广告、网上促销及移动营销等基本的网络营销技能进行实践，使学生掌握和具备网络营销策划的操作技能和分析解决问题的能力，在实践中理解并遵守职业道德和规范，履行社会责任，践行社会主义核心价值观。

在实训环节中，通过完成每一步骤的策划和实施，最终达到本实训的总体目的；在完成全部实训环节后，学生可以以小组为单位初步完成一个企业的网络营销策划，写出相应的网络营销策划报告。

8.6.2　实训 1——选题及制定企业网络营销策划纲要

1. 实训目的

明确实训的总体目标，了解实训的总体安排和要求，了解企业家精神的含义，明确网络营销策划报告的书写格式及要求；分组完成选题，完成网络营销策划纲要的制定。

2. 实训内容

① 学习网络营销策划报告的书写格式及要求。
② 分组，以组为单位明确实训题目。
③ 了解企业家精神的含义。
④ 制定企业网络营销策划的计划纲要。
⑤ 分析企业的经营目标，明确企业网络营销的目标。
⑥ 针对企业的网络营销目标，分析、确定网络消费者的特点和需求。
⑦ 明确应解决的社会热点问题、承担的社会责任，回报社会或服务社会。

3. 实训要求

以小组为单位进行充分的讨论，上网收集相关的资料，并分析、确定网络消费者的特点和需求，写出相关的文字材料。

4. 实训步骤

1）分组
① 教师讲解网络营销策划报告的书写格式及要求，讲解实训的总体要求和本单元的要

求，学生明确实训的目标。

② 学生分组，4～5 人一组，确定组长。

③ 教师提供网络营销策划的题目，学生明确营销策划的目标。

2）制定网络营销策划的计划纲要

① 教师讲解企业家精神，讲解制定网络营销策划纲要的要点和知识，学生明确网络营销策划步骤和内容。

② 进行小组分工，制定网络营销策划的工作计划纲要，制定拟解决的社会热点问题、承担的社会责任，如何服务社会，以书面形式上报教师。

③ 明确企业的经营目标，分析、明确企业网络营销活动的目标。

④ 上网查询相关资料，分析网络消费者需求，列出需求特点。

需要注意的是：

● 在选题策划时，要求学生参加班级实际项目设计的比赛，要遵守职业道德和规范，履行社会责任，践行社会主义核心价值观。

● 在实训的过程中，要始终以小组为单位记录活动的内容和情况，作为评议工作量的依据。

● 在每个实训内容开始和结束时都要进行小组成员之间的沟通，评估是否弘扬了企业家精神。

5. 实训附件 1——网络营销策划报告的书写格式及要求

① 标题。

② 摘要。摘要应当高度概括策划报告的主要内容、特点和观点，以及取得的主要成果和结论，应能够反映整个策划报告的精华。（300 字以内）

③ 关键词。3～8 个。

④ 目录。章节编号采用分级编号方法，如第一级为"1""2""3"等，第二级为"1.1""1.2""1.3"等，第三级为"1.1.1""1.1.2""1.1.3"等。

⑤ 引言。引言是全篇论文的概述或导论，应主要包括以下内容。

● 选题的缘由、国内外在该领域的发展状况。

● 策划的意义、目的、研究范围及应达到的技术要求，承担的社会责任、解决的社会热点问题。

● 本文所要解决的问题和采取的手段、方法。

⑥ 正文。策划报告的正文应是对策划工作详细的表述，它占全文的绝大部分篇幅，主要内容一般应包括以下几个部分。

● 网络营销策划目标，应说明策划目标、相关原理。

● 网络营销环境分析，应进行较详尽的消费者需求特点分析、竞争者状况分析及网站状况分析。

● 网络营销策略设计，说明策划策略的过程、策略组合方案、每项具体策略的设计内容和实现。

● 网络营销策略的效果评析方法，论文的整体结构应符合"提出问题—分析问题—

解决问题"的构成原则，文章的各部分应思路清楚，脉络分明，逻辑性强，富有说服力。

- 整个过程要遵守职业道德和规范，履行社会责任，践行社会主义核心价值观。

⑦ 结论。结论包括对整个研究工作进行归纳和综合而得出的总结、所得结果与已有的结果比较，以及在本策划中尚存在的问题、对下一步工作的建议。它集中反映作者的策划成果，表达作者所论述的见解和主张，是全文的思想精髓，也是文章价值的体现，一般应写得概括，篇幅应较短。

⑧ 谢词。

⑨ 参考文献。

✎ 思政拓展

以企业家精神为引领的选题及制定纲要

在网络营销策划实训中，选题及制定纲要是非常重要的，它明确了未来的实训思路和方向，是网络营销策划实训中的基石和核心所在。在选题及制定纲要的环节中，除了要能体现学生们的发现问题、分析问题和解决问题的能力、团队合作能力、创新能力和理论联系实践等能力，还要秉承企业家精神，尤其是要秉承企业家精神中的企业家责任，即主动履行责任、敢于担当和服务社会。

要主动履行社会责任。要有社会责任的荣誉感和使命感，要在营销活动中奉献爱心，参与光彩事业、公益慈善事业、"万企帮万村"精准扶贫行动、应急救灾等，在构建和谐劳动关系、促进就业、关爱员工、依法纳税、节约资源、保护生态等方面发挥更加重要的作用。

要敢于担当和服务社会。要以企业营销管理者的身份来开展营销活动，要履行和担当企业应承担的责任，着重于发现社会中的热点事件、分析和解决身边的社会热点问题，勇担重任、服务社会。

总之，使学生具有人文社会科学素养、社会责任感和商业诚信品质，能够在实践中理解并遵守职业道德和规范，践行社会主义核心价值观。

✐ 示例 8-1

《西藏建筑》网站网络营销策划的正文提纲

① 网络营销的目标：近期目标、远期目标，要包括追求卓越、服务社会、承担社会责任等企业家精神的体现。

② 宏观环境分析：市场潜力、市场现状和市场需求等。

③ 竞争者情况：

- 建筑行业竞争者（如 ABBS 建筑论坛网站）。
- 西藏类似网站竞争者（如西藏文化局）。
- 旅游行业竞争者（如中青旅）。

④ 消费者情况分析。

● 专业消费者情况分析：需求特点、消费特点等。

● 普通消费者或旅游者情况分析：需求特点、消费特点等。

⑤ 分析本网站（SWOT分析）。

● 优点：建筑相关知识专业性强，对西藏有充分的了解和热爱等。

● 缺点：网站制作知识较差，内容图片等资料稀缺，且现有资料不能完全阐述西藏建筑风格、特色等；网站推广力度小。

● 机遇。

● 挑战。

⑥ 网上定位：风格定位、消费者定位（年龄定位、专业性定位）、解决何种社会问题、承担何种社会责任的定位等。

⑦ 营销策略策划：以企业家精神为引领的产品策略、价格策略、渠道策略、促销策略等。

⑧ 完善网站策划的工作：资源配置、费用预算、技术维护计划、风险管理、法律问题等。

⑨ 小组成员分工及职责范围（表8-5）。

表8-5　小组成员分工及职责范围

序号	内容	负责人
1	计划书摘要	
2	网络营销目标	
3	网络营销环境及需求分析	
4	—	
5	—	
6	—	
7	—	

⑩小组工作分工及时间计划（表8-6）。

表8-6　小组工作分工及时间计划

项目	时间一	时间二	时间三	时间四	负责人
收集资料	▬				
策划提纲		▬			
环境及需求分析		▬			
具体策划		▬			
财、费、技术			▪		
摘要			▪		
论文衔接合成			▬		
答辩					

8.6.3 实训 2——网站推广和移动营销组合策略设计

1. 实训目的

以企业家精神为引领，通过对网站推广和移动营销组合策略的设计和策划，培养学生运用网络推广和移动营销组合策略解决实际问题的能力，培养学生爱国敬业、追求卓越和服务社会的企业家精神，培养学生的家国情怀和为国家富强、民族昌盛而奋斗的志向和社会责任感。

2. 实训内容

以企业家精神为引领，设计网站推广和移动营销组合策略。

3. 实训要求

提出网站推广和移动营销组合策略，提出每种推广策略的目标受众、需要达到的目标、解决何种社会问题、承担何种社会责任等。

4. 实训步骤

① 以企业家精神为引领，根据网站目标受众的需求和特点，提出能够满足目标受众群特点的推广方法。
② 确定推广策略的组合，明确各种推广策略的目标和要求。
③ 提出需要改进的网站内容和栏目，画出示意图。
需要注意的是：
• 要弘扬企业家精神，践行社会主义核心价值观。
• 要逐一对照目标受众的需求和特点，提出网站的改进内容和推广方法，建议这一步要集思广益，全组同学共同讨论。
• 多收集浏览相关的网站，从中借鉴可取的地方。
• 相关示例参考内容，可参照第 2 章中的对应内容。

8.6.4 实训 3——网站推广和移动营销策略的设计和实施

1. 实训目的

以企业家精神为引领，根据网站推广和移动营销组合策略，设计、实施搜索引擎营销、互换链接、网络广告、电子邮件营销、论坛营销、微博营销、微信营销、社群营销、App 营销等推广方法。

2. 实训内容

设计并实施搜索引擎营销、互换链接、网络广告、电子邮件营销、论坛营销、微博营销、微信营销、社群营销、App 营销等推广方法。

3. 实训要求

提出书面的设计实施方案，并通过技术手段实施。

4. 实训步骤

① 根据推广组合策略的整体需要，小组内分工进行每个策略的设计。
② 对初步的设计方案进行组内讨论，修改后确定。
③ 运用相关的技术最大限度地实现设计方案。
需要注意的是：

- 要弘扬企业家精神，践行社会主义核心价值观。
- 在确定每个策略的过程中，注意相互之间的呼应。
- 确定每个策略的策划方案时要听取全组同学的意见。
- 多进行小组成员之间的沟通。

示例 8-2

制定网站推广和移动营销纲要

首先具备了一个好的网站平台，接着应以企业家精神为引领，实行网站推广和移动营销。网站推广和移动营销的过程也是品牌及产品推广的过程。

1. 应考虑的因素

① 本公司是否具有爱国敬业、创新、进取、合作、学习、责任和风险意识等特征，是否具有企业家精神特质。
② 本公司产品的潜在用户范围。
③ 分清楚本公司产品的最终使用者、购买决策者及购买影响者各有何特点，他们的上网习惯如何。
④ 本公司应该主要向谁做推广。
⑤ 本公司以怎样的方式向其推广效果更佳。
⑥ 本公司是否需借助传统媒体，如何借助。
⑦ 本公司竞争对手的推广手段如何。
⑧ 本公司如何保持较低的宣传成本。
⑨ 本公司如何承担社会责任和服务社会，如何弘扬企业家精神。

2. 可以借鉴的手段

① 搜索引擎营销。
② 网站间交换链接。
③ 运用邮件推广。
④ 通过社群和 App 等进行宣传。
⑤ 通过移动广告进行宣传。

⑥ 在公司名片等对外资料中标明网址。

⑦ 在公司所有对外广告中添加网址宣传。

⑧ 借助传统媒体进行适当宣传。

📝 思政拓展

实施网站推广和移动营销策略中的企业家精神

在网络营销策划实训中，实施网站推广和移动营销策略是理论联系实践、整个实训项目落地的重要环节。在实施环节中，除了要能体现学生们的发现问题、分析问题和解决问题的能力、团队合作能力、创新能力和理论联系实践等能力，还要秉承企业家精神，尤其是要秉承企业家精神中的企业家品格，即爱国敬业、遵纪守法和艰苦奋斗；秉承企业家理念，即创新发展、专注品质和追求卓越。

秉承企业家品格，即爱国敬业、遵纪守法和艰苦奋斗。在网络营销实践活动中，主要包括：理解并遵守网络营销人员必备的职业道德和职业素质，能保障网络营销信息的真实性、准确性、规范性和可靠性，不侵犯他人的版权。

秉承企业家理念，即要创新发展，实施环节中要发扬创新活力和创造潜能，注意产品创新、技术创新、商业模式创新、管理创新、制度创新，将创新创业作为终身追求，增强创新自信；要专注品质，弘扬工匠精神，把产品和服务做精做细，以工匠精神保证质量、效用和信誉；要追求卓越，弘扬敢闯敢试、敢为天下先、敢于承担风险的精神；弘扬敏锐捕捉市场机遇，不断开拓进取、拼搏奋进，争创一流企业、一流管理、一流产品、一流服务和一流企业文化的精神。

8.6.5 实训4——完成企业网络营销策划报告书

1. 实训目的

依据企业网络营销策划报告书基本内容和书写格式的要求，完成企业网络营销策划报告，通过答辩和评议，互相交流和提高，在实践中理解并遵守职业道德和规范，履行社会责任，践行社会主义核心价值观。

2. 实训内容

① 以组为单位撰写企业网络营销策划报告。

② 完成个人的实训报告。

③ 进行策划报告的答辩和总结评议。

④ 给出各组的成绩和评语。

3. 实训要求

企业网络营销策划报告符合规定，完成策划报告的答辩和总结评议，报告要弘扬企业家精神，践行社会主义核心价值观。

4. 实训步骤

① 把每个人完成的工作衔接在一起，实现网站推广策略的整体效果。

② 每个人完成自己负责部分的网络营销策划报告，并把各部分有机衔接在一起，完成小组的整体报告。

③ 按要求完成个人的实训报告。

④ 进行策划报告的论文答辩和总结评议。

8.6.6 实训考核

1. 考核方式

实训结束时，学生应完成本组的网络营销策划书，实现相关的网站推广策略；同时，每位同学完成自己的个人实训报告。

① 实训考核包括以下 3 个方面：

- 以组为单位，进行成果展示、问题回答，全班同学给出评定成绩；
- 教师对小组策划书、个人实训报告评定成绩；
- 实训过程中的出勤和纪律表现。

② 个人实训报告的要求：

- 实训报告封面；
- 实训的目的、项目和主要内容；
- 自己完成的工作成果，对自己的评定；
- 实训感想及建议；
- 字数达到 1 500 字。

2. 考核标准

考核标准由小组整体部分（占 60%）和小组个人部分（占 40%）构成，评分标准见表 8-7 和表 8-8。

表 8-7　网络营销策划实训成绩评议标准（小组整体部分）

标准	优秀（9~10分）	良好（8分）	中等（7分）	合格（6分）	不合格（0~5分）
计划书的完整性（10分）	策划书完整，内容充实，格式符合标准，网站建成	策划书完整，内容较充实，格式符合标准，网站基本建成	策划书较完整，内容较充实，格式较符合标准，网站基本建成	策划书基本完整，有基本内容，格式较符合标准，网站未建成	策划书不完整，内容欠缺，格式不符合标准，无网站
计划书的质量（10分）	层次清晰，叙述流畅，策略设计创新点 3 个，网站建设有新意	层次清晰，叙述较流畅，策略设计创新点 2 个，网站建设有新意	层次较清晰，叙述较流畅，有策略设计，网站建设稍有新意	层次较清晰，叙述基本流畅，有策略设计，网站建设无新意	层次不清晰，叙述不流畅，无策略设计，无网站

续表

标准	优秀（9～10分）	良好（8分）	中等（7分）	合格（6分）	不合格（0～5分）
项目汇报展示（10分）	叙述流畅，内容展示精彩，时间合理，仪容仪表得体	叙述流畅，内容展示合理，时间较为合理，仪容仪表得体	叙述较为流畅，有内容展示，时间基本合理，仪容仪表较为得体	叙述一般，有内容展示，时间掌握不合理，仪容仪表尚可	叙述不连贯，无内容展示，时间掌握不合理，仪容仪表尚可
工作饱满程度（10分）	分工明确，分配均衡，工作量饱满	分工明确，分配均衡，工作量较饱满	分工明确，分配较均衡，工作量较饱满	分工比较明确，分配不均衡，工作量不饱满	分工不明确，分配不均衡，工作量不饱满
团结合作（10分）	整体讨论充分，各部分衔接合理，团结合作	整体讨论较充分，各部分衔接较合理，团结合作	有整体讨论，各部分衔接较合理，较团结合作	无整体讨论，各部分衔接较合理，有合作	无整体讨论，各部分衔接不合理，缺少团结合作
思政部分（10分）	团队合作密切，充分地弘扬了企业家精神	团队合作较好，较好地弘扬了企业家精神	团队合作一般，体现了企业家精神	团队合作稍差，企业家精神不明显	团队合作很差，没有体现企业家精神
总分合计60分					

表8-8　网络营销策划实训成绩评议标准（小组个人部分）

标准	优秀（9～10分）	良好（8分）	中等（7分）	合格（6分）	不合格（0～5分）
工作量情况（20分）	工作饱满，参与演讲和回答问题，负责整体工作	工作饱满，参与回答问题，完成工作	工作饱满，参与回答问题，完成工作	工作较饱满，基本完成工作	工作不饱满，没有完成工作
个人报告（10分）	层次清晰，内容全面，格式标准，无错别字	层次清晰，内容较全面，格式标准，错别字极少	层次清晰，内容较全面，格式较标准，有错别字	层次较清晰，内容较全面，格式较标准，错别字较多	层次不清晰，内容不全面，格式不标准，错别字较多
出勤情况（10分）	全勤，无迟到早退	全勤，迟到早退2次	病事假4节课，迟到早退3次	病事假8节课，迟到早退4次	病事假8节课以上，迟到早退4次以上
总分合计40分					

8.7　本章小结

　　网络营销管理活动的开展要遵循一定的步骤。一般来说，以制订网络营销计划为起始点，然后是执行计划、效果评价，最后是反馈计划的执行情况，并继续完善计划，最终实现计划目标。本章从网络营销效果评价和管理的步骤出发，重点介绍了网络营销效果评价、网络营销计划和网络营销组织管理等内容。

思 考 题

1. 什么是网络营销效果评价？
2. 网络营销效果评价工具和评价指标有哪些？
3. 什么是网络营销管理？
4. 网络营销计划的构成要素是什么？
5. 简述企业网络营销的实施过程。
6. 网络营销的风险有哪些？
7. 如何撰写企业网络营销策划书？

参 考 文 献

[1] 瞿鹏志. 网络营销. 2 版. 北京：高等教育出版社，2004.

[2] 冯英健. 网络营销基础与实践. 北京：清华大学出版社，2013.

[3] 孔伟成，陈水芬. 网络营销. 北京：高等教育出版社，2002.

[4] 吕英斌，储节旺. 网络营销案例评析. 北京：北京交通大学出版社，2004.

[5] 薛辛光，鲁丹萍. 网络营销学. 北京：电子工业出版社，2003.

[6] 褚福灵. 网络营销基础. 北京：机械工业出版社，2003.

[7] 钱旭潮. 网络营销与管理. 2 版. 北京：北京大学出版社，2005.

[8] 王耀球. 网络营销. 北京：北京交通大学出版社，2004.

[9] 潘维琴. 网络营销. 北京：机械工业出版社，2006.

[10] 李国强，苗杰. 市场调查与市场分析. 北京：中国人民大学出版社，2005.

[11] 简明，金勇进. 市场调查. 北京：中国人民大学出版社，2005.

[12] 钱旭潮，汪群. 网络营销与管理. 北京：北京大学出版社，2002.

[13] 李友根. 网络营销学. 北京：中国时代经济出版社，2001.

[14] 尚晓春. 网络营销策划. 南京：东南大学出版社，2002.

[15] 符莎莉. 网络营销. 北京：电子工业出版社，2006.

[16] 黄敏学. 网络营销. 武汉：武汉大学出版社，2000.

[17] 李琪. 网络营销. 长春：长春出版社，1999.

[18] 李纲，张天俊，吴恒. 网络营销教程. 武汉：武汉大学出版社，2005.

[19] 濮小金，司志刚. 电子商务的营销技术. 北京：中国水利水电出版社，2005.

[20] 卓骏. 网络营销. 北京：清华大学出版社，2005.

[21] 祖强，李宇红. 网络营销. 北京：清华大学出版社，2004.

[22] 王战平. 网络营销. 武汉：华中师范大学出版社，2003.

[23] 谷宝华，李创. 网络营销. 北京：北京大学出版社，2008.

[24] 彭奏平. 网络营销. 北京：清华大学出版社，2007.

[25] 夏明学，王丽萍. 网络营销：管理与实践. 北京：北京大学出版社，2013.

[26] 方玲玉. 网络营销实务. 北京：电子工业出版社，2013.

[27] 杨莉萍，谢芳，廖秀珍. 网络营销. 北京：北京理工大学出版社，2010.

[28] 刘春青. 网络营销. 北京：清华大学出版社，2014.

[29] 成荣芬. 网络营销策划实务. 北京：中国人民大学出版社，2013.

［30］史达．网络营销．2 版．大连：东北财经大学出版社，2013.

［31］杨继梅．网络营销操作手法全揭秘．北京：化学工业出版社，2011.

［32］杨路明．网络营销．北京：机械工业出版社，2011.

［33］刘芸．网络营销与策划．北京：清华大学出版社，2010.

［34］杨学成，陈章旺．网络营销．北京：高等教育出版社，2014.

［35］于斌．我为粉丝狂：向小米学互联网营销．北京：人民邮电出版社，2015.

［36］李国建．移动营销．北京：机械工业出版社，2015.

［37］谢晓萍等．微信力量．北京：机械工业出版社，2015.

［38］王红蕾．移动电子商务．北京：机械工业出版社，2015.

［39］段建，安刚．移动互联网营销．北京：中国铁道出版社，2017.

［40］乔辉，曹雨．网络营销．北京：机械工业出版社，2015.

［41］杨波，王刊良．电子商务创新与创业案例．北京：中国人民大学出版社，2017.

［42］江礼坤．网络营销推广实战宝典．2 版．北京：电子工业出版社，2016.